NÓ DO DIABO

Mara Leveritt

NÓ DO DIABO

Tradução de
ALESSANDRA BONRRUQUER

1ª edição

EDITORA RECORD
RIO DE JANEIRO • SÃO PAULO
2015

CIP-BRASIL. CATALOGAÇÃO NA PUBLICAÇÃO
SINDICATO NACIONAL DOS EDITORES DE LIVROS, RJ

Leveritt, Mara

L643n   Nó do diabo / Mara Leveritt; tradução Alessandra Bonrruquer. –
1ª ed. – Rio de Janeiro: Record, 2015. il.

Tradução de: Devil's knot
ISBN 978-85-01-40136-6

1. Homicidas – Estados Unidos – West Memphis (Arkansas). 2. Responsabilidade penal.
3. Reportagens investigativas. 4. Reportagens e repórteres. I. Título.

CDD: 070.43

14-15208   CDU: 070.4

Título original em inglês:
Devil's knot

Copyright © Mara Leveritt, 2002

Texto revisado segundo o novo Acordo Ortográfico da Língua Portuguesa.

Todos os direitos reservados. Proibida a reprodução, armazenamento ou transmissão de partes deste livro através de quaisquer meios, sem prévia autorização por escrito. Proibida a venda desta edição em Portugal e resto da Europa.

Direitos exclusivos de publicação em língua portuguesa para o Brasil
adquiridos pela
EDITORA RECORD LTDA.
Rua Argentina 171 – 20921-380 – Rio de Janeiro, RJ – Tel.: 2585-2000
que se reserva a propriedade literária desta tradução

Impresso no Brasil

ISBN 978-85-01-40136-6

Seja um leitor preferencial Record.
Cadastre-se e receba informações sobre nossos
lançamentos e nossas promoções.

Atendimento direto ao leitor:
mdireto@record.com.br ou (21) 2585-2002.

EDITORA AFILIADA

Para LSB,
com amor e gratidão.

SUMÁRIO

Agradecimentos	9
Nota da autora	11
Prólogo	15

Parte 1: A investigação

1. Os assassinatos	19
2. A polícia de West Memphis	33
3. A investigação da polícia: parte 1	41
4. A investigação da polícia: parte 2	59
5. Os principais suspeitos	73
6. A detetive voluntária	89
7. A confissão	99
8. As prisões	119

Parte 2: Os julgamentos

9. Os réus	135
10. Liberação dos arquivos policiais	147
11. Petições iniciais	155
12. A investigação particular	173
13. Faca manchada de sangue	183
14. O primeiro julgamento	195
15. As audiências *in camera*	213
16. Alegações de má conduta	235
17. A lista de testemunhas	249

18. O segundo julgamento	259
19. O motivo	281
20. Os vereditos	315

Parte 3: Revelações

21. Os recursos	337
22. O informante	355
23. O público	377
24. Uma década atrás das grades	391

Epílogo	415
Posfácio — 2003	419
Posfácio — 2011	421
Notas	423

AGRADECIMENTOS

Agradeço a minha querida família; a meus muitos e generosos amigos; aos cineastas, músicos e outros artistas que reconheceram a importância da história; aos repórteres cujos relatos contribuíram para o livro; às autoridades que forneceram informações e acesso aos arquivos; aos advogados que explicaram aspectos do caso; e a todos que me concederam entrevistas. Agradeço, em particular, a Sandra Dijkstra, Wendy Walker, Tracy Behar, Judith Curr, Ron Lax, Dan Stidham, Burk Sauls, Grove Pashley, Kathy Bakken, Stan Mitchell e, é claro, aos prisioneiros cuja história é contada aqui.

NOTA DA AUTORA

Muitos dos personagens deste livro eram adolescentes na época dos acontecimentos principais. Outros estavam no limiar da vida adulta. Um ou dois haviam recentemente chegado à maioridade. É habitual, ao relatar eventos envolvendo crianças, referir-se a elas pelo primeiro nome. Foi o que tentei fazer, de maneira geral. A idade de dois dos acusados, assim como a de muitas das testemunhas, foi fator relevante nesses eventos. Senti que distorceria a história se me referisse a essas crianças como se fossem adultas, embora a maioria tenha sido tratada dessa maneira pelo sistema legal.

Três adolescentes ocupam o núcleo deste livro. Embora um deles tivesse acabado de completar dezoito anos na época em que o livro se inicia, optei por me referir aos três pelo primeiro nome.

Devido à atenção que o caso recebeu — e do escrutínio adicional que acredito que mereça —, escrevi em dois níveis. O texto conta a história. As notas a aprofundam.

Oculto. 1. Escondido (da vista); encoberto (por algo interposto); não exposto à visão. 2. Não revelado ou divulgado, privado, secreto; mantido em segredo; comunicado somente aos iniciados. 3. Não compreendido, ou inapreensível, pela mente; além da compreensão ou da percepção convencional; recôndito, misterioso. 4. De natureza ou pertencente a ciências antigas e medievais (ou seus equivalentes atuais) que envolvem conhecimento e práticas de natureza secreta e misteriosa (como magia, alquimia, astrologia, teosofia etc.); o que trata ou é versado nele; mágico, místico.

Dicionário Oxford

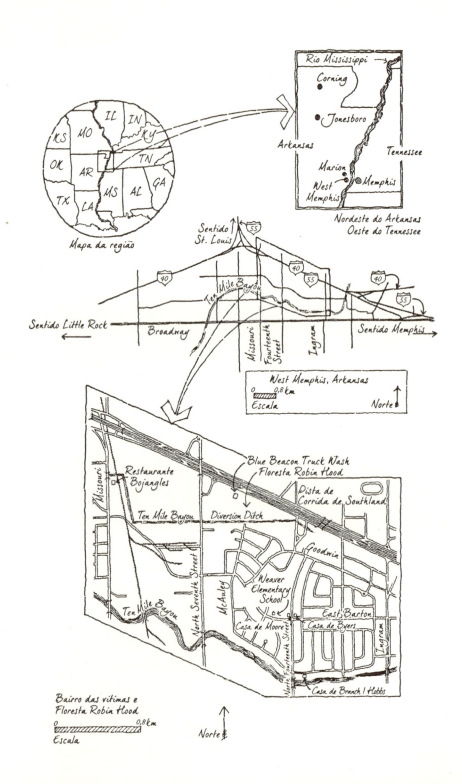

PRÓLOGO

Os julgamentos de West Memphis foram uma caça às bruxas?
Terá o júri sentenciado alguém à morte com base em nada além de
acusações infantis, confissões feitas sob pressão e argumentos da acusação
ligando os réus a Satã?
Os julgamentos de 1994 no Arkansas foram como os de Salem três
séculos atrás?
Essas foram as perguntas que deram origem a este livro. Essas e mais
algumas.

Se as histórias sobre demônios embotaram a razão, *como* as coisas ficaram tão confusas — nos Estados Unidos da América, no
fim do século XX — perante não apenas um, mas dois júris, em
julgamentos nos quais havia vidas em jogo? E, se algo tão terrível
aconteceu, *por quê?*

Leitores modernos talvez achem impossível que promotores públicos,
enfrentando a ausência de provas factuais, possam construir seu argumento em favor da execução alegando que os acusados possuem ligações
com "o oculto". Leitores cultos talvez rejeitem a ideia de que a acusação
possa citar as preferências em literatura, música e vestuário dos réus para
apoiar tal teoria arcaica. Mesmo fãs da ficção de terror talvez achem
difícil acreditar que, em nossa época, um advogado possa apontar para
um acusado e dizer: "Ele não possui alma."

Contudo, na primavera de 1994, *aparentemente* foi isso que aconteceu.
Um adolescente foi sentenciado à morte. Seus dois jovens corréus foram
condenados à prisão perpétua.

Impossível.

E, mesmo assim, a polícia insistia que seu caso era forte. O juiz que presidiu os julgamentos disse que foram justos. E, em duas sentenças separadas, a Suprema Corte do Arkansas concordou com ele. Por unanimidade.

Fora do estado, todavia, notícias sobre os julgamentos incomuns começaram a chamar atenção. Um documentário realizado em 1996 disseminou a inquietação. Um website foi dedicado ao caso e seus criadores cunharam a frase: "Libertem os Três de West Memphis."

As autoridades governamentais e policiais do Arkansas se mantiveram inflexíveis. Quando as críticas aumentaram, insistiram que o filme era enganoso. Afirmaram que 24 jurados haviam assistido aos julgamentos, ouvido e visto as provas e considerado os adolescentes culpados. Disseram que qualquer um que se desse ao trabalho de examinar o que "realmente" acontecera no caso, em vez de formar opiniões baseadas em um site, concluiria o mesmo que os jurados: que a justiça fora feita.

Como jornalista do Arkansas cobrindo crimes e tribunais, passei a achar que se tratava de um caso histórico. A disputa precisava ser resolvida. Ou os críticos de fora do estado estavam errados, e nesse caso a multidão que bradava "Libertem os Três de West Memphis" podia seguir em frente e cuidar da própria vida, ou algo similar a Salem acontecera novamente — em minha época e em meu próprio estado.

Decidi aceitar o desafio. Eu examinaria o que "realmente" acontecera. Entrevistaria participantes, leria milhares de páginas de transcrições, examinaria cada peça de evidência arquivada e relataria fielmente o que encontrasse, a quem quer que isso favorecesse. E, se o que encontrasse em West Memphis parecesse com o que ocorrera em Salem, estava pronta para ir além. Presumimos que o secularismo, assim como os avanços na ciência e na lei, nos distancia da América colonial. Se parecesse, como acusavam os críticos do caso de West Memphis, que processos presumivelmente racionais haviam dado lugar a alusões satânicas, seria justo perguntar *como* e *por que* isso acontecera.

PARTE 1

A investigação

1

Os assassinatos

ÀS 19H41 DE 5 DE MAIO DE 1993, a lua cheia surgiu na linha do horizonte de Memphis. Sua luz cintilou através do rio Mississippi e se derramou sobre uma cidade de médio porte do Arkansas ambiciosamente chamada de West Memphis. Em algum momento entre o surgimento da lua e seu declínio na manhã seguinte, algo diabólico ocorreria ali. Três meninos de oito anos desapareceriam, arrancados das ruas de seu bairro por uma invisível mão assassina. Sob o sol do dia seguinte, a polícia descobriria três jovens corpos. Eles seriam retirados — nus, pálidos, amarrados e espancados — de um canal em um trecho de floresta entre duas das mais movimentadas rodovias americanas. Mas a investigação se mostraria difícil. Por que um dos meninos fora castrado? Como explicar a ausência de sangue? Por que as margens do canal pareciam ter sido varridas? A polícia tropeçaria durante semanas, sem pistas — até que a própria lua se tornasse uma.

John Mark Byers, joalheiro desempregado, foi o primeiro a relatar o desaparecimento.[1] Às 20 horas, com a lua cheia alta no céu, Byers telefonou para a polícia de West Memphis. Dez minutos depois, uma policial respondeu.[2] Ela dirigiu sua radiopatrulha pela East Barton Street até um bairro operário. Na esquina da Barton com a Fourteenth Street, parou em frente à casa de três quartos dos Byers. Byers, um homem imponente, com 1,95 m de altura e mais de 90 quilos, com o longo cabelo amarrado em um rabo de cavalo, abriu a porta. Atrás dele estava a esposa Melissa, de 1,70 m e ligeiramente acima do peso, cabelos compridos e olhos fundos. Mark Byers falou durante a maior parte do tempo. A policial ouviu e tomou notas. "A vítima foi vista pela última vez enquanto limpava o quintal às 17h30." Isso fora uma hora e vinte minutos antes do pôr do sol. Os Byers descreveram Christopher como tendo 1,30 m e 22 quilos, cabelos e olhos castanho-claros. Ele tinha oito anos.

A policial deixou a casa dos Byers e, alguns minutos depois, foi enviada para atender outra chamada, em um restaurante especializado em frangos a quase 2 quilômetros de distância. Ela chegou ao drive-thru Bojangles às 20h42. Pela janela, o gerente relatou que um homem negro, sangrando, entrara no restaurante cerca de meia hora antes e fora até o banheiro feminino.[3] O homem, que tinha sangue no rosto e parecia "mentalmente desorientado", saíra alguns minutos antes de ela chegar. Depois de ele ter saído, os funcionários entraram no banheiro e encontraram sangue espalhado pelas paredes. A policial ouviu o relato mas não investigou o incidente. Às 21h10, sem sequer ter entrado no restaurante, partiu para atender uma queixa sobre alguém jogando ovos em uma casa.

Às 21h24, a mesma policial respondeu a outra chamada, novamente em Barton Street — desta vez da casa diretamente em frente à residência dos Byers. Dana Moore relatou que o filho de oito anos, Michael, também estava desaparecido.[4] Pegando novamente o bloco de notas, a policial escreveu: "A queixosa afirmou ter visto a vítima (seu filho) andando de bicicleta com os amigos Stevie Branch e Christopher Byers. Quando os perdeu de vista, pediu que a filha procurasse por eles. Não foram encontrados." Moore disse que os meninos estavam pedalando na North Fourteenth Street, na direção de Goodwin. Isso fora há quase três horas e meia, por volta das 18 horas. Já havia escurecido há mais de duas horas. "Michael foi descrito como tendo 1,20 m, 27 quilos, cabelos castanhos e olhos azuis", escreveu a policial. "Foi visto pela última vez usando calça azul, tênis, camisa azul e boné laranja e azul dos Escoteiros da América."

A essa altura, um segundo policial havia sido enviado a um restaurante de frutos do mar a vários quarteirões de distância dali. No restauran-

NÓ DO DIABO 21

te, outra mãe, Pamela Hobbs, relatou que o filho de oito anos, Stevie Edward Branch, estava desaparecido. Hobbs morava na esquina da Sixteenth Street com a McAuley Drive, a alguns quarteirões dos Byers e dos Moore. Ela relatou que Stevie saíra de casa após chegar da escola e não fora visto desde então. O policial que a atendeu não registrou quem deveria estar cuidando dele enquanto ela trabalhava ou quem a havia notificado do desaparecimento. Stevie foi descrito como tendo 1,20 m, 27 quilos, cabelos louros e olhos azuis. Segundo o registro policial, "foi visto pela última vez usando calças jeans e camiseta branca. Pedalava uma bicicleta Renegade de aro 20".

A notícia dos desaparecimentos se espalhou rapidamente pelo bairro. Enquanto grupos de pais iniciavam as buscas, outros moradores relatavam ter visto alguns meninos — três ou quatro — andando de bicicleta no fim da McAuley Drive logo antes do pôr do sol. A McAuley era uma das principais ruas do bairro. A casa onde Stevie Branch vivia ficava alguns quarteirões ao sul da esquina com a Barton onde os dois outros meninos moravam, em casas opostas. Da casa de Stevie, a rua seguia para o oeste por alguns quarteirões, terminando em um trecho de floresta de 16 mil metros quadrados, a curta distância, no sentido noroeste, das casas dos outros meninos. A floresta separava o bairro de duas rodovias interestaduais e suas paralelas, ao norte. A pequena área silvestre fornecia à vizinhança uma bem-vinda proteção contra o tráfego. Por alguns quilômetros enfumaçados, a Interestadual 40, no sentido leste-oeste — que percorre os Estados Unidos entre a Carolina do Norte e a Califórnia —, converge, em West Memphis, com a Interestadual 55, no sentido norte-sul, ligando Nova Orleans a Chicago. Para os caminhoneiros e outros motoristas, o trecho é um dos principais pontos de parada do país; no local onde as rodovias atravessam West Memphis, a cidade se transforma em um corredor de postos de gasolina, motéis e restaurantes. Era fácil para alguém de passagem não notar o pequeno trecho de mata ao lado da rodovia. O que se destacava era a grande placa azul e amarela do lava-rápido Blue Beacon Truck Wash a alguns metros dos limites da floresta, em uma avenida paralela.

Assim como os caminhoneiros conheciam o Blue Beacon Truck Wash, as crianças da vizinhança no lado sul estavam familiarizadas com a floresta. O pequeno agrupamento de árvores significava parque, playground e natureza selvagem para crianças e adolescentes que viviam nas modestas casas de três quartos e nos ainda mais modestos apartamentos do bairro.[5] A existência da floresta se devia ao reconhecimento da necessidade não de parques ou locais para as crianças brincarem, mas de controlar inundações. Anos antes, a cidade construíra um canal, conhecido pelo nada romântico nome de Ten Mile Bayou Diversion Ditch, para acomodar a água da chuva que normalmente correria para o rio Mississippi, mas era impedida pela grande barragem que o continha. Embora a barragem mantivesse o rio sob controle, a água da chuva acumulada na cidade criou problemas de alagamento durante anos. O Ten Mile Bayou foi criado para direcionar essa água ao longo da cidade, até um ponto no sul, onde uma fuga na barragem finalmente permitia que escoasse. Parte do canal corria através do grupo de árvores. Em alguns lugares, tinha 12 metros de largura e podia chegar a mais de 1 metro de profundidade. Canais tributários, como o que drenava o solo diretamente atrás do Blue Beacon, formavam galerias profundas no solo aluvial. A combinação de árvores, água e trepadeiras tornava a área um montanhoso país das maravilhas para crianças com poucos espaços não pavimentados para brincar.

Elas chamavam a floresta de Robin Hood. Os adultos tendiam a fazer com que o nome soasse mais apropriado chamando-a de Robin Hood Hills, mas sempre fora apenas Robin Hood para as crianças. Sob a cobertura verde, elas criavam trilhas para bicicletas, construíam rampas de terra, fundavam fortes e amarravam cordas para se balançar sobre o "rio" criado pelo homem. Pescavam, exploravam, acampavam, caçavam, combatiam em guerras e deixavam a imaginação fluir. Mas, à noite, quando a floresta ficava escura, a maioria das crianças permanecia afastada. O lugar já não parecia tão amigável e as coisas que os pais conseguiam imaginar se traduziam em ordens inflexíveis.

Além dos riscos oferecidos pela água e pela proximidade das rodovias, os pais se preocupavam com vagabundos que poderiam se esconder em Robin Hood. Muitos diziam aos filhos para se manter completamente afastados da floresta. Mas era uma proibição impossível de estabelecer. Robin Hood era atraente demais. Assim, naquela quarta-feira à noite, quando a notícia de que três meninos de oito anos haviam desaparecido se espalhou de casa em casa, foi inevitável que os pais corressem para o fim da McAuley, onde uma trilha levava até a floresta. Ela ficava a apenas 800 metros das casas de Christopher Byers e Michael Moore e somente alguns quarteirões a mais da casa de Stevie Branch.

O delta já começava a esquentar com a proximidade do verão. Às 21 horas, mesmo em 5 de maio, a temperatura estava em torno dos 23 graus. Alguns milímetros de chuva dias antes haviam trazido os mosquitos.[6] Embora insetos fossem um problema por toda parte, eram especialmente abundantes em lugares úmidos e cobertos de vegetação — locais sombreados como a floresta. A policial que atendera às chamadas relacionadas a Christopher Byers e Michael Moore reportou mais tarde que entrara na floresta perto do conjunto Mayfair para ajudar a procurar os meninos, mas os mosquitos a espantaram. O policial que atendera à chamada relacionada a Stevie Branch também disse que entrara na floresta e procurara com uma lanterna durante meia hora. Mas esses dois esforços foram a única ação policial naquela noite. A busca organizada da polícia só começaria na manhã seguinte.[7]

Quando os policiais se reuniram no Departamento de Polícia de West Memphis para as habituais instruções na manhã de quinta-feira, 6 de maio de 1993, o inspetor-chefe Gary W. Gitchell, chefe da divisão de detetives, anunciou que três meninos estavam desaparecidos e que ele iniciaria as investigações. Seria auxiliado por uma equipe de busca e salvamento do gabinete do xerife do condado de Crittenden. Quando, após algumas horas, ainda não havia sinal dos meninos, o Departamento de Polícia de Memphis, no Tennessee, do outro lado do rio, enviou um helicóptero para ajudar nas buscas. Ao meio-dia, dezenas de homens e mulheres se juntaram à polícia. Policiais e cidadãos comuns verificaram quintais, estacionamentos e vários prédios na vizinhança, incluindo alguns ainda danificados pelo tornado que atingira a cidade no ano anterior. Outros se espalharam pelos cerca de 3 quilômetros de terras baixas e férteis que separavam a fronteira leste de West Memphis da barragem do rio Mississippi. A busca mais intensa, contudo, concentrou-se na floresta. Durante horas, grupos de até cinquenta policiais e voluntários varreram os irregulares 16 mil metros quadrados que cercavam o canal Ten Mile Bayou. A certa altura, os grupos se encontraram no limite norte da floresta, perto das interestaduais, e caminharam lado a lado até surgirem do outro lado, perto das casas do lado sul. Mas mesmo esse esforço nada revelou. Membros de uma equipe de busca e salvamento do condado seguiram a corrente em um bote. Ainda assim, nada. Ao meio-dia, a maioria das pessoas, cada vez mais alarmadas, abandonara a floresta para procurar em outros lugares.

Os corpos

Mas uma pessoa permaneceu. Steve Jones, oficial do departamento juvenil do condado de Crittenden, caminhava pelo agora vazio trecho de floresta perto do Blue Beacon Truck Wash quando olhou para uma vala profunda, tributária do canal principal, e viu algo na água. Jones informou sua descoberta pelo rádio.[8] Entrando na floresta pelo lado do bairro, o sargento Mike Allen, do Departamento de Polícia de West Memphis, correu sobre o largo cano de drenagem que atravessava parte do canal e subiu até onde Jones o esperava. Jones o levou até um local a 55 metros ao sul das interestaduais. Parando na alta ribanceira, apontou para a água. Flutuando na superfície, estava um tênis preto de criança, sem os cadarços.

Eram aproximadamente 13h30. A área fora vasculhada durante horas. Mesmo assim, e de maneira alarmante, ali estava um tênis infantil. A polícia convergiu para o local. O sargento Allen, vestindo sapato social, calças, camisa branca e gravata, foi o primeiro a entrar na água.[9] Ela estava turva, com lama pegajosa no fundo. Allen ergueu um dos pés. Bolhas se formaram em volta dele e flutuaram até a superfície. A lama debaixo do sapato fez um relutante som de sucção. Então uma forma pálida começou a surgir na água. Lentamente, diante dos horrorizados olhos do policial, o corpo nu de uma criança, grotescamente arqueado para trás, flutuou até a superfície. Eram 13h45.[10]

Notícias sobre a descoberta se espalharam como fogo por West Memphis. As equipes de busca voltaram para a floresta, mas agora apenas os detetives de Gitchell tinham permissão para entrar. Às 14h15, a fita amarela de interdição foi estendida. Carros da polícia foram estacionados na McAuley Drive e na entrada sul da floresta, perto do Blue Beacon. Para os detetives, em uma densa e raramente visitada parte da floresta que as crianças chamavam de Old Robin Hood, o trabalho à frente era tão odioso quanto óbvio. Se um dos corpos fora jogado no canal, os outros também deveriam ter sido. O detetive Bryn Ridge se ofereceu como voluntário para a angustiante tarefa. Deixando o primeiro corpo onde fora encontrado, o policial corpulento e de cabelos escuros caminhou vários metros corrente abaixo e entrou na água. Ficando de joelhos, passou as mãos pelo fundo cheio de sedimentos. Lentamente, começou a engatinhar pelo canal estreito, vasculhando a lama com as mãos, esperando — e temendo — o momento em que tocaria outra criança morta. Em vez disso, encontrou um galho preso na lama de maneira pouco natural. Conseguiu sentir que havia algo enrolado nele. Soltando o galho e tirando-o da água, encontrou uma camiseta branca de criança.

Cuidadosamente, Ridge se levantou e retornou ao local onde o corpo flutuava. Não parecia certo deixá-lo ali. Ele o carregou até a margem. Os policiais sabiam, pelas fotografias dos meninos desaparecidos que haviam recebido, que se tratava do corpo de Michael Moore. E podiam ver que, entre a última vez em que fora visto e agora, o menino sofrera tremenda violência. Mãos e pés estavam atrás do corpo, dobrados de maneira que alguns descreveriam como "invertida", como um novilho amarrado. Mas não era exatamente isso. Os membros não foram amarrados juntos. Em vez disso, o tornozelo esquerdo fora amarrado ao pulso esquerdo e o mesmo fora feito com o tornozelo e o pulso direitos. Ele fora amarrado com cadarços. A amarração deixava o corpo em uma posição dramaticamente vulnerável. A nudez, o arco anormal das costas e a vulnerabilidade dos imaturos órgãos sexuais, tanto pela frente quanto por trás, sugeriam conotação sexual ao crime. A gravidade dos ferimentos na cabeça indicava um componente de raiva.

Uma vez iniciada, a terrível busca se intensificou. Em rápida sucessão, o canal revelou o boné e a camisa de lobinho de Michael, uma calça jeans e a desagradável e premonitória visão de mais dois pares de tênis sem cadarços. Entrando novamente na água e reiniciando a busca com as mãos, Ridge encontrou mais galhos, presos como alfinetes ao fundo lodoso. Intencionalmente enroladas em volta dos galhos, estavam outras peças de vestuário. Em breve, todas as roupas listadas nos três registros de crianças desaparecidas haviam sido retiradas da água, com exceção de uma meia e duas cuecas. Os detetives ficaram especialmente intrigados com as calças, duas delas pelo avesso. Mesmo assim, todas as três estavam abotoadas e com os zíperes fechados.

Descendo o canal, Ridge entrou novamente na água e, dessa vez, encontrou o que temia. Lutando contra a sucção da lama, libertou uma segunda forma.[11] Enquanto flutuava sinistramente até a superfície, o detetive e os policiais na margem puderam ver que o corpo estava nu e dobrado para trás, como o primeiro, e que os membros delgados haviam sido amarrados com cadarços. Era o corpo de Stevie Branch. Ele também mostrava sinais de espancamento e o lado esquerdo do rosto continha outras marcas de violência. Era difícil dizer — os ferimentos eram muito profundos —, mas parecia que seu rosto fora mordido.

Alguns minutos depois, Ridge encontrou o corpo de Christopher Byers. Como os outros, fora submerso na lama, com o rosto para baixo.

NÓ DO DIABO

Também estava nu e amarrado da mesma maneira, mas, quando os detetives o retiraram da água e viraram o corpo, tiveram outro choque. Os testículos haviam desaparecido e o pênis fora esfolado. Restava apenas uma pequena aba de carne onde os genitais deveriam estar e a área em volta da castração fora selvagemente perfurada por facadas profundas. Eram 15 horas.

Os detetives encontraram as duas bicicletas a uns 27 metros, também sob a água. Às 15h20, cerca de duas horas depois de o primeiro corpo ser encontrado, alguém na cena do crime pensou em ligar para o legista do condado. Quando chegou, ele encontrou os três corpos fora da água, depositados nas margens.[12] Declarou as mortes por volta das 16 horas.

O que se iniciara como uma busca era agora uma investigação de homicídio, ainda sob o comando de Gitchell. Seus detetives fotografaram e filmaram as margens do canal, onde estavam depositados os três corpos. A essa altura, no entanto, eles estavam fora da água havia tanto tempo que começavam a atrair moscas e outros insetos. Gitchell ordenou que a água fosse barrada com sacos de areia acima de onde haviam sido encontrados e que a seção abaixo fosse drenada, na esperança de recuperar os genitais de Christopher, as cuecas que faltavam e, talvez, a arma do crime ou outras evidências. Então caminhou para a margem da floresta, onde uma vasta multidão estava reunida. Terry Hobbs, padrasto de Stevie Branch, passava por sob a faixa amarela da polícia quando Gitchell se aproximou. Gitchell o interceptou e, gentilmente, relatou as descobertas. Sim, os corpos dos meninos haviam sido encontrados. E sim, estava claro que haviam sido assassinados. Hobbs desabou no chão e começou a chorar. Sua mulher e mãe de Stevie, Pam Hobbs, desmaiou.

Gitchell falou rapidamente com os repórteres. Foi até John Mark Byers, cujo enteado Chris fora mutilado. Byers estava apoiado em um carro da polícia. Uma fotógrafa do *West Memphis Evening Times* capturou o momento em que Gitchell estendeu as mãos para Byers, como se quisesse apoiá-lo ou mesmo abraçá-lo. Byers, que era quase uma cabeça mais alto que Gitchell, jogou os braços sobre os ombros do detetive. Quando um repórter se aproximou, Byers sacudiu a cabeça em um gesto de confusão. Ele procurara naquele mesmo local na noite anterior. "Fiquei procurando até as 4h30. Estive a uns 7 ou 10 metros de onde eles foram encontrados", disse ele, "e não vi nada." Ninguém estranhou o comentário. Muitas pessoas haviam vasculhado a área sem encontrar um único traço das crianças desaparecidas. Byers forneceu a um repórter informações que Gitchell não havia divulgado e que, segundo ele, vieram dos detetives. Ele disse que um dos meninos fora atingido acima do olho, o maxilar de outro estava ferido e o ataque ao terceiro fora "ainda pior que isso".

Depois, os observadores viram um carro funerário se dirigir para oeste pela avenida lateral e virar no Blue Beacon Truck Wash, onde deu ré até a extremidade do estacionamento. Policiais cobertos de terra e suor e carregando três sacos mortuários atravessaram a abertura na fronteira norte da floresta, cruzaram o gramado e colocaram os sacos na traseira do carro.

A essa altura, repórteres de Memphis, Little Rock e Jonesboro, no Arkansas, cidade com aproximadamente o dobro do tamanho de West Memphis e situada 96 quilômetros ao norte, haviam chegado à cena. Embora os repórteres implorassem por novas informações, Gitchell não tinha mais nada a declarar. Naquela noite, contudo, repórteres do *Memphis Commercial Appeal* sintonizaram o rádio da polícia e conseguiram uma transmissão da polícia estadual do Arkansas. Ela continha detalhes que Gitchell não revelara e que foram para a primeira página do jornal na manhã seguinte. O furo estabeleceu uma dominância do *Memphis Commercial Appeal*, que continuaria com o desenrolar da história.

Os detalhes que o jornal conseguira na transmissão da polícia estadual incluíam referências à maneira como os meninos haviam sido amarrados. Também se afirmou — incorretamente — que todos os três haviam sido sexualmente mutilados.[13] Quando os repórteres questionaram Gitchell sobre a mutilação, o detetive não fez comentários. Mas confirmou que todas as vítimas haviam sido encontradas com as mãos amarradas aos pés. Também comentou a intensidade da investigação na floresta, observando, como que desconcertado, que "A área onde os meninos foram encontrados foi toda coberta pelas equipes de busca naquela manhã e na noite anterior".

O local onde os meninos haviam sido vistos pela última vez ficava a apenas algumas centenas de metros de onde os corpos foram descobertos. A cena estava a 800 metros ao norte da esquina onde Christopher Byers e Michael Moore viviam. Quando os repórteres bateram à porta da casa dos Byers, a mãe de Christopher, Melissa, atendeu. Estava chorando e tinha pouco a dizer. "Não quero ouvir o que aconteceu com eles", soluçou. "Não quero saber." Antes de fechar a porta, acrescentou: "Tudo que sei é que meu filho está morto e os outros dois meninos também. Estou arrasada. Não quero falar sobre os detalhes sangrentos. Não sei de mais nada."

West Memphis entrou em choque. Na sexta-feira, 7 de maio, um dia depois de os corpos serem encontrados, professores da escola primária frequentada pelos meninos se reuniram para discutir os medos de seus alunos.[14] "Acho que podemos dizer às crianças que a pessoa que fez isso é muito, muito doente", recomendou um dos conselheiros. Os adultos queriam saber mais que isso, mas Gitchell pouco dizia. Encontrando apenas silêncio na polícia, a imprensa se voltou para as famílias das vítimas. De todos os pais, John Mark Byers era o mais disposto a falar. Enquanto o fim de semana se aproximava, ele disse aos repórteres que, além do luto da família, o homicídio representava um custo financeiro. E explicou: "Preciso encontrar um jeito de enterrar meu filho."

Vizinhos e grupos religiosos começaram a organizar arrecadações. No Dia das Mães, que caiu naquele fim de semana, as doações para o funeral das crianças haviam chegado a quase 25 mil dólares. E um fundo foi criado para recompensar qualquer informação que levasse à prisão do assassino — ou assassinos. Mas logo também se tornou claro que o crime não seria solucionado tão rapidamente. Na segunda-feira, 10 de maio, o quinto dia de provação, a otimista manchete do *West Memphis Evening News* anunciava: "A polícia está confiante de que solucionará os crimes." Gitchell tentou tranquilizar os leitores do jornal. Afirmou que seus detetives estavam cansados, mas acrescentou: "Vamos conseguir."

Entra Satã

Gitchell revelou pouco mais nos dias seguintes, embora tenha feito uma declaração que chamou a atenção dos moradores da região. Ele afirmou que os detetives consideravam uma ampla gama de possibilidades, incluindo a de que os assassinatos fossem resultado das "atividades de uma gangue ou seita" — apesar de ter rapidamente acrescentado que não tinha provas disso. Para os de fora, a declaração pareceu estranha, um reconhecimento de que os detetives consideravam explicações incomuns para os crimes, a despeito de não haver provas que as sugerissem. Mas os leitores de West Memphis entenderam. Algumas horas após a descoberta dos corpos, haviam começado a circular boatos atribuindo as mortes ao satanismo. Duas mulheres relataram ter ouvido sons de veneração ao diabo na floresta. O que quer que tenha causado a declaração de Gitchell, ela sugeria que ele e seus detetives levavam os boatos a sério. A notícia de que o caso podia ter implicações satânicas se espalhou o suficiente para que, quando o Departamento de Polícia de West Memphis designou o número 93-05-0666 para o caso, os repórteres perguntassem se os últimos três dígitos haviam sido escolhidos intencionalmente. O número 666 sugeria uma teoria para o crime? Referia-se ao Anticristo? Gitchell insistiu que não. A designação daquele número fora inteiramente casual. Ele explicou que os casos eram numerados de acordo com a data em que o crime ocorrera e o número de casos já registrados durante o ano. Era apenas coincidência o fato de aquele caso em particular, que ocorreu no quinto mês de 1993, ser o 666º caso investigado pela polícia até então. Anos depois, a descoberta de um relatório escrito pelo detetive Ridge dois dias após a descoberta dos corpos lançaria dúvidas sobre essa alegação. O relatório — um dos primeiros — identificava o caso com o número 93-05-0555.

2

A polícia de West Memphis

ALGUMAS HORAS DEPOIS DE OS CORPOS SEREM ENCONTRADOS, o governador do Arkansas, Jim Guy Tucker, ex-promotor público, contatou Gitchell para oferecer a assistência da polícia estadual do Arkansas. Sendo uma agência maior, ela poderia enviar detetives de sua divisão de investigação criminal até West Memphis para auxiliar no que prometia ser um caso difícil. Mas Gitchell recusou a oferta e, embora um policial estadual tenha ajudado a conduzir alguns interrogatórios, o papel da polícia estadual em West Memphis foi mínimo.[1]

Sua relutância em envolver a polícia estadual fora causada, em parte, pela informação incorreta divulgada pela agência nas primeiras horas do caso — e capturada pelo jornal. A estratégia de Gitchell, desde o momento em que os três corpos haviam sido retirados da lama, tinha sido manter rígido controle sobre as informações. Quanto menos o público soubesse, melhor ele e seus detetives poderiam trabalhar. Se, por exemplo, ninguém além do assassino conhecesse a natureza exata dos ferimentos, o interrogatório dos suspeitos seria mais fácil. Mas sua tentativa de controlar as informações fora sabotada pela própria agência de investigação que agora oferecia assistência. Qualquer um que tivesse ouvido a transmissão na faixa policial saberia que as mãos dos meninos haviam sido amarradas e conheceria o significativo, embora exagerado, fato de que "seus genitais haviam sido removidos". Na manhã seguinte à

Tensões entre as polícias local e estadual

Também pode ter havido outra razão, mais obscura, para a frieza de Gitchell em relação à polícia estadual. Na época dos assassinatos, vários policiais do Departamento de Polícia de West Memphis e do gabinete do xerife do condado de Crittenden estavam sendo investigados por ninguém menos que a polícia estadual do Arkansas. Gitchell não fora interrogado, mas muitos membros da comunidade policial haviam sido e as relações entre as polícias local e estadual estavam extremamente tensas. O incidente que levara à investigação ocorrera menos de quatro meses antes e o inquérito ainda não terminara. A investigação estava centrada em drogas, sugeria corrupção e começara com outro assassinato. A vítima fora um policial do condado — um investigador da unidade de narcóticos disfarçado que, como descobriu a polícia estadual, penhorava provas coletadas em apreensões para comprar drogas para si mesmo.[2]

Era uma história suja e só parcialmente revelada. O policial foi enterrado com honras. "Ele fez seu trabalho", disse o xerife durante o funeral. "Fez um bom trabalho para nós." A polícia de West Memphis jamais revelou a informação, descoberta pela polícia estadual, de que o policial estava pessoalmente envolvido com drogas ou que penhorara um carro da polícia e sua arma de serviço para consegui-las.

Mesmo assim, o assassinato causou muitos problemas para a polícia de Crittenden — especialmente para os policiais da força-tarefa antidrogas do condado. Enquanto os investigadores da polícia estadual investigavam o policial, descobriram que ele não era o único detetive da unidade de narcóticos a fazer mau uso de propriedade pública. Armas apreendidas em prisões por drogas haviam desaparecido do armário de provas. Também houve perguntas sobre drogas e dinheiro apreendidos e não registrados. Nos meses que precederam o assassinato dos meninos, o inquérito da

NÓ DO DIABO   35

polícia estadual sobre a morte do policial se expandira para a investigação de outros policiais — tanto do gabinete do xerife quando do Departamento de Polícia de West Memphis — que trabalhavam na força-tarefa. Em 3 de março de 1993, dois meses antes do triplo homicídio, o *West Memphis Evening Times* relatou brandamente que a força-tarefa se tornara "alvo de uma investigação da polícia estadual do Arkansas sobre armas e drogas que podem ter desaparecido".

Em um inquérito sistemático, os investigadores da polícia estadual começaram a fazer com que membros da força-tarefa passassem pelo teste do polígrafo, ou detector de mentiras, perguntando a eles sobre armas e drogas desaparecidas.[3] Durante as dez semanas que antecederam o triplo homicídio em maio, catorze policiais, incluindo quatro detetives do Departamento de Polícia de West Memphis, foram interrogados pela polícia estadual.[4] Vários deles, sendo três de West Memphis, admitiram ter retirado armas do armário de provas. Um policial disse aos investigadores que era comum que membros da força-tarefa pegassem armas que, segundo os relatórios enviados aos tribunais, haviam sido destruídas.

As declarações mais sérias foram feitas pelo tenente James Sudbury, detetive da unidade de narcóticos de West Memphis. Embora fosse o segundo na hierarquia da força-tarefa, Sudbury desempenharia papel central na investigação sobre o assassinato das crianças. Logo depois do crime, contudo, ele admitiu para os investigadores da polícia estadual que se apossara de ao menos quatro armas que haviam sido apreendidas como evidência. Outros membros da força-tarefa relataram que Sudbury também se apoderara de vários outros itens. Tudo isso foi relatado a Brent Davis, promotor público do distrito. Mas Davis, que também desempenharia papel-chave no caso de triplo homicídio, optou por não indiciar Sudbury ou os outros policiais envolvidos.[5]

No início de maio, poucas pessoas em West Memphis estavam a par das tensões entre a polícia do condado de Crittenden e a polícia estadual. Estranhamente, um dos poucos que podem ter compreendido a situação foi o padrasto de uma das crianças cujos corpos foram encontrados em Robin Hood.

John Mark Byers

Byers ocupava posição incomum na comunidade de West Memphis. Era penhorista, joalheiro por profissão, traficante, amigo da polícia e informante confidencial da força-tarefa antidrogas de Crittenden. No dia seguinte à descoberta dos corpos dos meninos, Byers simultaneamente elogiou a polícia de West Memphis por seus esforços durante a busca e se queixou do que via como demora na resposta do xerife. O xerife respondeu que aquilo não estivera sob sua jurisdição e que uma unidade de busca e salvamento do condado fora enviada assim que a polícia de West Memphis a solicitara. Além disso, acrescentou, à exceção do protocolo, não haveria nenhuma razão para negar o pedido de Byers, uma vez que ele o conhecia e o considerava um amigo.

Outros oficiais da lei envolvidos na investigação — tanto da cidade quanto do condado — poderiam ter dito o mesmo. Vários haviam comparecido a festas na casa dos Byers, bebendo cerveja, grelhando hambúrgueres e brincando na piscina do quintal. Eles conheciam Melissa Byers. Conheciam seus filhos, Ryan e Christopher. Talvez tenha sido por isso que, quando os corpos foram encontrados, o abraço de Gitchell em Byers nos limites da floresta tenha parecido tão surpreendentemente pessoal. Quando a foto desse momento foi publicada na primeira página do jornal local, ela lançou sobre Byers um feixe de luz que brilharia por muitos meses. Mas certos aspectos de seu passado não foram iluminados, apesar de alguns serem conhecidos pelos policiais locais.

Byers nasceu em 1957 em Marked Tree, Arkansas, cerca de 50 quilômetros ao norte de West Memphis. Estudou durante algum tempo no Texas para ser joalheiro e, logo depois, trabalhou em uma loja em Memphis. Mas, em 1984, estava de volta, vivendo em Marion, Arkansas, uma silenciosa comunidade rural 10 quilômetros ao norte de West Memphis. Trabalhava consertando joias no mercado de pulgas na divisa entre Memphis e West Memphis até que, em 1989, ele e Melissa abriram sua própria loja, a Byers Jewelry. A loja durou menos de um ano e Byers

NO DO DIABO   37

declarou falência. Alguns meses depois, tornou-se sócio de um penhor que operava na avenida paralela às interestaduais, perto do Blue Beacon Truck Wash. Esse empreendimento também durou pouco e, no fim de 1990, seu desapontado sócio comprou sua parte no negócio.

Sua vida pessoal tinha tantos problemas quanto a carreira. Em 1987, quando se casou com Melissa DeFir, que possuía histórico de vício em heroína, ele já tinha dois filhos, um menino e uma menina, de seu casamento anterior. A primeira mulher tinha a custódia das crianças.[6] Quando Melissa se casou com Mark, trouxe dois filhos para o casamento: Ryan, uma tímida criança de sete anos, e Christopher, que na época tinha três anos. Mas, mesmo após o casamento com Melissa, Byers manteve um tempestuoso relacionamento com a primeira mulher, que vivia em Marion.

Em setembro de 1987, sua volatilidade em relação à primeira mulher fez com que fosse preso.[7] Pouco depois das 7 horas da manhã, a polícia de Marion recebeu uma chamada sobre "uma mulher gritando". A pessoa que telefonou também relatou que havia "duas crianças pequenas do lado de fora, sem ninguém cuidando delas". Essa chamada foi seguida por uma segunda, vinda de outro morador alarmado que também ouvira os gritos. O endereço fornecido foi o da ex-mulher de Byers. Mais tarde, um policial relatou que, ao chegar, a criança mais velha disse que "a mãe e o pai estavam brigando dentro do trailer". Olhando pela porta, ele pôde ver "um homem branco e uma mulher branca no chão. O homem parecia ter um objeto preto apontado para a mulher, que chorava e estava visivelmente transtornada". Quando o policial entrou na casa, o homem, que se identificou como Byers, "levantou-se imediatamente e se tornou arrogante", enquanto a mulher "chorava e implorava para que o policial não fosse embora".

A mulher disse ao policial que Byers chegara em sua casa às 6h45, exigindo ver os filhos. Daí "começou a fazer ameaças, dizendo que queria a guarda dos filhos, que a mataria e que tinha uma arma de choque, e agia como se fosse usá-la contra ela". As notas do policial sobre o incidente continuam: "O sr. Byers agia de maneira estranha. Por alguns minutos ele se acalmava e falava normalmente, mas, em seguida, se tornava arrogante novamente, dizendo que era o pai e que levaria as crianças. Também ficou furioso quando eu disse que apreenderia o Power Zapper, que ele queria de volta. Não consegui sentir o cheiro de nenhum tipo de bebida em seu hálito, mas, pela maneira como agia, ele parecia ter usado algum tipo de medicação ou droga." O policial confiscou a arma de choque e levou a mulher e as crianças para a casa de uma amiga, onde ela "se sentiria segura".

Naquela manhã, a ex-mulher de Byers dirigiu até o centro de Marion, onde relatou o incidente a John Fogleman, promotor da cidade. Anos mais tarde, Fogleman também desempenharia papel-chave nos eventos que se seguiram ao assassinato de Christopher Byers e seus dois jovens amigos. Mas essa tragédia ainda estava quase seis anos no futuro. Em 1987, horas após a agressão, a ex-sra. Byers disse a Fogleman que em várias ocasiões o ex-marido ameaçara matá-la ou contratar alguém para matá-la, que ela pedira uma ordem de restrição e que, dada sua propensão à violência, quando ele surgira em sua casa naquela manhã, ela ligara um gravador. Ela entregou a fita a Fogleman.[8] A fita e o registro de ocorrência policial eram provas convincentes. No fim do dia, a polícia de Marion emitiu um mandado de prisão contra Byers, acusando-o de aterrorizar e ameaçar matar a ex-mulher. Ele foi condenado e sentenciado a três anos de liberdade condicional. As condições eram manter-se empregado e pagar a pensão alimentícia em dia.

Não cumpriu nenhuma delas. Durante os anos seguintes, sua primeira mulher o levou ao tribunal repetidas vezes em função da pensão alimentícia e, em duas ocasiões, quando Byers alegou pobreza, o juiz local reduziu o valor dos pagamentos estipulados pela corte. Entrementes, em 1989, Byers, agora casado com Melissa, comprou a casa de dois andares na Barton Street, em West Memphis, e se mudou para lá com Ryan e Christopher. A casa tinha três quartos, três banheiros e piscina. Quando a joalheria do casal faliu, no ano seguinte, os vizinhos começaram a se perguntar como eles conseguiam manter a casa. Melissa trabalhava como faxineira e Byers vendia joias nos mercados de pulgas locais.[9]

NÓ DO DIABO 39

Outra coisa que intrigava os vizinhos era a aparente camaradagem entre Byers e alguns membros da polícia local. Uma explicação para isso surgiu nos meses após o assassinato de Christopher, quando se soube que ele trabalhava como informante.[10] Mas havia outros mistérios, mais profundos, que nunca foram explicados. Um deles é por que, exatamente um ano antes da morte de Christopher, sua condenação por agressão foi formalmente apagada dos registros. Ele não cumpriu os termos da liberdade condicional. Não pagou a pensão alimentícia e não permaneceu empregado. Mesmo assim, em 5 de maio de 1992, o juiz David Burnett assinou a ordem absolvendo-o de todas as consequências legais da agressão e ameaça de morte à ex-mulher. Um ano depois, Burnett se tornaria outro personagem de destaque no caso de homicídio das três crianças. Mas, mesmo em 1992, seu papel na vida de Byers foi importante. Sua decisão permitiu que Byers declarasse "em qualquer formulário de emprego e de solicitação de documentos, direitos civis ou privilégios, assim como em qualquer convocação como testemunha, que não foi condenado pela agressão".[11]

Nada disso, é claro, foi relatado pelo jornal local. Se Byers era conhecido em West Memphis, era como dono de uma joalheria falida que trabalhava nos mercados de pulgas locais. Sua ex-mulher se mudara, levando os filhos, e até mesmo o registro da condenação por tê-la agredido fora removido do fórum. Mas ainda existem alguns registros. Um deles, arquivado em Memphis, relata que, em certa noite de julho de 1992 — nove meses antes dos assassinatos —, Byers foi preso na cidade.[12] Os policiais do condado o acusaram de conspiração para venda de cocaína e porte de arma branca e o levaram até a prisão do condado. Em algum momento durante a noite, porém, ele foi entregue, sem explicações, à custódia da polícia federal do Departamento de Justiça. Byers foi solto em seguida, embora — mais uma vez — os registros sobre o caso sejam escassos. Representantes do serviço de delegados do Departamento de Justiça mais tarde reconheceram que os registros não indicam quem ordenou sua soltura e por quê.

Sua situação financeira parecia sombria no ano que antecedeu o assassinato de Christopher, mas a situação legal era notavelmente boa.

Acusações — e mesmo condenações — desapareciam. No Natal de 1992, cinco meses antes dos crimes, ele estava novamente sob suspeita, dessa vez por roubo. Mais uma vez, uma situação que poderia tê-lo colocado na prisão foi resolvida em seu benefício. E, mais uma vez, as pessoas mais intimamente envolvidas na investigação — os dois detetives de West Memphis e o promotor Brent Davis — seriam presenças de peso no caso de homicídio à frente.

Em 8 de dezembro de 1992, um agente de prevenção de perdas da United Parcel Service notificou o detetive Bryn Ridge e o sargento--detetive Mike Allen, do Departamento de Polícia de West Memphis, de que um pacote contendo dois relógios de ouro Rolex, avaliados em 11 mil dólares, fora entregue na casa de Byers, mas que ele negava tê-los recebido. A UPS suspeitava de fraude. Após cinco meses sem progressos da polícia de West Memphis, a UPS levou suas preocupações à polícia estadual do Arkansas. A agência ainda investigava os Rolex desaparecidos na época do homicídio dos três meninos.

3

A investigação da polícia: parte 1

NAS HORAS QUE SE SEGUIRAM À DESCOBERTA DOS CORPOS, a investigação se dividiu em três linhas gerais. Essencialmente, as crianças poderiam ter sido assassinadas por alguém próximo, por um ou mais estranhos ou, como Gitchell insinuara, por membros de uma gangue ou seita. Essa incomum terceira via surgiu já no início e foi a mais agressivamente investigada, ao passo que os esforços dos detetives nas duas outras direções quase sempre pareceram caóticos.

A incompetência piorava o problema. Embora os corpos tivessem sido encontrados às 13h30, o legista só foi chamado quase duas horas depois. Quando chegou, larvas de moscas já começavam a surgir nos olhos e narinas das vítimas. Às 15h58, quando declarou a morte do primeiro menino, os corpos estavam expostos há mais de duas horas e meia, cobertos com plástico durante parte desse período, em temperaturas que se aproximavam dos 27 graus. Segundo ele, a temperatura da água no canal era de 15 graus, mas, depois que os corpos foram retirados, a deterioração fora rápida. Era difícil avaliar a extensão do *rigor mortis* em razão da maneira como os corpos estavam amarrados; todos os três tinham "manchas *post-mortem* na face e no tórax" e os corpos de Michael e Christopher apresentavam sinais de que "poderiam ter sido sexualmente agredidos".

Durante várias semanas, a localização e a condição dos corpos encontrados na tarde de 6 de maio constituíram quase tudo que a polícia sabia sobre os assassinatos. A barragem do canal não trouxera resultado. Ainda que os detetives esquadrinhassem o fundo lamacento, não encontraram as partes dos corpos desaparecidas, as cuecas ou uma provável arma do crime. A busca na área ao longo do canal tampouco foi produtiva. Eles localizaram uma impressão digital e uma impressão plantar parcialmente apagada, mas também uma desconcertante ausência de sangue. Foram feitos moldes das digitais, mas, embora dezenas de registros tenham sido enviadas ao laboratório de criminalística, nenhuma compatibilidade foi encontrada. À exceção dos corpos, das roupas e das bicicletas, a polícia retirou uma minúscula quantidade de provas da cena do crime. A ausência de provas materiais era surpreendente, especialmente para um homicídio triplo que não envolvera armas de fogo e no qual uma das vítimas claramente perdera muito sangue.

Confusão e desorganização agravavam os problemas dos detetives. Os registros não eram sistemáticos. Mais tarde, também haveria dúvidas sobre a integridade científica da investigação.[1] As dificuldades começaram assim que os corpos foram encontrados. A certa altura, aparentemente no primeiro ou segundo dia, um "Relatório referente à investigação", sem data e sem assinatura, foi impresso no papel timbrado do Departamento de Polícia.[2] Ele registrava o nome e a idade das vítimas, a hora aproximada em que haviam sido vistas pela última vez e o fato de que suas bicicletas haviam sido encontradas submersas "a uns 45 metros de distância". Mas nem mesmo esse relatório é confiável. Ele registra, por exemplo, que "Moore" — e não Byers — "foi visivelmente castrado". O erro se repete quando o relatório afirma que "a análise determinou que uma faca serrada foi usada para castrar Moore".

Outra parte essencial do relatório é estranhamente ambígua. Ela diz: "A busca na cena do crime não conseguiu localizar nenhum traço de sangue ou outras provas que levem os investigadores a acreditar que as vítimas foram assassinadas no local onde os corpos foram encontrados." Isso parece sugerir que a primeira suspeita dos detetives foi de que os meninos foram assassinados em algum outro lugar. O documento também registra que "um martelo ou objeto rotundo foi usado para produzir

NÓ DO DIABO   43

trauma na cabeça de todas as três vítimas", que "existe a possibilidade de que Byers tenha sido injetado com uma seringa hipodérmica" e que "o legista afirmou que a evidência sugere que as vítimas foram golpeadas com um cinto com tachas ou outro tipo de alto-relevo". Essas informações são interessantes, mas, à luz dos erros óbvios do relatório, sua credibilidade geral precisa ser questionada.

A referência do legista à possibilidade de que as crianças tivessem sido espancadas com um cinto pode ter desviado a atenção para John Mark Byers, pois ele admitira, ao relatar o desaparecimento de Christopher, que lhe dera "umas cintadas" logo antes. Mas, durante duas semanas, os detetives não pareceram inclinados a interrogar Byers seriamente. Segundo a agência local de proteção à criança, não havia queixa de abuso ou agressão contra ele.

Enquanto essa via mais lógica de investigação, relacionada aos membros da família, recebia pouca atenção e a via mais incomum — a possibilidade de que uma "gangue ou seita" tivesse cometido os crimes — já fora anunciada à mídia, os detetives devotavam centenas de horas ao exame de uma terceira possibilidade: a de que alguém completamente estranho às crianças — alguém que não fizesse parte de gangue ou seita, mas tampouco fosse membro de suas famílias — as tivesse mutilado e assassinado.

Pistas e indícios

À medida que a polícia interrogava os moradores que viviam perto da floresta, comentários sobre o tipo de perguntas feitas pelos investigadores rapidamente se espalharam de boca em boca. Mesmo que Gitchell tentasse manter rígido controle sobre informações relativas ao caso, havia vazamentos por toda parte. Não era segredo, por exemplo, que os detetives haviam solicitado uma lista dos clientes que levavam seus caminhões para lavar no Blue Beacon. E, depois que alguns moradores relataram ter visto um furgão branco desconhecido, foi amplamente divulgado o fato de que a polícia investigava todos os furgões na área, brancos ou não. As descrições do motorista variavam — algumas testemunhas o descreveram como homem de meia-idade, branco e com cabelos grisalhos; outras, como um jovem branco e de cabelos louros — e, no fim, a pista não levou a lugar algum.

Cidadãos alarmados telefonavam para a polícia com centenas de pistas e indícios. Os detetives trabalhavam freneticamente, embora de maneira muito pouco sistemática, para seguir a maioria. Nenhuma voz era considerada muito baixa para ser ouvida, nenhuma sugestão era absurda demais. Na sexta-feira, 7 de maio, no dia seguinte à descoberta dos corpos, Aaron Hutcheson, de 8 anos, colega de classe das vítimas, disse à polícia que vira Michael Moore falando com um homem negro em um carro marrom.[3] De acordo com ele, o homem era alto, tinha dentes amarelados e vestia uma camiseta com "coisas escritas". Aaron relatou que o homem dissera a Michael que sua mãe lhe pedira para levá-lo para casa e que Michael entrara no carro e partira com o homem. Embora nenhum homem negro e alto com dentes amarelados tenha sido localizado, o relato era desconcertante. Aaron e Michael eram amigos íntimos e era razoável supor que estivessem juntos na saída da escola. Os detalhes fornecidos pelo menino eram específicos. E não parecia haver razões para ele ter inventado a história. Contudo a polícia sabia que a mãe de Michael, Dana Moore, não enviara ninguém para apanhar o filho. E por que o faria? Sua casa ficava no terreno ao lado da escola. Ela disse à polícia que Michael viera para casa imediatamente. O relato de Aaron soava como produto da amedrontada imaginação de uma criança e a polícia rapidamente o descartou. Mas, com o aumento da frustração, os detetives visitariam o jovem Aaron novamente — e, em entrevistas posteriores, encarariam seus relatos com mais seriedade.

Entrementes, os detetives de Gitchell lançaram uma grande e ima-ginativa rede em sua busca pelo assassino. Quando alguém sugeriu que a maneira como os meninos estavam amarrados — pulsos atados aos tornozelos, atrás das costas — era idêntica ao modo como alguns soldados americanos haviam sido presos no Vietnã, a polícia solicitou aos hospitais locais registros de veteranos que pudessem ter sido tratados por lesões no pênis. Os detetives também interrogaram limpadores de carpetes, procurando por alguém que já tivesse limpado manchas de sangue. Investigaram um homem que fora preso por realizar cirurgias de mudança de sexo sem licença médica. Compilaram descrições de vagabundos, pessoas estranhas, pacientes com transtornos mentais e sem-teto. Investigaram um homem que dissera "coisas vulgares" sobre duas meninas, outro que supostamente fizera furos na parede de seu apartamento para espionar os vizinhos e um terceiro que despertara suspeitas por ter faltado à igreja durante várias semanas. Fizeram relatórios sobre homens que, supostamente, teriam torturado e matado animais, confessado fantasias homicidas ou posse de pornografia infantil ou foram descritos como "violentos". Também fizeram com que um resumo do crime — que era praticamente tudo que sabiam — fosse relatado no *America's Most Wanted*, um programa de TV sobre os criminosos mais procurados dos Estados Unidos. Quando as notícias sobre os assassinatos se espalharam, policiais de toda a nação tentaram ajudar enviando informações sobre centenas de casos que poderiam estar relacionados.

Na quarta-feira, 12 de maio, seis dias depois de os corpos terem sido encontrados, os detetives de Gitchell examinaram a área do canal em busca de sangue. Eles usaram Luminol, um produto que brilha ao interagir com sangue. Os resultados do teste foram inconclusivos — e mínimos.[4] Ao fim da primeira semana, a polícia se viu com dificuldades para separar as informações da onda de boatos e especulações criada pelo público. Uma mulher relatou que, na noite em que os meninos desapareceram, enquanto dirigia pela estrada nas vizinhanças do lava-rápido Blue Beacon entre 18h e 18h30, vira os três andando de bicicleta. Se seu relato fosse verdadeiro, colocaria os meninos na entrada da floresta do lado oposto ao que todos os outros afirmavam tê-los visto pela última vez. Mas alguns relatos eram mais confiáveis que outros. Um detetive da unidade de narcóticos de Memphis relatou que John Mark e Melissa Byers haviam trabalhado como informantes confidenciais tanto para a polícia de Memphis quanto para o gabinete do xerife do condado de Shelby, de que Memphis fazia parte. A informação era potencialmente importante — se a polícia de West Memphis já não a conhecesse. Ela sugeria que a mãe e o padrasto da criança mais seriamente brutalizada estiveram, de um modo ou outro, envolvidos em atividades criminosas. Mas, se a polícia de West Memphis seguiu essa pista, não foram feitos registros.

Outra pista interessante também indicava Memphis — e conexão com drogas. Uma semana e meia após os crimes, os policiais de West Memphis souberam que, quatro dias antes de os corpos serem encontrados, dois jovens de Memphis, Chris Morgan e Brian Holland, haviam deixado a cidade abruptamente e se mudado para Oceanside, na Califórnia. Quando a polícia de West Memphis os investigou, soube que os pais de Morgan e sua ex-namorada viviam na cidade, perto de onde as vítimas moravam, e que ele certa vez vendera sorvete no bairro. Os detetives pediram à polícia de Oceanside que os interrogasse. Os oficiais da Califórnia atenderam ao pedido e, em 17 de maio, Morgan e Holland passaram pelo teste do polígrafo. Os resultados indicam que ambos mentiram em suas respostas sobre os assassinatos. A polícia de Oceanside relatou que, a certa altura, após várias horas de interrogatório, Morgan ficara furioso e deixara escapar que fora hospitalizado por abuso de álcool e drogas e poderia ter cometido os crimes. E depois, subitamente, retirara a declaração. A polícia de Oceanside enviou amostras de sangue e urina de ambos para a polícia de West Memphis. E foi só. Houve pouca investigação posterior sobre os dois. O arquivo não explica por que uma pista aparentemente tão séria foi abandonada.

Gitchell, enquanto isso, solicitara mais informações ao laboratório estadual de criminalística e ao serviço médico-legal. Mas também fora frustrado nessa iniciativa. O legista realizara a autópsia um dia depois de os corpos serem encontrados, mas semanas haviam se passado e Gitchell ainda não recebera os laudos. Os analistas do laboratório de criminalística foram um pouco mais solícitos. Após examinar os cadarços que prendiam os corpos, a analista Lisa Sakevicius enviou a Gitchell um relatório indicando que os nós usados para amarrar Christopher e Michael eram

NÓ DO DIABO 47

"iguais", enquanto os usados em Stevie eram "desiguais entre si e dos outros dois". Acrescentou que encontrara pele e possivelmente cutículas em uma das ligaduras e que havia grandes chances de a pele "não pertencer aos meninos", mas não disse a quem poderia pertencer. Relatou, contudo, que um fragmento de "cabelo negroide" fora encontrado no lençol que envolvia o corpo de Christopher.

Byers e outros familiares

Embora os detetives não tivessem se aproximado das famílias dos meninos no início da investigação, eles tinham ao menos duas razões importantes para fazê-lo. Em primeiro lugar, os familiares eram valiosas fontes de informação. Em segundo, eram — ou deveriam ser — os principais suspeitos.[5] Dos três pares de pais biológicos, apenas Todd e Dana Moore ainda eram casados. Eles tinham outra filha, Dawn, de dez anos. Em 8 de maio, três dias após as mortes, o detetive Ridge conversou com os Moore. Eles tinham pouco a acrescentar. Mas uma amiga de Dawn disse que vira Stevie e Michael indo até Robin Hood na noite em que desapareceram.[6] Ela vira as bicicletas estacionadas na rua, na entrada da floresta. Ridge escreveu em suas notas que a menina "não vira Christopher naquele dia".

Os pais de Stevie, Pam e Steve Branch, haviam se divorciado quando Stevie tinha apenas um ano. O divórcio estabelecia que Pam teria a custódia e Steve só poderia ver o filho se ela estivesse presente. Ele deveria pagar 250 dólares mensais de pensão alimentícia, mas, quando Stevie completou sete anos, Branch já devia 13 mil dólares. Em função disso, seu salário começara a ser deduzido na fonte e, na época do assassinato, o estado do Arkansas também o procurava em função de impostos atrasados. Ele já fora acusado de roubo, embora a acusação tivesse sido retirada a pedido da vítima. Nada disso foi incluído no arquivo do caso e os registros das entrevistas policiais com Branch, Pam e seu novo marido, Terry Hobbs, são mínimos.

Assim como os registros das entrevistas com a mãe e o padrasto de Christopher. A despeito da gravidade dos crimes, nenhuma das entrevistas iniciais com os pais foi registrada. De acordo com a única página de notas de Gitchell, John Mark Byers relatou que a ex-mulher e os dois filhos de seu primeiro casamento agora viviam no Missouri, mas não há registro da agressão contra ela. O relatório diz que Christopher era "enteado" de John Mark Byers, e acrescenta que Byers o adotara quando o menino tinha cerca de quatro anos.[7]

Mesmo assim, Byers foi interrogado com mais atenção que os outros pais. Segundo as notas de Gitchell, ele relatou que chegou em casa às 15h10 de 5 de maio de 1993, após uma consulta médica. Às 15h50, levou o enteado Ryan, de treze anos, até o tribunal municipal, pois prestaria um depoimento como testemunha em um litígio sobre um acidente de trânsito. Após deixar Ryan, dirigiu até Memphis para buscar Melissa no trabalho.[8] Voltou para casa com ela e, às 17h30, saiu de casa novamente para apanhar Ryan. Quando chegaram, às 18h15, Christopher não estava em casa e, às 18h20, a família começou a procurar por ele. Isso é tudo que dizem as notas de Gitchell sobre sua primeira entrevista com Byers.

Dois outros relatórios relacionados foram feitos nesse mesmo dia. O tenente Sudbury, codiretor da força-tarefa antidrogas, entrevistou uma mulher cujo filho estudava na escola primária. A mulher telefonou para a polícia logo depois que os corpos foram descobertos, dizendo ter informações sobre os Byers. Quando o detetive Sudbury atendeu a chamada, ela disse que, no fim de 1992, fora a uma reunião de pais e mestres no auditório da escola. Lá, ouvira a diretora da escola falando com John Mark e Melissa Byers, que estavam sentados atrás dela. Conforme a mulher, a diretora dissera que "Chris tivera de ser expulso da sala naquele dia por estar perturbando a aula" e os Byers responderam que "haviam feito tudo que podiam e pensavam em mandá-lo embora". Depois que a diretora se afastara, o casal continuara a conversar sobre uma maneira de "se livrar de Chris". Sudbury registrou que contatara a diretora e que ela afirmara não se lembrar da conversa. E isso é tudo. Nenhum registro indica que os Byers tenham sido interrogados a respeito.

NÓ DO DIABO 49

Outra pessoa telefonou para a polícia em 8 de maio relatando "algo a respeito de drogas" relacionado a John Mark Byers. Quem quer que tenha atendido a ligação a registrou não no formulário-padrão da polícia, mas sim no bloco de notas de uma empresa farmacêutica. Quando um detetive entrou em contato com a fonte, ouviu que "Byers está fazendo reabilitação em Memphis por causa das drogas e tomando metadona" e pode ter "um tumor cerebral". Embaixo dessa anotação, alguém no departamento escreveu "NOTÍCIA VELHA" e sublinhou duas vezes. A entrada sugere que a polícia estava mais familiarizada com John Mark Byers que o demonstrado em seus registros oficiais.

Embora a polícia não tenha gravado, e muito menos filmado, as entrevistas nesse estágio das investigações, algumas ferramentas modernas foram utilizadas. Uma delas foi o polígrafo, cujos testes foram administrados pelo detetive Bill Durham. Durante o curso da investigação, Durham aplicou o teste a 41 suspeitos. Mas não aos familiares das vítimas. A polícia também recolheu as impressões digitais de mais de quatro dúzias de suspeitos, esperando que uma delas combinasse com a encontrada na floresta. A combinação jamais foi encontrada. E, é claro, eles esperaram por informações do laboratório estadual de criminalística. Nas semanas que se seguiram aos homicídios, o departamento enviou centenas de itens para avaliação, incluindo dezoito facas, três galhos, um cassetete de borracha, um picador de gelo, três martelos, um anzol, uma corda, amostras de cabelos de 41 pessoas, amostras de urina e sangue de outras onze, impressões plantares, sapatos, caixas de roupas e um vidro de conserva cheio de água, para ver se combinava com a encontrada no interior dos corpos. O cabelo dos familiares de todas as vítimas foi submetido à análise, assim como amostras de urina e sangue de Todd Moore e John Mark Byers.

A polícia investigou brevemente outra pessoa próxima à família Byers. Em 11 de maio, dois detetives interrogaram Andrew Gipson Taylor, um mecânico de 34 anos que frequentemente se hospedava na casa dos Byers.[9] Taylor disse aos policiais que Byers de fato tinha um tumor cerebral, que atualmente recebia auxílio do Seguro Social e que a família passava "por uma situação financeira difícil". Também relatou que havia "rancor" entre John Mark Byers e Todd Moore. "John Mark dava festas", escreveu um dos detetives, "e quando seus amigos estacionavam no gramado [de Moore], ele chamava a polícia". Quando lhe perguntaram se sabia onde Byers estava logo antes de os corpos serem encontrados, Taylor respondeu que o amigo procurara "dos dois lados do canal — e entrara na floresta atrás do Blue Beacon".

Os dois policiais então interrogaram Ryan Clark, o filho de treze anos de Melissa. Ryan disse que chegou da escola "exatamente às 15h38" na tarde em que Christopher desapareceu.[10] Chris não estava em casa. John Mark Byers levou Ryan para seu depoimento no tribunal às 16 horas, partiu e retornou ao tribunal por volta das 18 horas. No caminho de volta, Byers disse a Ryan que Chris arrombara a janela para entrar em casa e ficaria de castigo uma semana. Quando chegaram em casa, a mãe disse que jantariam em um restaurante e que ele deveria chamar Christopher no andar de cima. Ryan subiu as escadas, mas não o encontrou. A família começou a procurar do lado de fora.

Ryan afirmou que uma vizinha vira Christopher andando de skate com Stevie e Michael, que estavam de bicicleta. A vizinha disse que Christopher subira na garupa da bicicleta de Stevie, deixando o skate na rua. Ryan encontrou o skate na calçada, a cerca de seis casas da sua. Mas não havia sinal de Christopher e a família entrou no carro para procurá-lo.

Naquela noite, ele e três amigos haviam se juntado à busca em Robin Hood. Caminhando perto do canal, ouviram "capim e galhos estalando" e "cinco barulhos na água realmente altos". Ryan disse aos detetives que, após ouvir os dois primeiros barulhos, gritou: "Ei! Tem alguém aí?" Não houve resposta e, depois do terceiro barulho, ele e os amigos correram. Quando chegaram ao duto, ouviram um tiro.

Ryan achava que ele e os amigos haviam passado cerca de meia hora na floresta. Depois começaram a procurar na vizinhança. O relatório dos detetives sobre a entrevista se encerra com a declaração de Ryan de que "fora para casa à meia-noite e seus pais o fizeram ir para a cama". No dia seguinte, os dois detetives entrevistaram seus amigos. Os três confirmaram a história.

NÓ DO DIABO 51

Duas semanas após os homicídios, Gitchell e seus detetives chamaram John Mark Byers até a delegacia para uma conversa gravada — sua primeira entrevista formal à polícia. O detetive Ridge, que fora encarregado de investigar Byers no caso dos Rolex desaparecidos, e o tenente James Sudbury, detetive da unidade de narcóticos sob investigação da polícia estadual do Arkansas, conduziram o depoimento. Ele durou 78 minutos.

Byers se descreveu como joalheiro autônomo e incapacitado. Disse que tinha 36 anos, 1,95 m, 108 quilos e era destro. Possuía uma caminhonete Ford F-150 XLT azul e branca e um Mark I Isuzu prateado. A maior parte da entrevista concentrou-se em seu paradeiro entre o horário em que os meninos foram vistos pela última vez e o momento em que os corpos foram encontrados no canal.

De maneira geral, seu relato bate com o de Ryan. Ele afirmou que, no dia em que os meninos desapareceram, fizera exames em uma clínica em Memphis. Chegou em casa às 15h10. Christopher já deveria ter chegado da escola, mas ainda estava fora. Byers disse à polícia que ele e Melissa o consideravam jovem demais para ter a chave de casa e, assim, ele fora instruído a esperar na garagem se não houvesse ninguém em casa. Byers saiu de casa às 15h50 para levar Ryan até o tribunal. Então dirigiu até Memphis, pegou Melissa no trabalho, deixou-a em casa e foi até o centro de West Memphis para buscar Ryan. No caminho, viu Christopher deitado em seu skate, na rua. Ele o levou para casa, fez com que se inclinasse sobre o balcão da cozinha e lhe deu "duas ou três cintadas. Se pudesse voltar atrás, eu o faria um milhão de vezes. Mas estava apenas tentando mantê-lo seguro. Queria evitar que algo assim acontecesse".

— Eu entendo — respondeu Ridge.

Byers disse que mandou Christopher limpar a garagem e depois saiu de casa novamente para buscar Ryan. Mas, quando ele e Ryan chegaram em casa, Christopher havia saído novamente. Sua descrição da busca que se seguiu confere com a de Ryan. Ele disse que comunicou o desaparecimento de Christopher à polícia logo antes das 20 horas, porque

Christopher "nunca ia a lugar nenhum, por nenhum período de tempo". Disse que começou a procurar na floresta por volta das 20h30. "Estava escuro. Eu estava de short e chinelo, então corri para casa para mudar de roupa e vesti o macacão e as botas que usei nos dois ou três dias seguintes. Voltei para lá e atravessei [...]. Não tinha uma lanterna ou algo assim e pensei: 'Vou pedir uma lanterna emprestada.' [...] Assim que saí da floresta, vi o carro da polícia chegando." Ele e o policial procuraram juntos por um breve tempo, usando a lanterna do último.[11]

Ridge e Sudbury não questionaram sua declaração de que atravessara o rio até o centro de Memphis e voltara a West Memphis, no horário de pico, em apenas uma hora e dez minutos. Não o pressionaram por detalhes acerca das vezes em que estivera sozinho perto de onde os corpos foram encontrados. Não perguntaram por que entrara na floresta no escuro, sem uma lanterna. E não indagaram a respeito da crítica diferença entre seu relato e o de Ryan sobre o que aconteceu por volta da meia-noite naquele dia.

Byers declarou que, quando voltou para casa após procurar na floresta, "eram 11 horas em ponto". Disse que deu dois telefonemas: primeiro, para a polícia de West Memphis, a fim de saber "qual era a situação", e em seguida para o gabinete do xerife, para perguntar "por que o esquadrão de busca e salvamento não viera ajudá-lo a procurar pelo filho". Era aproximadamente meia-noite quando terminou os telefonemas, mais ou menos o horário em que Ryan dissera aos detetives que o padrasto o mandara para a cama. Mas o relato de Byers é muito diferente.

"Nós voltamos a procurar", disse ele. "Aliás, eu e meu filho Ryan entramos no carro e fomos até o Blue Beacon Truck Wash." Quando chegaram ao local, ele disse aos funcionários: "Escutem, três meninos estão desaparecidos. [...] Vou passar por aqui, por trás da propriedade, buzinando e gritando, e quero que vocês saibam por que estou fazendo isso." E continuou: "Então entramos lá em nosso pequeno carro prateado, com Ryan buzinando e eu gritando pela margem da floresta, e ele meio que dirigiu o carro por lá." Os dois então "buzinaram e gritaram por algum tempo" e ele caminhou na direção da floresta,

NÓ DO DIABO   53

ainda chamando pelos meninos. Mas, como não tinha lanterna, não chegou ao outro lado. "Buzinamos e gritamos por um tempão", disse aos detetives, "e depois voltamos."

Ridge e Sudbury não mencionaram a declaração de Ryan de que fora para a cama à meia-noite. Nenhum deles perguntou a Byers por que Ryan teria omitido um episódio tão crucial em seu relato sobre aquela noite. Ryan nunca foi interrogado acerca da discrepância. Não há registro de a polícia ter interrogado algum funcionário que tivesse trabalhado no último turno do Blue Beacon naquela noite nem de que a questão tenha surgido durante a investigação.[12]

Essa não foi a única oportunidade que Ridge e Sudbury perderam de questionar Byers com mais atenção. Durante a entrevista de 19 de maio, Byers disse que, na manhã da busca, perguntara aos policiais quando eles colocariam um barco no canal: "Talvez eles tenham se afogado, precisamos colocar um barco no pântano." Nenhum dos detetives perguntou por que ele achava que os meninos haviam se afogado.

Outra área que Ridge e Sudbury poderiam ter explorado está relacionada aos amigos de Christopher. Byers disse que ele gostava de brincar com "um menino chamado Aaron", mas seu melhor amigo era Stevie Branch. Ele admitiu, contudo, que não sabia onde Stevie morava até a noite em que Christopher desapareceu. Nenhum dos detetives perguntou por que ele não sabia onde o melhor amigo de seu enteado morava. Nem tampouco o indagaram sobre o que outros haviam relatado, ou seja, que Michael, que vivia do outro lado da rua, era seu amigo mais íntimo. Byers sequer mencionou Michael. E parecia não querer falar sobre os Moore. Quando lhe perguntaram sobre o casal, respondeu que ele e Melissa "não se davam muito bem" com eles. E explicou que, no verão anterior, eles haviam se queixado quatro vezes à polícia sobre as festas em sua casa, incluindo uma em homenagem a um ex-xerife.[13]

Mesmo quando Byers parecia mentir, os detetives não o pressionavam. Isso aconteceu quando Ridge perguntou sobre o pai biológico de Christopher. Byers disse: "Nem sei como ele se chama." E então acrescentou, rapidamente: "Ele veio ao funeral. Seu nome é Ricky Lee Murray."

Ninguém mencionou o assunto da agressão contra a ex-mulher. Ridge simplesmente perguntou: "Alguém em sua família possui histórico de maus-tratos?"

"Não, senhor", foi a resposta de Byers. Com isso, o tópico foi abandonado.[14]

Em outras partes da entrevista, Byers alude a suas interações com policiais locais. Quando Ridge perguntou se ele achava que o assassino ou assassinos poderiam ser reabilitados e, quem sabe, "voltar às ruas", sua resposta sugere que ele já sabia quem eram os suspeitos. "Não", disse a Ridge, "porque, pelo que [o promotor assistente] John Fogleman disse sobre esses indivíduos, ele não vê como eles poderiam alegar insanidade, já que tentaram encobrir o crime. E ele prometeu, a mim e aos outros pais, no escritório de Gary Gitchell, que não importaria a idade deles, ele iria julgá-los como adultos e tentaria conseguir a pena de morte."

Da mesma forma, quando Sudbury perguntou a Byers se havia alguém com quem a polícia deveria "conversar", alguém "de Memphis, talvez", sobre quem Byers "falara à unidade de combate ao crime organizado", sua resposta foi cautelosa: "Quem vai ouvir a fita?"

"Somente nós, os investigadores", assegurou Ridge. Byers então mencionou dois homens, conectados a drogas ilegais, a respeito dos quais ele "trabalhara com a cidade".

Quando a entrevista chegava ao fim, Ridge fez mais uma pergunta.

— Ok — começou ele. — Bem, o que quero dizer agora, o que vou dizer, é que posso ter informações [...]. Essas informações sugerem fortemente que você tem algo a ver com o desaparecimento dos meninos. E, em última instância, com os assassinatos. Qual sua resposta a isso?

— Minha primeira resposta é que não consigo entender de onde você tirou isso — respondeu Byers.

— Ok.

— E isso me deixa tão furioso que tenho que me segurar aqui na cadeira.

— Quem, de todas as pessoas que você conhece, poderia ter feito esse tipo de sugestão?

— Não tenho a menor ideia.

— Sei.

— Se soubesse, eu bateria nessa pessoa. Você sabe, fico furioso de pensar que alguém poderia dizer algo assim a meu respeito. Isso me deixa furioso.

Ridge explicou que precisava fazer essas perguntas.

— Era para conseguir uma resposta — disse ele. — Queríamos saber qual seria sua resposta. E não estou dizendo que alguém fez alguma acusação. Ok? Mas eu tinha de conseguir essa resposta de você. Você entende isso? Entende?

— Provavelmente entenderei. Nesse momento, não sei. Isso machuca.

— Também me machuca ter de perguntar — respondeu Ridge. — Assim como sei que machucou você ter de responder.

— Só me diga uma coisa — disse Byers. — De homem para homem, diga, não ligo se é oficial ou extraoficial, você sabe que eu não tive nada a ver com o assassinato de meu filho e daqueles outros dois meninos, não sabe?

— De homem para homem — assegurou Ridge —, eu sei disso.

Duas semanas haviam se passado e grande parte da investigação era um caos. A investigação dos familiares não produzira resultados, nem tampouco as numerosas e variadas pistas seguidas pelos detetives. Gitchell estava confuso. A cidade estava em estado de alarme — os habitantes tinham medo até de ir ao shopping — e os policiais locais esperavam uma prisão. Mesmo assim, Gitchell ainda não recebera os laudos das autópsias. Sua esperança de que o laboratório pudesse ajudá-lo a reduzir o escopo da investigação diminuía rapidamente. Quando a investigação se aproximou da terceira semana, Gitchell ficou desesperado. Ele telefonou para a polícia de Indiana e pediu que os detetives interrogassem Ricky Lee Murray, pai biológico de Christopher. Mas Murray tinha um álibi sólido para a hora dos crimes.

Em 22 de maio, os detetives entrevistaram Melissa Byers. Algumas coisas que ela disse contradizem os relatos do marido. Ele dissera que Christopher jamais desaparecera antes, mas ela afirmou que ele se ausentara algumas vezes recentemente e que, em duas dessas ocasiões, ficara fora por quase duas horas. Um dos detetives também registrou que "Melissa ficou preocupada, achando que ele talvez tivesse sido molestado". Quando os detetives perguntaram quem ela achava que poderia ter assassinado os meninos, ela respondeu que não sabia. Mas acrescentou: "Quem quer que tenha feito isso, era alguém que os meninos conheciam — ao menos um deles."

Como os detetives descobririam em breve, ao ver os registros médicos de Christopher, havia mais em sua história do que o relatado pelos pais.[15] Em 1990, quando Christopher tinha apenas 5 anos, os Byers o levaram a um neurologista em Memphis para avaliar seus problemas comportamentais.[16] O médico escreveu em seus registros: "A paciência da mãe está no fim." Ele prescreveu medicação e viu Christopher várias vezes durante os três anos seguintes. A última vez foi em janeiro de 1993, menos de quatro meses antes dos assassinatos. Christopher não melhorara e o neurologista observou que estava "confuso" quanto à razão.[17]

Os detetives arquivaram a informação, demonstrando pouco interesse. Aparentemente, seu interesse por Byers tampouco aumentou quando a polícia estadual do Arkansas relatou provas conclusivas de que ele mentira sobre os Rolex. Os funcionários da UPS haviam relatado suas suspeitas à polícia de West Memphis seis meses antes. Mas também colocaram seu próprio investigador no caso e notificaram a polícia estadual do Arkansas. O caso de fraude fora solucionado. Cerca de três semanas após os homicídios, a polícia estadual informou à polícia de West Memphis que, ao contrário do que afirmara, Byers realmente recebera os relógios e os vendera a um quiroprático em Jonesboro, Arkansas, cerca de 100 quilômetros ao norte de West Memphis. O quiroprático apresentara dois cheques cancelados que usara no pagamento dos relógios. Os cheques, no valor total de 9.050 dólares, eram nominais a — e endossados por — Byers. Tanto o quiroprático quanto o joalheiro que enviara os relógios estavam dispostos a testemunhar.[18] Quando se tornou claro que poderia ser julgado por outro crime, Byers telefonou para Gitchell dizendo que "cometera um erro". Gitchell registrou brevemente que Byers dissera que "queria ser honesto e direto a respeito, esperando que não interferisse na investigação".

Gitchell desesperado

Em 26 de maio, vinte dias após a descoberta dos corpos, Gitchell ainda não recebera os laudos da autópsia. Ele estava cada vez mais furioso e escreveu uma carta aos analistas do laboratório de criminalística externando sua exasperação. Na carta, fez várias perguntas, cujas respostas eram "vitais" para a investigação.[19] Quais eram as horas das mortes? Quais eram as causas das mortes? Ele ainda não sabia. Ele poderia receber um esquema dos ferimentos? "Lágrimas, sangue ou perfurações" foram encontrados nas roupas? O galho que fora enviado ao laboratório fora usado contra as crianças? O laboratório encontrara "qualquer coisa" que indicasse o envolvimento de um homem negro? Havia evidência de que os meninos haviam sido forçados a praticar sexo oral? Eles haviam sido sodomizados?

A carta menciona o que deveria ser um dos segredos mais bem-guardados do departamento. Gitchell escreveu que o dr. Frank Peretti, o legista que realizara a autópsia, "mencionara ter encontrado urina" no estômago de dois dos meninos. Peretti pedira que a polícia enviasse "amostras da água" para o laboratório. Gitchell atendera ao pedido, mas até então o departamento não fora informado sobre nenhum resultado. "O que foi determinado em relação à urina — se é que se trata de urina? Ela pode ser usada para eliminar ou indicar suspeitos?" Adicionalmente, queria saber: "Vocês podem nos dizer qual criança foi morta primeiro?" E: "As crianças foram arrastadas?" Ao fim, concluiu: "Ficaremos imensamente gratos por qualquer coisa que puderem nos dizer. Precisamos desesperadamente de informações do laboratório de criminalística [...] sem [as quais] estamos de mãos atadas [...]. Sentimos que estamos caminhando às cegas em relação a esse caso."

Dois dias depois, Gitchell escreveu outra carta frustrada, dessa vez para John Fogleman, agora promotor assistente do distrito.[20] Gitchell se queixou de que ele e sua equipe se sentiam "severamente prejudicados" pela falta de informações do serviço médico-legal. Ele citou especificamente a necessidade dos laudos da autópsia, que ainda não recebera. E relatou que, nessas circunstâncias, ficara surpreso ao saber que Fogleman e outro promotor assistente haviam recentemente ido a Little Rock para se encontrar com os analistas do laboratório de criminalística.[21] A visita era extraordinária ao menos em dois aspectos: primeiro, como Fogleman mais tarde reconheceu, promotores normalmente não se envolvem tão profundamente em investigações policiais em andamento[22] e, segundo, a visita fora realizada sem seu conhecimento. "Talvez", esbravejou ele, "você possa descobrir algo" com o legista "que possa nos ajudar" — algo que a polícia, "por alguma razão desconhecida", diz ele, foi incapaz de descobrir diretamente.

A visita incomum dos promotores e a irritação do detetive eram sinais do nervosismo dos oficiais da lei enquanto a cidade se preparava para o primeiro mês após os assassinatos. O caso do triplo homicídio parecia não ir a lugar algum. E a lua estava quase cheia novamente.

4
A investigação da polícia: parte 2

Homens santos dizem ser a vida um mistério.
E se apegam felizes a esse refrigério.
Mas alguns mistérios hão de rosnar e morder,
E nos perseguir ao escurecer.

Uma chuva de sombras, uma tormenta, uma ventania,
A luz do dia recua, a noite a tudo engolia.
Se o Bem é a luz, e o Mal, a treva,
Altas são as paredes malignas que o Mundo sepulta.
Logo vem o fim, o lúgubre cair da escuridão.[1]

ENQUANTO GITCHELL SE SENTIA caminhando às cegas e as abordagens tradicionais do caso — incluindo a investigação das famílias e a busca de dicas e pistas — não produziam suspeitos, o interesse na sugestão de Gitchell relacionada a uma "gangue ou seita" se expandia para preencher o vazio. Os defensores dessa teoria focavam sua atenção em um adolescente de Marion que copiara os versos acima. Embora alguns vejam neles influências góticas, como as que inspiraram Edgar Allan Poe ou Stephen King, e outros possam detectar depressão clínica ou desespero, os oficiais da lei em Marion e West Memphis concluíram que sugeriam envolvimento com o oculto. Embora "o oculto" tenha permanecido um termo vago, a crença de que atividades ocultistas ou satânicas estavam perigosamente em andamento no condado já estava estabelecida entre alguns oficiais da lei na época em que os homicídios ocorreram. Essa crença podia ser atribuída aos esforços de Jerry Driver, um oficial da unidade juvenil do condado, que era visto pela polícia como especialista na maneira como o ocultismo e o crime convergem.

Driver não era policial. Depois de uma carreira como piloto comercial, ele e a mulher abriram uma pequena empresa de serviços de limpeza doméstica. Quando o empreendimento fracassou, Driver, então com cinquenta e poucos anos, aceitou um cargo no condado de Crittenden como agente da condicional. Sua tarefa era fazer o acompanhamento de jovens que haviam tido problemas com a lei. Na época dos assassinatos, Driver era o oficial-chefe do departamento juvenil do condado. Steve Jones, o oficial que descobrira o revelador tênis flutuante, era seu assistente.

Os homicídios chocaram, mas não surpreenderam Driver. Há meses ele dizia às pessoas que alguma calamidade aconteceria. Quando aconteceu, seu primeiro pensamento foi para Damien Echols, um jovem problemático que ele vinha observando por quase um ano. Desse momento em diante, esse terceiro aspecto da investigação de homicídio possuía um foco claramente identificado — algo que as duas outras abordagens não possuíam. Nas semanas que se seguiram, esse foco se tornou cada vez mais nítido.

O jovem chamara a atenção de Driver mais de um ano antes dos crimes, quando uma mulher telefonou para a polícia de Marion relatando que ele havia ameaçado sua filha. Damien, que abandonara a escola e vivia no parque de trailers Marion's Lakeshore Estates, tinha dezessete anos na época; Deanna Jane Holcomb tinha quinze. A mãe de Deanna disse à polícia que a filha namorara Damien, mas eles haviam rompido o relacionamento no início da semana. Quando o policial chegou à casa dos Holcomb, Deanna contou que desde que ela e Damien haviam rompido, ele a vinha assediando, além de ameaçar um de seus amigos. De acordo com o registro de ocorrência policial, Deanna afirmou que Echols — "1,80 m, 72 quilos, olhos castanhos e cabelos pretos" — disse que mataria o outro jovem "e o jogaria no jardim da casa dela, depois voltaria para cuidar dela e incendiaria a casa".[2] A mãe da jovem disse ao

NÓ DO DIABO 61

policial "que temia pela vida da filha". Mais tarde, Driver se lembraria de que a família da jovem dissera que Damien estava "tentando arrastá-la para a magia negra e esse tipo de coisa".[3]

Lakeshore era um dos bairros mais pobres de um condado que estava entre os 10% mais pobres dos Estados Unidos. Embora muitas casas fossem cuidadosamente mantidas, com jardins e alegres sinos de vento, outras decaíam em função do abandono e da sombria dilapidação. A maioria dos residentes de Lakeshore Estates sobrevivia graças a uma ou outra forma de assistência estadual ou federal e a família Echols não era exceção. Damien vivia com a irmã, a mãe, a avó e o padrasto em um pequeno trailer de dois quartos. As tensões na casa cozinhavam em fogo brando. O oficial responsável pela investigação dirigiu até o trailer e, quando o adolescente de cabelos negros abriu a porta, advertiu Damien para que se mantivesse afastado de Deanna e de sua família.

Mas os problemas da família Echols também haviam chamado a atenção do serviço social. Exatamente um ano antes dos assassinatos — no mesmo dia, aliás, em que o juiz David Burnett ordenou que a condenação de John Mark Byers fosse apagada dos registros —, uma assistente social que trabalhava com saúde mental visitou os Echols e concluiu que tanto Damien quanto a irmã Michelle precisavam de ajuda. O relatório da visita descreveu os problemas da família como "graves".

A mãe de Damien e Michelle, Pam, tinha 34 anos, vinte anos mais nova que o segundo marido, Andy "Jack" Echols, que adotara seus dois filhos. Em 1992, a assistente social designada para o caso definiu a situação como à beira do ponto de ruptura. O fim do namoro entre Damien e Deanna, que segundo ele se dera por insistência dos pais dela, exacerbou a tensão. Menos de um mês após o primeiro incidente, a mãe de Deanna telefonou novamente para a polícia, dessa vez para relatar que a filha voltara a sair com Damien.[4] Um policial foi até a casa dos Holcomb e, enquanto registrava a ocorrência, Deanna chegou, acompanhada por Damien. Sua mãe gritou com o rapaz, ordenando que saísse da propriedade e se afastasse dela. A jovem gritou em resposta, dizendo que queria ficar com ele. O policial registrou: "Damien afirmou que apenas caminhara com ela até em casa" depois que ela se sentira mal na escola. Mas a mãe de Deanna estava furiosa. O policial advertiu Damien novamente, insistindo para que se afastasse dela. Em seu relatório, a mãe da jovem disse que levaria a filha a um psiquiatra.

A história de amor proibido poderia ter terminado aí. Mas, durante uma tempestade uma semana depois, a mãe de Deanna telefonou para a polícia novamente, dessa vez para relatar que ela fugira de casa — presumivelmente com Damien. Os policiais foram até Lakeshore Estates, onde encontraram os adolescentes, "parcialmente nus da cintura para baixo", em um trailer desabitado.[5] O amigo de Damien, Jason Baldwin, estava com eles. Damien e Deanna admitiram ter planejado fugir. Mas, como nenhum deles possuía um carro — ou sabia dirigir —, eles haviam procurado refúgio no trailer para esperar o fim da tempestade. Nada foi roubado, mas, mesmo assim, a polícia os acusou de arrombamento e má conduta sexual. Eles foram levados até a prisão do condado e Driver foi notificado. Alguém da unidade juvenil foi até o trailer dos Echols e pediu para revistar o quarto de Damien. Pam Echols deu permissão e o oficial encontrou cadernos contendo textos e desenhos. Segundo Pam, ele disse que seriam devolvidos, mas nunca o foram. Os cadernos, que incluíam o poema citado, foram incluídos em seu registro. Driver os considerou evidência de que o jovem mostrava perigosos sinais de interesse pelo oculto.

O promotor assistente Fogleman acusou Damien pelo incidente no trailer.[6] Deanna foi entregue aos pais e ele foi para um centro de detenção juvenil cerca de uma hora ao norte de West Memphis. Embora obedecesse às regras do centro e, de acordo com os registros, tratasse os funcionários com "profundo respeito", houve rumores de que ele e Deanna tinham a intenção de conceber um bebê que, após o nascimento, seria sacrificado em um ritual satânico. Quando Driver soube dos boatos, contatou um hospital psiquiátrico em Little Rock e levou Damien até lá.

Para Driver, era um alívio que Damien estivesse em um hospital a mais de 160 quilômetros. Ele não sabia se os rumores eram verdadeiros, mas as declarações do próprio Damien haviam sido suficientes para

NÓ DO DIABO 63

convencê-lo de que o jovem estava em um caminho perigoso. Para começar, Damien lhe dissera que era bruxo. "Acho que ele disse que era um wiccano", comentaria Driver mais tarde, "e cultuava deusas." O jovem se vestia principalmente de preto e "parecia um daqueles caras de filme de terror: botas, capa, cabelo preto longo e escorrido — ainda que o usasse curto algumas vezes". Na visão de Driver, Damien Echols fazia parte de uma alarmante tendência no condado, que arrastava não apenas ele, mas muitos adolescentes na direção de Satã.

Mesmo com Damien hospitalizado, Driver notou, com crescente preocupação, que "seu *modus operandi* permanecia" no condado de Crittenden. Ele concluiu que Damien era o líder ou figura central de um grupo devotado ao que chamou de "atividades relacionadas ao oculto". Driver e Jones encontraram pentagramas e outros grafites "relacionados a cultos" sob as pontes da estrada de ferro, em fortificações ao longo das interestaduais e em uma descaroçadeira de algodão abandonada a leste de Marion que as crianças chamavam de Stonehenge.[7]

Driver sabia que algumas das atividades podiam ser atribuídas ao comportamento adolescente. Ele reconhecia que "muito dessa coisa de adoração ao mal era uma desculpa para beber e fazer sexo" e que alguns dos jovens envolvidos estavam "brincando, fazendo isso como gozação". Mas outros, como Damien, pareciam ter ido além da mera brincadeira. Suas preocupações não eram incomuns na época.[8]

No fim dos anos 1980, o interesse pela suspeita prevalência de abuso em rituais satânicos, ou SRA, como ficou conhecido, cresceu tanto que o assunto era discutido em ambientes tão distintos quanto conferências de psicologia, tendas religiosas, seminários de treinamento policial, revistas e programas de televisão, nos quais as palavras "satânico", "oculto", "ritualístico" e "paganismo" eram frequentemente mal definidas ou usadas de maneira intercambiável. Jogos de RPG, como Dungeons and Dragons, assim como certos tipos de rock — especialmente o heavy metal — foram descritos como portões de entrada para um mundo sombrio que poderia levar ao abuso ritual. No pior dos casos, alertavam os especialistas do novo campo de SRA, os adolescentes que começavam inocentemente, brincando com tábuas Ouija ou lendo livros sobre paganismo e magia, poderiam ser arrastados para rituais envolvendo o uso de símbolos perigosos e daí para o vandalismo, as mutilações animais, o abuso ritualístico de crianças e o suicídio ou, até mesmo, o homicídio.

Em 1991, o interesse da polícia por "cultos bizarros e sacrifício humano" havia crescido tanto que o FBI realizou uma pesquisa nos arquivos nacionais para determinar sua extensão.[9] Nesse ano, um especialista do FBI concluiu que, "depois que o exagero e a histeria são postos de lado, percebe-se que a maioria dos cultos satânicos e atividades ocultistas *não* envolve crimes e, quando o faz, normalmente são crimes relativamente menores, como invasão, vandalismo, crueldade com animais ou pequenos furtos". Mas esse ponto de vista pouco sensacionalista teve dificuldade para competir com os relatos de controle da mente, sadismo e massacres cometidos em nome de Satã. Driver era um dos milhares de oficiais que consideravam seu dever legal e moral estarem alertas para atividades suspeitas que pudessem significar um mal maior, embora oculto. Assim, enquanto Damien Echols estava no hospital psiquiátrico de Little Rock, Driver contatou um consultor em crimes relacionados ao ocultismo.[10] O consultor chegou a West Memphis munido de fotografias de grafites e outras parafernálias relacionadas a cultos, que Driver reconheceu como similares aos que vinha encontrando no condado de Crittenden. Driver também frequentou seminários no Texas e no Tennessee sobre o assunto e conduziu seus próprios seminários.[11] A despeito de sua vigilância e da ausência de Damien, contudo, parecia que as atividades relacionadas a cultos em sua área estavam aumentando. Ele continuava a ouvir rumores de que "coisas ruins vão acontecer" e sentia que a situação se encaminhava, como disse mais tarde, "para uma espécie de crescendo".

Os psiquiatras que avaliavam Damien, no entanto, não estavam tão alarmados. Eles relataram suas crenças, mas somente como parte de um perfil psicológico mais amplo.[12] E ao menos parte da equipe estava disposta a reconhecer certas distinções. Um psiquiatra registrou cuidadosamente que Damien "indicou que está envolvido não com satanismo,

NÓ DO DIABO 65

mas sim com bruxaria". O médico também observou que Damien fumava um maço de cigarros por dia, tinha histórico de asma e apresentava uma "crua, rudimentar e autoinfligida tatuagem" no "formato de um símbolo científico representando o sexo feminino" no antebraço esquerdo. O diagnóstico foi depressão clínica. Um psicólogo sugeriu a possibilidade de transtorno bipolar ou maníaco-depressivo. Qualquer que fosse a causa, os problemas imediatos de Damien foram listados como "extrema agressividade física em relação aos outros, ideação e intenções suicidas, humor deprimido e pensamentos bizarros e incomuns".

Ele permaneceu hospitalizado por três semanas. Quando recebeu alta, o hospital notificou Driver de que os médicos haviam prescrito Imipramine para tratar a depressão. O relatório também afirmava que, embora Damien tivesse desenhado "numerosos símbolos de bruxaria" e escrito "alguns poemas bastante incomuns", não era considerado uma ameaça para si mesmo ou para os outros. E informava que Pam Echols, mãe de Damien, pretendia se mudar do Arkansas com ele e Michelle. O psiquiatra informou Driver que conversara com Fogleman, o promotor assistente, "que concorda que Damien deixe o estado".

Em julho de 1992 — o mês em que John Mark Byers foi preso por porte de drogas e armas em Memphis e então entregue à custódia dos delegados federais do Departamento de Justiça no meio da noite —, Damien e Michelle Echols se mudaram com a mãe para Aloha, no Oregon. Lá, Pam se reuniu a Joe Hutchison, pai biológico de seus filhos. Joe gerenciava um posto de gasolina BP em Aloha, onde conseguiu empregar Damien. Era uma ocupação irônica para um adolescente que jamais dirigira um carro.[13]

Aloha ficava a 3.200 quilômetros de West Memphis, mas o interesse de Driver por Damien seguiu o adolescente até lá. Pam Echols e os filhos haviam acabado de se instalar no pequeno apartamento de Joe Hutchison quando Driver entrou em contato com autoridades da infância e juventude do Oregon, pedindo que realizassem uma "supervisão de cortesia" em relação a Damien enquanto ele estivesse em liberdade condicional. O conselheiro do Oregon registrou que, ao se referir a Damien, Driver "fez os seguintes comentários: a) Damien e vários de seus associados estão envolvidos em um culto satânico; b) Damien e a namorada foram internados em um hospital psiquiátrico; c) Damien ameaçara matar os pais da namorada; d) Damien afirmava ser bruxo; e) Damien e a namorada planejavam ter um filho para oferecê-lo como sacrifício a Satã; e f) as autoridades do Arkansas suspeitavam que os pais de Damien estavam envolvidos no sistema de crenças satânicas".[14]

Talvez com algum receio, o conselheiro do Oregon visitou a família Echols. Mais tarde, relatou que os pais, Pam e Joe, disseram não ter problemas com o jovem. Damien não estava na escola, mas trabalhava em tempo integral no posto de gasolina com o pai, recebendo 5 dólares por hora. "Damien não possui passatempos ou interesses e, perguntado sobre o que faz para se divertir, respondeu que nunca se diverte", escreveu o conselheiro. Este notou que, em meio a outras instabilidades, até mesmo o nome de Damien parecia inconstante. O menino fora chamado de Michael Wayne Hutchison ao nascer, mas mudara de nome ao ser adotado por Jack Echols. O conselheiro relatou que "Damien mudou seu nome de Michael para Damien porque, na época, estava envolvido na conversão ao catolicismo e Damien era o nome do santo que respeitava. Agora, está no processo de mudar legalmente de nome, passando a se chamar Michael Damien Wayne Hutchison. Ele é atualmente conhecido como Michael no local onde trabalha".

O conselheiro juvenil também verificou as preocupações de Driver. "Damien nega qualquer envolvimento com crenças ou cultos satânicos", escreveu. E:

> Ele expressou considerável desprazer com as observações feitas pelo sr. Driver. Reconheceu que fizera um pacto de suicídio com a namorada caso as autoridades ou os pais dela tentassem separá-los; contudo, afirmou que, após a hospitalização, não está interessado em ferir a si mesmo ou a qualquer outra pessoa. Nega ter ameaçado matar os pais da namorada. Reconhece que é bruxo e indica que essa é sua escolha religiosa. Também distingue suas crenças religiosas do satanismo, afirmando acreditar em

uma série de deuses e deusas e ver isso como opção religiosa, que não deveria interessar às autoridades estaduais. Damien encarou minhas perguntas nessa área como uma invasão de sua privacidade e se recusou a continuar discutindo o assunto.

O encontro foi rotineiro e o oficial recomendou que Damien fosse supervisionado em "grau mínimo" pelos próximos quatros meses, até 11 de dezembro de 1992, quando completaria dezoito anos.

Mas Driver não estava satisfeito. Dois dias depois, os oficiais do Oregon receberam outra carta, relatando que Damien tentara "entrar em contato com a jovem que fora presa com ele". Driver acrescentou que a tentativa de entrar em contato com a ex-namorada era uma "violação dos termos de sua liberdade condicional", embora nenhum registro corroborasse sua alegação. As autoridades do Oregon não responderam.

Damien não podia escapar de Driver. Não podia escapar do tumulto em sua própria família. E não podia escapar das forças destrutivas dentro de si. Dois meses após se reunirem no Oregon, seus pais telefonaram para a polícia local afirmando temer que ele estivesse prestes a machucar alguém — a si mesmo ou a eles. Os policiais o levaram sob custódia e, depois de discutir "suas opções", conduziram-no a um hospital local.[15] O médico que o examinou declarou que estava responsivo, coerente e calmo; negara experimentar alucinações ou ilusões; negara as declarações dos pais de que estava envolvido com "satanismo ou adoração ao mal"; e negara ter ameaçado "cortar a garganta da mãe". O médico também observou, entretanto, que mesmo depois de chegar ao hospital, Damien "aparentemente fez algumas ameaças verbais ao pai". Ele foi admitido na ala psiquiátrica e permaneceu sob vigilância contra suicídio.

Quando, na manhã seguinte, os membros da equipe médica o questionaram sobre os eventos da noite anterior, Damien insistiu que não pretendia se matar, apesar de admitir estar deprimido há muito tempo, principalmente em função de problemas relacionados à família. Ele disse sentir falta da namorada, Deanna, e do melhor amigo, Jason Baldwin.

Após uma sessão de aconselhamento familiar, os terapeutas chegaram à mesma conclusão registrada pela assistente social de saúde mental do Arkansas seis meses antes: a família Echols/Hutchison enfrentava problemas muito graves. Joe Hutchison afirmou mal conhecer o filho. Pam disse que, como resultado das ameaças, ela e Joe não o queriam por perto. Mas a avaliação de Damien não foi completamente sombria. Uma examinadora relatou que, ainda que suas habilidades matemáticas fossem ruins, sua capacidade de leitura era elevada e suas habilidades linguísticas, excelentes, embora ele mal tivesse frequentado a escola durante os três últimos anos. Depois de analisar um poema que ele escrevera, ela observou que o "uso da linguagem é de altíssimo nível e o poema possui belas qualidades, mesmo que tenha certo apelo mórbido".

No fim, a questão se tornou o que fazer com aquele adolescente perturbado — e talvez talentoso — cuja família não tinha dinheiro. Após dois dias no hospital, a equipe não considerava Damien uma ameaça para si mesmo ou para os outros. Mas sua família não o queria e o próprio Damien desejava voltar para o Arkansas. À luz do fato de que faria dezoito anos em apenas três meses, seu médico escreveu: "Planos para emancipação e retorno ao Arkansas me parecem razoáveis." O hospital notificou os oficiais juvenis do Oregon. Eles, por sua vez, notificaram Driver de que Damien retornaria ao Arkansas, onde planejava morar novamente com Jack Echols, e que contataria Driver quando chegasse.

Embora o plano tivesse sido aprovado pelos oficiais do Oregon, não estava bom para Driver. Quatro dias depois de Damien sair do hospital, Driver afirmou em uma declaração juramentada que ele violara os termos da liberdade condicional "ao ameaçar a vida dos pais e se recusar a obedecer a suas ordens".[16] A seu pedido, o promotor assistente Fogleman apresentou uma petição à corte alegando que, além das ameaças, "Damien Echols violou os termos da liberdade condicional ao sair da casa dos pais e retornar a Marion, Arkansas".[17] Em nenhum lugar a petição para revogação da liberdade condicional menciona que as autoridades responsáveis do Oregon haviam sido notificadas e concordado com a mudança, nem que Driver também fora formalmente notificado. Quando

NÓ DO DIABO 69

voltou ao Arkansas, Damien foi julgado delinquente, levado sob custódia e enviado, mais uma vez, para o centro de detenção juvenil da região.[18] Ele ficou furioso. E, algumas horas depois de chegar ao centro de detenção, enquanto estava na área de recreação com vários outros adolescentes, confirmou as suspeitas mais sombrias de Driver. Como relatou o diretor do centro: "Um dos garotos arranhara o braço e sangrava um pouco. Sem avisar, Damien agarrou o braço e começou a sugar o sangue. Todos os garotos declararam que ele vinha dizendo que não tomara o remédio na noite anterior e estava prestes a 'explodir' em cima deles. Quando perguntamos por que fizera isso, ele respondeu 'Não sei'. Também disse à equipe que ameaçara matar o pai e comê-lo." O diretor concluiu: "Em nossa opinião, Damien precisa de tratamento psiquiátrico."[19]

O tribunal ordenou que Damien retornasse ao hospital psiquiátrico de Little Rock onde fora tratado anteriormente. Dessa vez, ele ficou internado durante três semanas. Quando recebeu alta, no fim de setembro de 1992, o hospital notificou Driver de que, assim como durante a outra internação, seu comportamento parecia normal, embora ele fosse "cuidadoso em relação ao próprio comportamento e à maneira como é visto pelos outros". Ele foi instruído a continuar tomando Imipramine contra a depressão e a se apresentar para acompanhamento no centro local de saúde mental.[20]

Damien retornou a Marion. Ainda faltavam dois meses e meio para seu aniversário de dezoito anos e, até lá, ele permaneceria sob a supervisão de Driver. Driver impôs três condições: primeira, ele se apresentaria em seu escritório ao menos uma vez por semana; segunda, estaria em casa em um horário determinado; e terceira, ele se matricularia na escola técnica local e obteria um diploma. Damien assinou um contrato concordando com as estipulações e, no fim de dezembro, dez dias antes de seu 18º aniversário, recebeu o diploma de equivalência ao ensino médio, tendo também cumprido as outras condições.

Mas Driver ainda não estava satisfeito, nem tampouco convencido de que Damien era inofensivo como acreditavam seus médicos. Ele achava que sua aparência incomum, suas crenças religiosas pouco convencionais e os rituais satânicos que negava — mas que Driver estava convicto de que conduzia — eram atitudes de um pária social em busca de alguma forma de controle. "Ele veio de um contexto familiar horrível", explicaria Driver mais tarde. "Cresceu em circunstâncias muito ruins e foi perseguido por outras crianças. Acho que assumiu essa persona estranha para manter as pessoas afastadas e evitar que o perseguissem. E então progrediu, passando a usar sua estranheza a serviço de seu desejo de poder." Em Damien, Driver via um adolescente com "aparência fria". Ele acreditava que o jovem se tornara uma dessas pessoas "que podem fazer as coisas sem remorso". Como diria mais tarde aos detetives de West Memphis: "Quanto mais o conhecia, mais preocupado ficava."

Damien, enquanto isso, começou a namorar Domini Teer, de 16 anos, que era sua vizinha no parque de trailers. Conseguiu emprego em tempo parcial em uma empresa de telhados. E manteve suas consultas no centro de saúde mental. Em sua primeira consulta, a assistente social notou que ele estava vestido de preto, usava uma cruz prateada e fazia "intenso contato visual". Damien passou a confiar na terapeuta e, ao longo do tempo, no que acreditava ser a confidencialidade das sessões, fez várias declarações, que ela registrou em suas notas. "Damien contou que, no hospital, disseram que ele poderia ser outro 'Charles Manson ou Ted Bundy'", escreveu ela. Em outra sessão: "Afirma 'odiar a raça humana'." E em outra ainda: "Relatou ser perseguido pelas autoridades locais, pois 'acham que sou um líder satânico'. Admite ter sido pego com itens satânicos e cadernos relacionados à bruxaria. Nega envolvimento em cultos. Esteve interessado em bruxaria durante os últimos oito anos."[21]

Quando ele compareceu à terapia em 25 de janeiro de 1993, a sessão abordou a morte. Mais tarde, a terapeuta escreveu que ele levantara a questão com um poema que escrevera uma semana antes. "O tema do poema está centrado na morte e no poder", escreveu ela. "Damien explicou que obtém poder ao beber o sangue de outras pessoas. Tipicamente, bebe o sangue de um parceiro sexual ou parceiro dominante. Consegue isso mordendo ou cortando. Ele declarou: 'Isso faz com que eu me sinta um Deus.'" No fim da sessão, a terapeuta o encorajou a continuar escrevendo como forma de comunicar seus sentimentos. E registrou: "Damien concorda em fazer isso, embora continue a questionar a terapeuta sobre a confidencialidade e queira se assegurar de que não será mal interpretado."

Damien tinha razão em se preocupar. Enquanto outras vias de investigação, por uma ou outra razão, eram abandonadas, a crença de que os meninos haviam sido mortos por satanistas começou a se impor. A observação inicial de Gitchell sobre um culto começava a tomar a frente como teoria principal para o caso. E a observação de Damien à sua terapeuta de que "eles acham que sou um líder satânico" estava prestes a se mostrar correta.

5
Os principais suspeitos

UM TERAPEUTA TALVEZ PUDESSE VER AS ideias de Damien como doentias, e a maioria das pessoas da região, se as conhecesse, também as teria considerado profanas. Ali, assim como em todo o delta do Mississippi, a paisagem espiritual era rigorosamente cristã e rigorosamente literal. Em um grau maior que em quase qualquer outro lugar do país, os anjos eram vistos ali como emissários de Deus, pairando de maneira invisível e sempre por perto, e as crianças eram ensinadas a se prevenir contra Satã, cujos malefícios também estavam muito próximos. A crença em possessão por demônios era comum. Era, como observou um estudioso, "uma extensão da visão sulista generalizada de que o mal é muito real e o demônio possui grande poder, operando no mundo de maneira vibrante".[1]

Embora nem todo mundo no delta do Mississippi visse o cosmo em termos tão cruéis, a maioria dos residentes do leste do Arkansas o fazia. Eles frequentavam igrejas cristãs, quase todas pertencentes à conservadora Convenção Batista do Sul.[2] Nas manhãs de domingo e nas noites de quarta-feira, em cidades ao longo das rodovias do país, fiéis faziam fila em edifícios de torres brancas, algumas grandiosas, a maioria humilde, onde pregadores advertiam sobre infernos flamejantes e ensinavam que a redenção só seria encontrada no sangue do Salvador, Jesus Cristo. Em tal ambiente, as ideias que Damien Echols confiava a sua terapeuta eram mais que estranhas — eram blasfemas.[3] O fato de Driver ver seus textos e ler alguns de seus registros psiquiátricos trouxe à atenção da polícia o que, de outra forma, teria permanecido como conversa terapêutica privada.

Driver e Jones

Ainda que Damien tivesse cumprido as exigências de se apresentar uma vez por semana, obter um diploma de ensino médio e receber aconselhamento na clínica de saúde mental, e a despeito do fato de ter dezoito anos e já não ser responsabilidade do oficial da unidade juvenil, o interesse de Driver se intensificou no início de 1993. O oficial continuava a encontrar exemplos do que tomava por rituais satânicos.[4]

Quando os corpos dos três meninos de oito anos foram descobertos, um deles mutilado, Driver imediatamente começou "a se concentrar em Damien e seu grupo". Ele via Damien como principal suspeito e partilhou essa opinião com seu assistente Steve Jones e com o detetive Donald Bray, do Departamento de Polícia de Marion. "Don Bray foi a primeira pessoa a realmente ouvir o que estava acontecendo", observou Driver mais tarde. "Ele estava interessado no que víamos como o lado oculto do crime. Acho que a polícia de West Memphis demorou um pouco mais para perceber isso."[5]

Como Driver via Damien como líder de um culto na região, ele também estava interessado em seus amigos. Além da namorada de Damien, Domini, sabia-se que o suspeito líder do culto tinha apenas um único amigo verdadeiramente próximo, Jason Baldwin, de dezesseis anos, antigo vizinho que partilhava seu interesse por skate e heavy metal. Os dois eram amigos desde que Jason estava na sétima série e Damien na oitava. Haviam se conhecido na sala de estudos. Na época, ambos viviam em Lakeshore, "um lugar sujo e tipo esmolambado", como lembra Jason, que a polícia estava sempre patrulhando.[6] "Eu queria sair de lá", disse ele. "Muita gente de lá não sabia o que fazer da vida. Acho que viviam no piloto automático. Não pensavam no futuro."

Embora Jason mais tarde reconhecesse que tanto ele quanto Damien também agiam assim, na época em que se conheceram, "achávamos que éramos as pessoas mais legais da escola". Parte do que os uniu foi, como disse mais tarde, o fato de que

> os outros não gostavam de nós. Eles me acusavam de ser satanista desde a sexta série. Era porque eu tinha cabelo comprido e usava camisetas de bandas, como Metallica, Guns n' Roses, Ozzy Osbourne e U2. Eu e Damien nos vestíamos de maneiras diferentes. Basicamente, eu usava jeans e camisetas de banda. Ele gostava de roupas pretas, sem nada impresso. Mas a maneira como nos vestíamos era uma coisa que as pessoas criticavam. A maioria das outras crianças usava roupas esportivas, tipo Tommy Hilfiger, ou, se fossem da área rural, camisas de flanela, botas de caubói e cintos com fivelas gigantescas. Então nós nos destacávamos porque, embora eu e Damien nos vestíssemos de maneiras diferentes, também éramos diferentes de todos os outros. E a música de que gostávamos também era diferente de tudo que eles ouviam. Apresentei Damien ao Metallica e ele me apresentou ao Pink Floyd. Ele também não tinha a vida que queria e, assim como minha mãe, sofria de depressão. Acho que nossa amizade o ajudou.[7]

Além disso, ele lembra:

> Eu e Damien também andávamos muito. Costumávamos andar até o Walmart ou o boliche, mesmo quando não tínhamos dinheiro. Nenhum de nós tinha dinheiro. *Nunca* tivemos nem 20 paus. Talvez conseguíssemos 5 ou 10 dólares pra ir ao boliche ou à pista de skate, onde gostávamos de ficar perto das pessoas, principalmente das garotas. Era basicamente por isso que íamos a esses lugares, pra conhecer garotas e jogar sinuca e videogame. Ouvíamos falar sobre concertos e coisas assim em Memphis, mas nunca tivemos grana pra ir. Além disso, minha mãe

dizia que eu ainda não era velho o bastante pra ir. Minha mãe era muito protetora. Na época, se eu fosse a qualquer lugar, tinha de telefonar pra ela de hora em hora. Se não fizesse isso, ficava de castigo.[8]

Os pais de Jason estavam divorciados há anos quando ele conheceu Damien. O pai fora embora quando ele tinha quatro anos e, embora vivesse no Arkansas, à exceção de uma visita no Natal onze anos depois de partir, não tivera praticamente nenhum contato com a família. "Não ligo pra ele", disse Jason. "Ele não liga pra gente." Jason era próximo da mãe e, como filho mais velho, protetor em relação a ela. Ele apreciava a maneira como ela trabalhava duro para sustentar a ele e aos irmãos, a despeito de lutar contra uma depressão tão severa que certa vez tentara o suicídio. "Foi muito devastador", escreveu Jason em uma redação escolar. "Eu a encontrei, telefonei para a emergência e a mantive viva. Mas tenho sorte. Minha mãe está bem e feliz agora, e eu também."

Apesar de Damien ter abandonado a escola, Jason ainda a frequentava e era um bom, embora não excepcional, aluno. Suas melhores notas eram em artes e inglês e, com o encorajamento de um dos professores, pensava em ser artista gráfico. No segundo ano do ensino médio, ele reconheceu que tinha algo de não conformista, ao menos para os padrões do colégio em Marion. Havia a maneira como ele se vestia, ligada a seus gostos musicais, ambos fora dos estilos predominantes: esportista e country. Ele usava o cabelo comprido, preso em um rabo de cavalo — outro distanciamento da norma. E, se perguntado, reconhecia possuir uma atípica indiferença pela religião.

Jason acreditava em Deus, acreditava firmemente em certo e errado, mas, no ensino médio, achava que a religião era um conforto "para as pessoas em seu leito de morte". Damien, em contraste, era extremamente interessado em ideias religiosas, especialmente as que podiam traçar suas origens até o passado distante. Foi por isso que se sentira atraído pelo catolicismo e, mais tarde, pela religião Wicca. Mas, ainda que Jason não comungasse os mesmos interesses de Damien, também não se incomodava com eles.[9]

Quando Jason e Damien estavam no ensino médio, chamaram a atenção de Driver e Jones. Jason tivera problemas em 1990, quando tinha doze anos e acabara de chegar a Lakeshore. Segundo ele, havia um prédio metálico ao lado do parque de trailers, com uma parede faltando, o teto enferrujado e, do lado de dentro, algumas carcaças de veículos. "Havia um matagal gigante lá dentro. E era fácil de entrar. Era uma espécie de clubinho para as crianças."

Um dia, quando Jason estava lá com o irmão Matt, de 10 anos, e dois outros meninos, "a polícia nos acusou de invasão". O registro oficial sobre o episódio pinta um quadro mais sério. A polícia relatou que os meninos haviam quebrado as janelas de um trator com pá, de um Cadillac 1969 e de um Ford 1959, descritos como "equipamento e carros antigos". Jason foi acusado de invasão e conduta criminosa. Fogleman, então juiz de menores, decretou liberdade condicional e pagamento de 450 dólares, uma quantia imensa para ele e a mãe. "Ele pretendia nos enviar para uma escola vocacional por dois anos", lembrou Jason. "Mas minha mãe disse que não nos deixaria ir." Steve Jones, agente da condicional, tornou-se sua nêmesis. "Ele me disse: 'Sei que você está tentando começar uma seita'", afirmou Jason mais tarde. "Depois disso, as outras crianças começaram a dizer: 'Ouvimos que você e Damien têm uma seita.' Nós dizíamos: 'Não, não temos. Quem disse isso?' E elas respondiam: 'A polícia.'"[10]

A despeito da pressão, Jason só se lembra de Damien ter se envolvido em uma briga. Foi o ataque ao jovem que começara a sair com Deanna Holcomb, sua ex-namorada.[11] "Desse momento em diante", disse Jason, "Steve Jones passou a liderar a campanha contra Damien em Marion e West Memphis. Ele e seu comparsa Jerry Driver. Após os assassinatos, eles interrogavam as pessoas sobre o crime, mas, nas mesmas entrevistas, perguntavam se elas sabiam que Damien fazia parte de um 'culto satânico'."

Don Bray

Antes de os corpos serem encontrados, enquanto os policiais de West Memphis e do condado procuravam pelos meninos, conversas sobre os desaparecimentos naturalmente percorreram o tribunal de Marion. Na delegacia do outro lado da rua, Bray estava confinado a seu escritório, atendendo uma queixa rotineira. Os proprietários de uma parada de caminhões local relataram a cobrança indevida de 200 dólares no cartão de crédito de um cliente e suspeitavam da nova funcionária, Victoria Malodean Hutcheson, que estava no balcão quando o cartão fora usado. Bray deveria entrevistar Vicki Hutcheson naquela manhã. A mulher ruiva e magra chegou na hora marcada, acompanhada pelo filho de oito anos, Aaron.

Esse era o mesmo Aaron Hutcheson que, algumas horas mais tarde, contaria aos policiais de West Memphis sobre o homem negro no carro marrom que supostamente apanhara Michael Moore na saída da escola. Mas, nesse ponto em que os corpos ainda não haviam sido descobertos, Bray ficou perturbado ao ver a criança em seu escritório. Ele esperava que uma mulher de trinta anos tivesse o bom senso de não levar o filho a uma entrevista com a polícia.[12] Mas Hutcheson explicou que Aaron era amigo dos garotos desaparecidos. Na verdade, acrescentou, Michael Moore e Christopher Byers eram seus melhores amigos. Bray compreendeu e seu interesse pela mulher e pelo filho foi despertado. Parecia que poderia haver mais na entrevista que apenas uma transação suspeita. Ela colocava Bray no centro do que, no momento, era o crime mais sensacional da nação. Bray achou que o jovem Aaron Hutcheson poderia saber algo sobre os meninos que ajudasse a polícia a encontrá-los. Ele pegou o telefone e ligou para a polícia de West Memphis sugerindo a possibilidade. Mas era tarde demais. A central informou que os corpos haviam sido encontrados.

Bray desligou e deu a notícia a Hutcheson. Subitamente, a criança parecia tanto vulnerável quanto importante. Aaron tinha a mesma

NÓ DO DIABO 79

idade das vítimas. Fora amigo delas. Quem sabe o que vira ou ouvira? Ocorreu a Bray que o menino poderia possuir informações que talvez ajudassem a solucionar os homicídios — e ninguém o interrogara ainda. Ele perdeu o interesse pelo problema do cartão de crédito e se voltou para a investigação. Mais tarde, disse à polícia de West Memphis que, durante a entrevista, Vicki Hutcheson relatou que Chris Byers e Michael Moore haviam pedido que Aaron fosse com eles até a floresta na tarde anterior, mas ela não permitira. Além disso, Aaron afirmou que, no passado, estivera em Robin Hood com os meninos em várias ocasiões e que Michael nadara no canal. Quanto aos proprietários da parada de caminhões, Bray disse achar que eles haviam cometido um erro contábil e que nenhum dinheiro estava realmente faltando. Eles rejeitaram essa conclusão e demitiram Hutcheson.

A polícia de West Memphis, enquanto isso, recebia alguns telefonemas incomuns. Um informante anônimo relatou que o pastor de uma igreja batista local estava preocupado com alguns adolescentes do parque de trailers de Lakeshore, que supostamente cultuavam o demônio.[13] Quando a polícia contatou o pastor, ele disse que um jovem chamado Damien era suspeito de estar envolvido com cultos. O ministro declarou que ouvira dizer que o grupo se reunia em algum lugar perto do rio Mississippi, que vira Damien usando botas com o número 666 e que ele tinha uma namorada chamada Domini Alia Teer.

A essa altura, Driver também contara a Bray sobre as suspeitas que ele e Steve Jones alimentavam em relação a Damien Echols e Jason Baldwin. Bray considerava Driver "o homem mais bem-informado do condado quando se trata de adoração satânica". Durante suas conversas sobre os assassinatos, Driver escrevera o nome de oito adolescentes em um pedaço de papel. Entregara o papel a Bray e dissera, em caráter confidencial, que quando a investigação chegasse ao fim, um ou mais dos garotos cujos nomes estavam no papel provavelmente seriam acusados pelos homicídios. Os nomes de Damien e Jason estavam na lista, assim como o de Domini. Bray dobrou o papel e o colocou no bolso da camisa, onde o carregaria durante vários meses.[14] Os relatos de culto ao demônio em Robin Hood, as preocupações do pastor em relação aos cultos e o interesse de Driver por Damien e Jason foram suficientes para que o tenente Sudbury e o oficial Jones fizessem uma visita aos adolescentes.

Sudbury, Jones e Griffin

Embora Jones não fosse policial e Sudbury normalmente trabalhasse apenas em casos relacionados a drogas, os dois se uniram. Juntos, conduziram as primeiras entrevistas que consideravam os homicídios como obra de um culto satânico. Para muitos que conheciam os detalhes do caso, o salto de homicídio para satanismo não era um salto propriamente dito. Tudo a respeito do crime — o aspecto medonho dos assassinatos em si, a idade das vítimas, a castração e os corpos nus e amarrados — parecia horrível. Os assassinos pareciam a própria essência do mal. E Driver não avisara sobre pessoas venerando o diabo — sobre adoração dirigida não a Deus, mas ao próprio príncipe do mal? Enquanto Gitchell e outros detetives empregavam técnicas mais rotineiras de investigação, Sudbury e Jones revisavam a literatura de Driver sobre crimes relacionados ao ocultismo. Por volta do meio-dia de sexta-feira, 7 de maio, menos de 24 horas depois de o primeiro corpo ser retirado do canal, eles foram ao parque de trailers em West Memphis onde Damien morava. Sua mãe, Pam, também estava lá, tendo voltado do Oregon com seu pai, Joe Hutchison. Sudbury e Jones interrogaram Damien nas escadas do trailer, mas não tomaram notas sobre a entrevista.[15]

No dia seguinte, 8 de maio, a sensação de que os assassinatos poderiam estar ligados ao satanismo ganhou força no departamento. Quando um detetive relatou que um entrevistado afirmara ter visto dois homens negros e um homem branco saindo da floresta, Gitchell leu o relatório e rabiscou na parte inferior: "Foi mencionado que, durante as atividades de culto, alguns membros escurecem o rosto."

No terceiro dia de investigação, Driver deu a Sudbury a lista de nomes que já entregara a Bray. Sudbury passou a informação a um colega,

NÓ DO DIABO

detetive da unidade de narcóticos, o investigador Shane Griffin. Griffin se uniu ao detetive Bill Durham, o especialista em testes de polígrafo do departamento, e os dois dirigiram até Marion para interrogar Jason. O trailer alugado onde Jason vivia com a mãe, o padrasto e dois irmãos menores ficava em um terreno atrás do qual havia um lago de 8 mil metros quadrados. Griffin e Durham bateram à porta por volta das 17 horas e Jason a abriu vestindo uma camiseta do Metallica. Ele caminhou até o quintal, seguido por Damien e Domini. O que se seguiu foi o segundo interrogatório de Damien. Os detetives perguntaram aos jovens onde estavam na noite dos crimes. "Eles disseram que, na quarta-feira, 5 de maio de 1993, haviam ido até a casa do tio de Jason e Jason cortara a grama", escreveu Griffin mais tarde. "Damien telefonou para o pai pedindo que os buscasse na lavanderia na esquina das ruas Missouri e N. Worthington. Afirmaram que ele chegou às 18 horas. O pai de Damien levou Jason e Domini para suas casas e Damien foi para casa."[16]

Em seguida, Griffin e Durham pegaram a lista de perguntas que Sudbury preparara para eles. Griffin interrogou Damien primeiro. Os adolescentes foram interrogados no quintal. Não foram informados de que eram suspeitos. Seus direitos não foram lidos e não lhes foi dito que poderiam ter um advogado presente. Seus pais não estavam lá.

Damien disse a Griffin que estivera em um hospital psiquiátrico, onde fora diagnosticado como maníaco-depressivo e esquizofrênico, forneceu os nomes da terapeuta e do psiquiatra e contou que tomava medicação antidepressiva. Griffin, mais tarde, escreveu que Damien "estivera envolvido com a religião Wicca — Aliança da Divina Luz, que pratica magia branca" e que sua namorada, Domini, "está grávida de quatro meses". Griffin fez as perguntas indicadas por Sudbury e anotou as respostas de Damien em uma folha de caderno.

Quando perguntado se conhecia os meninos, Damien respondeu que "nunca ouvira falar deles". Disse que qualquer um que cometesse tal crime seria "doente". Quando Griffin perguntou como ele achava que os meninos haviam morrido, o detetive escreveu que Damien respondera:

"Mutilação — todos os três cortados / ouvi que foram afogados — um deles mais cortado que os outros."

Então Griffin fez a pergunta que levara a polícia até Damien:

— Você acredita em Deus ou no Diabo?

Damien respondeu, de acordo com as notas de Griffin:

— Eu acredito em um deus, mas é uma deusa. E em forças malignas, não no Diabo.

— Como você se sente sendo interrogado? — perguntou Griffin.

— Assustado — respondeu Damien.

— Você faria o teste do polígrafo?

— Não vejo por que não.

— Por que suas impressões digitais estariam na área da cena do crime?

— Não estariam — disse Damien.

Griffin fez as mesmas perguntas da lista a Jason. Mas o jovem era mais cauteloso — ou estava mais intimidado — que Damien. E deu respostas curtas. Assim como Damien, disse que não conhecia as vítimas. Concordou que o assassino deveria ser sentenciado à pena de morte. Disse que não sabia como alguém podia ter cometido um crime assim. Às perguntas "Como acha que eles morreram?" e "Como acha que o assassino se sentiu?", respondeu bruscamente: "Não sei."

Jason disse que acreditava em Deus. Que matar alguém ou ver alguém morrer faria com que sentisse "repulsa". E que ser interrogado fazia com que se sentisse "como um suspeito". O detetive estava perto do fim da lista quando a mãe de Jason, Gail Grinnell, chegou. Estava furiosa quando saiu do carro. Como escreveu Durham em suas notas, ela "estava muito zangada, acusou-nos de perseguir o filho e disse que não queria que falássemos com ele". Ele acrescentou: "Tentei argumentar com ela, mas sem sucesso. Então fomos embora."

As respostas de Damien às perguntas de Sudbury acenderam o interesse do tenente. No dia seguinte, segunda-feira, 10 de maio, Sudbury pediu que Damien fosse à delegacia para outro interrogatório. Ele compareceu, novamente sem a companhia dos pais ou de um advogado, e respondeu às

NÓ DO DIABO 83

perguntas que lhe foram feitas. Dessa vez, o tenente Sudbury e o detetive Bryn Ridge conduziram a entrevista.

"Damien estava muito frio e nada emotivo", escreveu Sudbury em seu relatório.

Damien declarou que a pessoa que cometeu os crimes é doente ou os assassinatos foram cometidos em busca de emoção. Que o pênis é um poderoso símbolo de poder. Que o assassino não estava preocupado com a possibilidade de os meninos gritarem, por estarem na floresta. Também declarou que o assassino queria ouvir os gritos. Em sua opinião, o assassino acha divertido o fato de não ter sido capturado e não se importa se o for. Damien declarou que provavelmente haveria pedras, velas, uma faca e/ou cristais na área onde os corpos foram encontrados. Que o assassino provavelmente é da região e não pretende fugir. Damien gosta de ler livros do autor Anton LaVey/satanista. Também de Steven [sic] King. Acha o sexo tedioso. Tem EVIL [mal] escrito nos nós dos dedos, assim como seu melhor amigo, Jason Baldwin. Damien se considera muito inteligente. Quer ser escritor para escrever livros ou poemas assustadores algum dia.

Sudbury procedia baseado em nada mais que suspeitas, mas Damien nada fazia para afastá-las.

Ridge e Durham

O detetive Ridge também tomou notas da entrevista. Assim como as de Sudbury, as suas começam com uma declaração subjetiva: "Damien estava muito calmo e mesmo frio ao responder as perguntas." Seu relatório foi o primeiro a registrar a declaração completa de Damien a respeito de seu paradeiro no dia em que os meninos desapareceram. "Damien declarou que, na quarta-feira, estava com Jason Baldwin e Domini Teer e que eles foram até a casa do tio de Jason, na Center Street, em West Memphis. Ele não foi capaz de fornecer um endereço específico, mas disse que ficava

84   MARA LEVERITT

perto da lavanderia Alexander's, de onde telefonou para que o pai fosse
buscá-lo. Ele declarou que a mãe foi buscá-lo e levou Domini Teer para
casa." Damien então foi com a mãe, o pai e a irmã para a casa de um
amigo, onde ficaram até as 17 horas aproximadamente, quando voltaram
para casa. Naquela noite, ele telefonou para uma amiga no Tennessee
e falou com ela até cerca de 23h30. Ele disse à polícia que permaneceu
em casa durante o restante da noite de quarta-feira.

Na quinta-feira, escreveu Ridge, Damien disse que foi até Lakeshore,

onde passou a noite com Domini. Ele declarou que soube por Jason
Baldwin que os meninos haviam desaparecido enquanto estava em
Lakeshore naquele dia. Afirmou que soube notícias sobre o desapareci-
mento pela mãe de Jason.

Damien declarou que Steve Jones, do departamento juvenil, fora vê-
-lo um ou dois dias antes[17] e dissera que os testículos dos meninos haviam
sido cortados e que alguém urinara em suas bocas. Ele disse que, segundo
Steve, talvez essa fosse a razão de os corpos terem sido colocados na água,
para que a urina fosse lavada.

Essa é uma nota interessante. Ali está Damien, dizendo aos detetives
de West Memphis que Jones, que não era policial nem fazia parte do
departamento, revelara informações muito incomuns — e extremamente
específicas — relacionadas ao caso, notadamente "que alguém urinara
em suas bocas". O relatório a respeito da urina fora feito a Gitchell,
verbalmente, pelo dr. Frank Peretti, o legista estadual que realizara as
autópsias, e era um dos poucos detalhes que, supostamente, apenas os
investigadores conheciam. E, contudo, apenas três dias após as autópsias,
um adolescente, que também poderia ser um suspeito, dizia aos detetives
de West Memphis que, quando fora interrogado dois dias antes, Jones
divulgara a informação peculiar. Se os detetives suspeitavam que Damien
sabia sobre a urina em primeira mão e mentiu quando disse que soubera
por Jones, não há indicação nos registros e Damien jamais foi interrogado
sobre isso. Do mesmo modo, se estavam irritados com a quebra do sigilo

NÓ DO DIABO

que Gitchell tentara tão duramente impor — e o que isso sugeria sobre outros detalhes que poderiam ter sido revelados —, nenhum relatório sobre discussões posteriores com Jones foi incluído nos arquivos.[18] Ridge continuou:

> Nesse ponto, perguntei a Damien se ele aceitaria oferecer amostras de cabelo e sangue. Ele declarou não ter objeções. Perguntei se faria o teste do polígrafo, se pudesse ser agendado, e ele novamente declarou que faria o teste. O tenente Sudbury então deixou a sala e tentou agendar o teste do polígrafo para determinar se ele estava sendo honesto em suas declarações [...]. Nesse ponto, Damien foi encaminhado ao detetive Durham para o teste do polígrafo.

O detetive Durham não registrou a entrevista do polígrafo. Não inseriu nenhum registro das respostas eletrônicas da máquina nos arquivos policiais. Tudo que restou do episódio é um relatório de uma página escrito por ele naquele dia. A íntegra do relatório é a que se segue:

> Em 10 de maio de 1993, entrevistei Damien Wayne Echols, branco, do sexo masculino, com endereço no número 2.706 da South Grove, West Memphis, Arkansas. Ele negou qualquer envolvimento com o crime. Após aproximadamente 45 minutos, perguntei do que ele tinha medo. Respondeu: "Da cadeira elétrica." Afirmou que gostava do hospital em Little Rock. Disse que fora tratado por transtorno maníaco-depressivo. Após um curto período de tempo, deixou de negar seu envolvimento. (Admissão por ausência de negação.) Então disse: "Vou dizer tudo se você me deixar ver minha mãe." O detetive Ridge trouxe sua mãe até meu escritório. Após falar com a mãe, ele novamente negou estar envolvido nos assassinatos. Aproximadamente vinte minutos depois, perguntei: "Você jamais falará sobre isso com ninguém, a não ser com seu médico, não é?" Ele respondeu: "Não."

Ridge escreveu em suas notas que, após o teste do polígrafo, "o detetive Durham se reuniu comigo e com os outros oficiais e relatou que Damien não fora honesto e que, de acordo com o polígrafo, estava envolvido nos homicídios".

Pistas e "monstruoso mal"

Oficialmente, poucas pessoas fora da polícia do condado sabiam que, quatro dias após a descoberta dos corpos, Damien e seu amigo Jason já eram considerados suspeitos. Mas, extraoficialmente, um ou dois dias depois dos assassinatos, as conversas sobre suspeitos específicos, detalhes específicos relacionados aos crimes e interesse específico do departamento nos cultos estavam fora de controle. Quando rumores ligando os homicídios aos satanistas se espalharam, a polícia começou a receber relatos que, verdadeiros ou não, reforçaram a teoria. Dois aspectos da investigação — o foco nos cultos e no ocultismo e o foco em suspeitos não relacionados às famílias — começaram sutilmente a se fundir.

Notícias na imprensa contribuíram para a especulação. Uma semana após os homicídios, um artigo do *USA Today* falou sobre o "monstruoso mal" por trás dos crimes. As palavras, retiradas de um sermão no domingo seguinte, pareciam capturar o horror da região. As mesmas palavras surgiram uma semana depois na revista *People*, em um artigo relatando que alguns moradores da cidade já suspeitavam que uma "seita satanista" fosse a responsável pelos crimes. Ministros pregando sobre a incompreensível "maldade" dos crimes abasteciam essa atmosfera. Um clérigo expressou a opinião de muitos na cidade quando descreveu o ataque às crianças como a "encarnação e manifestação do mal". Ele disse à congregação: "Não estamos lidando com um pecado comum. Alguém capaz de fazer algo assim não é como eu ou vocês. Eles chegaram a um ponto no qual se recusam a reconhecer que algo errado foi feito."[19]

Os cidadãos de West Memphis estavam amedrontados. As doações para um fundo de recompensa criado pela polícia chegaram a 35 mil dólares. O volume de pistas cresceu. Uma delas levou a L. G. Hollingsworth Jr., de dezessete anos, primo de Domini Teer. Um telefonema relatara que L. G. sabia algo sobre os assassinatos, que poderia

NÓ DO DIABO 87

estar envolvido, e que sua tia, Narlene Hollingsworth, pretendia encobrir o que ele sabia. Durham aplicou o teste do polígrafo em L. G. no dia seguinte. Ele relatou que o adolescente parecia estar mentindo quando disse que não sabia quem matou os meninos. Quando a polícia confrontou L. G. com os resultados obtidos por Durham, ele disse suspeitar que Damien era o assassino.

A polícia também interrogou Narlene Hollingsworth. Ela disse que na noite de quarta-feira, 5 de maio, quando dirigia a oeste do Blue Beacon entre 21h30 e 22 horas, vira Damien e sua sobrinha Domini caminhando para oeste no sentido contrário ao tráfego. Ela notara que as calças de ambos estavam cheias de lama. Agora, mesmo policiais que tendiam a duvidar da hipótese de uma seita começavam a lhe dar mais crédito.

Os detetives recorreram a Driver em busca de ajuda. Trabalhando com suas informações, procuraram a ex-namorada de Damien, Deanna Holcomb, agora com dezesseis anos. Durham aplicou o teste do polígrafo em Deanna e relatou que — como L. G. — ela mentiu quando disse que não sabia quem matara os meninos. Quando a polícia a interrogou após o teste, ela mudou sua resposta. Assim como L. G., disse à polícia que acreditava que Damien estava envolvido.[20]

Na quarta-feira, 12 de maio, uma semana depois do desaparecimento dos meninos, a polícia interrogou Pam Echols. Quando perguntaram sobre o paradeiro de Damien na tarde de 5 de maio, ela disse aos policiais que, por volta das 15 horas, ela, Joe, Damien e Michelle foram visitar amigos.[21] Os amigos não estavam em casa; então, ela conversou brevemente com sua filha e deixou um bilhete para os pais. No caminho para casa, a família parou em uma farmácia para comprar o remédio de Damien. Depois disso, foram para casa e Damien falou ao telefone com duas garotas que viviam em Memphis.

Seu relato era quase idêntico ao que Damien fornecera dois dias antes. Os amigos confirmaram terem recebido o bilhete. Os registros da farmácia estabeleceram que o medicamento fora vendido naquela tarde, embora não especificassem a hora em que foram retirados. E as duas garotas em Memphis confirmaram que haviam conversado com Damien pelo telefone naquela noite. Mas os relatórios de Driver, juntamente com as entrevistas de Sudbury, haviam oferecido alguma esperança de que Gitchell e seus esgotados detetives pudessem solucionar o caso. A busca por algo que corroborasse a tese de uma seita ou culto satânico se intensificou, mesmo que eles não tivessem uma única evidência que pudesse levar a uma prisão.[22]

6

A detetive voluntária

EM 13 DE MAIO, uma semana após os assassinatos, o detetive Bray, de Marion, entrevistou Vicki Hutcheson novamente. Como anteriormente, ela trouxe consigo o filho Aaron. Uma vez que Bray já concluíra que os homicídios em West Memphis provavelmente estavam "relacionados a cultos", ele perguntou se ela sabia alguma coisa sobre "adoradores do demônio ou ocultistas".[1] Hutcheson disse que não sabia, mas alguns dias depois telefonou para Bray dizendo que as crianças de seu bairro sabiam algo a respeito de um culto local. Ela disse que iria "bancar a detetive" e tentar descobrir mais.[2] Bray não objetou.

A investigação pessoal de Hutcheson começou com o vizinho Jessie Misskelley Jr., um rapaz problemático de dezessete anos que costumava cuidar de seus filhos quando ela saía. Jessie vivia perto de Hutcheson no parque de trailers em Marion. Hutcheson nunca explicou como se interessou por Jessie, mas não deve ter sido coincidência o fato de seu nome estar na lista de suspeitos que Driver entregara a Bray. O pai dele, mecânico de automóveis, tinha o mesmo nome do filho, e era conhecido em Marion como Big Jessie, principalmente por sua força, pois mal chegava à altura mediana. Jessie Jr., ou Little Jessie, como o rapaz era chamado, tinha cerca de 1,55 m. Talvez para compensar, usava o cabelo espetado no alto da cabeça, o que lhe acrescentava mais cinco centímetros de altura. Jason Baldwin o conhecia desde que ambos estavam na escola primária. "Ele era legal", lembraria Jason mais tarde. "Só não aprendia muito rápido e não tinha muito bom senso. Era engraçado, mas talvez ríssemos mais dele do que com ele."

Uma semana após os crimes, Hutcheson sabia, assim como muitos em Marion e em West Memphis, que a polícia estava extremamente interessada em Damien e em seu suposto envolvimento com o ocultismo. Ela viu em Jessie uma maneira de conhecer Damien, como auxílio a seu autodesignado papel de detetive do caso de homicídio. Como ela diria mais tarde à polícia de West Memphis, "Little Jessie, Jessie Misskelley, mora na mesma rua e nós éramos realmente próximos, porque ele estava sempre por ali. Ele não vai à escola nem nada. Ele ajuda a cortar a grama e coisas assim. Ficamos realmente próximos". Hutcheson disse que, depois que os corpos dos amigos de Aaron foram encontrados, Misskelley mencionara que, na manhã do desaparecimento, vira alguns meninos que combinavam com as descrições caminhando perto do lava-rápido Blue Beacon. Era uma declaração irrelevante e errônea, pois, como Hutcheson e todo mundo sabia, todos os três haviam ido à escola no dia em que foram assassinados. Ela ignorou a observação.

Mesmo assim, disse ela à polícia, tentou descobrir se Misskelley sabia alguma coisa sobre os crimes. "Então fiquei conversando com Jessie; ele não é um mau garoto, mas nunca se sabe quem as pessoas conhecem. Continuei a conversar com ele sobre várias coisas e ele me contou de um amigo chamado Damien e disse que esse amigo bebia sangue e coisas assim."

Jessie Misskelley Jr.

Para um jovem tão baixinho, Jessie já desenvolvera uma grande reputação como encrenqueiro. Ele tivera problemas desde o jardim de infância e os professores costumavam recomendar que consultasse um psicólogo. Ele consultou vários, a maioria atribuindo sua beligerância, ao menos em

NÓ DO DIABO

parte, ao fato de a mãe tê-lo abandonado logo após o nascimento. Seu pai criara uma considerável família durante uma série de casamentos, presenteando-o com nove irmãos, todos, à exceção de três, mais velhos que ele. Os psicólogos relataram que a família era amorosa, mas muito rude. A principal lembrança de Jessie em relação à infância era de "brigas o tempo todo".[3]

"Eu tinha que me defender, para que as pessoas soubessem que não podiam passar por cima de mim só porque eu era pequeno", disse ele. "Eu andava por aí sempre procurando briga, pois sabia que elas apareceriam. Briguei com um monte de gente, porque tinha o sangue quente e sabia como era quando implicam com você. Implicaram comigo desde que eu tinha quatro ou cinco anos. Meus irmãos sempre implicaram comigo e minhas meias-irmãs, também. Eles tentavam me dizer o que fazer." Outra lembrança era do pai bebendo cerveja "como um peixe, todos os dias desde que nasci". O vício, disse Jessie, provocava "alguns momentos difíceis, mas é sempre assim quando as pessoas bebem". A despeito dos "momentos difíceis", Jessie era devotado ao pai. Ele o considerava "um cara de bom coração", um homem "que faria qualquer coisa por qualquer um" e era seu "modelo" na vida.

Quando entrou na escola, os professores quase imediatamente o identificaram como "lento". Aos sete anos, ele só conhecia o alfabeto até a letra "R" e só conseguia contar até quinze. Quando fez 67 pontos em um teste de inteligência, o examinador registrou que era moderadamente retardado.[4] Foi colocado em classes de educação especial, mas seu comportamento também era um problema. Os professores o descreveram como irritadiço, desrespeitoso, impulsivo, indiferente, teimoso, não cooperativo e com tendência à raiva. Queixaram-se de que ele "periodicamente, agredia fisicamente os colegas" e os professores. Um psicólogo que o atendeu aos sete anos afirmou que seus problemas comportamentais eram tão severos que deveriam ser tratados em um hospital. Mas a família não tinha dinheiro e o tratamento nunca foi seriamente considerado. O psicólogo aconselhou Big Jessie e a madrasta de Little Jessie a levá-lo a sessões regulares de aconselhamento no centro de saúde mental do condado — o mesmo que Damien frequentaria. Os Misskelley compareceram a algumas sessões.[5]

Mas a agressividade de Jessie não cedeu e, no ano seguinte, após ter sido suspenso, o menino de oito anos foi levado a um psicólogo em Memphis.[6] O examinador registrou que o menino "não é psicótico, nem retardado, [mas] sente-se mal a respeito de si mesmo e do mundo. Ele se vê como vulnerável, incapaz de administrar as pressões que o cercam e sob o risco de ser esmagado por elas". O psicólogo acrescentou: "Ele puxa o próprio cabelo e se morde quando está nervoso. Há relatos de que maltrata animais quando está enraivecido e já rasgou as roupas ao perder o controle. A madrasta indica que 'rasga qualquer coisa à mão' quando está zangado, embora ambos os pais concordem que há poucas maneiras de prever quando ficará assim."

As notas do psicólogo oferecem outros relances sobre seu lar.

O pai de Jessie se apresenta como tendo "péssimo temperamento", informando ao entrevistador que em certa ocasião brigou com cinco homens e não "se lembra de nada após o primeiro soco", embora tenha "vencido a briga". [...] Ele também revela ter "brincadeiras" muito violentas com Jessie, inclusive "brincadeiras de socos" que o fazem atravessar a sala e atingir a parede do lado oposto. Sua disposição em continuar a participar desse tipo de "brincadeira" indica à família que ele é resistente e consegue "aguentar". [...] Ambos os adultos concordam que Jessie brigará com qualquer um, exceto com o pai. Ele canaliza sua raiva do pai para objetos mais seguros.

Como o psicólogo do ano anterior, este recomendou "uma clínica ou hospital" para Jessie e terapia familiar para os pais. Novamente, a sugestão de hospitalização foi rejeitada e as sessões de aconselhamento, ainda que tenham sido iniciadas, não tiveram continuidade.[7]

Jessie ficou no jardim de infância por dois anos e na segunda série por mais dois, mas a maturidade que seus professores esperavam não se desenvolveu. Em vez disso, cresceu sua reputação como criança-problema.

NÓ DO DIABO 93

Ele vivia distraído em sala de aula; em geral parecia confuso e implicava com os colegas. A despeito das classes de educação especial, ficou para trás, acadêmica e emocionalmente. Quando o psicólogo o examinou aos dez anos, registrou um QI de 75, o que o colocava no limite inferior da normalidade, embora suas habilidades verbais se situassem no nível dos moderadamente retardados.[8]

Aos onze anos, Jessie ainda estava na terceira série. Sua professora relatou que não possuía vocabulário adequado e que, ao ler, não conseguia entender ou formar conclusões sobre o que lera. Nessa época, também era visto como perigoso. Ele agredira uma menina na cabeça, apunhalara um menino com um lápis e cortara severamente a própria mão ao estilhaçar vidros de carros. Quando a escola o suspendeu por jogar ketchup na cantina, um juiz de menores o enviou para mais um exame psicológico. Os pais deveriam acompanhá-lo, mas, dessa vez, apenas a madrasta pôde comparecer. Big Jessie fora preso por vender maconha e ainda estava na prisão. Little Jessie disse no tribunal que queria abandonar a escola, mas o juiz ordenou que continuasse. Cinco problemáticos anos depois, aos dezesseis anos, ele conseguira chegar ao primeiro ano do ensino médio, mas suas habilidades mal acompanhavam as dos alunos da quarta série. Nos testes de QI, seus resultados o colocavam entre os últimos 4% dos estudantes de sua idade. Sua última avaliação psicológica foi realizada nessa idade, logo antes de abandonar a escola. Um relatório dessa época afirma que ele apresentava deficiências em "informação geral, raciocínio abstrato e concreto, raciocínio numérico, desenvolvimento da linguagem, conhecimento do mundo, compreensão verbal e visualização espacial".[9]

A explicação do próprio Jessie para abandonar os estudos foi de que "simplesmente não ligava mais pra escola". Mais tarde, ele lembraria que, nessa época, "não ligava pra nada". Achou que provavelmente se tornaria mecânico, como o pai, que saíra da prisão em liberdade condicional e trabalhava em uma oficina de West Memphis. Outras vezes, sonhava em se tornar lutador profissional. Mas, na maior parte do tempo, vivia "um dia de cada vez". Esse era seu estado quando Vicki Hutcheson e

O "esbat"

Quando Hutcheson perguntou a Jessie se ele conhecia um garoto chamado Damien Echols, ele disse que sim, mas não muito bem. "Ela me perguntou se ele estava envolvido em bruxaria", diria Jessie mais tarde. "Eu disse a ela que não sabia. Só sabia que ele era esquisito." Em seguida, Hutcheson perguntou sobre Jason Baldwin, outro dos garotos cujo nome estava na lista de Driver. "Sim, conheço Jason desde a sexta série. Ele é legal. Sempre nos demos bem."[10]

O fato de Jessie dizer que não era próximo nem de Damien nem de Jason não interrompeu a investigação de Hutcheson. Ela disse a Bray, e mais tarde à polícia de West Memphis, que tinha um palpite sobre os assassinatos e queria conversar com Damien a sós.[11] Hutcheson, de 32 anos e mãe de dois filhos, disse a Jessie que queria conhecer Damien. Quando Jessie prometeu apresentá-los, ela deu a notícia a Bray, que a repassou a Jerry Driver. Os dois acharam que seria uma boa ideia se ela pudesse levar seu disfarce mais longe, fazendo parecer que estava interessada em ocultismo. Driver sugeriu que ela pegasse alguns livros na biblioteca relacionados ao assunto e os espalhasse pela casa. Bray até mesmo providenciou uma lista de livros da biblioteca de Marion que seriam adequados. Quando ela disse que não tinha cartão da biblioteca, ele permitiu que ela usasse o seu.

Jessie fez o que lhe foi pedido. Na próxima vez em que viu Jason e Damien no bairro, ele os levou até a casa de Hutcheson, fez as apresentações e foi embora. Segundo ele, caminhou até o próprio trailer e, uns 15 minutos depois, viu a mãe de Damien chegar de carro para buscar os dois. Jessie presumiu que Damien telefonara para a mãe, visto que era notório o fato de ele não dirigir. Até onde Jessie sabia, esse fora o único contato de Vicki Hutcheson com Damien e Jason.

NÓ DO DIABO 95

Mas Hutcheson disse a Bray — e em seguida à polícia de West Memphis — que, após o primeiro encontro, se iniciara entre ela e Damien um relacionamento que se tornaria um namoro de oito dias — inteiramente calculado de sua parte, apaixonado da parte de Damien e totalmente sem sexo. Segundo ela, o namoro fora estritamente parte de seu trabalho como "detetive particular".[12] "Falamos sobre muitas coisas", relatou Hutcheson.

> Ele não é de falar muito. Você precisa meio que arrancar as coisas dele. Mas ele ficou falando sobre o assassinato dos meninos e sobre como fora — ele nunca disse "interrogado", sempre dizia: "Fui acusado durante oito horas, fui acusado de ter matado aqueles três meninos." E eu agi como se não fosse grande coisa e disse: "Bom, por que eles pegaram você em West Memphis? Existe um monte de gente por aí. Por que escolheram você?" E ele respondeu: "Porque sou mau."

Longe de ficar assustada pela associação com alguém que, alegadamente, acabara de se proclamar maligno — e que a polícia achava ter cometido triplo homicídio —, Hutcheson afirmou ter dito a Damien que queria vê-lo novamente para aprender mais sobre satanismo. Ela relatou a Bray que esperava ter a oportunidade em breve, pois Damien a convidara para algo chamado "esbat". Ao procurar a palavra no dicionário, ela descobriu que se tratava de uma reunião de bruxos.[13] Mais tarde, Bray disse que, quando ouvira sobre o plano, avisara que seria muito perigoso comparecer ao evento. Mas, segundo ele, ela respondera não ligar para o perigo, desde que fosse para ajudar a capturar os assassinos. Se Bray ofereceu qualquer tipo de proteção à jovem mãe enquanto ela se preparava para entrar em um domínio que, de acordo com as suspeitas da polícia, poderia abrigar assassinos cruéis, nenhum dos dois jamais mencionou o fato.

Hutcheson mais tarde relatou a Bray que, na noite de quarta-feira, 19 de maio — duas semanas após o desaparecimento das crianças —, Damien a buscara em casa em um Ford Escort vermelho. Além da descrição do carro, ela forneceu poucos detalhes sobre a experiência. Jessie estava no carro. Damien dirigiu até um campo ao norte de Marion. Eles se aproximaram por uma rua de terra e ela ouviu água correndo ao longe. Quando saiu do carro, viu cerca de dez jovens, com os rostos e os braços pintados de preto, tirando as roupas e "tocando uns nos outros". Ofendida, pediu a Damien que a levasse para casa e ele concordou. Damien dirigiu o carro, deixando Jessie para trás, na orgia. Hutcheson disse que não podia identificar ninguém por causa da pintura nos rostos e não podia fornecer nenhum nome porque eles usavam apenas apelidos, como Lúcifer, Aranha e Serpente.

Embora ela não mencionasse o fato, não havia lua naquela noite. A polícia aparentemente não perguntou se a cena estava iluminada ou como ela fora capaz de enxergar o pouco que descrevera. Nem tampouco questionou sua afirmação de que Damien dirigira o carro, a despeito de ele não ter carteira de motorista e jamais ter dirigido, além de ninguém em sua família possuir um Ford Escort vermelho.[14]

Na terceira semana após os assassinatos, o grande número de alegações de que Damien tomara parte nos crimes começava a surtir efeito. Em 26 de maio, o dia em que Gitchell se queixou ao laboratório de criminalística dizendo estar caminhando "às cegas", o detetive Ridge entrevistou outro jovem, que relatou que Damien dissera ter estuprado os meninos, além de cortá-los com uma faca de 20 a 25 centímetros. A essa altura, mesmo que Gitchell tivesse reservas quanto às informações fornecidas por um agente da condicional, um detetive de outro departamento e uma garçonete transformada em investigadora autonomeada, ele estava disposto a colocá-las de lado. Com muito pouco para mostrar depois de um mês de investigação, a polícia de West Memphis estava pronta para conversar com Vicki Hutcheson e seu filho Aaron.

"Coisas sujas"

Em 27 de maio, Gitchell, Ridge e Allen dirigiram até Marion, onde interrogaram Vicki Hutcheson no escritório de Bray. Ela era uma figura notável: 1,78 m, 59 quilos, cabelos ruivos e olhos verdes. Aaron estava novamente com ela. No interrogatório da polícia de West Memphis, Hutcheson repetiu muito do que dissera a Bray e ele acrescentou alguns detalhes das várias entrevistas que conduzira com Aaron.[15] Bray informou aos detetives que Aaron lhe contara que ele e os garotos assassinados haviam frequentemente ido à floresta juntos. Eles tinham um clubinho e, em algumas ocasiões, haviam espiado cinco homens que se reuniam na floresta. Segundo Aaron, os homens se sentavam em círculo, cantavam canções sobre o demônio e faziam "o que homens e mulheres fazem".[16]

As questões suscitadas pelas declarações de Vicki e Aaron Hutcheson eram muitas e sérias. Mas suas alegações apoiavam a teoria de que uma seita estava por trás do crime e, nesse ponto desesperado da investigação, que já durava quase um mês, a polícia estava pronta para ignorar as dificuldades apresentadas por suas histórias. Eles agendaram uma nova entrevista com a mãe e a criança.

No dia seguinte, Vicki Hutcheson entregou à polícia um objeto que parecia reforçar a conexão entre seu relato e o de Aaron — e também ligar Damien aos rituais em Robin Hood. O objeto era um brinco barato de peltre, moldado na forma de um crânio humano. Havia uma serpente saindo de uma das órbitas e coleando em torno do crânio. Vicki disse que o brinco pertencia a Damien e que ele o deixara cair enquanto visitava sua casa. Segundo ela, quando Aaron o vira, dissera ser exatamente igual ao usado por um dos homens que ele vira cantando na floresta.

No segundo dia de entrevistas, Sudbury e Ridge perguntaram a Hutcheson se ela concordaria em esconder um gravador em seu quarto. A ideia era convidar Damien para visitá-la durante a semana e o levar até o quarto, seduzindo-o para que discutisse algumas das atividades que ela relatara. Hutcheson concordou e a armadilha foi preparada. Mais tarde, ela disse que Damien fora até sua casa e os detetives confirmaram que a gravação fora realizada. Mas, segundo eles, o áudio era de má qualidade e a voz de Damien não era discernível. Subsequentemente, a fita desapareceu.

Depois de quase um mês trabalhando no caso, a polícia ainda não tinha uma única prova que pudesse ligar alguém ao crime. Na quarta-feira, 2 de junho, eles decidiram aplicar o teste do polígrafo em Hutcheson. Durham relatou que ela estava dizendo a verdade.

Para Gitchell, a notícia foi uma revelação. Daquele momento em diante, havia apenas uma via de investigação e ela estava centrada em Damien Echols.

7

A confissão

JESSIE NÃO SABIA, enquanto maio de 1993 se transformava em junho, que sua vizinha Vicki Hutcheson estava discutindo com a polícia de West Memphis a seu respeito, em relação aos assassinatos. Mais tarde, ele diria que ficou surpreso quando soube da extensão do que ela dissera, particularmente a parte sobre Damien levando-os a uma orgia.[1] Segundo ele, tal viagem não aconteceu e, além disso, "todo mundo sabia que Damien não dirigia". Mas sua versão dos eventos durante aquela última semana de maio concordava com a de Hutcheson em alguns poucos pontos. Eis o que ele disse ter acontecido:

"Quando soube que as crianças tinham desaparecido, era de manhã cedo, lá pelas 9 horas. Eu estava indo para o trabalho com um amigo." Jessie disse que ouviu a notícia no rádio enquanto ele e o amigo se dirigiam para oeste na Interestadual 40, em direção a Memphis, onde trabalhavam em uma empresa de telhados. Quando voltou à tarde, outro amigo lhe disse que os corpos haviam sido encontrados.[2]

Segundo Jessie, algumas semanas depois, Hutcheson pedira para ser apresentada a Damien Echols e Jason Baldwin. Ele achou estranho, devido a sua idade, mas gostava de ajudá-la. Da próxima vez que viu Damien e Jason, disse que ela queria conhecê-los e os levou até seu trailer. Jessie não sabia que Hutcheson estava em contato com o detetive Bray ou que acreditava estar trabalhando disfarçada.[3] Não sabia, por volta do fim de maio, que a polícia de West Memphis considerava Damien um suspeito. Nem tampouco percebera que as informações fornecidas à polícia de West Memphis por Driver, Bray e Hutcheson o conectavam a seu principal suspeito. Estava tão alheio às circunstâncias que se fechavam à sua volta que, na noite de 2 de junho — exatamente quatro semanas após o desaparecimento dos meninos —, concordou em dormir na casa de Hutcheson porque o namorado dela estava no trabalho e ela ouvira rumores sobre um ladrão na vizinhança. De acordo com ambos, ele dormiu no sofá com uma arma por perto.

Na manhã seguinte, Jessie foi acordado às 9 horas pelo som de alguém batendo à porta do trailer. Era seu pai. "Ele falou que [o sargento-detetive] Mike Allen queria falar comigo", disse Jessie. "E perguntou se eu teria algum problema em relação a isso." Vendo que Allen estava com seu pai, o adolescente respondeu que não, não tinha nenhum problema em falar com o detetive. Ele se vestiu e saiu de carro com Allen às 9h45.[4]

Como Jessie lembraria mais tarde: "Ele disse que estávamos indo para a delegacia. Eu não sabia o que estava acontecendo. Mas não estava com medo. Naquele momento, eu não sabia sobre o que ele queria conversar." Na delegacia, Allen preencheu um formulário-padrão. Além de peso e altura, registrou que Jessie possuía várias tatuagens, incluindo uma no braço direito que dizia "FTW" (segundo o registro, significava "Fuck the World" ["Foda-se o mundo"]), uma de um crânio e um punhal no braço esquerdo e a palavra "bitch" no peito. Allen explicou que queria fazer algumas perguntas sobre os assassinatos.

Mas aí ele disse que não podia fazer nenhuma pergunta se meu pai não assinasse os papéis. Eu disse que meu pai não teria problemas com isso. Então saímos da delegacia e fomos até onde meu pai estava. No caminho, ele disse que, se eu soubesse de alguma coisa, havia uma recompensa de 35 mil dólares e, se eu pudesse ajudá-los, ficaria com o dinheiro. Encontramos meu pai na avenida ao lado da interestadual. Falei com ele sobre isso. Ele disse que, se eu soubesse de alguma coisa, deveria dizer à polícia e então ele poderia comprar uma caminhonete nova. Voltamos à delegacia. Eu disse a

NÓ DO DIABO   101

eles o que sabia: sobre os meninos que vira na avenida e o que meu amigo dissera. Era tudo que eu sabia. Foi então que me fizeram passar pelo teste do polígrafo.[5]

Allen foi enviado para obter a autorização de Big Jessie, pois Jessie Jr. ainda era menor de idade. Misskelley foi encontrado no McDonald's, onde, sem consultar um advogado e aparentemente sem reservas, assinou o formulário de que a polícia precisava para submeter seu filho ao teste do polígrafo.

O teste do polígrafo de Durham

Mas o Misskelley pai não assinou um formulário concordando em deixar Little Jessie abrir mão de seus direitos constitucionais. De acordo com os registros da polícia, os direitos de Jessie foram lidos duas vezes durante a hora seguinte: às 11 horas, pelos detetives Ridge e Allen, e novamente às 11h30, por Bill Durham, o especialista em polígrafo do departamento.[6] Em ambas as ocasiões, Jessie foi avisado de que tinha o direito de permanecer em silêncio, tinha direito a um advogado e, caso decidisse responder às perguntas, tinha o direito de parar a qualquer momento. Segundo Ridge, Jessie afirmou ter compreendido e assinou os formulários dos "direitos de Miranda". Mas isso foi uma superestimação. Sem jamais ter conseguido dominar a letra cursiva, Jessie só era capaz de escrever o nome em letras de forma.

O detetive Durham ministrou o teste do polígrafo. "Éramos só nós dois", lembrou Jessie mais tarde.

Mike Allen, Gary Gitchell e Bryn Ridge estavam em outra sala. Bill Durham fez algumas perguntas e eu respondi. Ele perguntou se eu sabia quem tinha matado os meninos. Eu disse que não. Ele perguntou se eu estava dizendo a verdade. Eu disse que sim. Ele perguntou se eu já usara drogas. Eu disse que não. Ele perguntou três vezes e, por fim, disse que eu estava mentindo. Eu disse: "Ok, já usei drogas." Ele disse: "Eu sei, porque já vi você vendendo drogas." Foi então que fiquei realmente furioso e disse: "Nunca vendi drogas. Já usei, mas nunca vendi." Ele disse que eu estava mentindo. Ele disse que meu cérebro estava dizendo a ele que eu estava mentindo.

Eis o relato de Durham: Jessie foi interrogado brevemente antes do início do teste. Nessa entrevista, "disse que nunca participara de um ritual satânico e nunca vira um. Negou estar envolvido nos assassinatos e afirmou não saber quem os cometera. Também disse que não suspeitava de ninguém". Durante o teste, Durham fez a Jessie mais dez perguntas. Depois, registrou que ele apresentara "significativas respostas indicativas de falsidade" nestas cinco perguntas críticas: Você já esteve em Robin Hood? Já participou de um culto ao demônio? Já esteve em uma cerimônia de culto ao demônio? Está envolvido no assassinato dos três meninos? Sabe quem os matou? De acordo com as notas de Ridge, Durham saiu da sala de entrevistas e anunciou: "Ele está mentindo."

Mais tarde, Jessie disse que Durham insistira que a máquina do polígrafo podia ler a mente das pessoas e dizer se o que estava lá era diferente do que estavam dizendo. "Eu não sabia o que estava acontecendo", continuou Jessie. "Como meu cérebro podia dizer a ele que eu estava mentindo? Fiquei confuso. Então ele se levantou e começou a falar. Ele meio que cuspiu em mim. Não sei se foi de propósito, porque ele estava gritando quando cuspiu. Eu recuei. Ia bater nele. Mas Mike Allen entrou e me agarrou."

Jessie disse que os detetives o transferiram para outra sala enquanto falavam com Durham. A essa altura, já eram quase 12h30.

> Então Gitchell veio, me pegou e me levou para outra sala e foi quando ele começou a falar comigo. O tempo inteiro repetindo as mesmas perguntas que já tinham feito, perguntando e perguntando. Quando Gitchell perguntou como eram os meninos, eu disse todas as coisas que tinha ouvido. Fiquei dizendo a Gary Gitchell que queria ir para casa. Ele disse que eu poderia ir para casa em um minuto e ficou repetindo as mesmas perguntas, mil vezes.

NÓ DO DIABO   103

Daí para a frente as coisas só pioraram. Perguntaram como eu sabia tanto sobre os crimes se não os cometera. Fiquei dizendo que não sabia quem fez aquilo — eu só sabia de ouvir falar, porque o meu amigo me contou. Mas eles continuaram a gritar comigo. Gary Gitchell e Bryn Ridge. Eles ficaram dizendo que sabiam que eu tinha alguma coisa a ver com aquilo, porque outras pessoas tinham contado a eles. Depois que eu disse o que os meninos estavam vestindo, Gary Gitchell perguntou se algum deles tinha sido amarrado. Foi então que comecei a concordar com ele. Repeti o que ele acabara de dizer. Disse que sim, eles estavam amarrados. Ele perguntou: "Com o que estavam amarrados?" Eu disse que era com uma corda. Ele ficou bravo. Ele disse: "Que droga, Jessie, não brinque comigo." E continuou: "Não. Eles foram amarrados com cadarços de tênis." Tive que repetir toda a história de novo até acertar. Eles gritaram comigo até eu acertar. Então, tudo que ele dizia, eu repetia. Mas percebi que alguma coisa estava errada, porque, se eu tivesse matado os meninos, saberia como eles foram amarrados.

O círculo

Até então, os interrogatórios não haviam sido gravados, como tampouco foi o que se seguiu. Os únicos relatos são o de Jessie e os dois relatórios escritos de Ridge — uma versão manuscrita e uma posterior, datilografada. De acordo com Jessie, o ponto vital da entrevista foi o momento em que Gitchell literalmente fez um desenho. Era um círculo rodeado por vários *X*. Dentro do círculo, Gitchell desenhou três pontos. Como lembra Jessie: "Gitchell indicou os pontos e disse: 'Estes são você, Damien e Jason. Os *X* são policiais em volta de vocês. Você pode estar no círculo ou fora." Eu disse que queria estar fora.

Ridge não fez referência ao círculo em seu relatório datilografado, mas o mencionou nas notas manuscritas. Segundo elas, o teste do polígrafo produzira uma mudança em Jessie. Enquanto a polícia continuava a interrogá-lo depois da experiência com Durham, ele fez várias acusações contra Damien e Jason. De acordo com Ridge, Jessie disse que "recebeu um telefonema de Jason Baldwin na noite anterior aos assassinatos. Eles iam sair, pegar alguns meninos pra bater. [...] Ele sabia o que eles iam fazer". Depois disso, segundo Ridge, "Jessie começou a dizer algo e, de repente, disse que não queria ter nada a ver com aquilo". Mas sua hesitação durou pouco. Em seguida à manifestação de relutância, ele supostamente disse aos detetives que:

— vira uma foto dos meninos assassinados na reunião de um "culto satânico";
— "todas as reuniões eram realizadas às quartas-feiras";
— o grupo "já se reunira em Robin Hood";
— nas reuniões, os membros faziam fogueiras "com papel, madeira e outras coisas" e "alguém traz um cachorro e eles geralmente matam o cachorro [...] e comem parte dele";
— a morte de animais era "parte do ritual";
— na quarta-feira em que os meninos foram assassinados "não houve reunião";
— "um amigo de Jason trouxe uma maleta" contendo "algumas armas e drogas — maconha e cocaína";
— a fotografia que vira das três vítimas "em frente a uma casa" viera da maleta;
— não sabia onde estava a maleta;
— "Jason e Damien estão fazendo sexo um com o outro";
— "Jason tem uma faca dobrável";
— "Damien espionara os meninos na floresta em que foram mortos"; e
— Damien e Jason haviam telefonado para ele três vezes a respeito dos assassinatos: um dia antes, na manhã dos crimes, e logo depois, "quando escureceu", e ele ouvira Damien ao fundo dizendo: "Fomos nós."

As declarações eletrizaram a delegacia. Mas alegações de uma fotografia, rituais satânicos, um adolescente com uma faca e mesmo os supostos gritos de Damien dizendo "Fomos nós" não eram suficientes para declarar que o caso havia sido solucionado. Além disso, o relato de Jessie mudara consideravelmente desde que chegara à delegacia, mais

NÓ DO DIABO

de quatro horas antes. Inicialmente, ele dissera não saber nada a respeito dos crimes. Agora, suas declarações haviam se tornado mais elaboradas, acusatórias e centradas em Damien. Os detetives aumentaram a aposta. De acordo com as notas manuscritas de Ridge, eles mostraram a Jessie "a fotografia de uma das vítimas no consultório do legista". As notas continuam: "Jessie sabia que era um dos meninos mortos por Damien. Ele olhou para a fotografia e disse que era 'o menino Moore' e que ele era um dos meninos na foto Polaroid." Aparentemente, essa era uma referência à fotografia que estaria na maleta vista no esbat. Nesse ponto das notas, surge o desenho, com as palavras "o círculo" a título de legenda. A próxima linha de texto diz: "Jessie declarou que não queria participar daquilo, que Damien e Jason haviam matado, ele não."

Com Jessie claramente abalado, Ridge escreveu: "Deixei a sala e, nesse momento, Jessie informou a Gary Gitchell que estivera presente aos assassinatos, [que] testemunhara os assassinatos cometidos por Damien e Jason." Nada tendo gravado até então, os detetives decidiram que era hora de registrar o que Jessie dizia. As notas manuscritas de Ridge concluem: "Declaração gravada será iniciada depois que o sujeito se recompor."

Mais tarde, Jessie disse que, após a sessão com Durham, decidira começar a "dizer a eles o que queriam que eu dissesse". Segundo ele, houve três razões para essa decisão. O círculo foi uma delas. A fotografia da criança assassinada deitada na mesa do laboratório de criminalística foi outra: "Era só uma criança que apanhara no rosto, mas, quando olhei pra ela, fiquei chocado." A terceira foi uma fita. Depois de desenhar o círculo e mostrar a Jessie a fotografia do menino assassinado, Gitchell também reproduzira uma fita com a misteriosa e incorpórea voz de uma criança, dizendo, de maneira fantasmagórica: "Só eu sei o que aconteceu." Não foi dito a Jessie — e não seria até muito mais tarde — que a voz pertencia a Aaron Hutcheson. O segmento que Gitchell reproduzira fora extraído de uma entrevista com Aaron gravada pela polícia alguns dias antes.

Ridge não mencionou a fotografia, o círculo ou a voz da criança em seu relatório datilografado.[7] Mas registrou, contudo, que "por volta das 14h20, Jessie disse ao inspetor Gitchell que estivera presente no momento dos assassinatos [...]. Então nos preparamos para gravar o interrogatório".[8]

Autoincriminação

Até então, a experiência mais séria de Jessie com a polícia fora um incidente envolvendo o roubo de várias bandeiras pertencentes à banda da Marion High School. Após anos em classes de educação especial, Jessie abandonara a escola, mas sonhava em construir uma pista de corrida e precisava de bandeiras para ela. De maneira não muito inteligente, voltara à escola para roubar as bandeiras da banda. Driver reconhecera que Jessie era "meio lento mentalmente", mas sua idade e suas limitações intelectuais não preocuparam a polícia. À exceção da autorização que haviam solicitado ao pai para interrogá-lo e submetê-lo ao teste do polígrafo, sua alegação de que compreendera seus direitos constitucionais foi tratada como se tivesse sido feita por um advogado. Agora, com a gravação prestes a começar, seus direitos foram lidos novamente e, novamente, sem o benefício da presença dos pais ou dos conselhos de um advogado, ele abriu mão deles.

A parte gravada do interrogatório de Jessie começou às 14h44. Durante 34 minutos, enquanto a fita girava no gravador, ele respondeu às perguntas de Gitchell, Ridge e Allen. A maioria das respostas é vaga. Muitas são contraditórias. Quase todas começam com uma sugestão de um dos detetives.

— Ok, Jessie — disse Ridge. — Vamos direto para aquela data, 5 de maio de 1993. Quarta-feira. De manhã cedo. Você recebeu um telefonema. Está correto?

— Sim, recebi — respondeu Jessie.

— E quem era? — perguntou Ridge.

— Jason Baldwin.

— Tudo bem, o que aconteceu, sobre o que vocês conversaram?

NÓ DO DIABO 107

— Ele me ligou e perguntou se eu queria ir até West Memphis com ele e eu disse que não, que precisava ir trabalhar. Ele disse que tinha de ir até West Memphis, então ele e Damien foram e eu fui com eles.

— E quando você foi com eles?

— Naquela manhã.

Jessie disse que ele, Damien e Jason caminharam os 5 ou 6 quilômetros entre Marion e West Memphis e foram até a floresta Robin Hood. Ridge perguntou o que acontecera lá.

— Enquanto eu estava lá, vi Damien bater muito em um menino e aí ele começou a transar com eles. — respondeu Jessie.

Ridge lhe mostrou um recorte de jornal com as fotografias das três vítimas e perguntou qual dos meninos Damien atacara. Jessie apontou para uma delas e disse: "Michael Moore." Mas o menino apontado não era Michael Moore. Gitchell, apontando para uma das fotos, perguntou: "Este menino aqui?" Quando Jessie respondeu que sim, ele disse: "Ok, esse é o filho dos Byers. É para ele que você está apontando?" Jessie disse que sim.

— Ok — continuou Ridge —, então você viu Damien atingir Chris Byers na cabeça?

Jessie não dissera que vira Damien atingir Chris na cabeça. Mesmo assim, respondeu: "Sim."

— Com o que ele o atingiu? — perguntou Ridge.

— Ele bateu nele com o punho e o machucou muito e então Jason se virou e bateu em Stevie Branch [...] e começou a fazer a mesma coisa. Daí o outro saiu correndo. Michael Moore saiu correndo. Então eu fui atrás dele e o segurei até eles chegarem lá, e depois fui embora.

Essa declaração foi um ponto decisivo, tanto no interrogatório de Jessie quanto no caso. Ele estava dizendo que testemunhara ao menos parte do crime. Não apenas isso: estava admitindo sua própria participação. Mas, assim como tantas outras coisas nesse caso, sua declaração estava repleta de problemas. O mais sério se relacionava a um fator crucial: o tempo. Jessie disse que o incidente que descrevera ocorrera durante a manhã. Contudo, a polícia sabia que Chris, Michael e Stevie haviam ido à escola e permanecido lá até as 14h45. Outro problema era que, mesmo em sua versão autoincriminatória, Jessie afirmava ter deixado a cena sem testemunhar os assassinatos. Ridge tentou novamente, levando-o de volta ao momento em que Michael "saiu correndo".

— Para que lado ele foi? Quer dizer, ele voltou em direção às casas? Foi para o Blue Beacon? Para dentro da floresta? Para que lado ele foi?

— Em direção às casas.

— Em direção às casas?

— Onde o cano passa pelos quintais? — perguntou Gitchell.

— Sim — respondeu Jessie —, ele correu pra lá e eu o peguei e trouxe de volta, daí saí fora.

Estava acontecendo novamente: Jessie dizia que deixara a cena sem testemunhar os assassinatos.

Ridge tentou novamente:

— Ok. E quando você voltou, um pouco mais tarde, todos os meninos estavam amarrados?

Jessie nada dissera sobre retornar à cena. Mas respondeu: "Sim."

— Foi isso mesmo? — perguntou Ridge.

— Sim, e eu saí fora e fui pra casa.

— Tudo bem, e eles estavam vestidos quando você os viu amarrados?

— Não, estavam sem roupa.

— Eles já estavam sem roupa? Quando ele bateu no menino pela primeira vez, quando Damien bateu no primeiro menino, eles estavam vestidos?

— Sim.

— E quando as roupas foram retiradas?

— Logo depois que eles espancaram os três, espancaram pra valer.

— Espancaram pra valer e aí tiraram as roupas deles?

— Sim.

— E depois os amarraram?

— Daí eles amarraram, amarraram as mãos e começaram a transar com eles, a cortá-los, e eu vi, dei meia-volta e vi, então saí correndo. Fui pra casa. Então eles me ligaram e perguntaram por que eu não tinha ficado e eu disse que não podia.

NÓ DO DIABO

— Você não podia?

— Não podia suportar ficar lá e ver o que iam fazer.

Mesmo assim, Jessie não estava dizendo que testemunhara um homicídio.

Ridge disse:

— Ok. Enquanto isso estava acontecendo, você viu alguém com uma faca. Quem estava com a faca?

— Jason.

Em resposta a outras seis perguntas, Jessie disse que vira Jason cortar um dos meninos no rosto e outro "lá embaixo", o que Gitchell registrou como "região da virilha". Então Ridge perguntou, em um raro reconhecimento das limitações de Jessie:

— Você sabe o que é um pênis?

— Sim — respondeu Jessie. — É onde ele foi cortado.

Os policiais perguntaram se o menino em questão era "o menino Byers novamente". Quando Jessie confirmou, "É o menino que vi sendo cortado", Ridge perguntou, mais uma vez: "Certo. Você sabe o que é um pênis?"

Mais uma vez, Jessie disse que sim e que fora onde vira Jason cortando, "lá embaixo, bem perto do pênis, então eu vi um pouco de sangue e aí fui embora".

Os policiais fizeram algumas perguntas sobre onde Jessie estava durante a cena com o sangue. Ele disse que estava em uma das margens do canal de drenagem.

— Estava olhando pra baixo e, depois de ver tudo isso, fui embora.

Ridge aceitou a alegação de que Jessie deixara a cena.

— Tudo bem, você foi para casa. A que horas tudo isso aconteceu? Não quando eles telefonaram. Quero saber em que horário você esteve no parque.

— Por volta das doze — disse Jessie.

— Por volta do meio-dia?

— Sim.

Mas a polícia sabia que meio-dia não era bom. Então a próxima pergunta de Ridge foi:

— Ok, foi depois da escola?

— Eu não vou à escola.

— Aqueles meninos...

— Eles faltaram.

Todos os detetives na sala sabiam, embora Jessie não soubesse, que a declaração era absurda. Mas eles insistiram. E Jessie disse novamente: os meninos não haviam ido à escola. Nessa versão, ele disse que se encontrara com Jason e Damien na floresta "de manhã cedo", por volta das 9 horas, e que as vítimas, tendo faltado às aulas, haviam sido assassinadas por volta do meio-dia.

Exasperado, Ridge perguntou se Jessie usava relógio. Quando Jessie disse que o seu estava em casa, Ridge sugeriu:

— Então, o que você está dizendo é que esses horários podem não ser exatos.

— Isso — respondeu Jessie.

Durante o restante do interrogatório, as versões de Jessie se tornaram mais enroladas. A certa altura, ele disse aos detetives que "depois que tudo aconteceu, na noite em que eles fizeram aquilo, eu fui pra casa por volta do meio-dia e eles me ligaram às nove da noite". Ele disse que Jason telefonara, mas Damien estava com ele na ocasião. "Eles me perguntaram por que eu tinha ido embora tão cedo e eu disse que não aguentava mais ficar lá e ver aquilo. [...] E Damien estava gritando ao fundo, dizendo 'Fomos nós. Fomos nós. E se alguém nos viu? O que vamos fazer?'"

Mas Gitchell estava ficando impaciente. Ele disse a Jessie: "Tenho a sensação de que você não está dizendo tudo. Você sabe que estamos gravando, então é muito, muito importante que você diga toda a verdade. Se você estava lá o tempo todo, então diga que estava lá o tempo todo. Não deixe nada de fora. Isso é muito, muito importante. Agora diga a verdade."

— Eu estava lá até eles amarrarem os meninos, depois fui embora — respondeu Jessie. — Depois que eles os amarraram, fui embora.

— Mas você os viu cortando os meninos — disse Gitchell.

— Eu os vi cortando os meninos...

— E o que mais, depois disso?

— Eles deixaram a faca no chão, ao lado deles, e eu os vi amarrando os meninos e então fui embora.

NÓ DO DIABO

— Os meninos estavam conscientes ou...

— Estavam inconscientes.

— Inconscientes.

— E depois que eu fui embora, eles fizeram outras coisas.

— Fizeram outras coisas?

— Começaram a transar com eles de novo.

Jessie prosseguiu descrevendo uma cena que, novamente, não correspondia aos fatos. Os detetives sabiam que os corpos haviam sido encontrados em uma posição extremamente incomum, com as costas arqueadas e as mãos amarradas aos tornozelos. Assim como falhara em mencionar a remoção das roupas, Jessie agora ignorava a maneira peculiar como os meninos haviam sido amarrados. Ele mencionou repetidamente que as mãos deles estavam amarradas. E chegou a dizer que "um menino" estava "chutando" com as "pernas pro ar". Mesmo quando Ridge perguntou o que os impediu de sair correndo, se somente suas mãos estavam amarradas, Jessie não disse nada sobre os pés estarem presos. A única razão que pôde fornecer foi o fato de que "haviam apanhado tanto que mal podiam se mexer".

Ridge tentou novamente:

— Você disse que as mãos deles estavam amarradas. Elas estavam amarradas de uma maneira que os impedia de correr? Diga.

Mas Jessie não entendeu.

— Eles podiam correr — afirmou.

Gitchell tentou outra via, perguntando:

— Vocês usaram, alguém usou, um pedaço de pau para bater nos meninos?

Jessie disse que Damien batera em um menino com "um pedaço grande de um galho velho". Ele também disse que vira Jason cortar um dos meninos no rosto, usando uma "faca dobrável". E disse que participara de "cultos" durante cerca de três meses. Quando Gitchell perguntou o que os participantes do culto "costumavam fazer na floresta", Jessie respondeu:

— Nós saíamos, matávamos cachorros e coisas assim e eles levavam garotas pra lá... Nós transávamos com elas... Fazíamos orgias e outras coisas.

Jessie fornecera alguns detalhes que os detetives podiam usar. Mas eles ainda precisavam de um ponto crucial. Ridge fez uma manobra delicada.

— Ok — disse ele. — Diga uma coisa. Isso é muito sério e quero que você diga a verdade e pense antes de responder. Não diga sim ou não rapidamente. Pense a respeito. Você bateu em algum dos meninos?

— Não.

— Diga a verdade.

— Não.

— Você estuprou algum dos meninos?

— Não.

— Você matou algum dos meninos?

— Não.

— Você viu algum dos meninos ser assassinado?

— Sim.

— Ok. Qual deles você viu ser assassinado?

— Este aqui.

— Você está apontando para o menino Byers novamente?

— Sim.

— Como ele foi assassinado?

— Foi estrangulado.

A polícia não vira — e o legista não mencionara — qualquer indicação de que os meninos haviam sido estrangulados, muito menos que essa fora a causa das mortes. Mas Ridge seguiu em frente.

— Estrangulado? Com o que ele foi estrangulado?

— Com as mãos e um galho. Ele tinha um galho grande e velho e ficou segurando ele sobre o pescoço do menino.

— Ok, então ele estrangulou o menino até ele ficar inconsciente e, nesse momento, você sentiu que ele estava morto?

— Sim.

Jessie afirmara ter testemunhado ao menos um dos homicídios. Mas novamente havia um problema, e não era pequeno. Christopher Byers claramente sofrera um ferimento profundo — severo o bastante para matá-lo —, mas Jessie não o mencionara. Em vez disso, atribuíra sua

NÓ DO DIABO 113

morte ao estrangulamento com um galho. O problema era que o pescoço de Christopher era uma das poucas partes do corpo que não demonstrava sinais de trauma. À exceção de alguns arranhões, o pescoço parecia não ter sido tocado.[9]

Ridge e Gitchell não o pressionaram a respeito. Eles tinham uma testemunha ocular dos assassinatos. Decidiram não ser muito exigentes. Mas ainda havia o incômodo problema do horário a ser resolvido. Ridge o abordou novamente. "Ok. Eles mataram os meninos", disse ele.

Jessie não dissera ter visto os dois outros meninos serem assassinados, mas Ridge ignorou esse ponto. E continuou.

— Eles mataram os meninos. Você decidiu ir embora. Foi para casa. Quanto tempo se passou desde que foi para casa até receber o telefonema? Trinta minutos ou uma hora?

Em um interrogatório cheio de distorções do que era dito, essa era uma das maiores. Jessie declarara repetidamente que chegara à floresta às 9 horas e fora embora "por volta do meio-dia". Dissera que o telefonema de Jason ocorrera por volta das 21 horas. Agora Ridge lhe oferecia uma escolha. Depois que deixara a floresta, quanto tempo se passara até o telefonema de Jason? Trinta minutos ou uma hora?

Jessie ficou em silêncio por um momento. Então disse: "Uma hora."

A polícia decidiu encerrar a entrevista. Ridge registrou o horário, 15h18, e o gravador foi desligado. Jessie estava na delegacia havia quase seis horas. Fora interrogado, fizera o teste do polígrafo e fora interrogado novamente. Apenas os 34 minutos finais foram gravados.

"Discrepâncias"

Mas seu interrogatório ainda não terminara.[10] A polícia fez um intervalo de vinte minutos, durante o qual Jessie fumou dois cigarros. Então Gitchell iniciou uma nova entrevista — que também foi gravada. O horário dessa segunda entrevista é controverso, mas um relatório policial listando a cronologia dos acontecimentos do dia registrou que foi conduzida "para eliminar algumas discrepâncias em relação ao horário e aos eventos da primeira entrevista".[11]

Dessa vez, somente Gitchell estava na sala e, por razões que não foram explicadas, a entrevista começou com Jessie oferecendo uma versão drasticamente diferente do horário em que ele, Damien e Jason supostamente chegaram à floresta Robin Hood. Durante a primeira entrevista, ele mantivera a versão de que chegara de manhã e partira ao meio-dia. Agora, após uma pausa de 27 minutos durante a qual o gravador estivera desligado, tudo mudara.

— Jessie... quando vocês três estavam na floresta e os meninos chegaram, que horas eram?

— Eu diria por volta das cinco. Cinco ou seis.

— Você estava usando relógio?

(Jessie negou com a cabeça.)

— Tudo bem, mas, mais cedo, você disse que era por volta das sete ou oito. Que horas eram?

— Eram sete ou oito.

— Você...

— Estava começando a escurecer.

— Ah. Sim, isso esclarece...

Com essa questão problemática rápida e eficientemente "esclarecida", Gitchell se voltou para outro problema da confissão prévia, a parte em que Jessie dissera que os meninos haviam sido amarrados com cordas. A resposta correta seria cadarços, alguns brancos, outros pretos, removidos de seus próprios tênis.

— Ok. Quem amarrou os meninos?

— Damien.

— Damien amarrou todos eles sozinho ou alguém o ajudou?

— Jason ajudou.

— E com o que eles foram amarrados?

— Uma corda.

— Ok, de que cor era a corda?

— Marrom.

NÓ DO DIABO 115

Abandonando rapidamente essa linha de interrogatório, Gitchell passou para a questão do estupro. Como os meninos estavam nus e amarrados daquela maneira, a polícia suspeitava que violação sexual fora parte do crime. Jessie disse que vira Damien e Jason estuprar dois dos meninos, que identificou, estranha e erroneamente, como "o Myers" e "o Branch".[12] Gitchell perguntou sobre várias formas de sexo. Jessie afirmou que, além de estuprar, Damien e Jason haviam feito sexo oral com dois deles ou, como disse, "Eles enfiaram suas coisas na boca deles".

A certa altura, Gitchell levantou-se, desculpando-se com Jessie. "Ok. Tudo bem", disse ele. "Espere só um minuto." Houve uma pausa, durante a qual Gitchell saiu da sala. Quando o detetive-chefe retornou, explicou:

— Desculpe por ficar indo e voltando, mas algumas pessoas querem que eu pergunte outras coisas a você.

— Quando o interrogatório foi retomado, ele perguntou:

— Alguém se abaixou e chupou os meninos ou algo assim?

— Não, isso não. Não vi nenhum deles fazer isso — disse Jessie.

Causa provável

Se as coisas foram ou não "esclarecidas", a segunda sessão terminou nesse ponto. Embora o horário não seja mencionado na fita, a cronologia da polícia afirma que eram 17h05, que um lanche foi oferecido a Jessie e que, uma hora depois, ele recebeu "um hambúrguer e uma Coca-Cola". Mas, enquanto Jessie relaxava, os detetives Ridge e Gitchell — juntamente com o promotor assistente John Fogleman e o juiz do tribunal municipal William "Pal" Rainey — estavam ocupados preparando uma declaração.[13] Às 21h06, eles foram até o tribunal municipal, perante o juiz Rainey, para uma audiência na qual explicaram por que tinham causa provável para prender Jessie, Damien e Jason e fazer uma busca em suas casas. A essa altura, Jessie estava na delegacia havia mais de 11 horas.

Anos depois, Jessie recordaria que seu interrogatório parecera uma espécie de jogo. Quando os detetives se recusavam a aceitar suas respostas, ele não sabia o que fazer. Então percebeu que eles estavam lhe dando dicas e que, quando fornecia respostas que se conformavam a essas dicas, as coisas melhoravam para ele. Mesmo que o interrogatório tenha sido sério, também lhe pareceu bobo. "Achei que eles sabiam que eu estava mentindo desde o começo, porque eles me conheciam. Eles me conheciam havia tempos. Sabiam que eu não era esse tipo de pessoa, de sair por aí matando criancinha. Achei que eles sabiam que eu estava mentindo porque eles também estavam mentindo."

Havia uma maneira simples de testar a acuidade de suas declarações. O próprio Gitchell dissera ao *West Memphis Evening Times*, apenas algumas semanas antes, que "nos estágios iniciais [da investigação], as pessoas telefonavam e faziam confissões. Mas, pelo que diziam, eram rapidamente eliminadas". Gitchell disse ao jornal que seus policiais haviam "escoltado algumas testemunhas ou suspeitos potenciais até a área" para testar suas declarações contra elementos do crime que a polícia sabia serem verdadeiros. Teria sido fácil submeter Jessie a um teste similar, levando-o até Robin Hood e pedindo que indicasse aos policiais onde os eventos que descrevera haviam ocorrido. Na verdade, durante a primeira entrevista gravada, o detetive Ridge sugerira fazer isso.

— Você concordaria em ir até lá conosco — Ridge perguntou a Jessie, e deixar que filmássemos tudo e mostrar onde essas coisas aconteceram? Você faria isso?

A resposta de Jessie foi inaudível, mas, aparentemente, ele concordou com a cabeça.

— Você não teria problemas com isso? — Ridge queria registrar sua resposta na fita.

— Não, que eu saiba, não.

— Mas você seria capaz de mostrar onde as coisas aconteceram?

— Sim.

Mas Jessie nunca foi levado à floresta. A despeito das numerosas inconsistências e erros em suas declarações, Gitchell e seus detetives decidiram não fazer o simples teste de interrogá-lo enquanto alguém filmava a excursão. Os detetives estavam satisfeitos com seu relato. Ou então não queriam expô-lo aos riscos de uma viagem à floresta. Ridge adotou uma postura de certeza, escrevendo em seu relatório final: "Jessie Jr., durante o curso da entrevista, deu informações específicas que somente uma pessoa com conhecimento de primeira mão poderia ter. Jessie Misskelley Jr. declarou que tomou parte na captura das vítimas e testemunhou os homicídios cometidos por Jason Baldwin e Damien Echols."

Quando finalizaram as perguntas, os detetives levaram Jessie para uma cela. Mais tarde, ele recordou: "Depois que desligaram o gravador, eu estava cansado demais pra conversar. Só queria me deitar. Achei que deveria esperar por lá até que meu pai fosse me buscar." Ninguém explicou que ele se implicara no triplo homicídio ao dizer que correra atrás de um dos meninos e o segurara, nem que estava prestes a ser preso. "Achei que eles sabiam que eu precisava de uma carona pra casa", disse ele. "Mas meu pai nunca apareceu."

8

As prisões

É RARO QUE JUÍZES EMITAM MANDADOS para buscas noturnas. A lei do Arkansas requer que a polícia demonstre que circunstâncias extraordinárias exigem a invasão de uma casa após o anoitecer. Essas circunstâncias são bem definidas e estritas: a casa onde a busca será realizada precisa ser difícil de abordar durante o dia ou deve haver ameaça de que policiais serão feridos ou possíveis provas serão destruídas se uma busca diurna for tentada. Nenhum dos trailers onde os três suspeitos viviam era difícil de abordar, de dia ou à noite. E a polícia interrogara todos os três sem nenhuma insinuação de ameaça. Quanto à possibilidade de provas serem destruídas, trinta dias já tinham se passado desde os homicídios. Se ainda houvesse provas remanescentes nas casas dos suspeitos, a chance de serem destruídas durante as próximas 12 horas era pequena. Mas 5 de junho, quando a cidade marcaria a passagem de um mês desde os assassinatos, estava a apenas um dia e algumas horas e, agora que tinha a confissão de Jessie, a polícia não queria esperar.

Enquanto Jessie aguardava o pai, o promotor assistente Fogleman compareceu perante o juiz municipal Rainey para explicar por que era essencial que as casas de Damien, Jason, Jessie e Domini fossem revistadas naquela mesma noite. A razão apresentada por Fogleman, escrita na declaração juramentada que entregou a Rainey, era que os suspeitos eram "amigos íntimos" e "membros de uma seita muito unida". Rainey assinou os mandados de busca, assim como os mandados autorizando as prisões de Damien e Jason. Às 22h28, com a lua cheia iluminando o caminho, dezenas de carros de diversas agências policiais chegaram a três parques de trailers. Os oficiais saíram dos carros e suas buscas urgentes começaram.

Era noite de quinta-feira. Em geral, durante a semana, Jason tinha de ficar em casa com os irmãos mais novos enquanto a mãe trabalhava no turno da noite em uma empresa de caminhões em Memphis.[1] Mas aquele fora o último dia de aula na Marion High School. Jason terminara as provas e completara o primeiro ano do ensino médio. Para parabenizá-lo pelo trabalho que realizara, tanto na escola quanto cuidando dos irmãos, a mãe providenciara para que tivesse a noite livre. Ele estava na casa de Damien, comemorando com os amigos.

Os pais de Damien, por sua vez, haviam planejado uma noite no novo cassino Splash, que fora inaugurado havia algum tempo em Mississippi, cerca de 80 quilômetros ao sul de Memphis. Pam Echols e Joe Hutchison haviam ido até lá para se divertir um pouco. Eles alugaram uma televisão e um videocassete para distrair Damien e Michelle durante o tempo que estavam fora. Jason viera se juntar a eles, assim como Domini. Os quatro adolescentes assistiam a *Leprechaun*, um filme de terror recente, quando Michelle ouviu sons do lado de fora. Afastando a cortina, ela gritou para o irmão e seus amigos: "Se escondam!"

"Achamos que era uma brincadeira", lembrou Jason mais tarde. "Mas era a polícia."

Jason correu para o quarto de Damien enquanto Michelle atendia à porta. Quando voltou para a sala, os policiais já haviam algemado Damien. "Eu fiquei me perguntando", afirmou ele, "o que estava acontecendo. Disse a eles: 'Eu conheço Damien. Ele não usa drogas. Ele não fez nada de errado.' Mas eles mandaram que eu, Michelle e Domini nos sentássemos no sofá. Quando perguntei por que, eles me mandaram calar a boca. Então um policial veio e perguntou se eu era Jason Baldwin. Respondi que sim. Ele disse: 'Bom, você também está preso.' Eu perguntei: 'Pelo quê?' Ele disse: 'Por homicídio.' E eu disse: 'Não. Vocês estão prendendo as pessoas erradas!'"[2]

NÓ DO DIABO 121

Mais tarde, Damien disse que não ficara surpreso. Nas semanas entre os assassinatos e aquela noite, disse ele, "Os policiais acampavam na frente de casa. Deixavam os faróis virados para a casa. Eu não conseguia dormir à noite". Agora, cercado pela polícia, foi levado sem resistência. A polícia acusou Damien e Jason pelos três homicídios. Damien foi descrito no registro de prisão como telhador de dezoito anos sem carteira de motorista. Na linha destinada às "peculiaridades", alguém escreveu: "brincos, dois na orelha esquerda, um na direita". Jason foi descrito como estudante de dezesseis anos, 1,72 m, 50 kg. Nenhuma "peculiaridade" em relação a ele. De acordo com os registros, a polícia leu os direitos de ambos, mas os suspeitos "não fizeram nenhuma declaração relacionada à acusação".

Mais tarde, Jason disse que se lembrava de alguém lendo seus "direitos de Miranda", que "não significavam nada naquela época".[3] Em breve, estava algemado a uma cadeira na delegacia, lutando contra o choque, a raiva e o medo. "Eu não sabia o que fazer, o que dizer, aonde ir", afirmou. "Estava tentando dizer onde estava naquele dia, mas eles responderam: 'Não. Sabemos que você está mentindo.' Eu disse que estava no colégio naquele dia. Eles disseram: 'Você quer dizer que, se pegarmos seus registros no colégio, eles vão mostrar que você estava lá?' Eu disse: 'Sim. Vão pegá-los.'"[4]

A polícia fichou Charles Jason Baldwin por suspeita de homicídio e o conduziu até uma cela. Os policiais lhe disseram para se despir e lhe entregaram um uniforme tão largo que quase caía pelos ombros. Ele foi levado a um hospital local, onde técnicos fizeram radiografias de sua arcada dentária e recolheram amostras de cabelo, sangue e saliva.[5] Dali, a polícia de West Memphis o levou até a prisão do condado e o colocou em uma cela. Já era bem depois da meia-noite. Jason, de dezesseis anos, não teve direito a um telefonema. Sua mãe não foi comunicada da prisão. Ele não tinha advogado. E o interrogatório realizado pela polícia não foi gravado.

Em uma escala de um a dez

Tão logo Jessie, Damien e Jason foram colocados atrás das grades, o departamento informou à mídia que os assassinos haviam sido capturados. Na manhã seguinte, 4 de junho de 1993, os moradores de ambos os lados do rio Mississippi acordaram com a notícia. Às 9 horas, o inspetor Gitchell concedeu uma entrevista coletiva para anunciar o sucesso de seu departamento. As estações de televisão ao longo do delta interromperam suas programações para transmitir a declaração ao vivo. As câmeras mostravam o calvo inspetor sentado sozinho em frente a uma coleção de microfones, com os detetives alinhados atrás. Gitchell anunciou os nomes dos três adolescentes que haviam sido presos durante a noite. Disse que haviam sido considerados suspeitos desde o início da investigação. "É como um grande quebra-cabeça", disse ele. "As peças começaram a se encaixar para formar uma imagem nítida." Ele garantiu ao público que os suspeitos estavam seguramente encarcerados. E elogiou seus oficiais pelo trabalho que realizaram no que, segundo ele, foi o caso mais difícil de sua carreira.

Os repórteres o cobriram de perguntas. O que ele podia dizer sobre os acusados? Eles conheciam as vítimas? Como a polícia solucionara o caso? Gitchell não fez comentários. Ele conhecia o motivo dos crimes? Gitchell disse que sim, mas não elaborou. Um repórter mencionou o rumor que perseguira o caso desde que o primeiro corpo flutuara até a superfície. Os acusados eram membros de uma seita? Gitchell balançou a cabeça. "Não posso fazer comentários sobre isso."

A sensacional entrevista coletiva se aproximava de um final insatisfatório. Um repórter perguntou ao detetive-chefe: "Em uma escala de um a dez, quão sólido é o caso?" Essa Gitchell podia responder. Ele sorriu e disse, de maneira confiante: "Onze."

Mas sua confiança era excessiva. Na época das prisões, ele e seus detetives tinham contra os três a confusa confissão de Jessie — e pouco além. Mais tarde, Fogleman reconheceria que "a única coisa" que a polícia tinha contra Jason "era a declaração de Jessie" e, em um julgamento, "somente a declaração de um cúmplice é insuficiente; é preciso que haja algo mais ligando a pessoa ao crime". Embora o promotor tenha usado a declaração de Jessie como causa provável para a prisão, mais tarde ele admitiria que "se eu tivesse levado o caso a julgamento no dia em que Jason foi preso, ele teria sido absolvido. Haveria um veredito direto de absolvição". Como resultado da ausência de provas contra ele, explicou Fogleman mais tarde, "a declaração tinha de ser investigada com mais profundidade, para ver se novas provas apareceriam".[6]

Do ponto de vista jurídico, o caso contra Damien não era muito melhor. Assim como no caso de Jason, a declaração de Jessie não era suficiente. E, a despeito dos fartos rumores a seu respeito, na época das prisões, a polícia não encontrara nenhuma prova material que o ligasse aos crimes. Eles tinham amostras de cabelo, sangue e urina, que haviam sido enviadas ao laboratório de criminalística, mas nenhuma delas o associava aos homicídios. Tinham um teste de polígrafo no qual, segundo Bill Durham, Damien falhara, mas polígrafos eram considerados duvidosos demais para serem admissíveis no tribunal.

A polícia não tinha nenhuma evidência além de uma variedade de declarações: de Jessie, de Vicki Hutcheson e de meia dúzia de jovens entre doze e dezessete anos dizendo que Damien era culpado.[7] À exceção de Hutcheson, todas as declarações eram de menores de idade. E muitas delas, inclusive a de Jessie, tornaram-se incriminatórias somente depois de a polícia aplicar o teste do polígrafo e Durham afirmar que o adolescente em questão tinha falhado. Mesmo que os repórteres não tivessem como saber disso na época, essa era toda a base da declaração de Gitchell de que o caso de seu departamento era um "onze".

"Tão perto da perfeição"

A mãe de Jason não era advogada, mas avaliou a prisão do filho quase da mesma maneira que Fogleman. Ela não acreditou que houvesse qualquer evidência que pudesse ser usada contra Jason. Depois da entrevista coletiva de Gitchell, ela foi até o escritório de Ridge, exigindo saber por que o filho estava detido. Ridge explicou que Jessie o acusara das mortes. A essa altura, as famílias das vítimas e dos acusados haviam visto uma cópia da declaração de Jessie.

"Eu tenho provas de que Jessie Misskelley está mentindo", disse Gail Grinnell. Concentrando-se nas repetidas alegações de que os assassinatos haviam acontecido durante a manhã, ela disse a Ridge que Jason fora ao colégio naquele dia. "Se ele estava no colégio", disse Grinnell, a alegação de Jessie "não pode ser verdadeira."

Em contraste com a lembrança posterior de Jason, de que conversara com a polícia, Ridge afirmou a Grinnell que ele se recusara a falar. Ela respondeu que, se Jason não estava falando, era porque ela o aconselhara a ficar em silêncio depois que os detetives foram à sua casa. Ela disse a Ridge que ficara "com medo, porque vocês colocam palavras em sua boca e inventam coisas [...] transformam um punhado de terra em uma montanha".

Ridge contrapôs: "É por isso que temos gravadores. E não estou pondo palavras na sua boca." Grinnell persistiu, até que Ridge finalmente disse: "É assim. Se você ouvir por um segundo, tentarei esclarecer as coisas para você. Temos uma pessoa que nos contou uma história muito crível. Se Jason não nos contar outra história, se Jason não nos disser de que lado está, nunca saberemos o que ele tem a dizer."

Grinnell respondeu: "Vou conseguir um advogado e ele pode contar ao advogado. Quero que ele tenha um advogado porque nunca estive envolvida em nada assim antes e não quero ver meu filho ser preso por engano. Eu sei que ele é inocente. Ele é inocente. Não quero que seja considerado culpado só por não ter um advogado."

Ridge foi condescendente. "Você entende", perguntou ele, "que gravamos nossas conversas e não colocamos palavras na boca das pessoas? Tudo que foi dito está na fita e gostaríamos de ter a oportunidade de conversar com Jason, mas ele não vai dizer nada, porque a mãe dele lhe disse para não dizer nada."

"Uma das razões pelas quais eu disse a Jason para não falar com a polícia", respondeu Grinnell, "foi saber que a polícia estava dizendo mentiras sobre ele antes mesmo de prendê-lo. Depois que a polícia interrogou Damien, os rumores começaram. As pessoas diziam que a polícia lhes contara isso e aquilo. E eu pensei: 'A polícia está querendo fazer com que ele pareça culpado.' Eu lhe disse para não falar com eles, com ninguém. E disse que, se ele ouvisse alguém repetindo coisas que um policial dissera, deveria anotar o nome e eu iria até a delegacia com esse nome, porque havia policiais no parque de trailers contando mentiras às crianças."[8]

Gail Grinnell afirmou novamente que Jason era inocente, que estivera no colégio e que ela conseguiria uma declaração do diretor. Por fim, suspirou: "Estou tão cansada. Minha família ficou acordada a noite inteira."

Nesse ponto, Ridge defendeu a prisão realizada durante a noite: "Essa situação não podia ser evitada", declarou ele. "Tínhamos de procurar provas. Se encontrarmos, vai ficar ruim para Jason e, se não encontrarmos, Jason estará limpo. A única forma de conseguir respostas é fazer o que fizemos. Não queremos dificultar as coisas para você. Não queremos dificultar para Jason. Mas, às vezes, esses são os únicos instrumentos de que dispomos para chegar à verdade."

Grinnell perguntou quando poderia ver o filho. "Estou preocupada com ele porque sei que está com medo", disse ela ao detetive. "Sei que está com muito medo. Ele está sozinho."

Ridge explicou que não sabia quando ela teria permissão para ver Jason. Grinnell perguntou como ele pôde basear a prisão de Jason em nada mais que a declaração de Jessie, com todas as suas discrepâncias. "Há tantas histórias diferentes na história que ele contou", exclamou ela. "Não vejo como alguém pode acreditar nisso."

"É assim", respondeu Ridge. "Temos uma história que é muito plausível. Está tão perto da perfeição que temos de acreditar nela. Então vamos acreditar, até que possamos desmenti-la, e não podemos nem começar até que Jason nos diga algo."

Quando Grinnell tentou protestar novamente, Ridge a silenciou. "Você não tem o mesmo ponto de vista que a gente", disse. Com isso, a reunião acabou.

"Delicadas e incendiárias"

Enquanto isso, no tribunal municipal, o caso passava por uma nova reviravolta. O juiz municipal Rainey, que assinara os mandados de busca e apreensão na noite anterior, emitira uma ordem negando acesso público aos documentos.[9] Quando a ordem foi emitida, contudo, informações confidenciais sobre a investigação já haviam vazado — assim como a confissão de Jessie. Embora se recusasse a comentar o caso, à exceção de dizer que era um "onze", a polícia permitira que pessoas fora do departamento vissem transcrições da confissão. Gail Grinnell as vira, além de muitos outros. O diretor de jornalismo de uma emissora de televisão relatou que uma mulher telefonara no dia seguinte à prisão, oferecendo uma cópia por algumas centenas de dólares.[10] Um dia depois de Rainey ordenar o sigilo dos arquivos, uma cópia também chegou ao *Commercial Appeal*. Rainey emitira a ordem na sexta-feira. Na segunda-feira, o jornal publicou um artigo de primeira página, com direitos autorais reservados, destacando o que Jessie dissera. As manchetes eram: "ADOLESCENTE DESCREVE MENINOS TORTURADOS POR 'SEITA' E SUSPEITO MISSKELLEY FALA À POLÍCIA SOBRE MUTILAÇÃO SEXUAL."[11]

O vazamento da confissão de Jessie criou sensação, mas a ordem de Rainey negando acesso às declarações impediu que os repórteres descobrissem quão pouco a polícia possuía para apoiar essa acusação. Os veículos de imprensa se concentraram, então, nos três acusados e no que Jessie dissera sobre eles. Durante dias, uma tempestade de notícias

NÓ DO DIABO

e artigos cobriu a região. Mesmo quem não comprava jornais podia ler manchetes como esta, ao passar pelas bancas:

SUSPEITO "ASSUSTADOR" REVELA
CULTO AO DEMÔNIO

EXPLOSÃO DE PAI DE VÍTIMA NO TRIBUNAL REFLETE
CHOQUE E REVOLTA DA COMUNIDADE

CULTO AO DEMÔNIO DISCUTIDO COMO
MOTIVO DOS HOMICÍDIOS

JOVENS DO ARKANSAS PODEM PEGAR PENA DE MORTE

Os artigos que acompanhavam as manchetes disseram a um público faminto por informações que Damien "carregava o crânio de um gato quando ia ao colégio e rotineiramente se vestia de preto"; que Jason era descrito como "tímido e artístico", mas estava "envolvido com coisas do demônio"; e que Jessie era "durão" e "um pouco problemático", mas considerado "gentil com as crianças". Gitchell manteve sua posição de que não podia comentar o caso.[12]

A ordem de sigilo dos arquivos não foi bem recebida pelos editores de jornais de ambos os lados do rio Mississippi. A batalha por informação subitamente se tornou parte da história. Em resposta à restrição oficial, o *Commercial Appeal* de Memphis fez uma requisição formal dos arquivos, citando a lei de liberdade de informação do Arkansas. O editor-geral do jornal disse que os arquivos eram necessários para "ajudar a separar os fatos do crescente número de boatos". O *West Memphis Evening Times* ecoou a queixa.[13]

No entanto, os apelos dos editores em nada mudaram os fatos e, logo após Rainey ter fechado os arquivos, um juiz estadual confirmou a ordem incomum.[14] Assim como Rainey, o juiz estadual achou que as informações contidas nos arquivos eram "delicadas e incendiárias" e que "seria prejudicial aos réus se os documentos fossem revelados ao público antes do julgamento". Na verdade, os arquivos não continham nada mais incendiário que as declarações de Jessie Misskelley, que já haviam sido noticiadas. Mas o público não sabia disso.[15]

Batalha espiritual

Mas, para a maior parte da imprensa, relatos sobre satanismo batiam o ceticismo. O jornal de West Memphis relatou que Damien usava o número 666 e "um símbolo do demônio" dentro das botas. Citou dois garotos que afirmavam ter ouvido falar de fantasmas na casa de Jason. Mencionou uma garota não identificada que afirmou ter visto Damien beber o sangue de Jason e "Dominique" e outra que disse que ele, certa vez, "ameaçara cortar a cabeça de um garoto e colocá-la na soleira da porta". Citou uma mulher que morava em Lakeshore e notara que "no ano passado, alguns cachorros desapareceram por lá", acrescentando que "o garoto Echols sempre se veste de preto". Em três edições consecutivas, o *Jonesboro Sun*, da maior cidade do noroeste do Arkansas, indicou um ministro batista local que disse que Damien fizera um pacto com o diabo e iria para o inferno.[16] "Nunca conheci alguém tão duro quanto ele", teria dito o ministro. "Ele não rejeitou a mim. Rejeitou a Cristo." Um artigo do *USA Today* começava dizendo: "Michael Echols, que chama a si mesmo de 'Damien', certa vez disse a um pastor que não poderia ir para o céu porque já tinha compromisso com o inferno." O *USA Today*, todavia, também citou alguns defensores dos acusados. Joe Hutchison, pai de Damien, disse: "Eu achava que a lei neste país determinava que o acusado fosse considerado inocente até prova em contrário." Um amigo da família Misskelley disse que Jessie "não estava envolvido com satanismo, ele gostava de música country".

Com o demônio tão proeminente na mídia, os ministros eram apontados como especialistas. Duas semanas após as prisões, seiscentas pessoas compareceram quando a Igreja de Cristo na Missouri Street

NÓ DO DIABO 129

ofereceu uma palestra gratuita sobre o que os anúncios afirmavam ser "os seis indicadores de envolvimento com o satanismo". Eles eram: obsessão com a morte, posse de "parafernália satanista", sequestro, abuso sexual, canibalismo e cremação. Repórteres do jornal de West Memphis cobriram o evento. Eles também contataram "especialistas" em ocultismo, como Driver e um psiquiatra e escritor de Memphis.[17] Baseado nessas entrevistas, o jornal relatou que "os hábitos de leitura de Echols podem ajudar a determinar a natureza de seu modo de pensar e, possivelmente, suas atividades ocultistas. Pessoas que conheciam Echols disseram que ele se vestia de preto, chamava a si mesmo de 'Damien' e carregava o crânio de um gato". O psiquiatra de Memphis supostamente confirmara que esses eram sinais comuns de que adolescentes estavam "envolvidos com satanismo".[18]

Enquanto pregadores se uniam contra Satã e repórteres examinavam livros na biblioteca, a polícia começava a lidar com a realidade subjacente às prisões. Ou seja, como Fogleman delicadamente reconheceria mais tarde, que a declaração de Jessie Misskelley "tinha de ser investigada com mais profundidade, para ver se novas provas apareceriam". A polícia tinha suspeitos, mas será que Fogleman tinha um caso? Com os três adolescentes sob custódia, a polícia de West Memphis entrou na segunda fase da investigação: a corrida para encontrar provas contra eles.

Aaron revisitado

O detetive Bray, de Marion, apresentara Vicki e Aaron Hutcheson à polícia de West Memphis. Os Hutcheson os haviam levado até Jessie Misskelley. E Jessie lhes entregara sua grande descoberta no caso. Agora, enquanto os detetives se voltavam para a tarefa de sustentar com provas o que Jessie dissera, Bray tentou ajudar novamente. E, novamente, voltou-se para Aaron Hutcheson, de oito anos.

Na época das prisões, Aaron fizera várias declarações, muitas altamente conflitantes entre si. Mas Bray estava convencido de que Aaron sabia mais do que dissera. Algumas horas depois de Gitchell anunciar as prisões, ele entrevistou o menino novamente. E os relatos de Aaron sobre o que vira sofreram uma virada dramática. Pela primeira vez, o menino disse a Bray que estivera na floresta com as vítimas na tarde em que desapareceram. Na verdade, testemunhara os crimes. Subitamente, também, tinha certeza sobre a identidade dos assassinos dos amigos. Os homens que vira na floresta, disse Aaron — os homens que vira matar seus amigos —, eram Damien, Jason e Jessie.

Em uma longa e desconjuntada declaração, Aaron disse a Bray que, na tarde em que os meninos desapareceram, ele fora de bicicleta até Robin Hood. Vira cinco homens na floresta: os três acusados e dois outros, que não pôde identificar. Todos usavam camisetas pretas com imagens de dragões e tinham facas "como as dos índios na selva". Jessie segurava Stevie sob a água, dizendo: "Não quero matar você até meu chefe mandar." Damien era o chefe. Michael e Chris encontraram duas armas sobre o cano de drenagem. Eles se esconderam atrás de uma árvore. Planejavam contar até três e atirar nos cinco homens. Contaram até três, mas, quando começaram a atirar, descobriram que as armas não estavam carregadas. A essa altura, o pescoço de Michael foi cortado e o sangue começou a escorrer por sua camiseta. Depois que Michael morreu, Damien retirou suas roupas e o violentou. Jessie cortou as partes íntimas de todos os três meninos. Aaron saiu correndo. Jessie o viu e tentou correr atrás dele, mas Aaron lhe deu uma rasteira e conseguiu escapar.

Bray sempre acreditara que Aaron testemunhara os assassinatos e agora tinha certeza de estar correto.[19] Quatro dias depois, em 8 de junho, ele entrevistou Aaron novamente. Dessa vez, os detalhes foram ainda mais absurdos. Aaron disse que Jessie telefonara para ele na noite anterior aos crimes e lhe dissera para levar os amigos até a floresta, pois "fariam alguma coisa" juntos. Quando Aaron chegou, Michael e Chris estavam atrás de uma árvore. (Mais tarde, ele diria que estavam em cima de uma árvore.) Jessie segurava Stevie. Damien estava parado na frente, empunhando uma faca. Jessie empurrou Stevie em direção à faca, cortando sua barriga. Então Jessie capturou Aaron e o prendeu por cerca de 40 segundos, mas

Aaron conseguiu chutar até ficar livre. Depois que escapou, os acusados supostamente estupraram os outros meninos.

Era um relato confuso e triste, feito por uma criança entrevistada repetidamente pelos detetives, e cuja mãe, com aprovação da polícia, nomeara-se investigadora não oficial.[20] Mas Bray reconheceu a importância potencial do que o jovem Aaron dizia. Até então, a polícia tinha apenas o relato de Jessie sobre os homicídios. O relato de uma segunda testemunha ocular, mesmo contradizendo a primeira e se tornando cada vez mais fantástico, poderia ser inestimável, especialmente por nomear os três adolescentes que estavam sob custódia.

Gitchell aparentemente concordou, pois, em 9 de junho, dois dias depois que os detalhes da confissão de Jessie foram reportados pela mídia, o inspetor-chefe de West Memphis entrevistou Aaron novamente. Aaron repetiu que testemunhara Damien, Jason e Jessie matarem seus três amigos. E acrescentou um detalhe ainda mais importante: ele disse ao inspetor Gitchell que vira as três vítimas amarradas com uma corda.

PARTE 2

Os julgamentos

9

Os réus

ASSIM QUE SOUBE DAS PRISÕES, Ron Lax, investigador particular de Memphis, decidiu se envolver no caso. Vestindo-se meticulosamente, além de colecionar antiguidades francesas e livros de arte, Lax não era um detetive estereotípico. Dirigia sua própria empresa de investigação, a Inquisitor, Inc., com escritórios em Memphis e Nashville. A maior parte do trabalho da Inquisitor se concentrava em fraudes financeiras e de seguros. Mas, nos últimos cinco anos, Lax ampliara o escopo de seu serviço. Advogados de defesa haviam procurado sua ajuda em casos nos quais seus clientes enfrentavam a pena capital. Lax concordara em ajudar, embora considerasse a pena de morte uma punição adequada para pessoas culpadas de determinados tipos de homicídio.[1] Seu trabalho investigativo ajudara a absolver alguns réus. Suas experiências também o haviam convencido de que o trabalho policial malfeito frequentemente resultava em acusações contra pessoas inocentes. Na época dos sensacionais homicídios de West Memphis, ele já não defendia a pena de morte. Acreditava que pessoas que cometiam crimes terríveis deveriam permanecer na prisão para sempre. Mas já não considerava o processo legal confiável o bastante para justificar a imposição de uma sentença tão irrevogável. Em 1993, a Inquisitor tornara-se suficientemente grande para permitir que, todos os anos, ele se envolvesse em algumas poucas investigações de homicídio, de importância pessoal. Agora, com a notícia sobre as prisões em West Memphis, ele pediu que sua assistente Glori Shettles cruzasse o rio e informasse aos advogados de defesa indicados pela corte que, se quisessem, ele estava disposto a ajudar.

Jamais se cogitou a possibilidade de os garotos contratarem sua própria defesa. Jessie era o único a ter emprego, um trabalho intermitente como telhador. Todos viviam com as famílias em trailers alugados. Embora a mãe de Jason, desesperada, tivesse dito a Ridge que "teria de contratar um advogado", ela não conseguiria pagar nem por algumas horas de aconselhamento jurídico, quem dirá pelo tipo de ajuda necessária para montar uma defesa contra a pena de morte.

Em uma audiência em 7 de junho de 1993, um juiz estadual nomeou dois advogados para representar cada um dos réus. Val Price, de Jonesboro, chefe da defensoria pública do condado de Craighead, e Scott Davidson, também de Jonesboro, representariam Damien. Paul Ford e George Robin Wadley, ambos de Jonesboro, representariam Jason. E Dan Stidham e Greg Crow, sócios em um escritório de advocacia em Paragould, representariam Jessie. A maioria deles tinha cerca de trinta anos. Stidham tinha 27. Nenhum deles tinha muita experiência com clientes acusados de crimes capitais.

Jason

Jason, chocado com a prisão, mal sabia onde estava, muito menos para onde seu caso se dirigia. Mais tarde, recordou que, na noite da prisão, fora levado primeiro até a prisão em Marion, depois para o hospital em West Memphis e, finalmente, para o centro de detenção juvenil em Jonesboro, 95 quilômetros ao norte.[2] Em sua primeira reunião, seus advogados lhe disseram que a promotoria parecia ter poucas provas que o incriminassem. De acordo com a confissão de Jessie, Jason fora o mais cruel dos assassinos — o que castrara Christopher Byers. Mas, à exceção disso, não havia nada. E, ao contrário de Damien, ele não parecia estranho ou mentalmente desequilibrado. Não tinha histórico de violência. Todo seu

NÓ DO DIABO 137

registro criminal consistia em ter quebrado vidros de carros guardados em um galpão abandonado e roubado um pacote de M&M's. Era um aluno entre médio e bom na Marion High School, onde recebera certificados por pontualidade e frequência. A polícia obtivera redações escritas por ele nas aulas de inglês logo antes dos crimes, mas elas tinham um tom humorístico e otimista e não forneciam nenhuma indicação de que abrigasse impulsos homicidas.[3]

Quando Ford e Wadley leram as redações, ficaram espantados com sua suavidade. Em uma redação na qual os alunos deveriam discorrer sobre uma colega que se matara recentemente, Jason escrevera: "Não a conhecia muito bem. Eu a via por aí às vezes. Mas sei como as pessoas que a conheciam se sentem, pois certa vez minha mãe tentou cometer suicídio e sei como eu me senti quando isso aconteceu. Foi muito triste, pois fui eu que a encontrei, telefonei para a emergência e a mantive viva. Mas tenho sorte. Minha mãe está bem e feliz agora, e eu também."

Ford e Wadley notaram que Jason escrevera essas linhas em 5 de abril de 1993, um mês antes dos assassinatos. Nada a respeito dele parecia se adequar ao perfil de alguém prestes a cometer homicídio múltiplo. Os advogados sabiam que Jason fora acusado na confissão de Jessie, mas, se a polícia tinha qualquer evidência que corroborasse a confissão, ninguém a mencionara.

Jessie

Se Jason estava chocado, Jessie estava em pânico. Jason fora levado para o norte, até Jonesboro, e Jessie fora conduzido a uma prisão a oeste de West Memphis, na pequena cidade de Wynne. Horas depois de chegar, ele enviara uma carta desesperada aos pais.[4] Nela, repudiava a declaração que fizera à polícia. "Espero que vocês não me odeiem, porque não fiz aquilo", escrevera. "Não consigo aguentar muito mais tempo. Vou enlouquecer." E implorara: "Por favor, tentem me tirar daqui. Vou morrer aqui."

O pai de Jessie mostrou a carta aos repórteres e o *Commercial Appeal* publicou alguns trechos. Quando os repórteres perguntaram a Gitchell sobre essa tentativa de retratação por parte de Jessie, o detetive não quis fazer comentários. Quando lhe pediram para avaliar novamente a solidez do caso, ignorou a pergunta: "Temos apenas de continuar trabalhando", respondeu.[5]

O advogado de Jessie não acreditou na carta. Dan Stidham achava que Jessie era culpado e duvidava de sua tentativa de retratação. Mais tarde, ele diria: "Inicialmente, minha avaliação da situação era de que qualquer um que confessasse tal crime deveria ser culpado. Era inconcebível para mim que alguém confessasse um crime sem tê-lo cometido. Achei que meu cliente era culpado e assim, a princípio, meu único objetivo era prepará-lo para testemunhar contra os outros réus e conseguir o melhor acordo possível. Era a única coisa que achava que poderíamos fazer. Tudo que queríamos era evitar a pena de morte."

Mas suas esperanças de negociar um acordo seriam ameaçadas se Jessie insistisse em dizer que sua confissão não era verdadeira. "Fiquei meio zangado", disse o advogado mais tarde. "Pedi a Jessie que pensasse bem. Lembrei-o de que estava encarando a pena de morte e disse que ele precisava me contar o que acontecera." Mas Jessie hesitava. "Quando seu pai estava lá", disse Stidham, "Jessie insistia que não fizera nada. E quando o pai ia embora — quando ficávamos apenas nós dois —, ele tentava repetir o que dissera à polícia. Mas todas as vezes em que contava a história, surgiam grandes inconsistências." Stidham não conseguia descobrir com o que estava lidando.

Finalmente, em uma visita perto do fim do verão, lembra Stidham:

> Eu fui até a prisão e disse: "Seja franco comigo. Você estava lá ou não?" E ele disse que não. Então eu perguntei: "Por que sempre me disse que estava lá?" Ele respondeu: "Porque não queria morrer na cadeira elétrica." Expliquei que eu e Greg [Crow] estávamos do lado dele. Foi quando comecei a perceber que ele não entendia o significado de um advogado. Não sabia o que era defesa. Não entendia o conceito. Para ele, um advogado era

NÓ DO DIABO

apenas uma pessoa que fazia parte do sistema judiciário. Ele achava que éramos detetives. Não entendia que estávamos no seu time. Foi quando comecei a ver Jessie Misskelley sob uma ótica diferente. Naquela época, ele usava um corte de cabelo esquisito e tinha tatuagens. Parecia um pivete de rua comum. Mas o garoto era limitado. Bill Clinton acabara de ser eleito presidente dos Estados Unidos e todo mundo no Arkansas sabia quem era Bill Clinton. Menos Jessie.

Stidham acabaria concluindo que Jessie não tivera nenhuma relação com o crime e que sua confissão fora obtida sob coação. Mas, na época em que chegou a essa conclusão, Jessie já estava na prisão havia dois meses. O advogado alterou abruptamente sua estratégia e começou a estudar o fenômeno conhecido como falsa confissão. Depois do que chamou de sua "epifania", disse a um repórter: "Não acreditamos que o Estado possua qualquer evidência além dessa história esdrúxula inventada por Jessie." E acrescentou: "O mundo tem o direito de saber o tipo de investigação realizada por esses policiais."

Se Stidham ainda tinha alguma dúvida em relação à sua revisada opinião sobre seu cliente, ela deixou de existir durante uma visita na qual Jessie lhe perguntou quem era "Satin". Stidham não entendeu. "Ele me entregou um folheto que recebera de um pregador, falando sobre Satan [Satã], mas mal conseguia lê-lo. Do pouco que conseguira entender, achou que era sobre alguém chamado Satin." Com um sobressalto, Stidham compreendeu. Jessie se referia a Satã, mas, como nunca lera o nome antes, ele o pronunciava "Satin". Stidham ficou atônito. Enquanto discutia o folheto com Jessie, percebeu que o garoto ouvira falar sobre o demônio, mas não sabia que ele era chamado de Satã. "Foi um dos muitos momentos irônicos desse caso", diria o advogado mais tarde. "Lá estava eu, sentado em uma cela com um assassino satânico confesso, e ele me perguntava quem era Satin."

Damien

Após discussões entre os advogados, decidiu-se que o investigador particular Ron Lax trabalharia com Val Price e Scott Davidson, que representavam Damien. No início, Lax, assim como Stidham, presumiu que os três réus eram culpados. E também que qualquer investigação que ele e sua assistente Glori Shettles fizessem em prol de Damien provavelmente beneficiaria os três. Sua abordagem, como sempre, seria organizada e metódica. Ele começaria entrevistando Damien na prisão, em Clarendon, Arkansas. Mas a entrevista quase não aconteceu. Na terça-feira, 8 de junho, quatro dias após ser preso, Damien tomou uma overdose de Elavil, sua medicação antidepressiva.[6] Sua mãe a trouxera e a deixara com os guardas. No sábado, no domingo e na segunda-feira, os guardas haviam entregado a dose recomendada a Damien e, na terça-feira, ele conseguira guardar doze comprimidos. Tomou todos ao mesmo tempo e foi levado ao hospital mais próximo, onde passou por uma lavagem estomacal.

Lax se encontrou com Damien várias vezes enquanto os advogados o preparavam para o julgamento. Mas a maior parte do trabalho com ele foi feita por Glori Shettles, ex-agente de condicional e promotora assistente que tinha mestrado em assessoria jurídica. Durante os nove meses seguintes, Shettles visitou Damien quase semanalmente. No início, ela e Lax estavam em dúvida sobre seu nome. A mídia parecia adorar "Damien", mas os investigadores optaram por "Michael", que, segundo haviam sido informados, era seu nome legítimo.[7]

Damien disse a Shettles que se mudara muitas vezes quando criança.[8] Embora inicialmente não estivesse consciente disso, sua família era desesperadamente pobre, às vezes vivendo em barracos de terra batida e sem encanamento. Ele disse que cresceu acostumado à implicância na escola e que, quando entrou no ensino médio, começou a carregar o crânio de um cachorro que encontrara na rua, porque, assim, os colegas tendiam a não perturbá-lo. Descobriu que ser ridicularizado por ser estranho — algo que escolhera para si — era melhor que ser ridicularizado por coisas que não podia controlar.

Para Shettles, parecia que Damien tivera dificuldades para encontrar sentido na vida e se voltara para a religião em busca de ajuda. Quando as influências protestantes da infância falharam em satisfazê-lo ou confortá-lo, voltou-se para o catolicismo e depois para crenças mais terrenas e pagãs.[9] Quando Damien se sentiu mais à vontade em sua presença, Shettles tentou explorar os comportamentos que haviam atraído a atenção de Driver. Ela escreveu:

> Michael relatou que sua coleção de roupas pretas teve início quando Deanna disse que ele "ficava bonito" de preto. Ele começou a comprar peças pretas para lhe agradar e, em pouco tempo, todos os seus artigos de vestuário eram pretos. Declarou lamentar o dia em que começara a usar a capa de chuva, que vestia todos os dias; na época, contudo, achara "legal". [...] Descreveu brevemente um período, aparentemente enquanto ainda estava na escola, em que mantivera um "look vampiro". Declarou que, durante esse período, passava pó branco na pele e usava óculos muito escuros, o que lhe dava a aparência de vampiro. Declarou que os colegas lhe perguntavam se bebia sangue e ele respondia que sim, mas somente de pessoas que conhecia. [...] Também declarou que, com o passar do tempo, sua reputação como adorador do demônio entre colegas, professores e pessoas da comunidade começou a crescer cada vez mais. Afirmou que, logo antes de ser enviado ao Charter Hospital pelas autoridades da infância e juventude, Jerry Driver e Steve Jones perguntaram se ele conseguia ler uma inscrição latina em um anel de ouro que Michael descreveu como uma aliança de casamento em uma pirâmide de vidro. Declarou ter afirmado que não sabia ler latim e que não tinha ideia do que dizia a inscrição. Então eles perguntaram se ele conseguiria mover o anel "por um ato de vontade" ou através de algum ritual e ele disse que não.

Damien disse a Shettles que ele, Jason e Domini haviam sido "assediados" pela polícia durante quase um ano e meio antes dos assassinatos.[10] Depois de uma das visitas de Lax a Damien, o investigador particular escreveu:

> Antes de sua prisão, Steve Jones, seu agente da condicional, fora vê-lo e perguntara por que Echols não comparecera ao gabinete. Echols respondera que não comparecera porque sua liberdade condicional chegara ao fim. Ele declarou que Jones agira de maneira muito suspeita durante essa visita. Ele fornecera certas informações relacionadas aos crimes. Dissera que alguém urinara na boca de um dos meninos. Então, quando o Departamento de Polícia de West Memphis perguntou o que ele sabia sobre os homicídios e ele declarou que alguém urinara na boca de uma das vítimas, eles negaram que Steve Jones soubesse disso e declararam que somente alguém presente na cena do crime teria essa informação.

Ron Lax achou a história peculiar. O gabinete do promotor apenas começara a fornecer os registros da investigação policial aos advogados de defesa, durante o processo legal conhecido como produção antecipada de provas. Para frustração de Lax e dos advogados, o fluxo de documentos durante o verão fora mínimo. Mas, ao menos, incluíra cópias dos relatórios de autópsia, que a polícia de West Memphis finalmente recebera após as prisões. Lax esquadrinhou os relatórios, mas eles não continham nenhuma menção a urina.[11] Como Lax e os advogados só haviam recebido até então uma fração dos arquivos do Departamento de Polícia, o investigador particular não tinha como saber que ele continha dois documentos, ambos do início da investigação, nos quais Gitchell e um policial não identificado do Departamento de Polícia de West Memphis faziam referência à declaração de Peretti, já mencionada, de haver encontrado urina no estômago das vítimas.

Entrementes, tornou-se claro para Shettles que, até a noite das prisões, Damien e Jason nunca haviam entendido completamente a gravidade de sua situação.[12] Para irritação da polícia, Damien mantivera uma atitude arrogante. Ele disse a Shettles que se sentia seguro; que acreditava que a polícia jamais encontraria provas contra ele, já que não cometera o crime;

NÓ DO DIABO

e que, no fim, os detetives seriam forçados a perceber quão estúpidos haviam sido ao persegui-lo. Com evidente satisfação, Damien contou que, durante o interrogatório, finalmente dissera que, se os policiais o deixassem ver a mãe, ele contaria tudo que sabia sobre os assassinatos. Os detetives se animaram e levaram Pam até a delegacia. Enquanto Damien conversava com ela, eles preparavam uma câmera para filmar a esperada confissão. Damien então anunciou altivamente que tudo que sabia sobre os assassinatos era "nada". Ele achou engraçado. Os policiais ficaram furiosos.

Mas Shettles suspeitava que essa atitude era uma fachada. Ela notou que as mãos dele tremiam quando falava. Ele às vezes chorava. Dizia ter poucas esperanças de que o júri acreditasse nele. Ela escreveu: "Ele declarou várias vezes que reza para que, se existir um Deus, ele não permita que viva outro dia. Também declarou que se sente enlouquecer, mas não é certo o que acontecerá com ele mentalmente se o julgamento for realizado."

Para os investigadores, o histórico psiquiátrico de Damien também era importante por razões legais. Na época, o Arkansas era um dos cinco estados que realizavam julgamentos bifurcados, ou seja, a primeira parte lidava com a questão da culpa ou inocência e, se o réu fosse considerado culpado, a segunda parte determinava a sentença. Se o julgamento de Damien chegasse a esse ponto, seu histórico de saúde mental poderia ser usado como fator atenuante e provas de problemas mentais poderiam ser apresentadas para persuadir o júri a poupar sua vida ou reduzir seu tempo na prisão. Parte da tarefa de Shettles era examinar cuidadosamente seus registros de saúde mental.

Ele contou que tivera enxaquecas severas na infância, algumas tão intensas que ele arrancava tufos do próprio cabelo em um esforço para aliviar a dor. Pam Echols relatou que ele também sofrera vários episódios de perda de memória, nunca diagnosticados. Além disso, havia suas estadas em unidades psiquiátricas durante a adolescência e o aconselhamento em West Memphis. Pam relatou que, depois da última hospitalização, Damien fora declarado inválido pela Administração de Seguro Social.

Três meses antes dos assassinatos, começara a receber cheques de pensão por invalidez no valor de 289 dólares mensais. Os pagamentos foram interrompidos após a prisão.

Descida à loucura

Conforme o verão progredia, também se intensificava a preocupação de Shettles com o estado mental de Damien. Em meados de julho, ele contou que estava dormindo apenas duas horas por noite. Observando que estava "visivelmente trêmulo", ela escreveu: "Ele cita muitas letras relacionadas a seus sentimentos. Mencionou uma música do Pink Floyd chamada 'Comfortably Numb' e uma música de Ozzy Osbourne chamada 'Road to Nowhere'."

Os títulos começavam a soar cada vez mais adequados. Em agosto, Damien começou a ter alucinações. Em breve, passou a demonstrar sinais de paranoia. Em uma carta a Shettles, escreveu: "Acho que a polícia está armando alguma coisa. Estão fazendo alguma coisa com a comida e colocando algum tipo de gás nos dutos de ventilação." Quando Shettles o visitou em meados de agosto, o xerife informou que ele começara uma greve de fome. Quando chegou à sua cela, ele disse que "começara a greve de fome porque não queria ir a julgamento e não achava que teria um julgamento justo". Ela escreveu: "Quando saí, um dos guardas mais antigos perguntou quando Michael poderia ser transferido para o hospital psiquiátrico estadual para avaliação. Ele declarou não entender por que os advogados ainda não haviam pedido a transferência. Há vários guardas que, aparentemente, levam sua condição muito a sério e parecem sentir simpatia por ele e preocupação com seu bem-estar."

Os guardas tinham razão em se preocupar. Damien disse a Shettles que se sentia como "uma lâmina ambulante". Ele sabia que, mental e juridicamente, sua situação era calamitosa. Sabia que era percebido como "adorador do demônio, maluco ou algo assim". Em seu esporádico diário, escreveu: "Posso perder o controle e posso perder a cabeça."

O desespero cobrava seu tributo. Ele alternava o delírio completo com a extrema consciência. Em uma carta desesperada à família, escreveu: "Preciso de um médico. Acho que estou tendo um colapso nervoso e estou com medo de dizer isso às pessoas daqui. Elas não se importariam, de qualquer modo. Não se preocupem comigo. Estou bem. Apenas digam a Val Price [seu advogado] ou a Glori [Shettles] que eu preciso de um médico. *Não esqueçam!*" No fim da página, pediu novamente: "Não se esqueçam do *médico!*"

Mas nenhum médico jamais apareceu. Mais tarde, Damien escreveria: "Estou caminhando no limite da insanidade. [...] Não gosto disso. Não consigo parar." Depois: "Ajudem-me. Eles invadiram e destruíram meu mundo. Parecia inofensivo. Agora é uma disputa: quem consegue me destruir primeiro? Eles ou eu mesmo?" E por fim: "Mãe Noite, passe seus negros braços à minha volta. Proteja-me. Senhor do Caos, guie-me. Pai Morte, abrace-me. Sou um homem dividido que habita dois mundos. Caminho na sombra e na luz e sou amaldiçoado por ambas."

10
Liberação dos arquivos policiais

COMO PROVA ADICIONAL DO INSTÁVEL ESTADO mental de Damien, ao mesmo tempo que contemplava sua morte, ele planejava seu casamento. Domini estava grávida e esperava dar à luz no outono de 1993. Se Damien estava se despedaçando, como temia, os pedaços discordavam intensamente entre si. Seus textos, que os investigadores particulares não leram, beiravam a loucura e o desespero. Quando Shettles e Lax o visitavam, viam um adolescente tremendamente perturbado que poderia ser suicida. Mas suas cartas para Domini e a família, em contraste, eram quase alegres. Ele escreveu para Domini: "Disse a minha mãe para comprar um anel de noivado para você com meu próximo cheque. Lembre-a disso. Diga a sua mãe que mando um 'oi' e que posso estar livre no Natal." Refletindo sobre a gravidez de Domini, escreveu: "Espero sair a tempo de ver o nascimento de nosso bebê!"

Percebesse ou não, sua esperança era ridícula. A data dos julgamentos ainda não fora marcada e o promotor apenas começara a liberar as informações sobre o caso para os advogados de defesa.[1] Como nenhum dos réus concluíra o ensino médio (embora Damien tivesse obtido um diploma de equivalência), seu entendimento do processo legal que se desenvolvia à sua volta era severamente limitado. Seus advogados tiveram de explicar que um réu tinha o direito, durante o processo de produção antecipada de provas, de saber que provas a acusação pretendia apresentar contra ele. E também o direito de conhecer quaisquer provas que a acusação pudesse ter que indicassem sua inocência. Sentados em suas celas, Damien, Jason e Jessie não imaginavam o tamanho da tarefa que seus advogados tinham pela frente.

Organizando os arquivos

Como investigador particular trabalhando para Damien, a maior parte do tempo de Lax, de junho até o fim de 1993, foi passada compilando informações para os advogados e tentando entender os arquivos policiais que Fogleman liberava gradualmente. Ele esquadrinhou a confissão de Jessie e identificou várias partes consideradas "questionáveis". A crença de Jessie de que as vítimas haviam faltado à escola, sido amarradas com cordas e estranguladas até a morte, além de sua confusão sobre os horários, sugeria que estivera desajeitadamente inventando respostas baseadas em informações errôneas e falsas suposições. O investigador concluiu que toda a declaração parecia uma "entrevista do tipo guiado". Em carta aos advogados, destacou meia dúzia de pontos nos quais os policiais pareciam fornecer respostas a Jessie. Além disso, observou, "A declaração não parece seguir nenhuma progressão lógica". Embora Jessie tivesse dito que Damien "batera muito" em um dos meninos, ele acha-va "difícil conceber que esse incidente tenha durado tempo o bastante para que as contusões se tornassem aparentes". Ele se perguntava "se a polícia permitiu que visse fotografias da cena do crime ou da autópsia". Em outro ponto, observou que Jessie "primeiro declarou que Michael Moore começara a correr em direção à avenida paralela às interestaduais, o que seria ao norte do canal; contudo, mais à frente na mesma página, declarou que ele correra em direção às casas (o que seria ao sul)". Des-tacou que "Misskelley parece realmente confuso em relação a quando estava ou não presente". Finalmente, notando que "Misskelley disse que retornou à cena do crime dois ou três dias depois que os corpos foram encontrados", escreveu: "Acho muito difícil acreditar nisso, dado que

NÓ DO DIABO 149

a área estaria fechada e provavelmente sendo guardada, ou ao menos atentamente observada, durante esse período."

Três ou quatro vezes por mês, durante todo o verão e o início do outono, os advogados recebiam maços de documentos de Fogleman. Mas não havia continuidade no material, nenhuma organização que pudesse lhes dar uma noção de como a investigação fora realizada. Lax passou muito tempo organizando centenas de nomes em centenas de relatórios, tentando determinar a importância — se alguma — de cada um deles. Ele resumiu cada documento que recebeu, embora admitisse não ter certeza do que muitos deles significavam.[2]

Quando os registros relacionados a Vicki Hutcheson começaram a chegar, Lax perguntou a Damien sobre "a mulher a quem Misskelley o apresentara". Damien "declarou que permanecera no trailer por uma hora ou uma hora e meia e que a mulher flertara com ele uma ou duas vezes, mas nada acontecera". Lax tentou localizar Hutcheson. Vizinhos disseram que ela havia se mudado e indicaram uma área ao sul de Marion, onde ela vivia "em uma casa sem número, em uma rua sem placa". Havia um Pontiac "apoiado em macacos na entrada da garagem", uma caminhonete estacionada no mesmo local e outra no quintal. Após anotar as placas, Lax bateu à porta. Quando Hutcheson atendeu, "ficou nervosa e muito agitada". Ela "informou que não queria falar comigo e não queria se envolver. Expliquei que ela já estava envolvida". Por fim, Hutcheson forneceu a Lax sua versão dos fatos, que ele descreveu como "confusa": "Perguntei a Vicki por que ela estivera com Misskelley e Damien depois que seu filho os identificara como envolvidos nos assassinatos e sua resposta não foi clara. Ela tentou evitar a pergunta, mas, finalmente, acabou dizendo: 'Eu estava tentando tirar deles qualquer coisa que pudesse ajudar a polícia.'"

Mais tarde, Lax diria: "Entrevistávamos todo mundo que conseguíamos encontrar e ninguém tinha informações prejudiciais, à exceção de Vicki e Aaron. Ficamos imaginando o que a polícia possuía que ainda não tínhamos visto."[3]

"Gente má"

Para grande parte do público a questão não era tão complexa: três adolescentes satanistas haviam sacrificado três crianças pequenas.[4] A religião permeava tudo. Damien disse a Shettles que, dada a publicidade recebida pelo caso, ministros batistas iam até a prisão ao menos duas vezes por semana.[5] E essa publicidade estava prestes a aumentar. O bebê de Damien e Domini deveria nascer no fim de setembro. Em meados de agosto, Pam Echols telefonou para Lax para relatar que uma produtora de Nova York chamada Creative Thinking International pedira permissão para filmar o chá de bebê. Os proprietários da companhia, os produtores Bruce Sinofsky e Joe Berlinger, haviam prometido contribuir com uma cadeira alta para bebês e a mãe de Domini, que organizava a festa, concordara em deixá-los comparecer. Pam relatou que Sinofsky e Berlinger afirmavam ter contatado os advogados de Damien e recebido permissão.[6]

Juntando os pedaços da investigação policial

Enquanto o promotor assistente Fogleman liberava mais documentos, Lax viu-se trabalhando ainda mais para organizar e entender o que o Departamento de Polícia produzira. Para ele, a maior parte parecia caótica. Os registros da investigação eram fornecidos sem nenhuma ordem discernível. Não estavam organizados por datas, nomes ou lugares. Diferentes relatórios sobre o mesmo indivíduo chegaram durante vários meses e, como muitos estavam fora de ordem, Lax achava difícil, à medida que processava o material, obter um retrato claro de como a polícia trabalhara no caso. Ele arquivou os registros na ordem em que foram recebidos, legendando e resumindo cada um deles.

Normalmente, os resumos eram breves: "INFORMAÇÕES SOBRE OS PAIS DE MOORE — 10/05/93. A polícia falou com os Moore a respeito de suas atividades em 5 e 6 de maio de 1993." Ou "INFORMAÇÕES

NÓ DO DIABO 151

SOBRE OS PAIS DE BYERS — 12/05/93. O ten. Martello, da divisão de narcóticos do Departamento de Polícia de Memphis, informou ao Departamento de Polícia de West Memphis que ambos os Byers haviam sido informantes confidenciais da polícia de Memphis e do gabinete do xerife do condado de Shelby". Mas, ocasionalmente, Lax comentava os tópicos do documento. Após ler um artigo de revista intitulado "Conhecimento dos cultos satânicos", escreveu que ele o fizera se sentir como se "tivesse retornado à idade das trevas". E comentou: "Com exceção da castração da vítima Byers e do fato de os corpos estarem nus e em uma área florestal, não vejo evidências de nada associado ao caso que se pareça, mesmo remotamente, com o que é discutido no artigo."

Ele estava particularmente interessado em uma lista de quarenta pessoas cujas digitais haviam sido coletadas pela polícia. Mas ficou frustrado ao descobrir que "Não há relatórios relacionados a esses indivíduos [e] não sabemos por que suas digitais foram coletadas". Enquanto prosseguia na revisão, ficou ainda mais desconcertado ao perceber que, à exceção da confissão de Jessie, ainda não recebera nada que constituísse evidência contra os réus. De junho até meados de setembro, os únicos registros que os advogados de defesa receberam foram os realizados *antes* das prisões e, mesmo nesse caso, a liberação era lenta. Somente em 25 de agosto eles souberam da alegação de Narlene Hollingsworth de ter visto Damien e Domini na avenida paralela às interestaduais e não receberam as transcrições das entrevistas com Vicki e Aaron Hutcheson até a primeira semana de setembro. Lax achou a declaração de Hollingsworth confusa, dado que Domini jamais fora mencionada como participante do crime, e o que o deixava perplexo nas declarações de Hutcheson era o fato de a polícia não as ter dispensado rapidamente.

Aos poucos, as equipes de defesa começaram a receber registros mostrando o que a polícia de West Memphis fizera *depois* das prisões em 3 de junho. Para sua surpresa, Lax leu que, em 1º de julho, quase um mês após Damien, Jason e Jessie terem sido presos, o detetive Ridge retornara ao local da descoberta dos corpos. Seu propósito, como registrado no relatório, era "procurar por provas que pudessem ter passado despercebidas". Para surpresa ainda maior de Lax, Ridge relatou tê-las encontrado. Recordando a alegação de Jessie de que as vítimas haviam sido espancadas com um galho, ele escreveu que, na visita à cena em julho, encontrara dois galhos previamente ignorados. Não havia nada que os conectasse aos crimes além de sua localização na mata. Mesmo assim, Ridge os levara até a delegacia e os etiquetara como provas.

Outros relatórios mostravam que a polícia reportara trinta testes de polígrafo antes das prisões e, desde então, testara mais onze pessoas. Além disso, enviara dezenas de itens das casas dos réus para os laboratórios, a fim de serem analisados em busca de material genético. Percebendo quantos relatórios já vira sobre itens enviados para análise, Lax preparou uma revisão de todas as provas materiais coletadas pela polícia. O memorando de 28 páginas cobre cerca de seiscentos itens. Além das numerosas digitais e amostras de sangue e urina, Lax contou mais de 100 itens de vestuário, 87 amostras de cabelo, 17 facas, 3 galhos, 3 martelos, 3 cordas, 2 navalhas, 1 picador de gelo, 1 vela, 1 anzol, 1 máscara e 1 vidro de conserva cheio de água. Em tudo isso, o laboratório de criminalística relatou ter encontrado apenas algumas fibras, que os analistas afirmavam serem "microscopicamente similares" às fibras encontradas nas casas de dois dos réus. À luz da ausência de sangue na cena do crime, de suas características de contato físico e do número de vítimas e réus, algumas fibras produzidas em massa e pertencentes a itens disponíveis em qualquer Walmart ou em outras lojas por todo o país pareciam uma quantidade infinitesimal de provas que, além disso, eram altamente circunstanciais. Mas Lax sabia que Fogleman as usaria, assim como usaria a parte do depoimento de Hollingsworth que colocava Damien perto da cena do crime.

Enquanto os contornos do caso lentamente se tornavam mais claros, Lax tentava se concentrar nos elementos essenciais à defesa. Entrevistou as duas garotas de Memphis com quem Damien dissera ter conversado por telefone na noite em que as crianças desapareceram.[7] Escreveu que "ambas declararam se lembrar do telefonema e foram positivas a respeito do dia em que ocorreu". Também conversou com Narlene Hollingsworth e registrou que, apesar dos aparentes problemas que seu relato apresen-

NÓ DO DIABO

153

tava tanto para a acusação quanto para a defesa — colocando Damien
na cena, mas ao lado de Domini, e não de Jason —, ela parecia "ina-
movível" em suas lembranças. Em 7 de outubro, encontrou-se com o
detetive Bray, de Marion. Durante a conversa, Lax anotou: "Don Bray
retirou um pedaço de papel do bolso da camisa. Ele o segurou diante
de meus olhos e disse que, quando ouvira pela primeira vez sobre os
homicídios e sobre o que fora feito às vítimas, escrevera os nomes das
pessoas que sabia serem responsáveis. Perguntei a ele como soubera e ele
declarou que estava nesse negócio e nessa região havia muito tempo e,
por causa das particularidades do crime, sabia que os listados no papel
eram os responsáveis." Bray entregou o papel a Lax. Havia oito nomes
nele, incluindo os de Damien, Jason, Jessie e Domini. "A continuação
da conversa demonstrou que ele compilou essa lista depois de falar com
Jerry Driver", escreveu Lax. "Continuei a questioná-lo sobre a razão pela
qual pensara nesses indivíduos em relação aos homicídios. Ele não foi
específico, mas se referiu aos rumores que circulavam pela comunidade."

Em seguida, Lax se reuniu com Gitchell e Ridge.[8]

> Perguntei a eles como o nome de Damien Echols surgira pela primeira
> vez em conexão com a investigação e eles mencionaram os rumores na área
> de West Memphis relacionados a Damien e seu interesse por cultos satâni-
> cos. A continuação da entrevista demonstrou que haviam conversado com
> Jerry Driver, que fornecera muitas informações relacionadas a Echols e a
> cultos satânicos. [...] Nesse ponto, perguntei a Gitchell e Ridge o que eles
> haviam encontrado na cena indicando que o crime fora obra de um culto
> homicida. Sua resposta foi o fato de a cena estar tão limpa, sem provas dis-
> poníveis. [...] Durante a conversa, declararam ter a impressão de que Jason
> Baldwin era um bom garoto e nunca se envolvera em confusão, mas que Jessie
> Misskelley era "ruim como uma cobra". Também tinham a sensação de que
> Damien era o líder do grupo. Quando os lembrei de que Damien não tinha
> antecedentes criminais, com exceção dos problemas com a namorada, eles
> concordaram com o fato, mas citaram seus problemas psicológicos. Nesse
> ponto, expressaram sua expectativa de que a defesa de Damien alegaria
> insanidade. Eles estão firmemente convictos de que Damien é louco.

11

Petições iniciais

As palavras "Obediência à lei é liberdade" estão gravadas em pedra sobre a entrada do tribunal do condado de Crittenden, em Marion. Em 4 de agosto de 1993, dois policiais conduziram Damien, Jason e Jessie, algemados e acorrentados, até o prédio fortemente guardado para sua primeira audiência preliminar. A sala de audiências foi chamada à ordem e o juiz David Burnett, usando toga negra e com os cabelos louros curvando-se ligeiramente sobre o colarinho, dirigiu-se a seu lugar.[1] Burnett disse a um repórter que lera um livro sobre satanismo, "com vistas à informação", para se preparar para o caso. Agora, em sua capacidade oficial, disse aos réus que eles eram acusados de três homicídios capitais. Como eles se declaravam? Os três responderam: "Inocente."

Burnett era uma figura afável e familiar no tribunal de dois andares. No início do verão, ele e três outros juízes do segundo distrito judicial do Arkansas haviam se reunido para discutir qual deles presidiria o famoso caso. Burnett, de 52 anos, fora selecionado. Ele era natural da região, sendo filho de um comerciante de pneus em Blytheville. Depois de concluir o ensino médio, durante o qual fora escoteiro, frequentara a Faculdade de Direito da Universidade do Arkansas. Assim que se formara, em 1966, entrara para o exército, não como advogado militar, mas como policial. Seu primeiro posto fora em Fort Ord, Califórnia, onde, como disse certa vez, "Era essencialmente o chefe de polícia da base". Mais tarde, recebera uma Estrela de Bronze por serviço meritório no Vietnã. Após deixar o exército, retornara ao nordeste do Arkansas e abrira um escritório de advocacia. Logo depois, fora eleito promotor do segundo distrito judicial e, oito anos depois, em 1983, juiz.[2]

Um repórter do Arkansas o descreveu como "juiz de baixa intensidade cuja ideia de lazer é cultivar rosas premiadas".[3] Em relação a seu desempenho profissional, as opiniões divergiam. Enquanto em alguns círculos ele era visto como afável, esperto e um dos filhos mais diletos da região, os críticos reclamavam que, no íntimo, ainda era policial e promotor. Um político local o chamou de "crocodilo político". Burnett não escondia seu ceticismo em relação aos depoimentos no campo da psicologia. Conforme o caso de West Memphis se encaminhava para o julgamento, ele trabalhava em sua tese de mestrado. Despudoradamente, disse a um repórter do *Commercial Appeal* que ela se centrava em sua crença de que as opiniões dos especialistas em psiquiatria e psicologia "não deveriam receber o grande peso que normalmente recebem nos tribunais e entre o júri".[4]

Sua primeira decisão foi julgar Jessie separadamente dos outros dois adolescentes.[5] Outra questão que resolveu rapidamente foi a da competência mental. Talvez antecipando que um ou mais dos réus pudesse alegar inocência por motivo de insanidade, ele comentou que, até então, nenhum dos advogados pedira uma avaliação da saúde mental de seu cliente e advertiu: "Senhores, estou preocupado com a possibilidade de um pedido para exames mentais e o inevitável atraso que isso causaria [...]. Se esses exames não forem solicitados em trinta dias, entenderei que os senhores abriram mão dessa possibilidade. Considerem-se notificados de que a corte estabeleceu um prazo para essa defesa." O prazo chegou e passou. Já fora decidido que nenhum dos adolescentes alegaria inocência por motivo de insanidade.[6] Os advogados planejavam basear a defesa em alegações de inocência real.

Nos meses seguintes, Burnett avançaria penosamente por uma pilha de petições de mais de 30 centímetros de espessura e anunciaria mais de cinquenta decisões preliminares. A maioria se relacionava ao julgamento. Mas uma delas tratava de uma questão que interessava pessoalmente aos

NÓ DO DIABO 157

advogados. A petição pedia a Burnett que explicasse como os advogados de defesa indicados pelo tribunal seriam pagos — e quanto receberiam. Na época, a questão era extremamente obscura.[7] Os seis advogados disseram a Burnett que esperavam passar centenas de horas no caso e queriam que a questão fosse esclarecida. O advogado de Jessie argumentou que já trabalhava em tempo integral na defesa de seu cliente e não ser pago impunha sérias dificuldades a sua família e a seu sócio. O advogado de Jason pleiteou: "Não acho que devamos financiar esse caso até que esteja encerrado para só então sermos reembolsados." Burnett disse que não havia razões para preocupação.[8] "Obviamente", acrescentou, "os advogados receberão honorários razoáveis." Mas não ofereceu respostas específicas sobre quando isso ocorreria.

"O caos da produção de provas"

Por quatro vezes, entre agosto e novembro, ao serem levados até o tribunal, Damien, Jason e Jessie foram arrastados do tédio de suas respectivas celas para várias cenas de fúria. Jessie, o mais baixo dos três, encolhia-se como se tentasse parecer ainda menor, enquanto os policiais o conduziam através da multidão. Jason caminhava de cabeça baixa e em silêncio. Mas Damien parecia incapaz de ignorar os insultos enraivecidos. Observadores nas calçadas do tribunal comentaram que parecia zangado. Lax e seus advogados advertiram que essa atitude poderia prejudicar sua defesa. Quando Shettles o visitou após uma das audiências, ela mostrou a ele uma cópia do *Commercial Appeal* daquela manhã.[9] Mais tarde, escreveu:

> A fotografia de Michael publicada no jornal era muito prejudicial e o mostrava olhando para trás e, aparentemente, sorrindo com desdém. Eu o lembrei novamente de que a percepção da comunidade e dos policiais a seu respeito era um aspecto importante do julgamento e dos procedimentos preliminares e deveria ser levada a sério. Ele respondeu que, antes do início

da audiência, uma fotógrafa gritara seu nome várias vezes e pedira que sorrisse. Aconselhei-o a, em todos os procedimentos futuros, não reagir. Ele admitiu que "jogara um beijo" para um dos familiares das vítimas em seguida à audiência. Os familiares e seus amigos o estavam chamando de adorador de Satã e gritando que ele queimaria no inferno. Ele disse que também jogavam pedras. Discutimos longamente o fato de que, embora ele mantivesse sua inocência, as famílias passavam por uma dor tremenda e seus sentimentos tinham de ser levados em consideração. Ao reagir dessa maneira, ele reforçava a crença de que estava envolvido em atividades satânicas.

Damien disse a Shettles que o policial que o transportara da prisão até o tribunal e depois de volta fora "muito amável". E riu com a ideia de que a imprensa quisera sua fotografia, mas os fotógrafos pareciam temê-lo. Lembrando-se de como, após sua chegada ao tribunal, um "círculo de guardas" o rodeara, um deles com uma escopeta de cano curto, Damien se maravilhou com o fato de ser considerado tão perigoso. Com muito tato, Shettles explicou que os policiais não protegiam a multidão, mas a ele.

Mais tarde, ela escreveu: "Michael declarou que, dentro do tribunal, não havia área de detenção e ele, Jessie e Jason foram colocados em uma sala e vigiados por guardas. Disse que Jason sorrira e meneara a cabeça, mas Jessie nunca olhara para nenhum deles. Novamente, Michael não demonstrou hostilidade aberta em relação a Jessie e declarou achar que a polícia colocara palavras em sua boca para comprometer Jason e ele."

Se os advogados de Damien estavam preocupados, Paul Ford, advogado de Jason, estava furioso. Durante uma de suas visitas, Jason lhe dissera que o detetive Ridge fora recentemente até a prisão para coletar amostras de sangue e cabelo ordenadas pelo tribunal.[10] O incidente que Jason descreveu lhe pareceu "extremamente preocupante". Ford enviou uma carta a Gitchell, na qual explicou:

> Meu cliente informou que o oficial Ridge disse a ele que eu era uma pessoa agradável e tentaria fazer com que ele gostasse de mim, mas, na verdade, não me importava com ele e não era confiável. Acrescentou que me conhecia desde que eu era advogado em Wynne e ele era policial na

NÓ DO DIABO 159

mesma cidade. Repetiu que eu não era confiável e que não zelava por seus interesses. Também disse que eu não faria um bom trabalho e acabaria por traí-lo. Então tentou fazer com que meu cliente confessasse, afirmando ser confiável e estar disposto a cuidar dele.

Imediatamente após ser informado sobre isso, telefonei para John Fogleman para expressar minha irritação. Ele concordou que eu tinha o direito de estar irritado, mas afirmou não estar convencido de que o fato realmente ocorrera. Reconheço que, de tempos em tempos, clientes inventam histórias como essa e, muitas vezes, elas são totalmente fictícias. Contudo o que mais me incomoda é nunca ter dito a meu cliente que conhecia o oficial Ridge desde que ele era policial em Wynne e eu advogava na mesma cidade. Não sei de nenhuma maneira pela qual ele poderia ter obtido essa informação, a não ser pelo próprio oficial Ridge.

Mas nem as atitudes de Damien nem o comportamento da polícia preocupavam a defesa tanto quanto a condição dos arquivos de produção de provas que Fogleman lentamente liberava. Uma das primeiras petições dos advogados de defesa — que seria frequentemente repetida — solicitava que o juiz Burnett ordenasse que Fogleman ou a polícia os ajudassem a esclarecer o que chamavam de "o caos da produção de provas".[11]

— O Estado nos apresentou literalmente montes de provas — disse Ford. — Elas não têm começo ou fim.

Ford pediu que Fogleman revelasse à defesa quais eram as partes da investigação policial relevantes para a acusação.[12]

Os outros advogados se uniram a ele na argumentação de que o Estado deveria revelar sua teoria sobre o caso para que eles pudessem preparar a defesa, mas Fogleman objetou. Ele afirmou que a lei não exigia que revelasse quais materiais eram relevantes nem sua teoria sobre como o crime fora cometido.

— Você está fornecendo tudo que os arquivos contêm? — perguntou Burnett.

— Isso mesmo, Vossa Excelência — respondeu Fogleman. E prometeu que, no fim de agosto, a defesa teria tudo que a polícia e a acusação tivessem desenvolvido até então. Burnett achou que isso era bom o bastante e indeferiu a petição dos advogados de defesa.

Os mandados de busca

Desse ponto em diante, a defesa disparou petições como flechas contra uma fortaleza. A maioria foi facilmente evitada. Em uma das audiências, os advogados tentaram suprimir as provas obtidas na busca noturna — busca que, segundo eles, fora tanto desnecessária quanto ilegal. O outro advogado de Jason, Robin Wadley, observou que o texto do mandado era vago. As "fibras azuis, verdes, vermelhas ou púrpuras" listadas eram itens que geralmente podiam ser encontrados "em qualquer casa do condado de Crittenden". Além disso, segundo ele, a polícia iludira o juiz Rainey ao afirmar que os réus eram "amigos e membros de uma seita muito unida". Argumentando que nada na declaração de Jessie indicava que ele e Jason eram "amigos ou participavam de atividades ocultistas", Wadley chamou o detetive Ridge para o banco de testemunhas. Para sua surpresa, o policial afirmou que o juiz Rainey não apenas aprovara o mandado de segurança, como também fora à delegacia para aconselhar a polícia sobre sua preparação. Isso era altamente incomum, colocando o juiz na posição de julgar a legalidade de um documento que ajudara a preparar.

— O juiz Rainey estava ajudando a preparar a declaração para o mandado de busca — repetiu Wadley, incrédulo. — É isso que você está dizendo?

— Sim, senhor — respondeu Ridge.

Durante a inquirição, Ridge também revelou que Rainey analisara a declaração de Jessie e encontrara alguns problemas.

— Você concorda comigo que o juiz Rainey tinha preocupações muito, muito sérias em relação às discrepâncias na declaração do sr. Misskelley na ocasião em que expediu o mandado de busca? — perguntou Wadley.

— Sim, senhor — respondeu novamente Ridge.

Em seguida, Wadley atacou a ambiguidade do documento em relação à busca por "materiais de culto". Ele perguntou a Ridge o que a expressão significava para ele. O policial gaguejou:

NÓ DO DIABO

— Como definição, material de culto... Bem, sendo o culto um grupo, os materiais de culto podem ser qualquer tipo de simbolismo, texto, parafernália que concorde com esse culto.

— Seja específico — insistiu Wadley. — A que você se refere? Você fala de "materiais de culto" e então, entre parênteses, "materiais satânicos". Você se refere a itens específicos?

— Livros — respondeu Ridge. — Material de leitura. Desenhos. Facas. Qualquer coisa desse gênero. — Ele acrescentou que, durante a busca em uma das casas, a polícia encontrou um poema "de natureza duvidosa".

Ainda tentando suprimir os itens encontrados na busca, os advogados de defesa chamaram para depor Lisa Sakevicius, analista do laboratório estadual de criminalística. Ela revelou que, em mais uma reviravolta incomum, saíra de seu escritório em Little Rock para ajudar a polícia nas buscas. Inquirida por Paul Ford, ela reconheceu que teria ficado "surpresa" se qualquer uma das fibras encontradas nos corpos dos meninos também tivesse sido encontrada na casa de Jason.[13]

Ford então perguntou:

— Havia alguma razão científica para que a busca fosse realizada durante a noite?

— Não que eu saiba. — replicou ela.

Para refutar o assalto aos mandados, Fogleman chamou o juiz Rainey. O juiz municipal contradisse o depoimento de Ridge. Embora admitisse ter sido chamado à delegacia depois que a polícia terminara de interrogar Jessie, Rainey insistiu: "Não tive nenhuma participação na preparação da declaração. Nenhuma." Ele disse ao juiz Burnett que aprovara o mandado de segurança por causa do "relacionamento íntimo entre os supostos perpetradores" e "pelo fato de que provas poderiam possivelmente ser removidas ou destruídas se não se tentasse recolhê-las imediatamente".

Ford argumentou que, como juiz, Rainey não fora independente e imparcial o bastante para decidir apropriadamente sobre o mandado. Ele insistiu que a Suprema Corte dos Estados Unidos "é muito explícita" ao estabelecer limites para buscas noturnas. Mas o juiz Burnett rejeitou ambos os argumentos.

— É opinião e decisão desta corte — declarou, que o juiz Rainey foi muito sensato.

"Oportunidades iguais"

Mesmo assim, Ford continuou a pressionar. Argumentando que ele e os outros advogados de defesa queriam "oportunidades iguais", observou que, recentemente, Fogleman tomara a incomum iniciativa de expedir intimações, um recurso raramente utilizado que lhe permitiu interrogar testemunhas juramentadas antes dos julgamentos. "É raro que se faça o que fiz naquele caso", reconheceria Fogleman mais tarde. Mas acrescentou: "O promotor tem o direito de conduzir sua própria investigação [...] e, através do poder de intimar, pode compelir pessoas a testemunhar, assim como ocorre perante o grande júri [...]. E havia coisas que eu precisava saber."[14] A maioria dos interrogatórios foi conduzida em setembro, quatro meses após os crimes. Primeiro, Fogleman interrogou os amigos que a família Echols afirmara ter visitado na noite de 5 de maio. Eles confirmaram o relato. Em seguida, interrogou membros das famílias imediatas de Damien e Jason. Eles também apoiaram os relatos dos garotos sobre seu paradeiro em 5 de maio. Fogleman então interrogou L. G. Hollingsworth, o adolescente que, após passar pelo teste do polígrafo com o detetive Durham, dissera acreditar que Damien era o assassino. Mas L. G. disse não saber nada sobre o crime. Quando Fogleman entrevistou a namorada de Damien, Domini Teer, ela declarou o contrário do que sua tia Narlene Hollingsworth afirmara, dizendo que não estivera com Damien na avenida paralela às interestaduais, perto do Blue Beacon, na noite em que os meninos haviam desaparecido.

Lax estava presente quando Fogleman interrogou a família de Damien, acompanhada por um advogado de West Memphis indicado por Burnett.[15] Mais tarde, Lax escreveu em suas notas que, quando se apresentara ao advogado, ele dissera saber que Damien era culpado. "Quando perguntei o que o levara a acreditar nisso, ele respondeu: 'Eles encontraram o pênis e os

NÓ DO DIABO 163

testículos do menino em um vidro no quarto de Damien.' Tentei explicar que isso não era verdade e ele me disse, repetidas vezes, para checar minhas fontes, pois o que me dissera era um fato." Na verdade, as partes cortadas do corpo de Chris Byers jamais foram encontradas. Lax ficou imaginando como o advogado podia estar tão seguro. Que "fontes" haviam lhe fornecido a informação incorreta? A conversa mostrou quão profundamente os boatos haviam se arraigado na cidade. E fez com que Lax se perguntasse se alguns deles não teriam sido plantados pela própria polícia.

Como Fogleman interrogava potenciais testemunhas de defesa antes dos julgamentos, os advogados queriam uma oportunidade similar de interrogar Gitchell, Allen e Ridge. "Peço, no interesse de um julgamento fundamentalmente justo", disse Ford, "e em nome do direito a um processo apropriado que, assim como a mãe de Jason Baldwin vem sendo interrogada sob juramento pelo sr. Fogleman, eu, ao menos, possa interrogar, também sob juramento, o detetive Gitchell." Mas Fogleman argumentou que a defesa já recebera os relatórios dos policiais e, novamente, assegurou ao juiz Burnett que o Estado apresentaria tudo que produzisse. Observando que o Estado já carregava o fardo de provar a culpa dos réus, Burnett negou o pedido dos advogados de defesa. Ele decidiu que a polícia estaria disponível para responder às perguntas, mas os detetives não teriam de se submeter a interrogatórios juramentados.

Algumas das petições da defesa eram improváveis, como aquelas solicitando que Burnett declarasse inconstitucional o estatuto de pena de morte do Arkansas,[16] proibisse os chamados júris qualificados para a pena de morte[17] e instruísse os jurados sobre a possibilidade de decidir por homicídio em primeiro grau, em vez de crime capital.[18] Outras, como a tentativa de Stidham de suprimir a confissão de Jessie em razão das táticas empregadas pela polícia, eram vistas como tendo mais chances. Mas também foram negadas. Stidham se ressentiu com a derrota. Ele achava que a polícia de West Memphis "apavorara Jessie Misskelley" ao lhe mostrar a fotografia de um corpo e depois reproduzir a horripilante voz incorpórea de Aaron Hutcheson. Era uma tragédia o fato de a corte admitir a confissão feita por um menor em tais circunstâncias.

Os advogados de Jason ficaram igualmente desalentados com a relutância de Burnett em separar os julgamentos. Eles não queriam que seu cliente fosse afetado por provas ou percepções que se aplicavam somente a Damien. "Houve considerável cobertura da mídia sobre o sr. Echols e, particularmente, sobre sua opção de adotar o nome Damien", disse Ford à corte, "nome amplamente associado ao filme *A profecia*, no qual o personagem principal, Damien, é o Anticristo." Observando que "houve imensa quantidade de publicidade e especulações sobre atividades ocultistas e sua possível associação com os homicídios", Ford argumentou que "a publicidade sobre essa atividade ocultista foi predominantemente centrada no sr. Echols, e não no sr. Baldwin". E acrescentou: "Se os dois forem julgados juntos, o sr. Baldwin pode ser associado a atividades das quais não existem provas de que tenha participado." Ele não queria que Jason fosse retratado com os mesmos traços que Damien.

Embora Burnett tenha se recusado a separar os julgamentos, Ford continuou a apresentar fatos que apoiavam suas alegações. Em outra audiência preliminar, citou o esperado depoimento de Narlene Hollingsworth afirmando que, na noite dos homicídios, vira Damien na avenida paralela às interestaduais não com Jason, mas com Domini. Observando que a lei do Arkansas exigia que os casos fossem separados se as defesas fossem antagônicas, ele explicou que esse depoimento situava "o sr. Echols na, ou perto da, cena do crime" e, por isso, as estratégias de defesa de Jason e Damien estavam em conflito. Mas Burnett não se deixou persuadir. Citando a necessidade de "economia judicial" e declarando não ver "nenhuma razão para que qualquer um dos réus seja injustamente prejudicado por um julgamento único", ele negou todas as petições de separação. E ignorou as preocupações dos advogados, garantindo que "o júri será instruído a tratar cada réu separadamente ao avaliar as provas".

Menores como adultos

Outra grande batalha iniciada — e também perdida — pelos advogados de Jason e Jessie dizia respeito a sua condição de menores de idade. Como

NÓ DO DIABO

Jessie tinha dezessete anos e Jason apenas dezesseis, os advogados queriam que fossem julgados como menores. Ainda que a lei do Arkansas permita que o Estado julgue menores como adultos quando são acusados de crimes graves, Ford argumentou que o tribunal deveria considerar o histórico de Jason e julgá-lo na vara de infância e juventude. "Neste caso, existe um mínimo, senão a ausência, de atividades criminais por parte de Jason Baldwin. Além disso, Vossa Excelência, o sr. Baldwin é um bom aluno. Não teve problemas de disciplina em casa. Não teve problemas de disciplina no sistema escolar. Sempre tirou boas notas [...] tudo isso indicando sua capacidade de viver de acordo com certos códigos de conduta." Mas Burnett não ficou impressionado. "Acredito que a ofensa é séria, grave e hedionda", disse ele. "O fato de que três meninos de oito anos foram mortos da maneira descrita à corte, a violência exibida — apenas isso certamente já é suficiente para justificar que a acusação seja feita perante um júri no tribunal regional."

Stidham lutou a mesma batalha por seu cliente, argumentando que Jessie não era mentalmente maduro para ser julgado como adulto. "Estou convencido", disse ele a Burnett, "de que o sr. Misskelley possui um intelecto limitado." Para provar sua alegação, chamou o dr. William E. Wilkins, psicólogo, para testemunhar em uma das audiências preliminares.[19] Wilkins, que examinara Jessie, disse à corte que seu QI estava em torno de 70 e que, academicamente, ele conseguira um "nível máximo" que não ia além da terceira série. "Ele nunca foi aprovado no teste de qualificação mínima do Arkansas", acrescentou.

Burnett perguntou a Wilkins se ele acreditava que Jessie desenvolvera o que chamou de "malícia das ruas". "Mesmo que sua inteligência seja limítrofe", acrescentou, "ele não sabe viver bem em sociedade?" Wilkins respondeu que não. "Ele vive à margem", disse o psicólogo.

Fogleman tentou rebater o depoimento de Wilkins chamando Jerry Driver, que citou o histórico de Jessie, incluindo o roubo das bandeiras da banda escolar. E então convocou o detetive Ridge, que descreveu os ferimentos que observara nas vítimas. Assim como no caso de Jason, Burnett decidiu que, dada a gravidade do crime, Jessie teria de "responder ao tribunal como adulto".

Localização dos julgamentos

Nenhum dos réus renunciara ao direito a um julgamento rápido e, assim, Burnett anunciou que eles seriam julgados no início do ano seguinte.[20] Em novembro de 1993, os advogados de defesa iniciaram uma série de esforços de última hora. Conseguiram sucesso parcial em apenas um deles: a petição para que os julgamentos fossem transferidos — ao menos para fora do condado de Crittenden. Os advogados de Jessie, Stidham e Crow, argumentaram que grandes trechos da confissão de seu cliente haviam sido publicados no *Memphis Commercial Appeal* e citados repetidamente pela imprensa em todo o distrito. E declararam à corte que, quando pediram aos residentes da região para assinar declarações de apoio à transferência, encontraram intensa hostilidade.[21]

A lei do Arkansas permitia que julgamentos fossem transferidos para outro condado dentro do mesmo distrito judicial, mas Stidham queria mais. "É muito possível", escreveu ele em uma de suas petições, "que este caso tenha atraído mais atenção da mídia que qualquer outro caso criminal na história do segundo distrito judicial e, talvez, do estado." Salientando que a família de Jessie recebera ameaças de morte, relatou: "As pessoas dizem que precisamos não de um julgamento, mas de um linchamento." Alegando que Jessie não teria um julgamento justo em nenhum lugar do nordeste do Arkansas, devido à extensão da publicidade, Stidham argumentou que a lei exigindo que fosse julgado no distrito era inconstitucional. Mais tarde, disse aos repórteres que gostaria que o julgamento de Jessie fosse transferido para "o mais longe possível de West Memphis".

Os advogados de Jason abordaram o problema da publicidade de outra maneira. Temendo que as petições iniciais pudessem "revelar a essência da defesa do réu", Ford e Wadley pediram que Burnett selasse todos os arquivos subsequentes. O *Commercial Appeal* já estava preocupado com o grau de sigilo em torno do caso. Quando os repórteres souberam dos esforços para restringir ainda mais o acesso às informações, o jornal

NÓ DO DIABO   167

moveu uma ação. Esta objetava qualquer futura restrição e pedia que Burnett removesse as que haviam sido impostas na época das prisões. Burnett dividiu o prejuízo, mantendo o sigilo dos registros iniciais, mas liberando o acesso às petições iniciais.

Os advogados de Damien apresentaram declarações mostrando os resultados da minipesquisa de opinião que haviam conduzido, na qual todas as 26 pessoas entrevistadas diziam duvidar que os réus pudessem obter um julgamento justo em qualquer lugar do distrito judicial. Perguntadas sobre "os motivos dos assassinatos", haviam respondido: "seitas", "culto ao demônio", "adoração a Satã", "ódio" e "crueldade".

— O tribunal consideraria transferir o caso para fora do distrito? — perguntou o advogado de Jessie.

— Não vejo necessidade — respondeu Burnett. — É verdade que há reportagens reveladoras em todos os canais de TV e o *Commercial Appeal* está se esbaldando. Parece-me que, se a mídia fosse um pouco mais contida, talvez pudéssemos prosseguir com o caso.

— Vossa Excelência, é exatamente esta a questão — implorou Stidham.

— É por isso que queremos deixar o distrito.

Mas Burnett permaneceu irredutível. Ele anunciou que Jessie seria julgado em janeiro, na minúscula cidade de Corning, alguns quilômetros ao sul da fronteira com o Missouri. Damien e Jason seriam julgados no mês seguinte em Jonesboro, a maior cidade do distrito.

"Cada nota — tudo"

Com 1993 chegando ao fim, os advogados de defesa ainda imploravam para que o juiz Burnett os deixasse interrogar os detetives Gitchell, Ridge e Allen sob juramento. Os advogados queriam entender precisamente o que levara a polícia até esses três réus em particular. Stidham argumentou que Fogleman, por meio das intimações, teve "o direito de forçar as pessoas a irem até seu gabinete e prestar juramento, com um estenógrafo do tribunal presente. Não temos esse poder e isso inibe nossa capacidade de representar nosso cliente". Mas, novamente, Fogleman insistiu que o Estado relatava tudo que obtinha aos advogados de defesa.

— Vossa Excelência — queixou-se o promotor —, eles falam sobre oportunidades iguais. Entregamos a eles tudo que temos. Não temos o direito de saber o que as investigações deles revelam. As oportunidades não são iguais e, no que se refere à produção de provas, elas os favorecem.

— Excelência, o sr. Misskelley foi interrogado pela polícia de West Memphis durante doze horas, mas a transcrição não chega nem perto disso. Deveríamos, em nome do devido processo legal, da proteção equânime e de outros requisitos e salvaguardas constitucionais, ter o direito de falar com esses policiais e descobrir o que aconteceu durante as outras horas. — rebateu Stidham.

— Os senhores têm minha permissão para falar com eles — respondeu Burnett.

— Temos permissão para interrogá-los sob juramento e ter um estenógrafo da corte presente?

— Não, não têm... Eu gostaria de saber se existe algum caso no Arkansas no qual a defesa tenha recebido permissão para fazer isso.

— Vossa Excelência, até mesmo o réu, como cidadão, tem o direito de ouvir depoimentos. Creio que alguém enfrentando a pena de morte deva receber a oportunidade de ouvir as testemunhas contra ele. — insistiu Stidham.

O advogado de Jason se uniu ao pedido para interrogar Gitchell, Ridge e Allen.

— Quero ter a oportunidade, assim como o sr. Fogleman teve a oportunidade, de interrogá-los sob juramento e então, se necessário, encontrar os furos em sua história da mesma maneira que eles estão tentando fazer com os pais de meu cliente. — disse Ford a Burnett.

— Vossa Excelência — interrompeu Fogleman —, eles já têm isso. Têm tudo que temos. Cada nota, tudo.

— Mas não de maneira juramentada, Excelência — insistiu Ford. — Não de maneira juramentada. Como não são juramentadas, ficamos limitados no uso dessas notas para desacreditá-los no banco de testemunhas.

Mas Burnett permaneceu firme. A polícia não seria interrogada sob juramento antes do início dos julgamentos.

Glori Shettles estava presente à audiência, com Damien e seu advogado, Val Price. Ela ficou preocupada com o comportamento de John Mark Byers, que se sentara em um banco próximo, "encarando" Damien e ocasionalmente "cochilando". Em suas notas, ela afirmou suspeitar que ele estivesse "sob a influência de drogas e/ou álcool".

A certa altura, enquanto Price conversava com Fogleman, os outros advogados e Burnett, Damien inclinou-se e sussurrou que os familiares das vítimas haviam gritado e dito impropérios quando ele entrara no tribunal. Eles o haviam chamado de "veado assassino". Ele disse a Shettles que, a despeito de seus conselhos, não conseguira se controlar. Ele se virara e dissera: "Vão se foder." Mas, ao menos, não gritara as palavras. Mais tarde, Shettles escreveu que Damien "parecia frustrado e zangado consigo mesmo". Quando Damien relatou o episódio aos advogados, um deles, Scott Davidson, decidiu acompanhá-lo na saída do tribunal. Shettles escreveu em seu relatório: "Scott retornou chocado com os ataques verbais que presenciou."

Após a audiência, o tribunal ficou vazio, à exceção do inspetor Gary Gitchell, do juiz, dos advogados e dela mesma. Mais tarde, Shettles relatou a Lax que, em uma atmosfera mais informal, Burnett perguntara aos advogados de Damien se seu cliente decidira testemunhar contra os outros réus, afirmando que isso tornaria o caso "mais interessante". Os advogados de Damien haviam respondido que ele não tinha tal intenção. Fogleman então comentara que algo teria de ser feito em relação aos olhos de Damien para que alguém acreditasse nele. "Ouvindo comentários assim", escreveu ela em seu relatório, "preocupo-me imensamente com a probabilidade de Michael Echols receber qualquer coisa parecida com um julgamento justo."

A ideia de Fogleman

Os advogados de defesa tinham muitas preocupações, mas Fogleman também enfrentava algumas dificuldades. Seis meses haviam se passado desde os crimes e, embora grande parte do público acreditasse que os adolescentes eram culpados, à exceção da confissão de Jessie, todas as provas eram circunstanciais — e poucas. Jessie se retratara em relação à confissão e jurara não repetir nenhuma parte dela. O laboratório de criminalística reportara similaridade entre algumas fibras encontradas nos corpos e as fibras coletadas nas casas dos réus, mas fibras similares poderiam ser encontradas em praticamente qualquer casa do Arkansas. A polícia tinha duas garotas e um par de adolescentes que diziam ter ouvido Damien se jactar de ter cometido os crimes, mas isso não era uma boa base para argumentar a favor da pena de morte. O promotor corria o risco de ir para o tribunal com somente a contraditória confissão de Jessie, a estranheza de Damien e praticamente nada contra Jason. Então ele teve uma ideia.[22]

Decidiu procurar no lago atrás do trailer onde Jason vivia. Enquanto dirigia pelo parque de trailers, contou ele, perguntara aos policiais que o acompanhavam: "Que lugar melhor que um lago para se livrar de provas?"

Fogleman entrou em contato com a polícia estadual do Arkansas, que enviou uma equipe de mergulhadores profissionais. Em 17 de novembro, um dos mergulhadores entrou na água cheia de lixo do que era conhecido como lago Lakeshore, em um ponto entre os trailers de Damien e Jason.[23] Pouco depois, emergiu segurando uma faca de sobrevivência de 23 centímetros, com a lâmina distintamente serrilhada. Era exatamente o tipo de faca que Deanna Holcomb, ex-namorada de Damien, dissera à polícia que ele às vezes carregava. O mergulhador disse tê-la encontrado enterrada na lama, 14 metros atrás da casa de Jason.

Mais tarde, Fogleman descreveu a descoberta como "uma grande coincidência".[24] Ele disse que considerara a possibilidade de que "alguém a tivesse plantado", mas rejeitara a ideia porque "as únicas pessoas que sabiam que faríamos a busca eram os policiais". Segundo ele, havia duas razões para ter certeza de que a faca fora jogada no lago pelos assassinos. Primeira: ninguém além dos investigadores sabia que Deanna dissera à polícia que Damien possuía uma faca como aquela. Segunda: qualquer um que pretendesse plantá-la teria de saber "não apenas que faríamos a busca, mas também quando a faríamos".

NÓ DO DIABO

Ele via a faca como um triunfo. O laboratório de criminalística relatara que os ferimentos de Christopher Byers haviam sido causados por uma faca com ao menos um gume serrilhado, e essa faca tinha uma lâmina serrilhada. Ela se parecia com a que Deanna descrevera. E havia a "coincidência" do local onde fora encontrada — quase diretamente atrás do trailer de Jason. Com um movimento inspirado, Fogleman encaminhara a polícia até uma evidência que se tornaria a peça central do caso — evidência que escapara aos detetives e que ele podia associar a Jason.

Mas houve mais de uma "coincidência" em seu relato sobre a descoberta. Por exemplo: ele foi em parte desmentido por Gitchell. Apesar da ordem do tribunal proibindo a disseminação de informações sobre o caso, no dia seguinte ao mergulho, o *West Memphis Evening Times* publicou uma matéria de primeira página sobre a sensacional descoberta. Gitchell chegou a conversar com os repórteres. Mas não disse que a busca no lago fora ideia de Fogleman. Ao contrário, afirmou que seu departamento queria realizá-la há vários meses, mas, até então, não tivera oportunidade.

A questão de quem receberia crédito pela descoberta — a polícia ou o promotor — não tinha grande importância. O que importava, à luz da alegação de Fogleman de que ninguém além da polícia sabia "que faríamos a busca" ou "quando a faríamos", era a foto publicada na primeira página do jornal. Ela mostrava um mergulhador, ainda na água e usando máscara de mergulho, segurando uma grande faca serrilhada. A matéria não oferecia nenhuma explicação para o fato de como a imprensa ficou sabendo da busca.[25] A legenda dizia simplesmente: "Faca encontrada perto da casa de suspeito."

12
A investigação particular

ENQUANTO OS ADVOGADOS DISCUTIAM, o investigador particular Ron Lax se aprofundava no "caos da produção de provas". No fim de novembro de 1993, a despeito das repetidas garantias de Fogleman ao juiz Burnett de que a defesa receberia todo o arquivo policial até o fim de agosto, o promotor subitamente liberou outro grande lote de documentos. Um item em particular despertou o interesse dos advogados de defesa: a transcrição da entrevista que os detetives Ridge e Sudbury haviam realizado com John Mark Byers em 19 de maio, mais de seis meses antes. Era a primeira vez que a defesa a via. A longa entrevista, conduzida *antes* das prisões, fora inexplicavelmente retida, não somente até depois de agosto, mas durante mais de três meses depois disso. Até aquele momento — três semanas antes dos feriados de Natal e a apenas seis semanas do julgamento de Jessie —, as três equipes de defesa nada sabiam sobre esse elemento da investigação.

Assim como com todos os documentos recebidos, Lax resumiu a transcrição para os advogados. Destacou o relato de Byers sobre seu paradeiro em 5 de maio, começando no início da noite, quando começara a procurar por Chris e relatara seu desaparecimento. Lax escreveu: "Não foi esclarecido por que ele ficou preocupado tão rapidamente." Mas, tendo sido recebida tão tarde, com os julgamentos iminentes, a transcrição não recebeu o escrutínio que de outro modo teria recebido. Nem Lax nem os advogados de defesa notaram os pontos nos quais o relato de Byers diferia das declarações de Melissa e Ryan, parcialmente porque esses relatos haviam sido liberados meses antes. Byers podia parecer um personagem duvidoso, mas, até onde sabia a defesa, não fora suspeito dos assassinatos. Assim, Lax se concentrou no que a transcrição esclarecia a respeito da condução da investigação — e seu significado para a defesa.

"Na página 31 da entrevista", ele escreveu com ênfase, "Byers diz a Ridge que John Fogleman prometera, a ele e aos outros pais, que tentaria conseguir a pena de morte para os indivíduos responsáveis, *a despeito de sua idade*. Supostamente, Fogleman também dissera que não via como os responsáveis poderiam alegar insanidade, uma vez que haviam tentado encobrir o crime." Observando que a entrevista fora conduzida em 19 de maio, duas semanas após os crimes e duas semanas antes da confissão de Jessie, Lax perguntou explicitamente: "Por que Fogleman se referiu à idade do(s) responsável(eis) tão cedo na investigação?"

Damien

Lax se sentia incomumente despreparado à medida que os julgamentos se aproximavam. Ainda não via como Fogleman construiria sua acusação. Ao mesmo tempo, contudo, ele e Shettles partilhavam profundas preo-cupações sobre certos aspectos da defesa. O estado mental de Damien era uma delas. Embora sua mãe e sua irmã e tanto Joe Hutchison quanto Jack Echols tivessem ficado a seu lado desde que fora preso, Lax e Shettles inquietavam-se com a possibilidade de seus óbvios problemas psicológicos prejudicarem suas chances. Com a aproximação da data do julgamento, essa inquietação se tornou mais aguda.

Tornar-se pai não ajudara. O filho de Damien e Domini, Seth Damien Azariah Teer, nasceu em setembro, como previsto.[1] Domini o levou até a prisão logo em seguida, mas o xerife não permitiu que Damien o tocasse. No mês seguinte, sua avó materna faleceria.[2] Quando Lax e Shettles o visitaram durante a primeira semana de novembro, Shettles notou que ele "parecia atemorizado", estivera "roendo as unhas" e "suas mãos tremiam violentamente". Lax trouxera uma carteira de cigarros que Damien "praticamente arrancou de sua mão". Shettles escreveu: "Ele começou a fumar um cigarro atrás do outro e consumiu ao menos oito durante a visita de uma hora e meia." Lax quis saber qual era o problema, mas Damien não respondeu. Quando Lax perguntou se as coisas estavam "pesando", ele respondeu: "Às vezes."

Logo após a visita, Lax disse acreditar que Damien sofria "de depressão profunda". Mesmo assim, sentiu que precisava confrontá-lo a respeito de uma questão-chave para o caso. Damien já dissera a alguém que cometera os assassinatos? Shettles perguntara a mesma coisa durante uma visita semanas antes. Algumas garotas haviam relatado que, durante um jogo de softball, ouviram Damien alegar responsabilidade. Shettles avisou que poderiam testemunhar contra ele. E escreveu que Damien "admitiu que, antes de ser preso, fizera várias observações, quando perguntado sobre os crimes, que poderiam ser mal interpretadas". E acrescentou: "Ele declarou não ter feito nenhum comentário sério, embora alguns deles possam ter sido entendidos da maneira errada." Em outra visita, Lax pressionou para que Damien fosse mais específico. Mas ele não parecia disposto a reconhecer que poderia ter prejudicado sua própria defesa. Lax escreveu: "Quando perguntei sobre as numerosas referências, nos arquivos policiais, a indivíduos que afirmaram tê-lo ouvido dizer que fora o responsável, ele não respondeu. Ficou ali sentado e olhando para mim."

Quando Shettles o visitou na semana seguinte, Damien disse que se sentia melhor, embora suas mãos ainda tremessem.[3] Em dezembro, ela levou cupcakes e alguns livros para a prisão a fim de comemorar seu 19º aniversário. Mas o evento foi obscurecido pelas discussões sobre o julgamento. Segundo Shettles, Damien disse que, se o júri o considerasse inocente, ele queria "se mudar para outro estado e abrir uma livraria. Contudo, informou que, se fosse considerado culpado, pretendia se jogar 'de uma janela do terceiro andar'. Michael está ansioso para que o julgamento termine, 'de um jeito ou de outro'".

Pontas soltas

No fim de dezembro, Fogleman liberou a transcrição de uma entrevista que o detetive Bill Durham realizara com Jerry Driver no início do mês. De acordo com a transcrição, Driver relatara que, um ano antes dos homicídios, já observava atentamente sete adolescentes que exibiam o que chamou de "todos os sinais" de envolvimento com satanismo. Ele descreveu esses sinais como "tatuagens, anéis do demônio e coisas assim". Driver considerava o "cabelo espetado" de Jessie "e outras coisas" um sinal de seu envolvimento.[4]

Em seguida, Lax procurou Marty King, gerente do restaurante Bojangles. King relatou que, na noite seguinte à descoberta dos corpos, um policial de West Memphis de folga fora até o restaurante para comer. King contara ao policial sobre o homem ensanguentado que estivera lá na noite anterior. O policial conferira o banheiro, encontrara alguns salpicos de sangue e telefonara para o Departamento de Polícia. Pouco tempo depois, o detetive Allen e o sargento Ridge haviam chegado. Tinha sido a primeira vez, desde que King telefonara para a polícia sobre o homem ensanguentado, que os detetives entravam no restaurante.

King disse que dera a Allen e Ridge um par de óculos escuros que retirara do vaso sanitário e que os detetives haviam retirado amostras de sangue das paredes do banheiro. Depois disso, ele nunca mais ouvira falar deles.

"Algum policial entrou em contato desde então, para mostrar fotografias ou discutir o incidente?", perguntou Lax. "Não, senhor", respondeu King.

Outra das entrevistas de Lax foi com um adolescente que conhecia Jessie Misskelley. Fogleman o listara como testemunha potencial. Os relatórios da polícia indicavam que o garoto de dezoito anos havia sido interrogado por quase cinco horas, durante as quais Durham administrara o teste do polígrafo. Depois os detetives haviam filmado uma declaração na qual ele afirmava que Jessie admitira "estar com Jason e Damien quando eles sacrificaram as crianças".

NÓ DO DIABO

Em 30 de dezembro, Lax dirigiu até a casa do adolescente. Ele se apresentou como investigador particular e conversou brevemente com ele e com o tio. Depois, na presença do tio, gravou uma entrevista. Em seu resumo, escreveu que o garoto "declarou que tentou dizer à polícia a verdade sobre o que sabia em relação ao assassinato dos três meninos, que era nada. Declarou que a polícia continuou a gritar com ele até que ele disse o que achava que eles queriam ouvir. Ele me informou que Jessie Misskelley nunca disse nada sobre os meninos, nem sobre nenhuma outra pessoa, e que ele não sabia nada sobre os homicídios".[5]

Essa não foi a única entrevista conduzida por Lax com um adolescente descrevendo experiências inquietantes com a polícia. Christopher Littrell, um vizinho de Damien, disse que fora interrogado duas vezes.[6] A primeira, em 10 de maio, cinco dias após os crimes, durou três horas. Sua mãe estava presente e "todo mundo o tratou cordialmente". Contudo, em 27 de maio, a polícia o apanhou na escola e o interrogou por outras duas horas, sem a presença da mãe. Ele disse a Lax que Durham foi "legal" durante a entrevista, mas o inspetor Gitchell "ficou extremamente zangado em alguns momentos e gritou com ele". O garoto também disse que, a certa altura, Gitchell "agarrou seu queixo" e colocou o rosto bem perto do seu, dizendo, em tom ameaçador, que "não teria nenhum problema em deixá-lo de molho ali até ele contar a verdade".

Lax também revisitou Vicki Hutcheson. Nessa visita, ele estava particularmente interessado em uma altercação que ocorrera entre 17h30 e 18 horas no dia dos crimes, no parque de trailers onde Hutcheson e Jessie viviam. Por causa da importância que a polícia aparentemente dava a Aaron Hutcheson, seu paradeiro nesse horário era crucial. A polícia de Marion respondera à chamada de uma mulher que afirmara que um vizinho estava batendo no filho. Um policial foi até o parque de trailers, mas partiu minutos depois. Então os vizinhos haviam recomeçado a discussão e, da segunda vez, três viaturas apareceram.

Lax entrevistou cinco moradoras do parque de trailers.[7] Todas relataram que Vicki Hutcheson participara dos eventos daquela noite, quando a polícia fora chamada, e que Aaron estivera com ela. Lax não sabia o que Fogleman pretendia fazer com as muitas declarações de Aaron, mas se sentiu melhor após conversar com as vizinhas.[8] Também perguntou a elas sobre suas experiências com Vicki Hutcheson nos dias que se seguiram aos assassinatos e se ela mencionara a recompensa de 35 mil dólares. Uma das vizinhas disse que o assunto viera à baila duas vezes. "Da primeira vez, ela disse que eles dividiriam o dinheiro da recompensa entre Aaron e outro menino. Em outra ocasião, disse que eles dariam todo o dinheiro a Aaron."

Outra mulher afirmou também se lembrar de ter ouvido Hutcheson discutir a recompensa. "Ela disse que Aaron receberia o dinheiro", disse a mulher, "e falou como o gastaria e as coisas que compraria."

— Você perguntou a ela por que Aaron receberia o dinheiro? — perguntou Lax.

— Sim, senhor.

— E o que ela disse?

— Ela disse que era porque ele vira os assassinatos.

— E você acreditou?

— Não, senhor.

— Por que não?

— Porque ele estava aqui no parque de trailers.

Byers no documentário

Membros das famílias das vítimas também estavam listados entre as testemunhas que Fogleman poderia chamar. Dado que eles pareciam não ter qualquer informação que implicasse os réus, Lax não os entrevistou. Os produtores Berlinger e Sinofsky, contudo, estavam muito interessados nas famílias. Seu pedido para filmar o chá de bebê de Domini fora apenas o começo.

Desde então, eles haviam contatado todos os principais envolvidos no caso: as famílias das vítimas, os réus e suas famílias, a polícia, os advogados e o juiz. E haviam oferecido dinheiro aos réus e aos familiares das vítimas que concordassem em ser entrevistados. Damien recebera uma oferta de 7.500 dólares por duas entrevistas. A defesa estava reticente.[9] Mas os produtores afirmaram que o documentário final só seria exibido vários meses depois do julgamento e, por fim, os advogados concordaram com duas entrevistas.[10] Embora o juiz Burnett não tivesse anunciado sua decisão sobre o pedido dos produtores para filmar ambos os julgamentos, também acabou por ceder.

Do verão de 1993 até o fim do ano, os produtores Sinofsky e Berlinger puderam registrar momentos com familiares tanto das vítimas quanto dos réus enquanto lutavam para lidar com o que acontecera — e contemplavam o que estava à frente. Os pais de Michael, Todd e Dana Moore, sentados juntos a uma mesa em sua casa, foram os mais comedidos em frente às câmeras. Após descrever algumas das questões que os assombravam como pais — "Ele chamou por mim?" —, Todd Moore disse simplesmente que Michael fora morto por "monstros reais".

Pam Hobbs, mãe de Stevie Branch, foi filmada em frente à escola elementar em uma entrevista para um repórter da TV local. Mascando chicletes, dando risadinhas e torcendo um cachecol amarelo dos lobinhos que pertencera a Stevie, ela parecia alternadamente deliciada por estar em frente às câmeras e trazida de volta à sobriedade pelo assunto do assassinato do filho. Microfone na mão, o repórter perguntou: "A senhora acha que as pessoas que fizeram isso cultuavam..."

Hobbs terminou a pergunta por ele: "Satã? Sim, acho. Olhe para eles. Apenas olhe para eles. Eles parecem punks." Ela praticamente cuspiu a última palavra.

Mas nenhuma raiva ou veneno se comparava aos expressados pelos Byers. Melissa foi filmada sentada à mesa da cozinha. Tinha círculos escuros sob os olhos. "Christopher nunca machucou ninguém. Ele tinha um coração gentil, amoroso e generoso e eles o crucificaram naquela floresta. Humilharam seu pequeno corpo. Retiraram sua pequena masculinidade antes que ele pudesse descobrir o que era isso. Eu os odeio por isso. Nunca odiei ninguém em minha vida, mas odeio esses três." Então, batendo com o dedo na mesa, acrescentou enfaticamente: "E as mães que os trouxeram ao mundo."

Seu marido Mark, de macacão, acompanhou os produtores até o barranco onde os corpos dos meninos haviam sido encontrados. Uma vez lá, iniciou um monólogo em linguagem tão brutal quanto sentimental. Cheio de alusões religiosas, também era chocantemente profano. Mesmo após a edição, a fala de Byers, como mostrada no documentário, é longa e confusa. Mais tarde, os produtores relataram que, quando mostraram a gravação não editada às esposas, elas a acharam tão perturbadora que saíram da sala.

"Sim, ainda que eu caminhe pelo vale da sombra da morte", começou ele, "não temerei mal algum. E não estou com medo do diabo. Sei quem me conforta. A tua vara e o teu cajado me consolam. E eu agradeço, Senhor, por permitires que eu acredite nisso com todo meu coração."

Aparentemente voltando sua atenção de Deus para os réus, Byers continuou, como se falasse diretamente a eles: "Espero que vocês realmente acreditem em seu mestre, Satã, o próprio diabo do casco fendido, porque ele não irá ajudá-los. Ele rirá de vocês e os torturará. Ele não precisa de sua ajuda. O diabo tem todos os demônios de que necessita."[11]

Em outro momento, vituperou: "Jessie Misskelley Jr., Jason Baldwin e Damien Echols, espero que seu mestre, o diabo, leve-os em breve. Quero que vocês o encontrem muito em breve. E no dia em que morrerem, louvarei ao Senhor. E prometo uma coisa. Depois que vocês morrerem, todo ano, em 5 de maio, irei até suas sepulturas. Vou cuspir em vocês. Vou amaldiçoar o dia em que nasceram. E, tenham certeza, enquanto estiver lá, vou realizar outras funções corporais sobre suas sepulturas. Prometo, tendo Deus por testemunha, que visitarei o túmulo de vocês três."

Comparado à fala de Byers, o que as famílias dos réus disseram aos produtores soava quase sereno. Jessie Misskelley, envelhecido e vestindo uma camisa de trabalho, disse simplesmente: "Little Jessie me disse que não fez isso, que não teve nada a ver com isso e não estava lá. Eu acredito nele. Acho que os policiais não conseguiram achar quem fez isso e tinham de culpar alguém."

A mãe de Jason, Gail Grinnell, parecia abatida e quase distraída enquanto a câmera rodava. "Quero dizer a todo mundo que meu filho

NÓ DO DIABO 181

é inocente", disse ela, "porque sei que ele é inocente. Eu sei onde ele estava e sei que ele é inocente e quero dizer isso ao mundo. Quero que todo mundo saiba."

O pai biológico de Damien, Joe Hutchison, disse: "Esse menino não é capaz de cometer o crime pelo qual foi preso. Eu o vi adotar um gatinho e amá-lo como se amaria um bebê. É um pesadelo do qual não conseguimos acordar. Nosso filho é inocente. Pretendemos provar isso."

Mas, ao passo que a maioria dos participantes da tragédia parecia angustiada e vencida, John Mark Byers parecia saborear o fato de estar em frente às câmeras. Berlinger e Sinofsky o filmaram sentado em frente à piscina de sua casa, falando sobre anjos e demônios; no púlpito da igreja batista local, cantando hinos; e com seu vizinho Todd Moore em uma plantação, atirando em abóboras. Nessa cena, Byers, usando chapéu de caubói, falou a maior parte do tempo, enquanto carregava a espingarda. "Existem certas pessoas nas quais não me importaria de atirar", disse ele, "mas acredito que os tribunais e a justiça cuidarão delas."[12]

13

Faca manchada de sangue

NA SEGUNDA SEMANA DE JANEIRO DE 1994, os repórteres começaram a chegar a Corning, Arkansas, onde o julgamento de Jessie estava prestes a começar. Um deles perguntou ao promotor assistente Fogleman sobre algumas das questões que haviam surgido nas audiências preliminares. Citando a ética profissional, ele disse que não podia discutir a investigação policial, a pretensa falta de provas materiais ou a alegação de Stidham de que a confissão de Jessie fora obtida sob coação. "Não posso comentar detalhes específicos", disse ele, "porque sinceramente quero que esses réus recebam um julgamento justo." Acrescentou, contudo, que "nunca vira o Departamento de Polícia trabalhar com tanto afinco em um caso" quanto a polícia de West Memphis trabalhara neste.[1]

Em 17 de janeiro, um dia antes da data marcada para o início da seleção do júri, Fogleman liberou mais documentos para os advogados de defesa. A maioria mostrava como a polícia estivera trabalhando para fortalecer seu caso. Entre outras atividades, os registros indicavam que, na véspera de Ano-Novo, Fogleman, Ridge e Bray haviam conduzido outra entrevista com Aaron Hutcheson. Nenhuma transcrição da entrevista foi produzida ou entregue à defesa, mas, de acordo com as notas de Ridge, Aaron reiterara seu depoimento de que vira os amigos serem mortos, embora alguns dos detalhes que fornecera diferissem de seus relatos anteriores. Quando Ron Lax analisou o material, ficou surpreso ao ver que Fogleman e a polícia ainda tentavam arrancar uma declaração coerente da criança. Mas o que o deixou atônito foram outros dois relatórios incluídos no último pacote que recebeu. Eram formulários de autorização assinados por Dana Moore e John Mark Byers, datados de 20 de dezembro de 1993, dando à polícia de West Memphis e à equipe do laboratório criminal do Arkansas permissão para realizar uma busca em suas casas. Nenhuma explicação acompanhava os formulários, mas eles suscitavam uma inquietante pergunta. Por que, na véspera do julgamento de Jessie, a polícia subitamente decidira realizar uma busca na casa de duas das vítimas? O que poderiam estar procurando mais de oito meses após os assassinatos — e quase sete meses depois das prisões?

"Descoberta adicional"

Uma possível explicação — ou ao menos uma pista — surgiu em um telefonema dois dias depois. A essa altura, o júri de Jessie já fora escolhido. O advogado de Damien, Val Price, telefonou para a casa de Lax para relatar que Fogleman acabara de liberar mais documentos da polícia de West Memphis. Esses documentos de última hora se referiam a uma faca que a polícia dissera ter recebido onze dias antes, em 8 de janeiro de 1994. Imediatamente, Lax começou a anotar o que Price dizia. "A faca foi enviada em um pacote da FedEx, mas o pacote foi jogado fora. A faca tem 22 centímetros de comprimento e foi enviada para análise no laboratório de criminalística do Arkansas. Os resultados mostraram presença de sangue na faca, compatível com o tipo sanguíneo de Chris Byers. Também demonstraram que esse tipo sanguíneo é compatível com 8% da população. A faca recebeu o número de prova E178."

Com Jessie lutando por sua vida, seus advogados, Stidham e Crow, estavam focados nos eventos do tribunal. Mas a extraordinária notícia de uma faca enviada por FedEx tornou-se uma séria distração. Enquanto eles prosseguiam no julgamento, Lax tentava descobrir tudo que podia sobre a misteriosa faca. Pouco a pouco, ficou sabendo que fora enviada

NÓ DO DIABO 185

a Gitchell pelos produtores nova-iorquinos Sinofsky e Berlinger. Mais tarde, os dois explicaram como ela acabara em seu poder — e por que a haviam enviado à polícia de West Memphis. É uma história notável.

Alguns dias antes do Natal, Mark Byers presenteou um membro de nossa equipe com uma faca de caça usada. Mais tarde, descobrimos que ela parecia conter traços de sangue. Naturalmente, ficamos chocados e nos vimos em uma situação extremamente difícil. Achamos estranho que o sr. Byers tivesse nos dado uma faca que parecia conter sangue. Contudo, poderia ter sido um gesto inocente de amizade e não queríamos simplesmente entregá-la para a polícia, criando controvérsia para o sr. Byers, particularmente na imprensa local.

Entretanto, uma vez que a investigação já recuperara a arma do crime e o enteado do sr. Byers fora a criança castrada com uma faca, não tínhamos como saber se ela estava envolvida nos homicídios. Tínhamos de pesar nossa responsabilidade como jornalistas diante de nossas responsabilidades cívicas e morais. Não queríamos criar a falsa impressão de estarmos manipulando o resultado de nosso documentário nem queríamos que um homem inocente fosse falsamente acusado. E, em um nível mais prático, temíamos que o tremendo acesso e confiança que as pessoas haviam nos concedido fossem destruídos se a entregássemos — a imprensa poderia exagerar sua importância e, se ela não desempenhasse papel no caso, nossos entrevistados poderiam deixar de confiar em nossa equipe. Mas a consideração mais importante continuou vindo à tona: se houvesse a mais remota possibilidade de a faca estar envolvida no caso, tínhamos a obrigação moral de entregá-la. Após várias reuniões com a HBO sobre o assunto, decidimos enviá-la à polícia local.[2]

O súbito surgimento de uma faca — pertencente a John Mark Byers e contendo traços de sangue compatível com o de Christopher — foi a mais significativa revelação do caso desde a confusa confissão de Jessie Misskelley. Sua conexão com pessoas relacionadas ao crime era clara. Ao contrário da faca que a polícia afirmava ter retirado do lago e alegava poder ligar a dois dos réus, essa faca indiscutivelmente pertencera ao padrasto de uma das vítimas. E o sangue encontrado nela era compatível com o sangue de seu enteado assassinado.

Para Lax e os advogados de defesa, a faca dificilmente poderia ter surgido em uma hora pior. Ela lançava sérias suspeitas sobre Byers. Mas, até então, ninguém da defesa jamais o vira como suspeito. Em parte por causa do tamanho e das condições do que chamavam de "caos da produção de provas". Em parte porque, a despeito das garantias de Fogleman ao juiz Burnett de que "tudo" seria entregue à defesa no fim de agosto, as notas sobre a entrevista que os detetives realizaram com Byers em 19 de maio só foram liberadas em meados de novembro. E parcialmente, porque outros documentos, como os relacionados a suas atividades como informante e sua condenação por ameaçar matar a ex-mulher, nunca foram liberados. Agora, confrontados com a surpreendente aparição de uma faca manchada de sangue, Lax e os advogados de defesa se sentiram prejudicados por tudo que não sabiam a respeito do padrasto da vítima castrada.

Para Stidham e Crow, profundamente envolvidos no julgamento de Jessie, a situação era especialmente séria. Eles tinham de decidir se apresentariam a faca, em uma tentativa de sugerir dúvida razoável sobre a culpabilidade de Jessie. Na época, a defesa sequer tinha uma noção clara sobre como a polícia reagira a seu surgimento. Somente gradualmente, e em meio às pressões do julgamento, os advogados foram capazes de descobrir alguns detalhes críticos.

De acordo com os produtores do documentário, Byers presenteara a faca a um membro de sua equipe seis dias antes do Natal, em 19 de dezembro de 1993.[3] No dia seguinte, 20 de dezembro, a polícia realizara a busca nas casas de Byers e Moore. Lax achou que os dois fatos provavelmente estavam conectados. Sua suspeita foi fortalecida quando conversou com Sinofsky e Berlinger, que lhe disseram ter "conversado com Fogleman e Gitchell em dezembro de 1993 [...] e, aparentemente, dado detalhes sobre a faca".[4] Nenhum registro dessa discussão foi fornecido pela polícia de West Memphis. A existência da faca só foi relatada aos advogados de defesa quase um mês depois — depois do início do julgamento de Jessie. E o pacote no qual a faca fora enviada, que teria confirmado a data, supostamente fora jogado fora.

Gitchell disse que a faca fora recebida em 8 de janeiro e enviada no mesmo dia para análise em um laboratório da Carolina do Norte.[5] Ele enviara um memorando dizendo que a faca continha o que poderia ser sangue e uma substância desconhecida no cabo. (Mais tarde, descobriu-se que era uma fibra vermelha.) Gitchell pedira que o laboratório testasse a faca e comparasse os resultados com o DNA das vítimas. O laboratório enviara os resultados no início do julgamento de Jessie. Somente então Fogleman informara os advogados de defesa sobre sua existência — e sobre o fato de que o sangue era compatível com o de Christopher Byers.

Interrogando Byers

Os advogados de Jessie queriam que Byers fosse interrogado imediatamente — e não pelo inspetor Gary Gitchell. Mas a polícia de West Memphis estava reticente. "Policiais da divisão de investigação criminal da polícia estadual estavam presentes", lembraria Stidham mais tarde. "Implorei para que um deles interrogasse Byers, mas o juiz Burnett recusou o pedido."[6] Finalmente, Burnett determinou que Byers fosse interrogado, mas somente pela polícia de West Memphis. Como Gitchell, Ridge e Byers estavam em Corning para o julgamento de Jessie, uma entrevista foi rapidamente organizada. Ela ocorreu na quarta-feira, 26 de janeiro, com o julgamento de Jessie já na segunda semana, em uma sala do gabinete do xerife do condado. A entrevista, que foi gravada, durou 45 minutos.

Ela começa com Gitchell lendo os direitos de Byers e avisando que qualquer coisa que ele dissesse poderia ser usada contra ele no tribunal. Byers afirmou entender e abriu mão do direito a um advogado. Então disse a Gitchell que sim, tivera uma faca Kershaw — "Ela tem o gume serrilhado, como uma faca Ginsu" — e que a dera a um membro da equipe de filmagem "como presente de Natal". Disse acreditar ter sido em novembro.[7] Disse que nunca usara a faca para caçar e que, na verdade, a faca "nunca" fora usada e ninguém em sua família jamais se cortara com ela: "Ninguém se cortou com a Kershaw."

O detetive Ridge perguntou:

— Você usou a faca?

— Nunca a usei — respondeu Byers. — Eu a teria usado. Com sorte, eu a teria usado para caçar veados, é só isso que eu caço, mas nunca tive a oportunidade." Ele disse aos detetives que a faca ficara "esquecida" em uma gaveta de sua cômoda.

Gitchell perguntou:

— Algum de seus filhos, Ryan ou Chris, sabia onde ela estava? Eles poderiam ter pegado a faca?

— Não, senhor — respondeu Byers. — Não acho que pudessem ter feito isso.[8]

Gitchell então mostrou a Byers a faca que fora enviada de Nova York. Ele a descreveu como uma faca dobrável Kershaw com lâmina de 22 centímetros, cabo Pachmayr e a inscrição "Cannon City". Byers a identificou como a faca que dera ao cinegrafista e que Melissa lhe dera alguns anos antes como presente de Natal.

— Ok — disse Gitchell. — Temos um problema que você precisa nos explicar: encontramos sangue na faca.

— Eu posso dizer de onde acho que ele veio. — disse Byers.

— Tudo bem.

— Hum, neste ano, cacei um veado e comecei a cortá-lo em tiras porque prepararia carne desidratada. Eu tinha uma faca de fatiar, uma Ginsu, e me lembrei dela. Tentei cortar um pouco da carne em fatias bem finas, mas, quando percebi que ela não era tão boa quanto a outra, desisti. Mas essa foi a única ocasião em que ela esteve perto de sangue... Eu estava fatiando carne de veado em casa.

Nem Gitchell nem Ridge pediram a Byers para explicar por que, apenas alguns minutos antes, declarara que "nunca usara" a faca e, ainda mais especificamente, que "nunca tivera a oportunidade de usá-la em um veado". Em vez disso, Gitchell prosseguiu, de maneira quase deferente, para outro "problema".

— Ok — disse a Byers. — Vou avançar um pouco e dizer que há um problema aí. Não estou dizendo que não é verdade. O problema é que enviamos a faca para ser examinada e ela contém o tipo sanguíneo de Chris.

Subitamente, Byers começou a se dirigir ao detetive pelo primeiro nome.

— Bem, Gary, não tenho a menor ideia de como isso aconteceu.

— Esse é o nosso problema — disse Gitchell.

— Não tenho a menor ideia de como isso foi parar lá.

— Por quê? Por que haveria sangue na faca?

— Não tenho ideia, Gary.

— É isso que me assusta.

Quando Lax e os advogados de defesa leram a transcrição da entrevista, ficaram horrorizados com seu teor. Byers estava em uma situação extremamente comprometedora. Sangue compatível com o de seu enteado mutilado fora encontrado em sua própria faca, que ele afirmava jamais ter usado e que dera a alguém que estava prestes a deixar o estado. Mesmo assim, quando ele não encontrara nenhuma boa explicação para o fato, o detetive-chefe do caso dissera que *ele* estava assustado.

Byers, enquanto isso, estava reduzido ao balbucio. "Não tenho ideia, não faço ideia de como poderia haver qualquer tipo de sangue humano", disse ele. "Não me lembro de ter me cortado, ter cortado carne de veado ou nada assim."

Finalmente, de maneira hesitante, quase apologética, Gitchell fez a pergunta central. E agora ele também estava balbuciando. "Tenho... tenho que perguntar diretamente, diretamente, Mark. Tenho que perguntar diretamente: você está envolvido ou participou da morte desses meninos?"

— Não — respondeu Byers. — Não, de jeito nenhum, de forma nenhuma, nunca... Em absoluto. Positivamente não. Inequivocamente não. Não. De jeito nenhum.

— Bem — disse Gitchell —, há outros testes sendo realizados na faca e devemos ter os resultados em breve. Estamos esperando por eles há vários dias.

Gitchell acrescentou que amostras de sangue de Melissa e Ryan haviam sido enviadas e, como uma amostra de Mark já fora colhida em maio, testes estavam sendo feitos para determinar se alguma delas combinava com o sangue na faca. "É isso que estamos tentando fazer", explicou Gitchell, "tentando ver se poderia ter sido... Se vocês têm sangues similares. Não sabemos. Não sabemos se há similaridade. Não sabemos."

Para Lax, Gitchell parecia preocupado e quase pesaroso durante a entrevista. Ele certamente não fora tão agressivo quanto no interrogatório com Jessie Misskelley, durante a qual exigira: "Diga a verdade." Mas, se Gitchell realmente estava preocupado com a possibilidade de seu caso implodir, foi tranquilizado mais tarde no mesmo dia, quando os resultados chegaram do laboratório. O relatório de Fogleman sobre a descoberta deixou as equipes da defesa perplexas. A quantidade de sangue na faca era pequena, disse Fogleman, e, por causa disso, apenas uma análise limitada pôde ser realizada. Os testes de DNA eram relativamente novos em 1994, mas, trabalhando com as limitações da pequena amostra e da ciência emergente, o laboratório fizera os testes possíveis. Seus resultados indicavam que o sangue era compatível tanto com Christopher quanto com seu padrasto, John Mark Byers.

Lax e os advogados se perguntaram se o DNA de duas pessoas que não eram biologicamente relacionadas poderia ser completamente indistinguível. Ou John Mark Byers seria, na verdade, o pai biológico de Christopher? Seria por isso que sempre afirmara ter "adotado" o menino, mas não seu meio-irmão Ryan? Essas perguntas pairariam sobre o caso, sem respostas, durante os anos seguintes.

Mas, com o julgamento de Jessie em andamento e outro prestes a começar, não havia tempo para especulações. Além disso, assim que Gitchell recebeu os ambíguos resultados do laboratório, Fogleman notificou a defesa de que, após reflexão e, a despeito de suas declarações anteriores em contrário, Byers agora se lembrava de ter se cortado com a faca.

NÓ DO DIABO

Ignorando a faca — e a arma de choque

A faca, com seus misteriosos traços de sangue, e as contraditórias declarações de Byers se relacionavam mais estreitamente com o crime que qualquer peça de evidência recuperada pela polícia até então. Contudo, sem mais questionamentos, Gitchell e Fogleman aceitaram sua declaração final. Para Lax, esse era outro exemplo de como os investigadores escolhiam no que acreditar. Haviam feito isso com Aaron — ignorando as contradições e aceitando suas alegações de ter testemunhado atividades satanistas na floresta. Haviam feito isso com Jessie — ignorando as contradições e aceitando suas declarações que implicavam Damien, Jason e a si mesmo. E agora, com a evidência de sangue tendo se revelado inconclusiva, faziam isso com Byers — ignorando as contradições e aceitando somente as declarações que faziam com que a faca parecesse menos suspeita. Em vez de reabrir a investigação, pareciam aliviados em acreditar que Byers, como agora se lembrava, tinha se cortado com a faca Kershaw.

Lax consultou especialistas em evidência de DNA. Ele contatou um laboratório de ciência forense e tentou explicar o que acontecera.[9] Como escreveu mais tarde: "Também expliquei que havíamos sido informados de que um teste DQ Alfa fora realizado em amostras de sangue da vítima (Chris Byers) e do proprietário da faca (John Mark Byers) e eles eram compatíveis um com o outro. Perguntei se havia algum outro teste que pudesse ser realizado para uma identificação mais acurada." A cientista

explicou que o DQ Alfa não é um teste muito eficaz, mas pode ser realizado rapidamente e com uma quantidade muito reduzida de sangue. Ela declarou que o passo seguinte para determinar se o sangue pertencia a um indivíduo em particular se chamava teste DNA-RFLP, mas ele exigia de seis a oito semanas e uma quantidade significativa de sangue. Perguntei a ela se a quantidade de sangue encontrada em uma faca depois de dobrada poderia ser significativa. Ela respondeu que a quantidade seria significativa para o teste se a faca estivesse coberta de sangue e não tivesse sido limpa.

Para as equipes de defesa, a situação era enlouquecedora. A rapidez com que Fogleman e a polícia estavam dispostos a desconsiderar não apenas a faca, mas também a peculiar entrevista de Byers renovou antigas frustrações. Se Byers de fato possuíra a faca por alguns anos e a guardara em seu quarto, isso significava que, em maio de 1993, quando a polícia de West Memphis realizara uma busca em sua casa, falhara em encontrar uma arma contendo sangue similar ao de uma das vítimas. E se a faca não estivesse no quarto, como afirmava Byers, as questões suscitadas eram ainda mais sérias.

Enquanto Lax e os advogados de defesa discutiam a respeito, o advogado de Damien, Val Price, mencionou ter ouvido que Byers já fora condenado após ter tentado usar uma arma de choque contra a ex-mulher e ameaçado matá-la. Essa era a primeira vez que Lax ouvia sobre o incidente e a notícia o deixou perturbado. Somente mais tarde ele descobriria que Fogleman conduzira o caso contra Byers e Burnett fora o juiz que ordenara a suspensão de sua condenação.

A sugestão do promotor

Se, na época, Lax conhecesse o tratamento oficial dado ao caso envolvendo os relógios Rolex e John Mark Byers, suas preocupações teriam se multiplicado. A investigação fora conduzida com discrição. Nenhuma palavra chegara à mídia. A única menção incluída nos autos do processo por homicídio era a nota de Gitchell dizendo que Byers telefonara para dizer que lamentava o incidente. Os relatórios da polícia estadual sobre a investigação nunca fizeram parte dos autos.[10]

Se os relatórios sobre o caso dos Rolex tivessem sido incluídos, Lax e as equipes da defesa teriam sabido que Byers confessara o crime — e que o chefe de Fogleman, o promotor de justiça Brent Davis, sugerira que ele não fosse processado.[11] Entre os relatórios relacionados a Byers que os advogados de defesa nunca viram estava um memorando datado de 24 de junho de 1993 — sete semanas após os assassinatos —, no qual um investigador da polícia estadual mencionava um plano proposto pelo promotor Davis que permitiria a Byers pagar 7.400 dólares de indenização para evitar o processo.[12] Não se sabia como Byers conseguiria o dinheiro. Davis propusera o plano apenas algumas semanas depois que Byers, falido e com anos de atraso no pagamento da pensão alimentícia dos filhos, pedira dinheiro ao público para ajudar a pagar o funeral de Christopher.

14

O primeiro julgamento

AO PASSO QUE O FUROR SOBRE a faca manchada de sangue prosseguia nos bastidores do tribunal do condado de Clay, o drama de vida e morte do julgamento de Jessie se desenrolava na corte. O aquecimento fora elevado ao máximo enquanto a região enfrentava uma rara tempestade de inverno. Do lado de fora do edifício de blocos de concreto, as ruas de Corning brilhavam sob uma camada de gelo. Normalmente, esse canto do nordeste do Arkansas, aninhado no salto da bota do Missouri, não experimenta invernos rigorosos. Mas janeiro de 1994 foi uma exceção. Logo antes do início do julgamento, o frio varrera o vale do rio Mississippi, derrubando árvores e tornando as viagens perigosas. Em 18 de janeiro, quando policiais fortemente armados conduziram Jessie, curvado e algemado, de uma viatura até o edifício, galhos quebrados ainda cobriam o gramado.

Stidham esperava uma batalha tão intensa quanto o clima. Ele tentara, sem sucesso, excluir a confissão de Jessie. Agora, com a confissão prestes a ser apresentada, previa uma defesa difícil. Embora duvidasse que Fogleman tivesse muitas provas além da confissão, ela era formidável. Para que Jessie fosse considerado inocente, ela teria de ser desacreditada. Tudo que Stidham fizesse — tanto durante o interrogatório das testemunhas de Fogleman, durante a primeira parte do julgamento, quanto durante a apresentação da defesa — teria de abalar a certeza do júri sobre a verdade do que seu cliente dissera.

A despeito das estradas perigosas, mais de noventa dos cem jurados potenciais convocados compareceram ao tribunal. Eram homens e mulheres acostumados a condições difíceis, incluindo as exigências da distância. Dos 17 mil habitantes do condado de Clay, 7 mil residiam nas duas maiores cidades, uma das quais era Corning, com uma população de cerca de 3 mil habitantes. Um quarto das crianças do condado vivia abaixo do nível federal de pobreza e menos de setecentos adultos possuíam nível superior de escolaridade. O costume religioso de proibir a venda de bebidas alcoólicas no condado era motivo de orgulho para muitos, assim como a alegação de que sua população era quase totalmente branca. Quando o juiz Burnett recebeu os jurados potenciais na corte, sua primeira pergunta foi se algum deles hesitaria, em razão de escrúpulos morais ou religiosos, em impor a pena de morte. Nenhum deles ergueu a mão.

Somente 36 pessoas tiveram de ser entrevistadas para compor um júri de sete mulheres e cinco homens, mais dois substitutos do sexo masculino. Um homem foi dispensado quando disse que discutira o caso com um amigo que vivia na área de West Memphis. Quando Burnett perguntou se ele seria capaz de ignorar o que ouvira, o homem respondeu com franqueza: "Seria difícil." O carteiro de Corning foi um dos jurados escolhidos. Os outros incluíam uma dona de casa, um balconista do Walmart local, o gerente de empréstimos de um banco, um operário e um gerente de fábrica. O jurado mais jovem tinha 23 anos. Isso o tornava cinco anos mais velho que Jessie, que passara o 18º aniversário na cadeia, um mês após a prisão.

Em seus trinta anos, o tribunal nunca abrigara um drama tão tecnológico. Havia caminhões das estações de TV com antenas de transmissão por satélite, um serviço bancário acessado por celular e uma sala repleta de monitores de circuito fechado para os repórteres. Dentro da sala de audiências, duas câmeras, uma para a equipe de documentaristas de Nova York e outra para o pool de agências locais de notícias, foram instaladas perto do banco do júri, embora o juiz Burnett tivesse proibido fotografias dos jurados. Em meio ao rebuliço, os familiares das vítimas

NÓ DO DIABO   197

se acomodaram silenciosamente nas primeiras fileiras da audiência, logo atrás da mesa onde Stidham se sentava ao lado de Jessie. Durante um intervalo, a mãe de Stevie Branch disse a um repórter que "ainda estava com raiva" e gostaria de "pular no pescoço" dos réus. "Às vezes", disse Pam Hobbs, "tenho de me segurar." Outra espectadora comentou que achava o julgamento uma perda de tempo. "Todos sabemos que ele é culpado", disse a mulher. "Eles deveriam fritá-lo de uma vez e acabar com isso."

Jessie raramente levantava os olhos. Mal olhava na direção do júri. Durante a maior parte do tempo, ficava curvado e mascando chicletes, com a cabeça quase no nível da mesa e olhando para o chão. Um repórter de Little Rock o descreveu como "uma figura estranha, pequena e frágil, causando uma impressão de deformação que lembrava personagens de Dickens, com os maneirismos de um roedor furtivo — um esquilo sob o efeito de tranquilizantes, talvez". O repórter continuou, observando que havia "nele uma passividade tão profunda que é quase inacreditável; ele fica o dia todo sentado e evita olhar para o juiz e para os jurados, encarando os pés e arrastando a cadeira cada vez mais à frente, como se quisesse escorrer para baixo e formar uma poça entre os próprios sapatos".[1]

Stidham recomendara essa atitude, pois não queria que Jessie parecesse petulante, mas alguns observadores acharam que ela refletia vergonha e culpa. Jessie também usava um corte de cabelo mais convencional do que quando fora preso. Uma matéria de primeira página do *Jonesboro Sun* chamou atenção para a mudança. O jornal publicou fotos dos três réus, feitas durante a prisão, ao lado de fotografias mais recentes, tiradas durante as audiências preliminares. Um artigo descrevendo a "metamorfose" observou que, quando Jessie fora preso, "parecia um boêmio do fim dos anos 1950, mais conhecido como *beatnik*", e, agora que estava em julgamento, tinha "a aparência de um colegial".

Do lado oposto de onde Jessie se sentava com seus advogados, Dan Stidham e Greg Crow, ficavam Fogleman e o promotor-chefe do distrito, Brent Davis, de 36 anos. Embora Davis fosse desempenhar papel significativo em ambos os julgamentos, Fogleman era o promotor principal do caso. Ele era conhecido no condado de Crittenden e membro de uma das famílias mais antigas da região. Perto do tribunal de Marion, um monumento comemorava a participação de seu tataravô no que é até hoje o maior desastre marítimo da história americana. No fim da Guerra Civil, em 1865, o pioneiro John Fogleman operava uma balsa no rio Mississippi entre Memphis e Arkansas. Em abril daquele ano, o barco a vapor *Sultana* viajava contra a correnteza, transportando prisioneiros da União recém-libertados. O barco explodiu no meio da noite, perto do embarcadouro de Fogleman. Ainda que o balseiro tenha resgatado todos que conseguiu, mais de 1.800 homens queimaram até a morte durante a explosão ou se afogaram nas águas geladas do rio. Mais vidas foram perdidas nesse desastre do que durante o naufrágio do *Titanic*, mas a catástrofe foi ofuscada pelo assassinato do presidente Abraham Lincoln, ocorrido alguns dias antes. O monumento perto do tribunal do condado de Crittenden refletia a posição dos Fogleman na história local, desde aquela época até o presente. Os familiares do promotor assistente haviam sido proeminentes nos assuntos comerciais, civis, religiosos e jurídicos da região. Haviam trabalhado como comerciantes, fazendeiros, advogados, banqueiros, policiais e membros do tribunal. O pai de Fogleman fora membro do conselho do colégio de Marion por mais de 45 anos. Um de seus tios trabalhara na Suprema Corte do Arkansas e seu pai já fora presidente da Ordem dos Advogados do Arkansas. O John Fogleman que agora se dirigia ao júri era promotor assistente havia dez anos. Respeitado e abstêmio radical, era visto como uma pessoa bastante formal.

Alegações iniciais

Fogleman levantou-se para apresentar suas alegações iniciais. Em uma voz lenta e arrastada, sem sinais de emoção, relatou o pesadelo de maio — como os meninos haviam desaparecido e o horror do dia seguinte. Relatou as descobertas do legista de que Michael e Stevie haviam morrido afogados e Christopher, em virtude de "ferimentos múltiplos",

NÓ DO DIABO 199

incluindo a brutal castração. Disse ao júri que uma jovem, cujo filho tinha a idade das vítimas, ficara tão perturbada com os assassinatos que resolvera "bancar a detetive" para ajudar a polícia a solucionar o crime. "Por fim", relatou, "Victoria Hutcheson levou a polícia até Misskelley e Misskelley confessou."

O que o promotor assistente não disse ao júri foi que a confissão de Jessie era praticamente a única peça de evidência direta que possuía. Uma peça persuasiva, sem dúvida, mas também seriamente problemática. Sua próxima tarefa, para que o júri acreditasse na confissão, era preventiva: referir-se às numerosas falhas — e aos erros evidentes — da declaração de Jessie à polícia. Havia discrepâncias, admitiu, entre algumas das declarações e os fatos do crime. Mas elas eram facilmente explicáveis. Eram o resultado das atrapalhadas tentativas de Jessie de minimizar seu envolvimento. Fogleman conclamou o júri a se concentrar, em vez disso, nas coisas que dissera e que "apenas o verdadeiro assassino" poderia saber: que um dos meninos fora cortado no rosto; outro, sexualmente mutilado; e todos os três espancados. Esses detalhes incriminatórios, combinados com a admissão do próprio Jessie sobre seu envolvimento pessoal, forneceriam ao júri provas mais que suficientes para julgá-lo culpado das três acusações de homicídio, sujeito à pena capital.

Dan Stidham não possuía o verniz de Fogleman. Mais pesado e com um terno menos elegante, parecia o tipo de homem cujo passatempo favorito era caçar patos e pescar, o que era exatamente o caso. Ele gostava de julgamentos e, apesar dos olhares que recebera dos vizinhos, que não conseguiam entender por que representava um assassino satanista, era passional a respeito do caso — e da inocência de Jessie.

"Senhoras e senhores", disse Stidham quando chegou sua vez de se dirigir ao júri, "esta é uma história muito, muito triste. Mas ainda mais triste é a maneira pela qual o Departamento de Polícia de West Memphis decidiu investigar o crime." Lembrando o ansioso mês que se passara entre os crimes e as prisões, ele chamou atenção para a tensão vivida pela polícia. "Senhoras e senhores, havia um clamor popular. O povo exigia que alguém fosse preso pelo crime e o Departamento de

Polícia tentava responder a essa tremenda pressão." Além de oferecer uma recompensa, disse ele, os policiais haviam desenvolvido o que ele chamou de "visão em túnel sobre Damien Echols". Isso significava que, "desde o primeiro dia", a polícia de West Memphis o escolhera "como responsável". Jessie fora meramente apanhado na rede lançada para capturar Damien.

Mas, mesmo enquanto falava, Stidham sabia que a batalha mais crucial do julgamento já fora perdida. Durante os meses de petições iniciais, ele alegara repetidamente que a confissão de Jessie fora obtida sob coação e deveria ser excluída. Mas o juiz Burnett rejeitara essa alegação, assim como os argumentos paralelos de que a confissão não deveria ser admitida porque Jessie era mentalmente retardado e, sendo menor, seu caso deveria ser julgado na vara da infância e juventude. Agora, a única esperança de Stidham era fazer com que o júri acreditasse que Jessie não teria dito o que disse se não fosse pela pressão psicológica exercida pela polícia. Ele sabia que seria difícil. A maioria dos adultos não consegue se imaginar confessando um crime que não cometeu — especialmente um tão hediondo. No início do caso, o próprio Stidham achara difícil acreditar nisso. Ele aprendera muito desde então. Mas sua educação demorara um pouco e ele não teria o mesmo tempo para mudar a mentalidade dos jurados.

O que Jessie contara à polícia era uma "história falsa", disse Stidham. Ele afirmou que o inspetor Gitchell e o detetive Ridge haviam percebido que o que Jessie lhes dizia era "factualmente incorreto em muitas áreas importantes [...] mas continuaram a interrogá-lo [...]. Não se importaram com o fato de que o que ele dizia estava errado". Stidham insistiu que detalhes do crime, incluindo aqueles que a polícia afirmava que "apenas o assassino saberia", eram amplamente conhecidos. Em vez de reconhecer que informações cruciais haviam vazado repetidamente, os detetives preferiram aterrorizar Jessie até que ele dissesse o que queriam ouvir.

"Eles o quebraram", disse ele. "Eles o assustaram além de qualquer medida."

Fundamento para a confissão

O julgamento que se seguiu durou duas semanas. Fogleman convocou para depor Dana Moore e Melissa Byers, que fizeram relatos enlutados sobre a noite do desaparecimento dos filhos.[2] Stidham mal interrogou Melissa. Havia uma porção de perguntas que gostaria de fazer a ela, e muitas mais ao marido. O que eles tinham a dizer sobre a surra que Christopher levou logo antes de desaparecer? E sobre a observação no registro de ocorrência da polícia feita na noite em que Christopher desapareceu, dizendo que ele não tomara seu Ritalin naquele dia? Por que não? (A droga, que acalma crianças hiperativas, é conhecida por agir como estimulante quando ingerida por adultos.) Algum dos pais tomara o remédio em seu lugar? Christopher já se ausentara de casa durante várias horas no passado, como Melissa disse à polícia? Ou isso nunca aconteceu, como afirmava o marido? E quanto ao relato de John Mark sobre suas atividades na noite dos homicídios? Por que, na noite em que os meninos desapareceram, ele entrou na floresta após o cair da noite sem uma lanterna? E por que voltou para casa e trocou de roupa?[3] Mais que tudo, Stidham gostaria de interrogar o casal sobre a misteriosa faca manchada de sangue. Mas ele se conteve. A despeito de suas crescentes suspeitas de que Byers poderia ser o assassino, Stidham achou arriscado demais sugerir essa possibilidade no tribunal. Muito depois do fim do julgamento, ele admitiu que sua decisão poderia ter sido diferente se conhecesse melhor o histórico de Byers. Mas, naquelas circunstâncias, concluiu que apontar o dedo para o padrasto sem uma prova esmagadora provavelmente inflamaria o júri e asseguraria a pena de morte para Jessie.[4]

Quando Fogleman inquiriu Ridge sobre sua busca no canal, o detetive chorou. Para enfatizar a tristeza e a perda daquele dia, o promotor fez com que as bicicletas dos meninos fossem trazidas até a sala de audiências e apresentadas como evidência. Elas permaneceram na sala, encostadas em uma parede durante todo o julgamento. Em seguida, Fogleman entregou ao júri mais de três dúzias de fotografias mostrando os corpos das vítimas, pálidos, amarrados e nus, na margem sombria e enlameada. Depois, chamou o dr. Frank Peretti, do laboratório de criminalística do Arkansas, para relatar as descobertas da autópsia.

Enquanto os jurados recebiam outro maço de fotos, dessa vez mostrando os corpos na mesa de autópsia, Peretti explicou que houve limites para o que seu exame pudera determinar. Citando as horas em que os corpos haviam permanecido expostos ao ar cálido, por exemplo, disse que não fora capaz de estimar a hora da morte. O tempo era importante em função das variadas declarações de Jessie em relação aos horários.

Mas quando Stidham inquiriu Peretti, o tempo era apenas uma das discrepâncias que queria explorar. Peretti encontrara evidências de que os meninos haviam sido estrangulados, como dissera Jessie à polícia? Não, respondeu o médico. Havia evidência de que haviam sido sodomizados, como descrevera Jessie? Novamente, Peretti disse não.[5]

Fogleman, então, convocou Gitchell para explicar as circunstâncias que haviam levado Jessie à confissão. Ele declarou que, durante o interrogatório, Jessie estava "muito relaxado" e não sofreu nenhuma pressão dos policiais.[6] O inspetor-chefe descreveu como reproduzira uma fita para ver a reação de Jessie. Fogleman pediu que a fita fosse reproduzida, exatamente como naquele dia. Gitchell acionou um pequeno gravador e o aproximou do microfone. Uma voz infantil invadiu a sala de audiências, dizendo: "Só eu sei o que aconteceu." Foi tudo. Gitchell desligou o gravador. Ninguém lhe pediu para explicar de quem era a voz e como fora gravada ou para colocar as palavras em contexto. Tudo que o júri ficou sabendo sobre a fita era que ela chocara Jessie e que, logo depois de tê-la ouvido, ele confessou. Com isso, Fogleman pediu que Gitchell reproduzisse a fita com o que Jessie dissera. Pelos próximos 34 minutos, enquanto o gravador rodava novamente na sala silenciosa, o júri ouviu sua confissão.

Quando Stidham inquiriu o inspetor Gitchell, o detetive admitiu que a declaração de Jessie continha vários erros. As vítimas não haviam faltado à escola e não poderiam ter sido assassinadas ao meio-dia.

NÓ DO DIABO

— E o senhor sabia que isso estava incorreto quando Jessie lhe disse isso? — perguntou Stidham.

— Sim, senhor — respondeu Gitchell.

Stidham lembrou que Jessie dissera ter visto os meninos amarrados com uma corda marrom. Gitchell reconheceu que isso também era inexato.

— Essas parecem questões bastante importantes — disse Stidham. Ele perguntou se não ocorrera a Gitchell, enquanto ele e Ridge interrogavam Jessie, "que toda a história era falsa".

Gitchell repetiu a explicação de Fogleman de que Jessie meramente borrara os fatos para minimizar seu envolvimento. Mas os erros eram muito grandes, pressionou Stidham. Calmamente, o detetive evitou qualquer sugestão de que representassem um problema. "Jessie simplesmente ficou confuso", disse ele. "Foi tudo."[7]

Então Fogleman abordou a delicada questão de como os meninos haviam sido amarrados. A insistência de Jessie de que havia sido com cordas apresentava um grande problema para a acusação. "Havia", perguntou ele a Gitchell, "qualquer evidência que indicasse algum tipo de amarra além dos cadarços?" Gitchell, para espanto de Stidham, respondeu que sim. O detetive-chefe do Departamento de Polícia afirmou em seu depoimento que vira pessoalmente, em um dos meninos, um ferimento que "indicava" que, em algum momento, ele poderia ter sido amarrado com uma corda.

Era uma declaração chocante — e sem absolutamente nenhum suporte nas notas da polícia sobre o caso ou em qualquer descoberta do legista. Stidham objetou. "Acredito que isso seja pura especulação por parte da testemunha, que não é qualificada para apresentar esse parecer", disse ele. Mas Burnett indeferiu a objeção e validou a declaração. E, a despeito das objeções posteriores de Stidham, também permitiu que Gitchell fizesse um desenho para o júri, mostrando o ferimento que ele achava ter sido causado por uma corda.

Vicki Hutcheson no banco de testemunhas

Talvez o maior problema da confissão de Jessie fosse o fato de não conter nenhuma explicação sobre seu motivo para ajudar Damien e Jason a matar os três meninos. Caso algum jurado estivesse se perguntando o que o motivara, Fogleman tinha a resposta pronta. Ele chamou Vicki Hutcheson.

Novamente, Stidham objetou. O juiz Burnett pediu que os advogados se aproximassem para uma discussão que os jurados não puderam ouvir. Essa rápida audiência *in camera* foi uma das dezenas que pontuaram o julgamento.[8] Os repórteres ouviram, como era permitido, embora não o júri, Fogleman explicar suas intenções ao chamar Hutcheson para depor. Ele planejava que ela descrevesse a viagem que supostamente fizera com Damien e Jessie até o orgiástico "esbat". Stidham contestou, afirmando que, se realmente houve uma viagem, ela ocorrera, de acordo com o depoimento da própria Hutcheson, *após* os assassinatos. Ainda mais importante, seu depoimento sobre um alegado encontro para um culto não era relevante, dado que nada no local onde os corpos haviam sido encontrados indicava que os homicídios fossem resultado de atividade satânica ou de culto. Fogleman retorquiu que, em sua confissão, Jessie se referira aos encontros "quando tínhamos aquele culto", durante um dos quais uma fotografia das vítimas fora exibida. A fotografia jamais foi encontrada, mas, baseado nessa declaração, o juiz Burnett permitiu que Fogleman chamasse Hutcheson para testemunhar.

Parecendo recatada, com o cabelo ruivo preso em um coque, ela relatou como Damien a convidara para o esbat. Ela disse que procurara o termo em "um dos livros de bruxaria", descobrindo que significava "um encontro ocultista satânico". Lutando contra as lágrimas, explicou que começara a "bancar a detetive" porque as vítimas eram amigas de seu filho. "Eu amava aqueles meninos e queria ver seus assassinos na prisão", disse. Mas, como tantas outras coisas no caso, seu depoimento era problemático. Não querendo que Stidham apontasse as questões mais

NÓ DO DIABO

danosas, o promotor resolveu indicá-las por si mesmo. Ele fez com que Hutcheson contasse ao júri que, apesar de suas suspeitas sobre Damien e sua alegação de que Jessie os acompanhara até o esbat, ela nunca suspeitara de que ele pudesse estar envolvido nos homicídios. Na verdade, sentia-se "muito próxima" dele. E admitiu que se sentia tão confortável em sua presença que, na noite anterior à prisão, pedira que ele passasse a noite em seu trailer para protegê-la de ladrões.

Durante a inquirição de Stidham, ela admitiu que fora condenada por emitir cheques sem fundos e que seu envolvimento no caso começara quando o detetive Bray a chamara para uma entrevista sobre outra suposta fraude, que resultara em sua demissão da parada de caminhões. Mas Hutcheson afirmou que o incidente fora apenas "uma confusão de cartão de crédito". E, de qualquer modo, "todas as acusações" haviam sido retiradas. Stidham perguntou se parte de sua motivação para se envolver no caso haviam sido os 35 mil dólares de recompensa. "Não", respondeu ela. "O dinheiro da recompensa nunca me passou pela cabeça."[9]

A ausência de Aaron

Aaron Hutcheson, a suposta testemunha ocular na qual a polícia se apoiava tanto, nunca foi chamado a testemunhar. Mais tarde, Fogleman explicou a razão: "Alguns policiais estavam absolutamente convencidos de sua história e eu conversei com ele algumas vezes. Da primeira vez, acreditei em algumas das coisas que disse. Da última, acho que quando ele começou a falar em drenar o sangue em um balde, ou o que quer que tenha dito, era tudo tão inconsistente que fiquei realmente preocupado."[10]

Stidham tinha suas próprias razões para não convocar Aaron. O menino era radicalmente imprevisível. Ele já fizera a Fogleman e à polícia um grande número de declarações sobre o que afirmava ter visto na floresta. Recentemente, após o início do julgamento, começara a elaborá-las ainda mais. Ele dissera ao detetive Bray que desmembrara Christopher pessoalmente, tendo sido obrigado a isso por um homem negro às suas costas, que apontava uma arma para sua cabeça. Stidham não queria que o júri ouvisse nenhuma de suas histórias, por mais fantásticas que fossem. Não queria que um menino de nove anos apontasse para Jessie e dissesse que ele era um dos assassinos. E, tão importante quanto, não queria se colocar na posição de ser visto pressionando, embaraçando ou intimidando uma criança que fora colega de brincadeira das vítimas.

Assim, o júri jamais ouviu Aaron, o menino que alguns dos detetives estavam "absolutamente convencidos" de que testemunhara o crime. Dado seu papel no desenvolvimento do caso, sua ausência do julgamento foi notável. Sua amizade com as vítimas fora o que chamara a atenção de Bray. Bray, Gitchell e Fogleman o haviam entrevistado sobre os eventos na floresta quase uma dúzia de vezes. A descrição das coisas que supostamente vira e os relatos de sua mãe haviam levado a polícia a interrogar Jessie. Sua enigmática declaração reproduzida durante o interrogatório levara Jessie a confessar.

De uma ou outra maneira, Aaron estivera presente em todas as ocasiões críticas da investigação policial, desde o momento em que os corpos de seus amigos foram encontrados até o dia das três prisões. Ele fora o catalisador de eventos-chave e, contudo, agora que esses eventos haviam culminado em um julgamento, seu depoimento fora dispensado por não ser considerado confiável. Em certos aspectos, Aaron foi, assim como seus amigos, uma das jovens vítimas do crime. Ele não poderia ter testemunhado ou participado de todas as coisas sangrentas que descreveu, mas, de algum modo, quanto mais os investigadores ouviam, mais ele imaginava que havia participado. E muitos adultos, com interesses próprios, estiveram dispostos — e mesmo ansiosos — a acreditar nele.

Fibras

A confissão de Jessie era uma evidência poderosa. Mas Fogleman sabia que, se Stidham pudesse fazer com que o júri considerasse a possibilidade de ter sido obtida sob coação, o restante do caso seria precariamente circunstancial. Ele o reforçou o máximo que pôde. Para isso, Lisa Sakevicius, do laboratório estadual de criminalística, foi sua testemunha mais importante. Ela afirmou que uma fibra de poliéster verde que os analistas haviam retirado de um boné dos lobinhos encontrado na cena era "microscopicamente similar" às fibras de uma camiseta de poliéster e algodão que ela e a polícia haviam descoberto durante a busca na casa de Damien. Mais tarde, declarou que as fibras da camiseta também eram microscopicamente similares às fibras encontradas em um par de calças encontrado submerso perto dos corpos. Além disso, disse à corte que uma única fibra de raiom vermelho encontrada em uma camiseta branca recuperada perto do corpo das vítimas era "microscopicamente similar" às fibras de um roupão vermelho feminino descoberto durante a busca na casa de Jason.

Nem a camiseta encontrada na casa de Damien nem o roupão encontrado na casa de Jason eram itens que os adolescentes teriam usado — um ponto que Fogleman reconheceu. "Para que o júri entenda", disse ele, "você não está sugerindo que Damien vestiu a camiseta ou Jason o roupão, está?" Sakevicius disse que não. Ela explicou que fibras podem ser movidas de um lugar para outro por transferência "primária" ou "secundária". A primária é direta. A transferência secundária, explicou, ocorre quando uma pessoa pega uma fibra em um lugar e a deposita em outro. Em outras palavras, sugeriu Fogleman, Damien e Jason teriam pegado as fibras em itens de suas casas e inadvertidamente as depositado junto aos corpos.

No caso de três homicídios com participação ativa, um dos quais envolvendo uma castração, as fibras constituíam uma linha muito tênue de evidência. A alegação de transferência secundária as tornava altamente circunstanciais, e as cautelosas e repetidas declarações de Sakevicius de que eram "microscopicamente similares", ainda mais. O fato de as fibras serem similares não significava, com nenhum grau de certeza, que haviam vindo das peças de vestuário em questão, um ponto que ela deixou claro. "Devo dizer que eram fibras similares", enfatizou, "não que vieram desses itens." Mais tarde, sob o escrutínio de Stidham, ela reconheceu que muitas fibras eram "microscopicamente similares" e que a "descoberta nada provava".

Sakevicius também descreveu para Fogleman a maneira como os meninos haviam sido amarrados — Michael, com uma combinação de nós direitos e nós meia-volta; Stevie, com uma combinação de nós meia-volta, um nó em oito e laçadas; e Christopher, de maneira mais consistente, com quatro nós meia-volta duplos. Mais tarde, Fogleman sugeriria que os diferentes tipos de nós apontavam para vários assassinos.

Stidham perguntou a ela sobre outras provas, especificamente sobre o misterioso fragmento de "cabelo negroide" encontrado no lençol em que o corpo de Christopher estivera enrolado ao chegar ao laboratório. Ela disse que a origem do cabelo permanecia desconhecida. O que quer que Stidham tenha conseguido adicionalmente durante a inquirição, ele demonstrou que nenhuma das provas da promotoria — nem a confissão de Jessie, nem o depoimento de Vicki Hutcheson, nem mesmo as conclusões do laboratório de criminalística — era o que se chamaria de concludente.

Mas Fogleman estava deixando uma de suas testemunhas mais fortes para o final. Segundo um relato, quando esse depoimento não funcionou como esperava, o promotor assistente ficou "furioso".

William Jones

Perto do fim do julgamento, Fogleman planejava convocar um adolescente chamado William Jones, que apoiaria o depoimento de Vicki Hutcheson. Mais que isso, Fogleman esperava que ele ligasse Damien tanto ao culto satânico que Hutcheson descrevera quanto aos homicídios. Fogleman tinha uma gravação na qual William dizia aos detetives de West Memphis que, certa vez, quando Damien estava bêbado, ele confessara ser membro de uma seita satânica e ter estuprado os três meninos de oito anos e depois os matado com uma faca.

Durante o julgamento, Lax localizara William e perguntara sobre a entrevista. William disse que queria conversar com a mãe e o padrasto

NÓ DO DIABO 209

primeiro. Os três haviam ficado no quarto do trailer durante quase meia hora, enquanto Lax esperava. Quando voltaram, a mãe de William perguntou a Lax o que aconteceria a William se ele tivesse mentido para a polícia.[11] Lax respondeu que não era advogado e não tinha certeza, mas que provavelmente era uma boa coisa o fato de ele não estar sob juramento quando conversara com os policiais. William então disse a Lax que não gostava de Damien e mentira para a mãe, dizendo que ele confessara os crimes. Para sua surpresa, a mãe acreditara e telefonara para a polícia. William, não querendo admitir que mentiu, repetira a alegação para o detetive Ridge e continuou a mentir durante a declaração filmada.

Lax perguntou se William queria corrigir a situação. Quando ele respondeu que sim, Lax perguntou se podia fazer uma nova gravação. Seus pais haviam concordado e permanecido a seu lado enquanto William respondia às perguntas. Lax começou perguntando o que ele planejava fazer quando fosse chamado para testemunhar. "Eu planejava ir até lá e contar a verdade", respondeu ele.

— E qual é a verdade?

— Que eu não sei nada sobre isso...

— Damien alguma vez disse algo a você sobre os assassinatos?

— Não.

— E Jason Baldwin?

— Não, senhor. Nenhum deles falou.

— Em sua declaração, você tinha algumas informações bastante específicas em relação ao que aconteceu com os meninos quando foram mortos. Onde conseguiu essas informações?

— Rumores, jornais e coisas que ouvi por aí.

William Jones foi um dos muitos adolescentes entrevistados por Lax que admitiu ter prestado falsas declarações à polícia. O primeiro fora Buddy Sidney Lucas, que dissera ter ficado assustado com Durham e dito o que achava que o detetive queria ouvir para não "se meter em confusão".[12] Mas o depoimento de William Jones era o mais prejudicial e sua decisão de revogá-lo era muito importante para a defesa. Lax telefonou para Stidham, que informou Fogleman.

Uma das investigadoras de Lax, Cheryl Aycock, levou o nervoso adolescente até o tribunal. O detetive Ridge os encontrou no corredor e os escoltou até a sala onde o promotor assistente aguardava. Fogleman disse a Aycock que queria falar a sós com William, mas o garoto insistiu para que ela ficasse. Fogleman perguntou a Aycock qual era seu relacionamento com William. Mais tarde, ela afirmou em uma declaração juramentada que, quando disse que trabalhava para Lax, "Fogleman ficou visivelmente agitado e hostil".

"Fogleman se voltou para [William] Jones e perguntou o que estava acontecendo", continuou ela em sua declaração.

> Jones disse que falara à mãe sobre algo de que nada sabia. Fogleman perguntou o que o sr. Lax (apontando para mim) fizera para que ele mudasse sua história. Jones respondeu: "Nada." Fogleman perguntou se o sr. Lax o ameaçara, ao que Jones respondeu que "só queria contar a verdade". [...] Fogleman insistiu, dizendo que o sr. Lax "fizera algo". Ele disse a Jones para não ter medo, porque "[...] ninguém pode atingir você. O sr. Lax não pode atingir você, Jessie não pode atingir você, a seita não pode atingir você". Jones declarou entender isso e repetiu seu desejo de simplesmente dizer a verdade. Fogleman então perguntou: "Lax ameaçou enviar a seita atrás de você? Ele disse que cortariam você?" Jones respondeu que não. Acredito ter sido [o promotor] Davis quem disse: "Vamos lá, filho. Há algo de errado com você. Pode contar." Jones novamente negou que houvesse algo de "errado". [...]
>
> Fogleman perguntou a Jones algo como o que ele teria feito se Lax não o tivesse procurado. Jones respondeu que aguardaria até estar no banco de testemunhas e então diria a verdade quando [Fogleman] perguntasse. Fogleman novamente se tornou visivelmente agitado, arregalando os olhos, batendo com a palma da mão na mesa e erguendo a voz ao perguntar: "Você ia esperar até estar no banco, hoje, para dizer isso?" Jones respondeu: "Sim, eu não sabia o que fazer." Um homem, que presumo ser o inspetor Gitchell (homem branco, magro e calvo) se aproximou e perguntou a Jones: "Quanto ele está pagando?" Jones esvaziou os bolsos, de onde saíram algumas moedas, e respondeu: "Nada, está vendo? Este é todo dinheiro que tenho."

NÓ DO DIABO

A atitude de Fogleman continuou hostil e, pessoalmente, eu o achei fisicamente ameaçador. Durante a conversa, Davis e Gitchell aproximaram-se cada vez mais de Jones, terminando a cerca de um metro dele, lado a lado com Fogleman, o que me deixou muito constrangida. Fogleman fez um comentário sobre Lax estar "fazendo algo" para intimidar as testemunhas, pois todas as vezes que conversava com elas, elas mudavam sua história. Fogleman perguntou a Jones se ele sabia que era crime mentir para a polícia. Jones respondeu: "Não. Tudo que sei sobre leis é isso" e manteve os pulsos unidos atrás das costas. Fogleman informou que ele poderia ser processado por prestar falsas declarações à polícia e disse que pretendia processá-lo.

Segundo Lax, após o encontro:

> Todos os advogados se reuniram para conversar com Burnett. Pelo que ouvi, Fogleman, Davis e Burnett estavam furiosos. Fogleman teria dito algo sobre eu intimidar testemunhas — algo como: "Não precisamos de um investigador do Tennessee, que dirige uma Mercedes, vindo até aqui e intimidando testemunhas." Se estivesse lá, eu teria observado que realizara todas as entrevistas na presença das mães dos garotos, o que era mais do que a polícia fizera. Mas o resultado foi que eles começaram a *me* investigar. Eu estava me divorciando na época e minha mulher telefonou para contar que um investigador da polícia estadual do Arkansas a procurara com perguntas a meu respeito. Ela disse a ele para dar o fora. Levamos o assunto até Burnett. Ele questionou Fogleman e Davis. Eles disseram que outro promotor do gabinete iniciara a investigação. Na audiência *in camera*, o investigador da polícia estadual disse que eu era a única pessoa envolvida no caso que não fizera nada de errado. A questão foi abandonada.

Sem muita escolha, Fogleman seguiu adiante com o que tinha. Apresentou dois pares de botas pretas que pertenciam a Damien e Jason, porque Jessie mencionara na confissão que seus cúmplices usavam botas pretas. Apresentou o livro *Never on a Broomstick* (Nunca em uma vassoura), que Damien comprara em um sebo e Driver encontrara em sua casa um ano antes dos crimes. Fogleman sugeriu que o livro era evidência de motivação "relacionada a culto". E, para estabelecer que Damien e Jason eram próximos o bastante de Jessie Misskelley para incluí-lo em sua orgia assassina, ele chamou Jerry Driver, que afirmou que definitivamente os vira juntos, caminhando em uma rua de Marion. Com isso, Fogleman encerrou.

O julgamento ainda não chegara à metade, mas Jessie se sentia quase vitorioso. Ele percebera que o caso contra ele se apoiava em sua confissão. Mas, dado que, como Stidham explicara, as provas que sustentavam a confissão eram poucas e circunstanciais, Jessie acreditava estar praticamente livre. "Na época", lembraria ele mais tarde, "eu achava que uma confissão não era nada. Se essa era a única evidência contra mim, eu achava que ela não serviria para nada. Porque, nos programas que eu via na televisão, para condenar alguém era preciso algum tipo de prova material. Afinal, qualquer um pode dizer qualquer coisa."

15

As audiências *in camera*

STIDHAM ESTAVA BEM MENOS CONFIANTE que seu cliente. Ao começar a defesa, ele sabia que enfrentaria vários obstáculos. Alguns, como o que esperava encontrar em relação ao álibi de Jessie, haviam sido previstos vários meses atrás. Outros o pegariam de surpresa. O problema do álibi surgira no verão anterior, quando Stidham fora indicado para o caso e ainda acreditava que Jessie era culpado. Na época, Stidham se comunicava com Fogleman, esperando conseguir um acordo para reduzir a sentença de Jessie em troca de seu depoimento contra Damien e Jason. Mais tarde, Stidham afirmou: [1]

> Foi mais ou menos nessa época que o sr. Misskelley começou a dizer que Jessie estava em outro condado na noite dos assassinatos. Ele começou a dar entrevistas quase todas as noites na frente de seu trailer, basicamente estabelecendo o álibi do filho. Isso deixou o promotor muito zangado. Queríamos trabalhar com ele, mas, quando o sr. Misskelley começou a dar essas entrevistas, elas enfraqueceram o caso da promotoria e o sr. Fogleman disse: "Vocês têm de fazer com que ele cale a boca."
>
> Conversei com o sr. Misskelley e ele me perguntou quando pretendíamos conferir o álibi. Eu ainda tentava fazê-lo desistir, pois, para mim, o garoto era culpado. Então tivemos a primeira audiência e Fogleman disse que encontrara um DNA compatível — que uma camiseta encontrada no trailer de Misskelley tinha uma mancha de sangue e o sangue era compatível

com o de Michael Moore. Para mim, isso encerrava o caso. Ele era culpado. Não havia dúvida a respeito.

Mas então duas coisas aconteceram simultaneamente. Quando confrontei Jessie com o sangue na camiseta, ele respondeu: "É meu." Ele disse que quebrara uma garrafa de Coca-Cola com a mão — era um de seus passatempos favoritos, para mostrar como era corajoso: ele jogava uma garrafa de Coca-Cola para cima e a quebrava com um soco. Um ou dois dias depois, Fogleman telefonou e disse: "Estávamos errados. O sangue não pertence a Michael Moore." E o sr. Misskelley estava ficando realmente aborrecido porque não entrevistávamos as testemunhas do álibi. Assim, quando Fogleman disse que o sangue *não* combinava, decidi ir até West Memphis e entrevistar essas pessoas. E ficou óbvio que Jessie tinha um álibi até a meia-noite do dia em que os meninos haviam desaparecido.

Na maior parte das vezes, álibis são bem-sucedidos. Mas, nesse caso, todas as testemunhas haviam sido inquiridas pela polícia, por causa das entrevistas concedidas pelo sr. Misskelley. A polícia não as teria interrogado, mas, quando o fez, elas estavam com medo de se envolver e, basicamente, não conseguiam se lembrar da noite exata. Quando nos sentávamos e começávamos o tedioso processo de rememoração, elas diziam: "Sim, foi nessa noite." Mas, quando fomos a julgamento e chamamos as testemunhas, o Estado foi capaz de dizer: "Mas você disse ao policial Fulano de Tal que não conseguia se lembrar. Por que tem tanta certeza agora?" E elas respondiam: "Porque conversamos com o sr. Stidham." E, é claro, isso fazia com que, para o júri, parecesse que estávamos inventando tudo. Sei que o sr. Misskelley estava frustrado porque ninguém — nem mesmo eu — acreditava nele. Mas aquelas entrevistas voltaram para nos assombrar. Na verdade, elas podem ter feito toda a diferença no caso.

Fogleman viu o desenvolvimento dos fatos exatamente da mesma maneira: "Álibis são realmente difíceis. É muito difícil para alguém ser capaz de dizer 'Há um mês, eu estava com Fulano'. Eles são muito difíceis. Mas, se você tentar apresentar um álibi que não é muito bom, o júri vai pensar: 'Eles estão mentindo.' E isso prejudica toda a credibilidade da defesa."

NÓ DO DIABO   215

Stidham tentou apresentar o álibi de Jessie, mas o resultado provavelmente foi negativo. Em outras circunstâncias, ele talvez tivesse chamado seu cliente para falar por si mesmo. Mas, no caso de Jessie, essa abordagem estava fora de questão. Por um lado, Jessie não seria capaz de fazer muita coisa em defesa própria e, por outro, Stidham estremecia à ideia de vê-lo sob a inquirição de Fogleman ou Davis. Chamá-lo para depor seria entregá-lo aos promotores em uma bandeja de prata.

O que Stidham precisava fazer era criar dúvida entre os jurados, em relação tanto à capacidade de Jessie quanto à conduta da polícia. Primeiro, ele tentou mostrar que, na época em que Jessie fora interrogado, a polícia estava desesperada, parcialmente por causa da má qualidade da investigação. Como exemplo, apresentou o depoimento da analista do laboratório de criminalística sobre o cabelo "negroide" encontrado no lençol que envolvia o corpo de Christopher Byers e cuja presença nunca fora explicada. Em seguida, chamou Marty King, gerente do restaurante Bojangles, para testemunhar sobre o homem ensanguentado que relatara à polícia e sobre a falta de seguimento por parte dos policiais. Quando Stidham inquiriu Ridge, o detetive admitiu que as amostras de sangue colhidas no restaurante no dia seguinte haviam se extraviado e, como resultado, seu DNA não pôde ser comparado ao DNA do fio de cabelo. Stidham sentiu que esse era um ponto importante, mas também abstrato. E ele sabia que abstrações eram difíceis de ser transmitidas a um júri que se sentava, dia após dia, olhando para duas bicicletas com etiquetas de evidência e um réu acusado de matar seus donos.

Além de sugerir falhas na investigação policial, Stidham queria que o júri conhecesse as deficiências de Jessie. Mas agora era a vez de a promotoria marcar um ponto nos bastidores.

Dr. William Wilkins

Em uma tentativa de estabelecer a vulnerabilidade intelectual de Jessie, Stidham queria que ele fosse avaliado por um psicólogo. "Mas", como lembrou mais tarde, "não tínhamos dinheiro para contratar um psicólogo.

Não tínhamos nenhum orçamento para peritos. Fizemos uma petição, mas, para que o Estado aprovasse qualquer coisa, teríamos de dizer tudo que queríamos fazer. Teríamos de colocar nossas cartas na mesa. Mais tarde, foi criado um gabinete de defensoria pública com um orçamento apenas para isso. Mas, em 1993, tudo que tínhamos era meu cartão de crédito e a capacidade de implorar pela colaboração das pessoas." O especialista a quem Stidham implorou foi William E. Wilkins, Ph.D., um psicólogo local que conhecera durante um processo de guarda de criança. Wilkins estava interessado em examinar Jessie e concordou em trabalhar de graça.

O relatório que Wilkins preparou descrevia Jessie como um adolescente na fronteira do retardo mental, cujos resultados máximos em conquistas acadêmicas estavam entre a terceira e a quarta séries e que nunca passara em nenhum dos testes de desempenho mínimo do Arkansas.[2]

Stidham esperava que o depoimento de Wilkins fosse crucial para o caso. "Mas, na véspera do depoimento", disse mais tarde, "[o promotor] Davis deixou cair a bomba de que Wilkins estava prestes a perder a licença. Havia alegações de que fizera um garotinho baixar as calças para procurar uma marca de nascença quando não havia testemunhas presentes na sala." Para grande consternação de Stidham, a informação de Davis estava correta. (De fato, Wilkins teve a licença revogada algumas semanas depois do julgamento de Jessie, quando o Conselho de Psicologia do Arkansas decidiu que ele incorrera em grave "má conduta profissional".) Mas, mesmo sabendo que Davis desacreditaria completamente a testemunha, Stidham colocou Wilkins no banco. Ele não tinha escolha: precisava de alguém que informasse ao júri sobre as limitações intelectuais de Jessie e não tinha tempo para encontrar um novo especialista. "É difícil encontrar um psicólogo que concorde em trabalhar de graça", explicou Stidham, "e ainda mais difícil na noite anterior ao depoimento. Foi horrível e terrivelmente embaraçoso. Ele sem dúvida nos prejudicou."

Wilkins era uma de três testemunhas principais nas quais Stidham planejava basear sua defesa. As outras duas eram Warren Holmes, especialista em técnicas de polígrafo, e o dr. Richard Ofshe, especialista em confissões obtidas mediante coação, ambos com reconhecimento nacional. Mas o júri ouviria muito pouco do que Holmes e Ofshe tinham a dizer. Fogleman e Davis objetaram vigorosamente quando eles começaram a falar, levando o juiz Burnett a conduzir longas sessões com as testemunhas e os advogados, sem a presença do júri. Essas audiências *in camera*, nas quais os advogados discutiam quais depoimentos deveriam ser permitidos, constituíram parte significativa do julgamento de Jessie. Para Stidham, também foram das mais frustrantes.

Warren Holmes

Como parte de seu ataque à polícia, Stidham queria persuadir o júri de que, intencionalmente ou não, o detetive Bill Durham usara um truque sujo contra Jessie. Stidham acreditava que o ponto de virada do interrogatório ocorrera quando Durham disse que Jessie havia falhado no teste do polígrafo. Stidham achava que Jessie estivera dizendo a verdade, mas, confrontado com a "prova" tecnológica de Durham de que estava mentindo, sentira-se preso em uma armadilha e derrotado. Novamente precisando de um especialista, Stidham pegou o telefone e, como antes, começou a implorar. O especialista que queria era Holmes, veterano detetive de homicídios e técnico de polígrafo. Holmes já trabalhara como consultor para o FBI, os Texas Rangers e a Real Polícia Montada do Canadá e conduzira testes de polígrafo nos casos mais conhecidos da nação, incluindo o Watergate e os assassinatos de Kennedy e Luther King.

"Quando telefonei para o sr. Holmes, expliquei que fora indicado para representar um garoto pobre do Arkansas, acusado de matar três meninos", escreveu Stidham mais tarde.[3] "Expliquei que não tinha dinheiro para pagar por seu trabalho, mas realmente precisava de sua ajuda, pois achava que meu cliente era inocente." Holmes concordou em examinar as tabelas do teste de polígrafo aplicado por Durham. "Cerca de uma semana depois, o sr. Holmes me telefonou e disse que Jessie só demonstrara sinais de estar mentindo em uma pergunta — aquela sobre as drogas. Ele passara em todas as perguntas sobre os homicídios, não mostrando sinal de inverdade nas tabelas. Estava claro que o policial Durham mentira para Jessie."

Holmes pagou suas próprias despesas, mais tarde reembolsadas pelo tribunal, para viajar até o Arkansas e testemunhar. Não cobrou nada por isso. Mas, mesmo antes de o julgamento começar, Fogleman e Davis apresentaram vigorosas objeções à perspectiva de permitir que o júri o ouvisse. No tempo certo, Burnett presidiu uma audiência *in camera* para decidir se o depoimento de Holmes deveria ou não ser suprimido — ou seja, se deveria ou não ser apresentado ao júri. Com os jurados fora da sala, Burnett começou a discussão dizendo que resultados de teste de polígrafo, embora frequentemente utilizados pela polícia, eram considerados duvidosos demais para serem apresentados como evidência em tribunais. Assim, anunciou que os resultados dos testes de Jessie não seriam "admitidos no tribunal em nenhuma circunstância". Em virtude dessa proibição, definiu em que condições Holmes poderia testemunhar. Não seriam permitidas "especulações" sobre "os resultados da máquina" nem afirmações de que "os resultados mostravam culpa ou inocência ou de que a pessoa [que interpretara os resultados] fora honesta ou desonesta". Contudo, ele permitiria "depoimentos sobre a possibilidade de o polígrafo induzir alguém a fazer declarações que não teria feito de outra forma".

O pronunciamento deixou Stidham em uma situação difícil. Significava que ele tinha uma testemunha especialista que não poderia oferecer seu parecer sobre o assunto de sua especialidade. Holmes não poderia dizer ao júri que, em sua avaliação dos resultados do teste aplicado por Durham, Jessie dissera a verdade. Stidham argumentou que o depoimento deveria ser permitido: "Estamos falando sobre a voluntariedade da confissão", disse ele. Holmes deveria testemunhar "para que o tribunal possa determinar a totalidade das circunstâncias relacionadas à confissão". E citou outros casos para mostrar que vários tribunais haviam decidido que "qualquer evidência capaz de demonstrar a inocência do réu é admissível".

Burnett perguntou: "Em outras palavras, você quer que ele testemunhe para dizer que, na opinião dele, o réu *não* deu sinais de estar mentindo? Isso é completamente irrelevante e inadmissível. [...] Minha decisão é que

NÓ DO DIABO 219

o teste do polígrafo não é uma evidência admissível e, assim, nenhum perito — da promotoria ou da defesa — terá permissão para testemunhar sobre sua veracidade, pois ele não é aceito neste estado como evidência verossímil. Não vou aceitar isso. Não importa se os resultados mostrem que estava dizendo a verdade ou que estava mentindo."

Stidham pediu que o juiz deixasse Holmes apresentar seu depoimento durante a audiência *in camera*, ou seja, que declarasse para fins de registro aquilo que teria dito ao júri se tivesse testemunhado. Se Jessie fosse condenado, Stidham usaria o registro do depoimento como parte do recurso. Burnett concordou e, com os jurados ainda fora da sala, Holmes prestou juramento. Stidham perguntou a ele sobre os fatores que poderiam indicar que um suspeito fizera uma falsa confissão. Holmes citou três.

"Primeiro", disse ele, "ele não diz nada que já não se saiba. Segundo, o que diz não bate com a análise da cena do crime, as provas materiais ou a investigação feita até o momento. E, terceiro, se o relato não é feito em forma de narrativa, é preciso desconfiar." Confissões válidas, por sua vez, são marcadas pelo que Holmes chamou de "descarga emocional":

> Você não precisa interrogá-lo porque ele quer tirar isso do peito. [...] Ele revive algumas das sensações do momento do crime. [...] E, se a confissão realmente é válida, oferece algum detalhe incidental que dá credibilidade à história. Talvez ele diga: "Quando estava fazendo isso, vi um homem caminhando com seu cachorro." Ou: "No exato momento em que estava fazendo isso, houve um acidente de automóvel", e mais tarde se descobre que realmente ocorreu um. É preciso procurar por esses detalhes incidentais que ele pode oferecer. Se a confissão é válida e você faz uma suposição errada, ele diz que você está errado. Ele responde todas as perguntas diretamente. Não é preciso corrigi-lo. [...] Não é preciso conduzi-lo.

Quando perguntado especificamen sobre a confissão de Jessie, Holmes respondeu: "O que não gosto nesta confissão é que ele não cita nenhuma conversa entre os meninos. Não expressa nenhum sentimento em relação ao crime, como se sentiu na época, como se sente agora. Dá informações erradas a respeito das amarras, que deveriam estar absolutamente claras em sua cabeça. E não gosto do fator tempo. Parece-me que, a despeito de seu QI, ele deveria saber a diferença entre 9 e 17 horas. E deveria saber a diferença entre uma corda e um cadarço. Essas coisas me incomodam muito.

— Um teste de polígrafo pode contribuir para uma falsa confissão? — perguntou Stidham.

— Infelizmente, sim.

— Como?

— Para algumas pessoas, é uma espécie de última esperança. Elas pensam: "Ok, se eu fizer esse teste e passar, você vai largar do meu pé." Quando descobrem que o teste indica que estão mentindo, isso é a gota d'água, sua determinação é destruída e elas desistem.

— Sr. Holmes, o senhor teve oportunidade de examinar os resultados do teste de polígrafo aplicado a Jessie Lloyd Misskelley em 3 de junho?

— Sim.

— O senhor pode relatar suas conclusões?

— Bem, elas são diferentes das apresentadas pelo outro examinador. Ele achou ter encontrado sinais de mentira em pontos do gráfico nos quais perguntas pertinentes ao caso foram feitas. Eu avaliei as tabelas e cheguei à conclusão contrária. Não concluí que, nos momentos em que perguntas pertinentes foram feitas, o réu estava mentindo.

— Em seu relatório, o senhor listou alguns fatores que o preocupam. O senhor pode explicá-los à corte?

"Bem, esse é um caso ideal para o que chamamos de teste de pico de atenção, no qual você apresenta uma série de perguntas e uma delas é um detalhe-chave. Nesse caso, deveria ter havido um teste de pico de atenção perguntando se os meninos haviam sido amarrados com fita adesiva, arame ou cadarços. A teoria diz que, se o examinado reagir ao detalhe-chave, ele definitivamente possui informações pertinentes sobre o crime em questão. Assim, você continua a usar esse detalhe-chave misturado a uma série de perguntas diferentes e, estatisticamente, se ele reagir todas as vezes ao

NÓ DO DIABO 221

detalhe-chave, existe grande probabilidade de ter conhecimento sobre o crime. Um teste de pico de atenção também deveria ter sido realizado em relação à localização das roupas."[4]

— É verdade que, se o examinador não interpretar adequadamente os resultados do teste, isso pode fazer com que a pessoa que conduz o interrogatório se torne mais assertiva e produza uma falsa confissão?

— É um catalisador. Se o examinador disser que o sujeito está mentindo, que está envolvido, isso é tudo que os interrogadores precisam ouvir. Isso lhes dá entusiasmo para serem mais assertivos em suas acusações. Sim, certamente. É um catalisador.

— É importante, quando se tenta corroborar uma confissão, encontrar fatores independentes que liguem o suspeito ao crime?

— Com absoluta certeza. É uma das coisas que me mais me incomoda na confissão do réu neste caso. Não há nada concreto.

— Incomoda-o o fato de ele não ter sido levado até a cena do crime?

— Essa é a primeira coisa que se faz. Quando você consegue, por assim dizer, que o cara vomite tudo que fez, você o leva diretamente até a cena do crime. Neste caso, havia alguma controvérsia sobre em que lado do canal ele estava, onde ficara, onde estavam as bicicletas. Isso teria sido resolvido se ele tivesse sido conduzido até a cena do crime.

O juiz Burnett ouviu o depoimento, mas não foi persuadido pelos argumentos de Stidham de que o júri também deveria ouvi-lo. Após horas de negociação, Burnett permitiu que Holmes subisse até o banco de testemunhas na presença dos jurados. Mas Stidham foi avisado de que só poderia fazer algumas perguntas muito genéricas. O mais perto que Holmes conseguiu chegar de abordar o problema em questão foi dizer que Jessie Misskelley "certamente sabe a diferença entre um cadarço e uma corda". Isso foi essencialmente tudo que o júri ouviu.

Mais tarde, Stidham diria que a coisa que mais o preocupou "foi o juiz não permitir que falássemos aos jurados sobre o polígrafo e sobre o fato de que Jessie passara no teste. O júri nunca soube disso. A questão então se tornou: se a polícia pode usar o teste como uma ferramenta para

Dr. Richard Ofshe

A última esperança de Stidham era apresentar uma testemunha especializada em confissões obtidas mediante coação — e essa esperança também foi praticamente destruída. Richard Ofshe era psicólogo social com doutorado pela Universidade de Stanford. Ele se especializara em dinâmicas interpessoais, particularmente interrogatórios policiais.[6] Stidham acreditava que seu depoimento era tão crítico para a defesa que conversou com a família de Jessie para usar os 5 mil dólares que ele receberia por seu contrato com a HBO para pagar a viagem de Ofshe até o Arkansas.[7]

Quando o julgamento se aproximava do fim, o professor foi chamado para testemunhar. Ele mal terminara de recitar suas credenciais para ser qualificado pelo juiz Burnett como testemunha especialista quando os promotores objetaram novamente. Após pedir que os jurados fossem retirados da sala mais uma vez, Burnett presidiu outra audiência *in camera*:

— Bem, serei franco, senhores. Estou realmente interessado em saber o que um sociólogo tem a dizer que pode ajudar ou beneficiar o júri e qual sua base científica para este depoimento. Parece-me que você chamou essa testemunha para dar um parecer sobre se a confissão foi involuntária ou obtida mediante coação.

— Exatamente, Vossa Excelência — respondeu Stidham.

Burnett continuou:

— Acho que essa é uma questão para o júri decidir e não tenho certeza de que permitirei que ele testemunhe nesse enquadramento estrito. Vejo que há valor em um depoimento afirmando que essas são técnicas comuns empregadas pela polícia para se sobrepor à liberdade de escolha de alguém e que essas e aquelas condições foram prevalentes neste caso e coisas assim — ou talvez as dinâmicas de grupo de um culto. Mas não tenho certeza de estar preparado para deixá-lo testemunhar que, em sua

NÓ DO DIABO 223

opinião, a confissão foi obtida mediante coação e, consequentemente, é inválida. Quero dizer, para que diabos precisamos de um júri?

Stidham tentou argumentar: "Ele não testemunhará sobre a falsidade ou veracidade da confissão ou se o réu é culpado ou inocente, mas sim sobre a natureza voluntária da confissão — a declaração à polícia — e se ela foi ou não obtida mediante coação. É uma questão que o júri deve decidir e é para isso que serve uma testemunha especialista, para ajudá-lo a decidir essas questões."

— Não, Vossa Excelência — interrompeu Davis. — Esse é o aspecto fundamental da questão. Se a confissão foi ou não obtida mediante coação não interfere em seu teor de verdade, se ela foi ou não verdadeira. E eles estão tentando conseguir pela porta de trás o que não conseguiram fazer passar pela porta da frente.

Stidham implorou:

— Vossa Excelência, não é isso o que declara a lei.

— Não — interrompeu. — Quero dizer, eu decidi que a confissão foi voluntária. Imagino que o júri possa voltar atrás e dizer que não foi, se é disso que você está falando. Mas se ardis ou ferramentas psicológicas foram ou não usados para fazer com que uma pessoa culpada prestasse uma declaração verdadeira, isso é outra questão.

— Vossa Excelência — disse Stidham, — não é sobre isso que ele vai testemunhar.

Burnett estava ficando impaciente.

— Então não sei para que você o chamou. Sobre o que ele vai testemunhar? É isso que quero saber.

— Excelência — respondeu Stidham —, ele dará uma opinião sobre se as declarações feitas pelo sr. Misskelley ao Departamento de Polícia de West Memphis foram ou não voluntárias.

— Muito bem, vamos prosseguir — concordou Burnett. — Vou deixá-lo testemunhar, mas não para dizer que, em sua opinião, Misskelley é inocente. [...] Nem mesmo tente perguntar se, em sua opinião, a confissão foi verdadeira ou falsa, porque estou determinando, aqui e agora, que ele não pode fazer isso. [...] E tampouco permitirei que testemunhe que os policiais obtiveram a confissão ilegalmente ou sob coação. Não permitirei que testemunhe sobre isso. Assim sendo, sobre o que ele vai testemunhar?

Quando Stidham descreveu uma linha de interrogatório que achava se conformar às exigências de Burnett, o juiz concordou em chamar os jurados e permitir que Ofshe testemunhasse. Mas, primeiro, aconselhou o júri sobre uma regra do direito.

> Uma testemunha especialista é uma pessoa que possui conhecimento especializado, conhecimento profissional, experiência, treinamento ou formação em uma matéria relacionada a seu depoimento. Uma testemunha especialista pode dar seu parecer sobre dúvidas e controvérsias. Os senhores podem considerar esse parecer à luz de suas qualificações e de sua credibilidade, das razões que o motivaram e dos fatos e outras questões em que este se baseou. Os senhores não são obrigados a aceitá-lo como conclusivo, devendo dar a ele o peso que acham que merece. E podem ignorar qualquer depoimento baseado em pareceres se acharem que eles não são razoáveis.

Com isso, Ofshe foi autorizado a falar. Ele explicou que, em sua opinião, Jessie Misskelley fornecera o que chamou de "declaração coagida" — "uma falsa declaração que surge porque um indivíduo já não consegue suportar a pressão do interrogatório e conscientemente afirma coisas que sabe não serem verdadeiras".

"Doutor", perguntou Stidham, "é possível que as técnicas de interrogatório da polícia produzam confissões falsas?"

Ofshe respondeu que sim e começou a descrever um estudo recente, publicado na *Stanford Law Review*, que identificara 350 casos nos quais o júri condenara réus que, na verdade, eram inocentes. "Nesse estudo", afirmou Ofshe, "19% dos erros judiciários ocorreram em virtude de falsas confissões..."

Mas Davis objetou e, novamente, os advogados mantiveram com o juiz uma discussão que os jurados não puderam ouvir. Nessa audiência *in camera*, Davis queixou-se dizendo que a resposta violara as regras que Burnett impusera ao depoimento de Ofshe.

— Interpreto isso como uma tentativa de usar técnicas coercitivas contra o júri para sugerir que essa é uma confissão falsa e que há perigo em considerá-la. Isso sugere aos jurados que eles precisam ser cuidadosos para não serem incluídos entre os 350 erros ou qualquer que seja a porcentagem — concordou Burnett.

— O que eles fizeram — disse Fogleman, referindo-se à defesa — é exatamente o que a corte lhes disse para não fazer.

— Não, Vossa Excelência — respondeu Stidham. — Eu perguntei à testemunha se havia estudos científicos e empíricos e ele estava simplesmente citando esses estudos para o júri.

— Não importa — disse Burnett. — Você ainda está inferindo, com essas afirmações, que essa declaração em particular é falsa.

— Vossa Excelência, é isso mesmo que vai acontecer — concordou Davis — por causa dessa testemunha, como o senhor supôs. Ele é muito astuto. É muito esperto e pretende se desviar das regras e vamos ficar aqui sentados falando ao júri em termos de porcentagens de casos nos quais houve falsa confissão.

— Defiro a objeção — decidiu Burnett.

Voltando à sala de audiências, Stidham novamente tentou estabelecer que a confissão de Jessie fora falsa.

— Dr. Ofshe, alguns indivíduos são mais suscetíveis que outros às técnicas coercitivas da polícia?

— Geralmente, indivíduos que sofrem de falta de autoconfiança, que possuem baixa autoestima, são mais fáceis de influenciar e é mais provável que respondam a técnicas coercitivas — respondeu Ofshe. — Indivíduos com problemas mentais também correm o risco de responder a táticas coercitivas e excessivamente persuasivas.

Depois de Ofshe explicar um pouco mais, Stidham perguntou se ele formara uma opinião sobre a voluntariedade da confissão de Jessie. Mas, antes que ele pudesse responder, o juiz Burnett interrompeu e, novamente, dispensou o júri.

— Vamos começar a chamar sociólogos e psicólogos para contradizer a corte? — explodiu. — Eu já decidi que foi voluntária. Você acha que vou deixar uma testemunha vir até aqui e contradizer minha decisão?[8]

Davis concordou. Ele observou que, embora Burnett tivesse decidido que a confissão de Jessie fora voluntária, o que era a razão de ser admitida como evidência, a promotoria não tinha permissão para relatar ao júri essa decisão. Como a promotoria não podia apresentar o "parecer de especialista" do juiz em relação à voluntariedade da declaração, argumentou Davis, nenhum outro parecer deveria ser admitido. Burnett disse que era tarefa dos jurados decidir se a confissão fora ou não voluntária e que ele não permitiria que nenhuma testemunha expressasse opiniões que poderiam "suplantar a função do júri".

Stidham explicou que queria que o assunto apresentado por Ofshe ficasse "claro como cristal" para o júri. E perguntou se poderia perguntar a ele se as táticas usadas pela polícia durante o interrogatório de Jessie haviam sido coercitivas ou psicologicamente dominantes.

Burnett disse que permitiria a pergunta. Assim, com o júri de volta à sala de audiências, Stidham disse:

— Dr. Ofshe, preciso reformular minha pergunta. O senhor tem uma posição a respeito da possibilidade de algumas das táticas de interrogatório empregadas pela polícia contra o sr. Misskelley serem de natureza coercitiva?

— Sim, tenho.

— O senhor pode dizer ao júri qual é essa posição?

O promotor Davis se levantou novamente.

— Vossa Excelência, eu... espere... — gaguejou ele. — Nós... detesto objetar e peço desculpas por isso, mas a corte acabou de dizer ao sr. Stidham...

— ... que eu poderia fazer essa pergunta — cortou Stidham.

Mas Burnett se voltou para o júri.

— Muito bem, senhoras e senhores — disse ele —, peço que desconsiderem a última pergunta e a respectiva resposta.

NÓ DO DIABO 227

Desesperado, Stidham perguntou a Burnett se poderia escrever uma pergunta e obter sua aprovação antes de apresentá-la a Ofshe. Burnett concordou e Stidham escreveu a pergunta. Quando ele a entregou ao juiz, Burnett leu e disse: "Acho que concordo com isso." Mas Fogleman objetou e Burnett ordenou recesso da corte.

Stidham enfrentava a mesma situação que encontrara com Holmes. O depoimento de sua testemunha não seria ouvido pelo júri. Como antes, Stidham pediu a Burnett para que o depoimento fosse ouvido *in camera*, a fim de que ao menos fosse registrado e, mais tarde, considerado por um tribunal superior durante o recurso. Burnett concordou. "Vamos deixar claro que sei o que estou excluindo e sei o que você está tentando incluir", disse ele. "Talvez assim eu mude de opinião."

Finalmente, com o júri ainda fora da sala de audiências, Stidham conseguiu perguntar a Ofshe qual era sua opinião e ele foi capaz de expressá-la. Segundo ele, "a declaração prestada por Jessie Misskelley foi o produto das táticas de influência empregadas contra ele, que anularam sua intenção inicial de afirmar que não tinha nenhuma relação com o crime e não estivera presente". Ofshe citou o que viu como um processo progressivo que se iniciara com o inexato relato de Durham de que Jessie mentira durante o teste do polígrafo. O diagrama em forma de círculo, sobre o qual disseram a Jessie que ele poderia estar "com os assassinos" ou "com a polícia", intensificara a pressão. Além disso, "as repetidas recusas dos policiais de acreditar em suas declarações a respeito de onde estava contribuíram para sua sensação de impotência". A foto do menino assassinado aumentara a pressão até o ponto em que Jessie começara a chorar. Depois disso, Gitchell a intensificara cada vez mais, reproduzindo a fita com a voz de Aaron. Fora somente depois que Jessie dissera aos detetives que queria estar "fora" do círculo desenhado por Gitchell que os detetives gravaram sua primeira declaração. Ofshe continuou:

> Temos aqui o primeiro registro indiscutível do caso e, nele, é possível demonstrar quão implacável foi o interrogatório, a condução das respostas, as sugestões e a indisposição de aceitar qualquer coisa além do que a polícia já

sabia. Mesmo assim, existem erros grosseiros na declaração. Em seguida, o sr. Misskelley é deixado sozinho e o detetive Gitchell se encontra com o promotor Fogleman. Alguns dos erros da declaração são discutidos e, de acordo com o relato do detetive Gitchell, o promotor Fogleman o mandou de volta para trabalhar nesses pontos. Podemos então analisar essa segunda declaração e demonstrar quão precisamente isso aconteceu. Novamente, Jessie Misskelley conformou-se à exigência da polícia para modificar sua declaração, respondendo diretamente às sugestões e instruções do detetive Gitchell.

Ofshe concluiu que "essas declarações são muito mais provavelmente produto de influência do que o resultado de qualquer lembrança que o sr. Misskelley pudesse ter sobre o crime".

Stidham então se voltou para o assunto dos cultos, outra área de especialização de Ofshe. E perguntou se, em sua opinião, o assassinato tivera "qualquer relação com rituais satânicos ou ocultismo".

Ofshe respondeu que, até onde podia dizer, não havia nenhuma. "E quanto às pistas sobre satanismo fornecidas à polícia", acrescentou, "meu entendimento é de que não produziram resultados. Aparentemente, certo indivíduo alegou ter comparecido a uma reunião do culto", disse ele, referindo-se a Vicki Hutcheson, "mas me parece que seu relato tampouco foi confirmado. Até onde posso dizer, não existem informações seguras sugerindo que exista um culto satânico naquela área e, além disso, não havia nada na cena do crime que sugerisse que o crime fora um ritual homicida ligado ao ocultismo".

Quando Ofshe concluiu seu depoimento, Burnett decidiu que não permitiria que o júri o ouvisse. Segundo ele, o depoimento teria o efeito de dizer aos jurados "qual deveria ser sua decisão". Assim, quando o júri voltou à sala de audiências, Stidham fez a Ofshe uma única pergunta:

— As táticas usadas pela polícia eram sugestivas e poderiam levar o réu a prestar declarações?

— Sim, e a declaração, o conteúdo da declaração, é modelada por essas técnicas — respondeu Ofshe.

Ao inquirir Ofshe, o promotor Davis atacou a sugestão de que o interrogatório de Jessie fora coercitivo.

NÓ DO DIABO 229

— O senhor encontrou qualquer evidência — perguntou Davis — de coação física? Ou de que qualquer um dos policiais gritou ou disse coisas degradantes ao réu? Ou que houve qualquer influência indevida, pressão ou gritos e exigências ao réu?

— No limitado volume de material a respeito do qual tenho permissão para testemunhar, não havia provas — refutou Ofshe.

— E o que o senhor chama de coação — perguntou Davis — é o fato de os policiais fazerem perguntas sugestivas?

— Elas eram mais que sugestivas. As perguntas especificavam muito diretamente quais deveriam ser as respostas.[9] — respondeu Ofshe.

Quando Davis afirmou que, na fita, Jessie fazia declarações autoincriminatórias, Ofshe concordou. Mas, observou, ele também fazia declarações que eram obviamente falsas. "A declaração sobre o horário em que o crime ocorreu foi manipulada oito vezes durante o interrogatório e, durante essas oito manipulações, pode-se ver um padrão de inexorável pressão sobre o sr. Misskelley."

Antes de inquirir Ofshe novamente, Stidham perguntou a Burnett:

— Vossa Excelência, posso mencionar a palavra "coação", utilizada pelo promotor?

— Acho que é um caso de "se ele pode, eu também posso", não é? — respondeu Burnett. — Vá em frente.

Agora que Davis introduzira a palavra que estivera lutando para manter de fora, Stidham tentou explorar suas nuances.

— O senhor pode nos dar algum exemplo da polícia usando coação ou sendo sugestiva durante o curso do interrogatório? — perguntou à testemunha.

— Sim, posso — respondeu Ofshe. — Em minha opinião, talvez o exemplo mais contundente seja o das oito perguntas sobre o horário em que os crimes ocorreram. — Ofshe observou que Jessie começou dizendo que foi até a floresta às 9 horas. Da segunda vez em que Ridge perguntou, Jessie disse que foi "por volta do meio-dia".

— Ridge então disse algo que, em minha opinião, foi uma tentativa de manipular a declaração do sr. Misskelley sobre o horário — continuou Ofshe —, pois ele perguntou: "Ok, foi depois da escola?" Isso imediatamente após Jessie ter dito: "Foi ao meio-dia." Ele sugeriu que deveria ser mais tarde ao perguntar "Foi depois da escola?"

Gitchell falara novamente sobre a questão do horário e então Ridge a trouxera à tona uma quarta vez. Ofshe observou:

> E, dessa vez, o detetive Ridge disse, e eu cito: "Ok. Na noite em que vocês foram até a floresta, vocês três entraram na água?" E Jessie respondeu: "Sim, estávamos na água. Estávamos lá naquela noite, brincando na água." Essa é a primeira vez na gravação, de acordo com minha análise e com o depoimento do detetive Ridge, em que se sugere diretamente a Jessie que a resposta correta é: "Isso aconteceu à noite."
>
> Imediatamente após a sugestão, Jessie a aceita e, desse ponto em diante, passa a usar a expressão "à noite", que nunca usara antes, pois viera dizendo consistentemente que tudo acontecera durante o dia. Essa é uma tática de influência. É uma maneira de fazer com que alguém aceite algo em função da pressão e da sugestão.

Ofshe citou outros três momentos nos quais Jessie fora interrogado a respeito do horário em que estivera na floresta. Finalmente, respondera: "Eu diria por volta das cinco. Cinco ou seis."

Jessie agora está se movendo na direção correta, para mais tarde no dia do crime. É como se, tendo feito a declaração original sobre a manhã, ele estivesse lentamente sendo movido em direção à noite. Mas, claramente, nessa declaração, ele ainda não foi longe o bastante, pois, pelo que fui informado, cinco ou seis ainda era muito cedo para os meninos estarem na floresta. Então ocorre mais uma tentativa de mover seu relato no tempo. Dessa vez, Gitchell pergunta: "Tudo bem, mas, mais cedo, você disse que era por volta das sete ou oito. Que horas eram?"

> Existem duas coisas importantes aqui. Primeira: é óbvio que o detetive Gitchell oferece uma escolha a Jessie. Escolha a número 1 e eu ganho ou escolha a número 2 e eu também ganho — sete ou oito. Gitchell pode aceitar qualquer uma das respostas e só dá a Jessie duas escolhas. Segunda, e ainda mais importante, é o fato de que, em nenhum momento — incluindo o

NÓ DO DIABO 231

registro do que os policiais disseram, as notas, as declarações específicas do detetive Ridge e a transcrição do primeiro interrogatório —, existe indicação de Jessie ter dito, como o detetive afirma: "Mais cedo, você disse que era por volta das sete ou oito." Existe uma ausência absoluta de qualquer indicação de que tenha dito isso. Portanto, em minha opinião, isso foi uma tática, e uma tática muito eficiente, pois Jessie simplesmente repete o que Gitchell falou. Ele diz: "Eram sete ou oito." Ele nem mesmo faz a escolha. Ele só repete para Gitchell tudo que Gitchell dissera a ele. Essa é uma indicação de alguém ansioso para se conformar e que não quer correr o risco de cometer algum erro e, consequentemente, ser punido com um aumento da pressão.

Quando Stidham se sentou, Davis fez mais uma pergunta:

— Doutor, quando a pessoa que está respondendo às perguntas não sabe de nada, não conhece nenhum detalhe, ela sempre pode dizer "Não sei. Não sei nada sobre isso. Não conheço nenhum dos detalhes sobre os quais você está me perguntando". Ela sempre pode dizer isso, não pode?

— Pode — respondeu Ofshe. — E, às vezes, ela chega ao ponto em que já não consegue mais fazer isso e simplesmente desiste.

O veredito

Fogleman apresentou seus argumentos finais, relembrando a confissão em uma voz controlada e sem emoção. Stidham citou as inconsistências na declaração de Jessie e a ausência de provas materiais, na esperança de que o júri concluísse pela dúvida razoável. E encerrou: "Só existe uma coisa pior que o assassinato de um ser humano por outro: o assassinato de um homem inocente pelo Estado." Então Davis partiu para o ataque. De maneira veemente e emocionada, lembrou aos jurados a conclusão da polícia sobre a motivação do crime. "Não sei qual é a definição de culto", disse ele, sorrindo com desdém. "Não sei se isso significa que eles se reúnem uma vez por mês e cultuam o diabo ou o quê. Mas, quando evidências apontam que os três estavam envolvidos nesse tipo de atividade, isso, no meu livro, é um culto."

Então, posicionando-se atrás de Jessie, segurou uma foto de Michael Moore sobre sua cabeça e disse ao júri, enfaticamente: "Eles o caçaram como um animal e o trouxeram de volta. Como resultado de sua ação, Michael Moore está morto, Stevie Branch está morto e Chris Byers está morto." Ele pediu que os jurados considerassem Jessie culpado das três acusações de crime capital, um veredito que permitia que o estado do Arkansas o executasse.

Às 12 horas do dia seguinte, o júri chegou a um veredito. Jessie manteve a cabeça curvada enquanto o juiz Burnett lia as acusações. Ele foi considerado culpado de homicídio em primeiro grau no caso de Michael Moore e de homicídio em segundo grau nos casos de Christopher Byers e Stevie Branch.

Stidham sentiu o ar sendo sugado dos pulmões. Os veredito de homicídio em primeiro e segundo graus significavam que a pena de morte não poderia ser imposta, como queriam Fogleman e Davis. Mas Jessie fora considerado culpado. Na segunda fase do julgamento, o júri o sentenciou à prisão perpétua, sem possibilidade de liberdade condicional, pelo homicídio de Michael Moore e a mais vinte anos pela morte de cada um dos outros dois meninos, a serem cumpridos consecutivamente.[10] Quando o juiz Burnett perguntou se Jessie tinha algo a dizer, o adolescente respondeu: "Não."

Mais tarde, um dos jurados disse que as alegações sobre as ligações de Jessie com o ocultismo não haviam influenciado o veredito. "Para ser honesto, para nós não importava se ele fazia parte de uma seita", disse o jurado Lloyd Champion ao *Commercial Appeal*.[11] Champion disse que os jurados haviam considerado os argumentos de Stidham a respeito de a confissão de Jessie ter sido obtida mediante coação, mas concluíram que a declaração de Jessie sobre ter perseguido e segurado Michael Moore não fora solicitada. "A polícia não perguntou isso a ele", disse o jurado. "Isso veio do nada." Na mesma entrevista, acrescentou que não ficara surpreso quando Stidham não quisera que Jessie testemunhasse. Com inconsciente ironia, explicou: "O promotor o teria estraçalhado. Teria feito com que dissesse qualquer coisa."

NÓ DO DIABO

233

Gitchell exultou quando a condenação vingou seu departamento. A madrasta de Jessie disse aos repórteres que esperava que os promotores conseguissem dormir à noite. "São um bando de mentirosos", afirmou Big Jessie. E acrescentou que Jessie estava aterrorizado e desesperado quando os policiais o tiraram do tribunal para a viagem até a prisão. "Ele estava chorando", disse o sr. Misskelley. "Ele me disse: 'Não vou conseguir sobreviver lá. Nunca mais vou sair e voltar para casa.'"

Anos depois, na prisão, Jessie lembraria: "Quando saiu o veredito... nossa. Naquele momento, eu soube que minha vida tinha acabado."

16

Alegações de má conduta

Todd e Dana Moore se mantiveram reservados como sempre ao deixar o tribunal. Não falaram com os repórteres. Pam Hobbs, mãe de Stevie Branch, expressou sua esperança de que a vida de Jessie na prisão fosse longa e tormentosa. Os Byers, como de hábito, estavam descontrolados. Esperando que Jessie terminasse na infame Unidade Cummins do Departamento Correcional do Arkansas, descreveram em detalhes cruéis e sugestivos o futuro que desejavam a ele.

"Espero que ele nunca mais veja a luz do dia", disse John Mark Byers. "Perpétua mais quarenta anos — parece bom para mim. Isso significa que a Cummins ainda guardará seu traseiro quarenta anos após sua morte."[1] Melissa Byers, com círculos escuros sob os olhos, vociferou em frente às câmeras: "Isso não muda nada. Christopher está morto. E foi torturado até a morte por três miseráveis assassinos às margens de um canal. Ele tinha oito anos e culpado é culpado. Quando esse desgraçado chegar a Cummins, espero que eles arrebentem seu rabo com um bastão, porque ele merece ser torturado e punido pelo resto da vida por ter matado três crianças de oito anos!"

O casal deu alguns passos. Então, como se Jessie estivesse presente, Melissa acrescentou: "Jessie, meu benzinho, a prisão não é um lugar seguro." Depois fez um último comentário para os fotógrafos que a seguiam: "Vou mandar uma saia para ele pelo correio."[2]

O juiz Burnett cumprimentou a mídia, dizendo que "gostara muito" da cobertura do julgamento. Os advogados de Jessie anunciaram sua intenção de entrar com recurso. E os promotores Davis e Fogleman afirmaram que a sentença de Jessie, prisão perpétua sem possibilidade de liberdade condicional, não era exatamente definitiva. Observando que o julgamento de Damien e Jason ocorreria em dezoito dias, explicaram que a sentença só se tornaria definitiva em cerca de quatro meses. Durante esse período, o juiz Burnett poderia decidir reduzi-la. Isso poderia acontecer se, por exemplo, Jessie concordasse em testemunhar contra Damien e Jason.

No dia seguinte à condenação de Jessie, Glori Shettles visitou Damien em uma nova prisão. Ele já fora transferido para Jonesboro, a cidade onde ele e Jason seriam julgados. Ela escreveu: "Ele pode assistir à televisão durante um número limitado de horas do chão de sua cela, mas não tem permissão para assistir aos noticiários. Seus livros foram retirados; contudo, ele pode escolher livros na biblioteca da prisão. Grandes esforços foram feitos para assegurar que ele e Jason não tenham contato; contudo, Michael riu e declarou que ouvira Jason 'uivando' certa noite."

Preocupações preliminares

Shettles escreveu que um dos advogados de Damien o visitara mais cedo naquele dia para informar sobre a condenação de Jessie. Ela notou que Damien não parecia ter sido "afetado negativamente" pela notícia, falando de "sua esperança de ter um júri mais amplo e culto, que poderia considerar as provas com uma mente mais aberta". Damien também disse que, se seu próprio julgamento resultasse em condenação, "ele não tinha interesse em entrar com recurso. Declarou que não seria retirado da sala de audiências como um homem culpado, como fora Jessie, mas tentaria agarrar a arma de um dos policiais para se matar ou forçar os policiais a atirarem nele".

NÓ DO DIABO 237

Seus advogados o deixaram manter a esperança de que um julgamento em Jonesboro, a cidade mais populosa do condado, produziria jurados mais receptivos. Era verdade que a cidade abrigava a Universidade Estadual do Arkansas e que os níveis médios de educação e cultura no condado de Craighead eram mais elevados que os do majoritariamente rural condado de Clay, onde Jessie fora julgado. Mas Val Price e Scott Davidson também sabiam que Craighead era um dos lugares mais religiosamente conservadores do estado e que Jonesboro, sede do condado, abrigava várias igrejas grandes e poderosas, quase todas com congregações fundamentalistas cristãs. O julgamento de Jessie dominara os noticiários da região e, depois de meses de publicidade sobre o interesse de Damien pelo ocultismo, Price e Davidson achavam que as chances de encontrar jurados que não tivessem sido influenciados não eram tão grandes quanto permitiram que seu cliente acreditasse.

Eles também se preocupavam com Jessie. Ele fora sentenciado à prisão perpétua, sem possibilidade de liberdade condicional. Mas, logo após a sentença, os promotores haviam lhe oferecido a chance de diminuir seu tempo na prisão. Tudo que ele tinha a fazer era dizer algumas palavras. Se, como afirmara seu advogado, o garoto quebrara sob a pressão exercida pela polícia de West Memphis, que o interrogara por algumas horas, como reagiria à pressão muito mais intensa da prisão? Será que aceitaria a oferta de Fogleman e Davis? Acusaria Damien e Jason novamente, dessa vez no banco de testemunhas, sob juramento e na frente do júri?

Os advogados de Jason tinham todas essas preocupações — e mais uma. Eles acreditavam firmemente que os julgamentos precisavam ser separados. Não queriam que o julgamento de Jason fosse contaminado pelas histórias de satanismo, práticas ocultistas ou esquisitices generalizadas associadas a Damien. Queriam se sentir livres para usar qualquer abordagem necessária para defender a vida de Jason. Se isso significasse argumentar que Damien poderia ter matado as crianças — mas Jason certamente não o fizera —, queriam estar livres para dizer isso. Em uma última petição desesperada, disseram ao juiz Burnett que apresentar seu caso seria difícil, se não impossível, se os dois garotos fossem julgados juntos. Mas, como no passado, Burnett rejeitou o pedido.

Os promotores Davis e Fogleman também tinham sérias preocupações. Eles não tinham praticamente nenhuma prova contra Jessie além da confissão. Mas o júri a considerara suficiente. Agora, eles se preparavam para um julgamento com uma escassez similar de provas e contra réus que não haviam confessado. Jessie acusara Damien e Jason e essa acusação fora a base para suas prisões. Mas, se Jessie não repetisse a acusação no julgamento, como testemunha juramentada do estado, Davis e Fogleman não poderiam mencioná-la. Até mesmo reproduzir a fita da confissão, na qual Jessie implicava Damien e Jason, sem que o próprio Jessie comparecesse ao julgamento, violaria a garantia constitucional de que os réus têm o direito de confrontar seus acusadores no tribunal.

Fogleman e Davis sabiam que, se Jessie os acusasse no tribunal, o golpe seria devastador. Além disso, mesmo que Jessie não testemunhasse e nenhuma menção à confissão pudesse ser feita, a defesa ainda teria sofrido imenso dano. A confissão vazara para a imprensa duas semanas após a prisão de Jessie e suas acusações contra Damien e Jason haviam sido intensamente divulgadas. Seu julgamento, com toda a publicidade que gerara, atraíra novamente a atenção da opinião pública para a confissão. Era quase inconcebível que os doze jurados escolhidos não estivessem conscientes tanto de que Jessie confessara quanto de que acusara Damien e Jason pelos assassinatos.

Por mais que pudessem ser auxiliados pela publicidade dada ao caso, contudo, os promotores não queriam contar com ela. Enfrentando um julgamento no qual não havia confissão, prova material direta ou motivo claro, eles queriam uma testemunha ocular — mesmo uma cuja história mudara repetidamente. Mas a possibilidade de reduzir a sentença de Jessie não foi bem recebida pelas famílias das vítimas. Davis e Fogleman se encontraram com elas para explicar por que, agora que haviam conseguido a condenação de Jessie, tentavam oferecer um acordo. "Infelizmente", explicou Davis, "precisamos muito do depoimento dele."

"Nem tudo estará perdido se ele não testemunhar", acrescentou Fogleman rapidamente. "Mas as probabilidades diminuirão significativamente. Embora ainda tenhamos *algumas* provas." Ele então resumiu as provas contra Damien e Jason, se a confissão de Jessie fosse excluída:

— Três fibras. Fogleman disse que eram uma evidência forte, mas acrescentou: "Não podemos afirmar que as fibras vieram de uma peça de vestuário em particular, com exclusão de todas as outras."

— As alegações dos Hollingsworth de terem visto Damien e Domini na avenida paralela às interestaduais. Esses relatos apresentavam dois problemas: colocavam Domini na cena e excluíam Jessie.[3]

— As declarações "das crianças no jogo de softball das garotas", que afirmavam ter ouvido Damien dizer que matara os três meninos e mataria mais dois.

— "Um colega de prisão de Jason que disse que ele fizera algumas declarações incriminadoras." Fogleman avisou, entretanto, que o júri poderia não acreditar na testemunha — um adolescente chamado Michael Carson.

— "Ah, sim", concluiu Fogleman. "E a faca no lago."

"É isso que temos", disse ele às famílias das vítimas. "Mas isso é *tudo* que temos." Quando alguém perguntou a Davis quais eram as chances de condenar Damien e Jason se Jessie não testemunhasse, o promotor não pareceu confiante. "Talvez de 50%", respondeu.

A defesa estava consciente do drama vivido pelos promotores. Sem o depoimento de Jessie, Davis e Fogleman estariam tentando conseguir a pena de morte com provas esparsas e circunstanciais. Se Jessie testemunhasse, os advogados de defesa fariam de tudo para que o júri percebesse o quanto ele tinha a ganhar com seu depoimento. Mesmo assim, ambas as equipes de defesa esperavam ardentemente que ele não comparecesse. Como o advogado de Jason disse a ele: "Se essa é a melhor prova que possuem e eles não puderem usá-la contra você, esse show na mídia estará terminado."

A nova declaração de Jessie

Com apenas dezoito dias até o início do julgamento, a possibilidade de que Jessie testemunhasse deixava ambos os lados do caso com os nervos em frangalhos. Jessie hesitava. Mas todo mundo sabia que os promotores possuíam uma grande vantagem. Jessie estava assustado quando os policiais do condado o levaram ao carro que o conduziria até a prisão, a três horas de distância, no sul do Arkansas. Ele disse ao pai que "nunca sobreviveria lá". Quando o carro do xerife chegou a Pine Bluff, o local da prisão, os policiais que conduziam Jessie tinham boas notícias para Fogleman e Davis. Como um deles relatou: "Perguntamos a Jessie se ele queria dizer algo e, depois de garantirmos que não poderíamos usar nada do que dissesse contra ele, ele resolveu falar." De acordo com esse relato, Jessie novamente admitira seu envolvimento nos crimes e renovara as acusações contra Damien e Jason.[4] Em vários aspectos, os detalhes da declaração, como relatada pelo policial, eram diferentes de qualquer coisa que Jessie dissera antes. Mesmo assim, Fogleman e Davis ficaram animados.

Segundo o policial, Jessie falou bastante durante a longa viagem até a prisão. Ele disse aos motoristas que se encontrara com Damien e Jason "no fim da tarde" de 5 de maio. Antes disso, estivera bebendo uísque, que Vicki Hutcheson comprara para ele. Damien e Jason bebiam cerveja. Mais cedo na mesma tarde, os três haviam fumado maconha. Os três adolescentes foram até a floresta e viram os três meninos a distância. Damien disse a Jessie e Jason para se esconderem e agarrou Michael Moore. Os amigos de Michael começaram a bater em Damien, e Jessie e Jason correram para ajudar Damien a espancá-los com galhos. Damien e Jason se alternaram estuprando os meninos. Eles não estavam amarrados nessa hora. Jessie ajudou a segurar os meninos

NÓ DO DIABO   241

e a bater neles, mas não participou do estupro nem do assassinato. "Voou sangue pra todo lado" quando Jason castrou um dos meninos com "uma faca que parecia ter cabo de chifre de gamo". Jason jogou a parte desmembrada do corpo do menino não identificado "no mato". O menino depois foi jogado na água, onde ainda "se debatia" quando Jessie decidiu ir embora. A essa altura, os dois outros meninos estavam inconscientes, mas não na água.

Jessie disse que mentiu quando foi interrogado pela polícia sobre o horário dos assassinatos e sobre as crianças terem sido amarradas com cordas. Disse que tentou "enganar os policiais e ver se estavam mentindo". O policial concluiu: "Jessie afirma sentir muito pelo que aconteceu e fala como se quisesse testemunhar contra os outros garotos, para que não fiquem livres e para que ele possa ajudar a si mesmo."

Mais tarde, o promotor Davis disse que, quando ouviu o relato do policial, telefonou para o advogado de Jessie para discutir um acordo. Quatro dias depois de Jessie ter chegado à prisão em Pine Bluff, Stidham, o inspetor Gitchell e os promotores Davis e Fogleman foram até lá para conversar com ele. Antes de qualquer coisa, Stidham queria conversar a sós com seu cliente. Segundo Fogleman, "Stidham ficou lá dentro uma eternidade. Finalmente saiu, pálido, querendo uma Bíblia. Dan não conseguia acreditar no que Jessie dissera e não queria que falássemos com ele. Ele ficava repetindo: 'Se ao menos houvesse corroboração.' Então ele nos contou algum dos detalhes do que Jessie lhe dissera, incluindo que estivera bebendo, a marca do uísque e a pessoa que lhe dera a bebida."

Jessie também relatou que, a caminho de casa, após testemunhar os crimes, jogara a garrafa de uísque perto de um viaduto. "Assim, fomos até lá", disse Fogleman,

> praticamente no meio da noite, vasculhar o viaduto que Jessie descrevera. Encontramos o gargalo de uma garrafa de uísque. Foi o maior pedaço da garrafa que conseguimos encontrar e que ainda era identificável, e pertencia à marca que Jessie descrevera. É claro, estamos falando de praticamente

um ano depois. Então eu disse a Stidham: "Dan, isso é corroboração suficiente? Aqui está o uísque." E ele respondeu que não era suficiente. Então voltamos ao Departamento de Polícia e Gitchell telefonou para a pessoa que supostamente dera o uísque a Jessie e a colocou no viva-voz. Gitchell disse: "Fulana, tenho uma pergunta realmente importante a fazer. Você alguma vez deu álcool a Jessie?" Após uma longa pausa, ela respondeu: "Bem, sim, já dei." E ele perguntou: "Que tipo de álcool?" E ela respondeu: "Uísque." Ele insistiu: "Que marca de uísque?" Ela citou três ou quatro antes de dizer: "Não, não foi isso." E então mencionou a marca citada por Jessie. Claro, isso ainda não foi suficiente para convencer Dan.

Stidham atribuiu a súbita disposição de Jessie para falar com os promotores a seu medo por estar na prisão e ao correspondente desejo de agradar às autoridades. Embora tenha ficado desapontado com a decisão, ele não se impressionara com o fato de os promotores terem encontrado uma garrafa quebrada de Evan Williams ao lado de um viaduto, perto de uma das rodovias mais movimentadas do país. Stidham decidiu visitar Jessie novamente. Era a vez de os promotores ficarem desalentados. Em 15 de fevereiro, onze dias após a condenação, Stidham informou ao estado que Jessie não testemunharia contra Damien e Jason.

No dia seguinte, a tensão era palpável. Todos os advogados se reuniram na sala de audiências do juiz Burnett, em Jonesboro, para uma audiência preliminar. Os promotores não estavam convencidos de que Jessie permaneceria em silêncio. O advogado de Jason pressionava novamente para que seu julgamento fosse separado do de Damien. E os advogados de Damien queriam que o juiz Burnett ordenasse aos produtores da HBO a entrega da gravação feita com John Mark Byers. Os advogados disseram ao juiz que, no segmento que tentavam obter, Byers supostamente seria mostrado no local onde os corpos haviam sido encontrados, "falando sobre ter sido abordado quando tinha dezoito ou dezenove anos, amarrado, sodomizado e jogado em um canal". Burnett rejeitou o pedido.[5]

NÓ DO DIABO 243

Após a audiência, Fogleman telefonou para o pai de Jessie, pedindo que conversasse com o filho e o persuadisse a testemunhar. Bruscamente, Big Jessie disse que Little Jessie não tinha interesse no acordo. Davis então pediu que seu advogado permitisse que a promotoria apresentasse a questão ao próprio Jessie. Stidham recusou. Mas os promotores não desistiram.

Incidente em Rector

Eles foram até Burnett. Sem notificar Stidham ou o pai de Jessie, pediram que o juiz emitisse um mandado ordenando que Jessie fosse levado até Jonesboro. A imprensa recebeu a informação de que Jessie fora transferido para poder testemunhar no julgamento Echols-Baldwin dali a uma semana. Stidham soube que seu cliente fora transferido ao assistir ao noticiário. Ele ficou furioso. Mais tarde, reclamou que o juiz Burnett ordenara a transferência de Jessie *ex parte*, após conversar apenas com os promotores, sem que seu advogado estivesse presente. Stidham disse que só vira o mandado quando uma cópia fora mostrada na televisão.

Os três dias que se seguiram foram um inferno do ponto de vista legal. Em 17 de fevereiro, cinco dias antes do início do julgamento de Damien e Jason, Jessie foi levado da prisão em Pine Bluff até Rector, uma cidade de cerca de 3 mil habitantes, 65 quilômetros a nordeste de Jonesboro. Por volta das 17 horas, um policial do condado levou Jessie até o escritório de um dos promotores assistentes.[6] Davis já estava lá. Perto das 18h15, o promotor assistente telefonou para a casa de Stidham para informar que Jessie estava em Rector — e que estava pronto para fazer uma declaração.[7] Stidham não conseguia acreditar no que estava acontecendo. Ele disse ao promotor assistente que nem ele nem Davis estavam autorizados a ouvir a declaração de Jessie. Então, apanhou seu sócio, Greg Crow, e foram até Rector, no início

244 MARA LEVERITT

da noite, no extremo nordeste do estado. Quarenta e cinco minutos depois, chegaram ao escritório onde Jessie estava detido.

Stidham e Crow exigiram falar a sós com seu cliente. Quando os promotores deixaram a sala, Jessie alegremente contou aos advogados que o policial que o levara até Rector prometera trazer sua namorada para visitá-lo na prisão local. Stidham nunca vira uma situação como essa. Como lembraria mais tarde, ele e Crow estavam na sala havia quinze minutos quando Davis abriu a porta, insistindo que a conversa deveria ser encerrada. Ele disse que Jessie concordara em fazer uma declaração e estava na hora de fazê-la. Stidham e Crow objetaram vigorosamente o fato de a reunião com seu cliente ser interrompida. Davis deixou a sala, mas retornou alguns minutos depois. Dessa vez, na frente de Jessie, ele e o promotor assistente expressaram sua preocupação de que os dois advogados pudessem convencê-lo a não falar. Durante a discussão, Jessie se levantou. Ele anunciou que *queria* fazer uma declaração e, virando as costas aos próprios advogados, saiu da sala com os promotores.

Stidham telefonou para a casa do juiz Burnett, queixando-se de que os promotores estavam violando os direitos constitucionais de seu cliente. Disse ao juiz que Jessie solicitara apoio psiquiátrico quando chegara à prisão e pediu que Burnett postergasse qualquer interrogatório até que uma avaliação psiquiátrica pudesse ser feita. Burnett negou. Então o promotor Davis pegou o telefone. Burnett lhe disse que ele podia informar a Jessie que nada do que ele dissesse aos promotores seria usado contra ele no tribunal. E isso foi tudo. Às 20h02, com os advogados de Jessie presentes, Davis ligou um gravador e colocou Jessie sob juramento.

Dessa vez, Jessie disse que fora até a floresta com Damien e Jason depois que saíra do trabalho, por volta "da hora do jantar". Ele estivera bebendo o uísque que Vicki Hutcheson lhe dera. Ainda estava "claro" quando chegaram à floresta "pela ponte [...] na avenida paralela". Ele, Damien e Jason ouviram "um barulho". Os três se esconderam. "Então os três meninos chegaram e nós pulamos neles." Em seu relato, Jessie não

NÓ DO DIABO

identificou nenhuma das vítimas pelo nome, mas se lembrou de alguns diálogos. Ele disse que, quando os meninos estavam sendo atacados, gritavam "Parem! Parem!", mas Damien dissera a ele e a Jason: "Não! Não parem!"[8]

Jessie também forneceu outro detalhe sobre o ataque, mas este criava um problema para Davis, pois contradizia a teoria de Fogleman de que a faca retirada do lago atrás do trailer de Jason era a arma do crime. Quando Jessie disse que Jason ficou "girando" uma faca na direção dos meninos, fazendo com que o sangue "voasse", Davis perguntou qual era a aparência da faca. "Não lembro", disse Jessie. E acrescentou: "Tudo que sei é que tinha lâmina com trava." A faca encontrada no lago não era do tipo dobrável, mas uma faca de sobrevivência de lâmina fixa. Davis perguntou: "Quando você diz lâmina com trava, você quer dizer que a lâmina pode ser dobrada e presa?" Jessie respondeu: "É."

Davis perguntou a Jessie sobre sua declaração anterior à polícia de que os meninos haviam sido amarrados com cordas. "Eu inventei aquilo", disse Jessie. Dessa vez, afirmou claramente que os meninos haviam sido amarrados com "cadarços", embora fosse vago a respeito de como haviam sido removidos dos tênis. E se lembrou de ter visto os três meninos sendo jogados na água; depois disso, foi embora, ainda carregando a garrafa de uísque. Ele disse que "explodira" a garrafa a caminho de casa, em "uma espécie de declive que vai até o viaduto", e depois fora assistir a uma luta com um amigo. Davis perguntou se havia "eventos daquela noite" que eram difíceis de rememorar. Jessie respondeu: "Não lembro."[9]

No dia seguinte, Stidham notificou formalmente ao juiz Burnett que nem Davis nem Fogleman deveriam ter contatos posteriores com Jessie. Mas sua queixa de nada serviu. Todos os dias, até o início do julgamento, um dos promotores o visitava na prisão. Stidham não era informado sobre as visitas. Burnett não interveio.

"O fundo da verdade"

Ainda havia furor em torno de Jessie quando os jurados potenciais chegaram ao tribunal do condado de Craighead para o julgamento de Damien e Jason. Era 19 de fevereiro e o nordeste do Arkansas estalava debaixo de uma segunda camada de gelo. Enquanto a mídia e a audiência chegavam para o tão esperado evento, os advogados de ambos os lados se reuniam no gabinete do juiz Burnett para outro intenso confronto. Stidham falou primeiro. Ele argumentou que Jessie estava sendo usado e que seu futuro recurso estava sendo comprometido pela promotoria. Ele queria que os promotores parassem. E entregou ao juiz Burnett uma petição citando todos os contatos entre Jessie e a promotoria, desde o momento de sua condenação, durante os quais o garoto fora instado a falar.

Stidham queixou-se de que, como advogado de Jessie, repetidamente notificara Davis e Fogleman de que Jessie *não* testemunharia no julgamento de Damien e Jason. O contato "impróprio" dos promotores com Jason, disse ele, fora uma "tentativa calculada e consciente" de driblar os direitos do garoto de permanecer em silêncio e receber a assistência de um conselheiro jurídico. Stidham disse: "Eles até prometeram a ele que sua namorada o visitaria na prisão, Vossa Excelência. Acho que essa foi a mais repugnante, ridícula e flagrante violação de direitos que já vi."[10] Novamente, Stidham pediu que Burnett ordenasse aos promotores "não manterem nenhum tipo de contato, direto ou indireto" com Jessie sem o conhecimento e o consentimento de seu advogado. Ele também solicitou que os promotores fossem acusados de desacato ao tribunal e "punidos adequadamente". Por fim, requisitou que um promotor especial — "preferencialmente alguém de fora do segundo distrito judicial" — fosse nomeado para investigar o comportamento dos promotores.

Davis contrapôs que Stidham se tornara insensato e que seus interesses e os de Jessie "já não eram compatíveis". Ele disse a Burnett que, quando Jessie começara a falar após ser condenado à prisão, seu advogado perdera

NÓ DO DIABO 247

"a objetividade em relação aos melhores interesses de seu cliente". E que Stidham já não sabia o que fazer para "chegar ao fundo da verdade". O juiz Burnett resolveu a questão rapidamente. Ele caminhou até a sala de audiências e lidou com o problema publicamente. Observando que rumores sobre as discussões relativas a Jessie Misskelley — e críticas em relação ao comportamento da promotoria — já haviam chegado à imprensa, anunciou que os promotores haviam incorrido em má conduta. Enquanto os repórteres tomavam nota, acrescentou que Jessie poderia testemunhar "se escolhesse fazê-lo".[11]

17
A lista de testemunhas

Alguns dias antes do início do julgamento de Damien e Jason, o *Memphis Commercial Appeal* relatara que um "bastão" com o que parecia ser sangue e cabelo fora encontrado no trailer onde Damien vivia na época dos crimes. O novo inquilino do trailer encontrara o bastão e notificara a polícia. Mas, embora a reportagem tivesse criado sensação, fora rapidamente desmentida. O bastão se revelara o cabo de um velho machado que fora usado para misturar tinta vermelha. O cabelo era o pelo de um cão.

Para o investigador particular de Damien, a história exemplificava o tipo de coisa com que a defesa tivera de lidar durante todo o caso: suspeitas desenfreadas, falsas alegações e convenientes vazamentos da polícia para a imprensa. Desde o início, Ron Lax tentara encontrar uma teoria consistente para o crime, um motivo claro — algo que a defesa pudesse atacar. Mas a versão da promotoria mudava constantemente. Coisas demais eram vagas, contraditórias, confusas. Era difícil encontrar um caminho reto entre elas. Para Lax, nada parecia estabelecido. Histórias e depoimentos eram modificados. Documentos, como a primeira entrevista da polícia com Byers, haviam sido inexplicavelmente retidos, enquanto possíveis armas do crime, como os galhos e a faca, haviam surgido muito depois das prisões. Em meio a tanta incerteza, era difícil preparar a defesa.

Mas, por mais insano que parecesse o caso, as vidas de Damien e Jason estavam em jogo e, com o julgamento prestes a começar, Lax mergulhou uma última vez nos arquivos dos elementos probatórios. Ele os arrumara cronologicamente e por assunto e acrescentara suas notas e as de Shettles. Enquanto os jurados eram selecionados, analisou metodicamente o agora organizado arquivo policial. Durante esse processo, notou referências a vários documentos que nunca vira, registros que deveriam fazer parte do arquivo, mas não haviam sido entregues à defesa. Entre os itens que esperava encontrar, mas não conseguiu, estavam as notas do policial que vasculhara a floresta com John Mark Byers na noite em que os meninos haviam desaparecido; um perfil comportamental do assassino que o inspetor Gitchell solicitara e aparentemente recebera do FBI; as notas de Don Bray sobre suas entrevistas com Vicki e Aaron Hutcheson; quaisquer notas, relatórios ou fotografias do local onde Vicki Hutcheson dissera à polícia que ocorrera o suposto esbat; as fitas das gravações feitas no trailer de Vicki Hutcheson; e notas complementares ao relatório da polícia de Memphis informando que tanto Mark quanto Melissa Byers haviam sido informantes confidenciais. Trabalhando com o que tinham, Lax e Shettles avaliaram, visitaram e, em alguns casos, revisitaram as testemunhas cujos depoimentos poderiam se provar prejudiciais.

Os Hutcheson

Vicki e Aaron Hutcheson estavam no topo da lista — não porque Lax achasse suas declarações convincentes, mas porque a polícia e a promotoria haviam dado tanto peso a elas. Durante a última semana do julgamento de Jessie, Bray gravara uma nova declaração de Aaron, a mais elaborada até então. Dessa vez, Aaron dissera que seus amigos haviam sido espancados com longos bastões entalhados com dragões e que Damien e Jessie haviam recolhido sangue em um copo e feito com que ele bebesse. As inconsistências em suas numerosas declarações eram tantas que Lax não conseguia imaginar o promotor Fogleman chamando-o para

NÓ DO DIABO

depor. Por outro lado, pensou, os promotores lutavam freneticamente para que Jessie testemunhasse — e suas declarações também haviam sido profundamente inconsistentes.

A mãe de Aaron era outro assunto. Vicki Hutcheson já testemunhara no julgamento de Jessie e provavelmente seria chamada novamente. Lax recomendou que os advogados de Damien e Jason a pressionassem a respeito de seu passado e de suas inconsistências, especialmente em relação às informações sobre o esbat. Em certo momento, ela dissera que ela, Damien e Jessie haviam chegado por volta das 18 horas. Em outro, dissera que estava "realmente escuro". Lax também queria que alguém fechasse o cerco na alegação dela de que Damien dirigira o carro. O investigador notou que, nas entrevistas à polícia, "não existe nenhuma discussão sobre o fato de Damien não ser capaz de dirigir nenhum tipo de veículo". Lembrando-se do relato de Bray de que Hutcheson avisara com antecedência que compareceria ao esbat, Lax escreveu: "Parece estranho que, conduzindo essa 'investigação' e tendo informado à polícia que compareceria a um culto satânico ao lado do principal suspeito, ninguém tenha sido enviado para protegê-la."

Byers

O problema sobre como tratar John Mark Byers era imensamente mais complexo. Desde o surgimento da faca, informações adicionais sobre seu passado haviam sido descobertas. Entre os registros policiais entregues à defesa estava uma pista do programa de televisão *America's Most Wanted,* que levara ao ar um segmento sobre os assassinatos de West Memphis. Uma mulher não identificada telefonara para relatar que Byers batera na mulher e nos filhos no passado e que, na noite em que os meninos desapareceram, ele e Melissa haviam discutido e ele a agredira várias vezes.[1] No fim do julgamento de Jessie, Lax e os advogados de defesa também já sabiam sobre a condenação por ameaça. Lax localizou sua ex-mulher, Sandra Slone, que se casara novamente e vivia no Missouri.

Quando ele telefonou, ela se mostrou cooperativa, mas reservada.[2] Em suas notas sobre o telefonema, Lax escreveu que a ex-mulher de Byers lhe contara que, quando ouvira sobre os assassinatos em West Memphis, "imediatamente suspeitou que Byers fosse o responsável. Ela o descreveu como extremamente violento e disse que seus filhos tinham um medo mortal dele. Declarou que ele costumava bater nela e nas crianças, mas o fazia de maneira a não deixar marcas ou hematomas em lugares visíveis". Disse ter relatado seus temores, por si mesma e pelos filhos, ao inspetor Gary Gitchell, mas o detetive "assegurou que Byers não era suspeito e não tinha ligação com os homicídios. Ele disse que qualquer problema que ela tivesse com Byers era um problema pessoal com o qual ela teria de lidar e ele não podia ajudá-la".

Familiarizado com as peculiaridades do caso, Lax achou o relato assombroso. A agressão de Byers contra ela seis anos antes fora provada no tribunal, seu enteado fora brutalmente assassinado, seus informes sobre suas atividades na noite do crime conflitavam com os dos membros de sua família e uma faca pertencente a ele continha sangue que poderia ser de Christopher. Mesmo assim, a ex-mulher de Byers disse que, quando contou a Gitchell que temia por si mesma e pelos filhos, suas preocupações haviam sido rudemente ignoradas.

A conversa ilustrava o que havia se tornado o dilema fundamental da defesa — a questão de como lidar com Byers. Sua condição de informante da polícia, aliada ao delicado comportamento de Gitchell quando o interrogou a respeito da faca manchada de sangue e às suspeitas de Slone de que há muito ele possuía "conexões" na polícia aumentaram as suspeitas do próprio Lax e dos advogados de defesa. Mas eles partilhavam da mesma preocupação que contivera Stidham durante o julgamento de Jessie: a de que, se sequer sugerissem que Byers era o assassino sem apresentar provas concretas, correriam o risco de inflamar o júri.

Christopher Byers, aos 8 anos.

Michael Moore, aos 8 anos.

Stevie Branch, aos 8 anos.

Os detetives andam sobre um duto que atravessa o córrego onde os corpos das vítimas foram encontrados submersos. As bicicletas dos garotos também foram retiradas da água em meio à correnteza.

O detetive Bryn Ridge segura uma das varas que foram usadas para prender sob a água as roupas dos garotos.

O inspetor-chefe Gary Gitchell anuncia as prisões.
CORTESIA DE *THE COMMERCIAL APPEAL*

John Mark Byers, padrasto de Christopher Byers, na floresta Robin Hood, sentado perto do local onde o corpo de Christopher foi descoberto.
FOTO DE JOE BERLINGER, CORTESIA DE CREATIVE THINKING INTERNATIONAL, LTD.

Policiais cercam Damien Echols depois de sua prisão.
FOTO DE STEVE JONES, CORTESIA DE *THE COMMERCIAL APPEAL*

Jason Baldwin, em sua acusação, em 5 de junho de 1993.
CORTESIA DE *THE COMMERCIAL APPEAL*

Jessie Misskelley Jr. é conduzido ao tribunal para julgamento, em 1994.
FOTO DE MORRIS RICHARDSON, CORTESIA DE *THE ARKANSAS DEMOCRAT-GAZETTE*

O investigador particular Ron Lax.

O advogado de defesa de Jessie, Dan Stidham.

O promotor público John Fogleman.

O juiz da circunscrição David Burnett considera uma objeção de Stidham no julgamento de Jessie. CORTESIA DE *THE ARKANSAS DEMOCRAT-GAZETTE*

O breve sorriso de Jason durante seu julgamento. Damien aparece em primeiro plano, sentado à mesa do lado contrário ao de Jason. FOTO DE DAVID GOTTSCHALK, CORTESIA DE *THE ARKANSAS DEMOCRAT--GAZETTE*

Damien permanece imóvel enquanto ouve a própria condenação à morte.
FOTO DE LISA WADDELL, CORTESIA DE *THE COMMERCIAL APPEAL*

O advogado de defesa Edward Mallett conversa com repórteres logo após uma apelação à Corte Suprema do Arkansas. Em primeiro plano, um crítico dos julgamentos segura parte de um cartaz que exige dos oficiais do estado que "Libertem os Três de West Memphis".

Os californianos Grove Pashley, Kathy Bakken e Burk Sauls, fundadores de um site de apoio aos Três de West Memphis, visitam o Arkansas em 1997 para encontrar Damien (na foto, separado deles por um vidro) na unidade de segurança máxima do estado.

Os cineastas Bruce Sinofsky (à esquerda) e Joe Berlinger (à direita) visitam Damien em 1999.
FOTO DE ALEX ZAKRZEWSKI, CORTESIA DE CREATIVE THINKING INTERNATIONAL, LTD.

Damien na prisão, em março de 2002.

Jessie na prisão, em fevereiro de 2001.

Jason na prisão, em março de 2001.

Mais uma testemunha juvenil

Na véspera do julgamento, Lax também procurou outro adolescente que dissera à polícia ter ouvido Damien discutir os assassinatos.[3] O garoto de dezesseis anos era uma das testemunhas que Fogleman intimara para depor no julgamento. Depois que o garoto admitiu que o que dissera à polícia estava "errado", Lax filmou uma entrevista com ele e a mãe. A mulher disse que haviam lhe pedido para levar o filho até a delegacia em setembro de 1993, quatro meses após os crimes. O detetive Bryn Ridge o interrogou rapidamente e em seguida o submeteu ao teste do polígrafo. Após o teste, Ridge e Durham o interrogaram novamente.[4]

Ela também contou a Lax que, embora tivesse ido à delegacia com o filho, haviam lhe dito para permanecer na sala de espera. Ela disse não saber que tinha o direito de estar presente quando o filho fosse interrogado e que a polícia não a informara disso. Lax observou, durante a entrevista filmada, que as declarações feitas pelo garoto antes de passar pelo teste eram diferentes das que fizera depois e perguntou a razão. O adolescente respondeu: "Bem, durante a primeira parte, eu estava dizendo a verdade, que não sabia nada. Na segunda parte, eles me levaram até o... aquele negócio, o polígrafo, e então fomos para o andar de baixo colher digitais e, quando eu voltei, eles disseram que eu estava mentindo e tal. Ficaram repetindo e repetindo e repetindo que Damien isso, Damien aquilo..."

O garoto disse que os policiais não haviam batido nele, mas ficavam "repetindo e repetindo", gritando, "como se eu estivesse prestes a ser preso ou algo assim". Em sua declaração após o teste do polígrafo, o garoto afirmou a Ridge e Durham que ouviu Damien dizer que estivera presente "quando os meninos foram mortos". Lax perguntou se ele sentiu medo e ele concordou com a cabeça. Ele disse que teve medo "de que os policiais tentassem dizer que eu estava lá e [...] que os conhecia. Então achei que acabaria me envolvendo e tendo de ir até o tribunal, como eles".

A lista de testemunhas potenciais que Fogleman entregara à defesa continha mais de duzentos nomes. Mais de um décimo eram policiais, outros trabalhavam no laboratório estadual de criminalística. Um deles daria mais um golpe no caso que Fogleman tentava montar.

Dr. Peretti

Desde o primeiro dia de investigação, a polícia presumira que as vítimas haviam sido sodomizadas. Uma razão para isso era o fato de o crime parecer sexual. A nudez dos meninos sugeria isso, assim como a maneira como haviam sido amarrados: com os membros presos nas costas, os genitais proeminentemente expostos e as nádegas acessíveis. A castração de Christopher, é claro, fora uma violenta agressão sexual. Outro fator que levou a polícia a acreditar que os meninos haviam sido sodomizados era o fato de seus ânus parecerem dilatados, anormalmente abertos, quando os corpos foram removidos da água.

Apesar de as autópsias terem sido realizadas no dia seguinte, o inexplicável atraso do legista em liberar os relatórios forçou Gitchell e seus detetives a seguirem em frente com suas suposições. Semanas se passaram sem uma resposta definitiva sobre a questão do estupro. Fora por isso que, em sua carta quase um mês depois dos assassinatos, Gitchell tivera de perguntar: "As crianças foram sodomizadas?" Ele ainda não tinha uma resposta quando Jessie fora interrogado. Mas a força da suposição dos detetives fora refletida nas perguntas do detetive Ridge. Jessie dissera à polícia que vira Damien e Jason "transando" com os meninos e essa declaração contribuíra para o caráter hediondo do crime. Contudo, após as prisões, quando os tardios relatórios da autópsia finalmente chegaram, eles afirmavam que "nenhum ferimento" fora encontrado nos ânus dos meninos.

Durante o julgamento de Jessie, o dr. Peretti, o legista que realizara as autópsias, testemunhara que, embora não pudesse excluir a possibilidade de os meninos terem sido estuprados durante o ataque, não havia provas materiais para apoiar essa afirmação. Quando Stidham perguntou a Peretti se ele teria esperado encontrar ferimentos nos ânus das crian-

NÓ DO DIABO 255

ças se uma testemunha relatasse tê-las visto sendo estupradas, o legista respondera que sim. "Se a inserção tivesse sido forçada, eu esperaria encontrar ferimentos", dissera ele. "Se o pênis tivesse penetrado o canal anal, esperaria encontrar lesões e ferimentos na abertura. Não encontrei nenhuma prova material nesse sentido."

Por causa do depoimento de Peretti, os advogados de defesa haviam pedido ao juiz Burnett que proibisse os promotores de afirmar que os meninos haviam sido estuprados — uma alegação que, como sabiam, carregava um peso emocional muito grande junto ao júri. Mas o depoimento de Peretti não fora um problema para os promotores porque, a despeito da falta de provas que corroborassem essa alegação, Burnett permitiu que afirmassem que os meninos haviam sido sodomizados.

A questão da sodomia permanecia uma das muitas ambiguidades do caso. A declaração mais recente de Jessie era ainda mais obscura. Na confissão que fizera à polícia de West Memphis, em uma época na qual os policiais ainda acreditavam que os meninos haviam sido estuprados, sua história se conformara a essa crença. Ele dissera que vira Jason e Damien "transando" com as vítimas, "por trás" e "na boca". Mas, há algumas noites, em Rector — depois de Jessie ter ouvido Peretti testemunhar que não encontrara evidências de sodomia —, a história mudara. "Eles não fizeram isso", dissera Jessie quando Davis perguntara. "Ele ia fazer isso, mas daí eles não fizeram." Se Jessie decidisse testemunhar durante o julgamento — uma questão que ainda não estava completamente resolvida —, Lax e os advogados de defesa não imaginavam qual seria a alegação da promotoria em relação à sodomia.

Michael Carson

Outra questão se relacionava às provas que a promotoria planejava apresentar contra Jason. Lax sabia que Lisa Sakevicius, a analista do laboratório de criminalística, testemunharia, como fizera durante o julgamento de Jessie, que as fibras encontradas nos corpos das vítimas eram "microscopicamente similares" às fibras de uma camiseta encontrada na casa de Damien e de um roupão encontrado na casa de Jason. Mas Lax também sabia que as fibras seriam fáceis de desconsiderar. Elas eram comuns. Além disso, seria um tanto forçado pensar que a única evidência que Jason deixara para trás na cena do crime fora a fibra de um roupão que nem sequer pertencia a ele. Os promotores provavelmente perceberiam que o argumento de uma transferência secundária era no mínimo tênue.

Como evidência, a faca encontrada no lago parecia muito melhor. Lax achava que Fogleman diria ao júri que ela fora usada em Christopher Byers e que o lugar onde fora encontrada, no lago atrás do trailer de Jason, ligava o garoto ao crime. Mas, se Jessie testemunhasse, a faca criaria novos problemas, dado que não possuía nenhuma semelhança com a faca dobrável que ele descrevera para a polícia. Tentar conectar Jason aos crimes com nada além da faca e de uma fibra do roupão de sua mãe seria um tiro no escuro. Mas, menos de um mês antes do início do julgamento de Damien e Jason, em uma virada quase tão sensacional quanto a descoberta da faca, uma nova testemunha surgira subitamente. Assim como a faca, ela ligava Jason ao crime.

Michael Roy Carson, de dezesseis anos, encontrava-se em sérios apuros. Estava em liberdade condicional por crimes anteriores quando a polícia de Jonesboro o detivera por suspeita de roubo em novembro de 1993. Na época, Michael parecia não ter nenhuma conexão com os assassinatos de West Memphis, e Val Price, o defensor público da cidade — e advogado de Damien —, fora indicado para representá-lo. Mas, em janeiro de 1994, no início do julgamento de Jessie, Michael abruptamente dissera às autoridades que sabia algo sobre o crime e que, na verdade, sua informação poderia ser crucial. Ele afirmou que, em agosto de 1993, estivera na mesma prisão que Jason, que se jactara dos homicídios. O garoto disse à polícia que Jason lhe dera "detalhes sangrentos" sobre os assassinatos e dissera que gostaria de "chicotear o rabo de Misskelley" por divulgar o envolvimento do trio.

NÓ DO DIABO 257

Tudo acerca dessa nova testemunha parecia suspeito para os advogados de defesa. Eles achavam difícil acreditar que Jason, que sempre sustentara sua inocência, tivesse confiado "detalhes sangrentos" a Michael, que conhecia havia menos de 24 horas. Michael tinha um longo histórico de uso de drogas, além das acusações de roubo, e as equipes de defesa notaram que só relatara a extraordinária jactância de Jason cinco meses depois — cinco meses durante os quais seus próprios problemas com a lei haviam se agravado.

Outro novo nome na lista de Fogleman era o do dr. D. W. Griffis. Aparentemente, Griffis testemunharia para a defesa como perito em homicídios relacionados a cultos. Ao se preparar para o depoimento, Griffis pedira que a polícia de West Memphis descrevesse as provas de envolvimento de um culto encontradas junto aos corpos. Fogleman entregara à defesa uma cópia das respostas do detetive Ridge, mas elas mostravam que ele tinha pouco a oferecer além das desvairadas declarações de Aaron Hutcheson.[5]

Ficara claro, durante o julgamento de Jessie, que a polícia não encontrara praticamente nenhum sangue no que os detetives acreditavam ser o local dos assassinatos. Lax observou que, em sua carta a Griffis: "Ridge declarou que a vítima que fora cortada na área do pênis sangrara até a morte; contudo, não foi encontrado sangue na cena do crime. Ele tentou explicar isso afirmando que os cortes poderiam ter sido feitos dentro da água ou, se tivessem sido feitos nas margens, estas teriam sido limpas com água antes de os assassinos deixarem a área. Também declarou que testemunhara sobre a ausência de sangue e que um amigo das vítimas [Aaron] relatara que um balde fora utilizado para recolhê-lo."

Textos

Mais que especulações a respeito de baldes de sangue, certos textos preocupavam Lax. Ele e os advogados de defesa sabiam que Fogleman tinha dezenas de páginas de textos pessoais de Damien — muitas das quais haviam sido confiscadas por Driver — e que ele usaria todos os que pudesse para retratar Damien como um assassino. Shettles analisara os textos em um esforço de antecipar o que Fogleman poderia apresentar. "Em minha opinião", escreveu ela, "há muito pouco material nesses textos que possa ser prejudicial. [...] Os temas principais são desespero, solidão e ideias de morte e suicídio."

Mas, agora, não eram apenas os textos pessoais de Damien que pareciam prestes a ser usados contra eles, mas também suas leituras. Durante o julgamento de Jessie, a polícia de West Memphis executara um mandado de busca na biblioteca do condado de Crittenden, procurando por todos os livros retirados por Damien, Jason, Jessie e Domini. Os dois livros que aparentemente haviam interessado à polícia tinham sido retirados por Damien. Eles eram *A magia*, de Maurice Bouisson, e *On Witchcraft* (Da bruxaria), do líder da colônia puritana Cotton Mather. Lax aconselhou as equipes de defesa: "Junto com nosso ataque à inepta investigação da polícia, acho que devemos aproveitar todas as oportunidades de demonstrar a correlação entre a caça às bruxas em Salem, no século XVII, e a perseguição a Damien Echols, Jason Baldwin e Jessie Misskelley."[6]

18

O segundo julgamento

Assim como o gelo cobrira o nordeste do Arkansas durante o início do julgamento de Jessie, outra incomum onda de frio anunciou o início do julgamento de Damien e Jason. Equipes de televisão cercavam o tribunal do condado de Craighead, um edifício que pareceu a um repórter de Little Rock "um mausoléu da Reconstrução bem no meio do movimentado distrito comercial de Jonesboro". Do lado de dentro, na sala de audiências do juiz Burnett, os promotores Davis e Fogleman e os quatro advogados de defesa ainda entrevistavam os jurados potenciais. A sala estava lotada de policiais armados, escreveu o repórter de Little Rock: "Três policiais estaduais e cinco policiais do condado vigiando os espectadores, dos quais 75% estavam convencidos de uma iminente tentativa de linchamento".[1]

Do lado de fora do tribunal, o advogado de Jessie conversava com os repórteres nos degraus cobertos de gelo. "Na noite passada, o sr. Misskelley decidiu que não testemunhará contra seus corréus", anunciou Stidham.[2] Os repórteres o cobriram de perguntas. Jessie recebera uma oferta de redução de pena caso testemunhasse — uma redução com possibilidade de liberdade condicional —, como afirmavam os advogados de Damien? Ou não houve oferta, como sustentava Fogleman? Stidham não respondeu, mas, de maneira significativa, disse que a decisão que Jessie tomara na noite anterior foi "a mais difícil de sua vida". E acrescentou que, enquanto conversavam, Jessie estava sendo reconduzido à prisão em Pine Bluff.[3]

Anos depois, em uma entrevista concedida na prisão, Jessie descreveu a pressão sob a qual estivera.[4] Ele disse que, quando fora levado para o nordeste do Arkansas após sua condenação, haviam lhe dito que, se ele não testemunhasse contra Damien e Jason, eles não seriam condenados e, enquanto ele apodrecia na prisão, eles iriam atrás de sua namorada. "Eles me disseram que, se eu não testemunhasse, Damien e Jason ficariam livres", lembrou, "e iriam atrás de Susan, iriam pegá-la. Foi então que me disseram: fale ou Damien e Jason ficarão livres e você ficará atrás das grades." Jessie disse que foi graças ao pai e à madrasta que conseguiu entender a própria situação. Eles lhe disseram que, se ele mentisse durante o julgamento de Damien e Jason, teria de viver com isso para sempre. Foi então, segundo ele, que decidiu não testemunhar. "Dessa maneira, se algum dia eu sair daqui, meu nome estará limpo e eu poderei levar uma vida decente."[5]

Voir dire secreto[6]

Dentro do tribunal, o processo de seleção do júri avançava penosamente. Quando Burnett perguntou se alguém no painel do júri não ouvira sobre o caso, nenhuma mão foi erguida. No segundo dia, vários jurados potenciais já haviam sido dispensados por admitir que não conseguiriam ser imparciais em relação ao caso.[7] No primeiro dia, apenas uma jurada, uma dona de casa de Jonesboro, fora selecionada.

O *Jonesboro Sun* relatou que o comportamento dos réus era "muito diferente" do comportamento de Jessie durante seu julgamento. Enquanto Jessie parecera submisso, comentou o jornal, Damien "olhava furtivamente para o teto em alguns momentos" e, em outros, "gargalhava" com os comentários do juiz. O artigo afirmou que o réu "joga os longos cabelos negros para trás, à procura do próximo jurado potencial a se aproximar do banco, [...] frequentemente olha para os repórteres com o canto do

NÓ DO DIABO 261

olho [...] e mantém a cabeça erguida, quase altivamente, ao passar pela imprensa". O repórter de Little Rock, por sua vez, concentrou-se no juiz Burnett, que ocasionalmente apresentava "um perfil à John Barrymore" para as câmeras que registravam a audiência.

No terceiro dia, com Damien e Jason sendo conduzidos ao tribunal com coletes à prova de bala, nove jurados haviam sido selecionados. Quando Damien passou por ele, um repórter gritou: "Quem foi?" Damien respondeu: "Byers." Embora os repórteres também gritassem perguntas para Jason, o garoto mais jovem não respondia. Do lado de dentro, Burnett disse a um repórter que se provara "praticamente impossível" encontrar cidadãos que pudessem se declarar imparciais.[8] Então, comentando que alguns jurados potenciais estavam temerosos, introduziu mais um elemento incomum nos já notáveis procedimentos. Ele alegou aos repórteres que, quando os jurados fossem selecionados, seus nomes seriam anunciados, mas não deveriam ser divulgados pela mídia. "Devido à magnitude do caso", alegou ele, "algumas pessoas temem que ele possa afetar seus negócios. Uma ou duas pediram anonimato." Parcialmente por causa dessas preocupações, Burnett explicou que tomaria a incomum decisão de entrevistar os jurados em potencial em seu gabinete, e não na sala de audiências.

Essa decisão representava mais uma camada de segredo sobre os procedimentos e, como fizera no passado, o *Commercial Appeal* protestou. Os advogados do jornal do Tennessee citaram a lei do Arkansas, que exige que todo julgamento seja público.[9] Mas os promotores, assim como o advogado de Jason, Paul Ford, defenderam a necessidade de realizar os procedimentos em segredo. "Os jurados potenciais não estão sendo julgados", disse Ford durante uma audiência sobre o pedido. "É muito mais provável que obtenhamos um júri justo, que é o que buscamos, em caráter privado." O juiz concordou.[10] O *Commercial Appeal* apelou para a Suprema Corte do Arkansas, que agendou uma sessão de emergência para a manhã de segunda-feira. Mas, então, um júri de oito mulheres e quatro homens já fora selecionado. Ele incluía uma enfermeira, três donas de casa, um empreiteiro, dois operários, um piloto da Força Aérea, uma bibliotecária, uma fonoaudióloga, uma funcionária do departamento rodoviário e um executivo autônomo.

Como Jessie fora condenado, o *Commercial Appeal* também entrou com um pedido exigindo acesso ao arquivo policial a seu respeito. A lei de liberdade de informação do Arkansas exige a liberação dos registros policiais quando o caso é encerrado, um ponto claramente atingido quando o réu é sentenciado. Mas Burnett também negou esse pedido. Ele disse que os arquivos dos três réus estavam associados e que "o direito a um julgamento justo suplanta o direito de acesso da imprensa".

Dias depois, a Suprema Corte do Arkansas finalmente decidiu que a entrevista dos jurados potenciais em caráter privado fora irregular.[11] Mas, àquela altura, a decisão não teve impacto, pois o julgamento já estava em andamento em Jonesboro. O júri impropriamente selecionado foi mantido e o julgamento seguiu em frente.

"Provas negativas"

Às 5 horas da manhã, no domingo antes do início do julgamento, um repórter dirigindo até o tribunal notou uma placa tosca enfiada no gramado. Ela trazia uma imagem do Ceifador, abaixo da qual alguém escrevera: "Ele quer você, Damien." O repórter notificou a polícia, mas o autor nunca foi encontrado.[12] Mais tarde, na mesma manhã, os assinantes do *Commercial Appeal* encontraram vários artigos sobre o caso em seu jornal. Um deles, escrito em Marion, Arkansas, dizia: "A lenda de Damien Echols sopra sobre os parques de trailers e as planícies dessa cidade do delta como um gélido vento invernal, fazendo os ouvintes estremecerem com histórias sobre vampiros, satanismo e assassinatos rituais."[13]

Na manhã seguinte, o julgamento de Damien e Jason começou mais ou menos como o de Jessie, com Fogleman descrevendo a cena do crime para o júri. Apontando para um mapa de Robin Hood, ele descreveu uma área em torno de uma das margens que parecia ter sido "arrumada". Ele disse que a polícia encontrara "várias marcas de

NÓ DO DIABO   263

raspagem, pouco naturais", no local. Mas acrescentou: "Não havia
sangue. Nenhum sangue."

"Agora, com a apresentação das provas", disse Fogleman aos jurados,
"quero dizer aos senhores, antecipadamente, que haverá alguns... haverá
muitos depoimentos do laboratório de criminalística do Arkansas. E
algumas dessas provas serão o que chamamos... acho que se pode chamá-
-las de 'provas negativas'. Elas não mostram conexão com ninguém. Por
exemplo, haverá provas, como nas bicicletas... Não havia nenhuma digital nas bicicletas. Também não havia digitais nas coisas que as crianças
carregavam nos bolsos. Coisas assim. E os senhores podem se perguntar
por que estamos apresentando provas negativas, mas explicaremos isso
mais tarde."[14]

Em sua declaração inicial, o advogado de Jason, Paul Ford, descreveu seu cliente como um estudante comum, "não um encrenqueiro",
que vinha "de um ambiente pobre". Ele contou como, em virtude de
sua mãe trabalhar à noite, Jason era responsável por acordar, alimentar
e vestir os irmãos pelas manhãs, antes de pegar o ônibus para a escola.
Disse que fora preso pelos homicídios somente porque a polícia fizera
uma investigação negligente. "Como os senhores verão por seus próprios
depoimentos", disse ele aos jurados, "eles não encontraram nada. Nem
mesmo uma gota de sangue." Ele relatou várias tangentes investigadas pela
polícia — caminhoneiros, veteranos, conhecidos agressores de crianças
—, afirmando que "não havia respostas para suas perguntas. Não havia
provas sólidas apontando para ninguém. E a pressão começou a aumentar.
[...] A evidência mostrará que, em 20 de maio, a polícia admitiu estar
caminhando às cegas. Eles não tinham respostas. Mas, subitamente, foi
feita uma prisão".

Ford descreveu como a polícia entrara na vida de Jason "como um
enxame", levando roupas, sapatos, redações e boletins escolares.

> Eles obtiveram amostras de seu cabelo e de seu sangue. Obtiveram sua
> saliva e suas impressões digitais. Colheram amostras de caligrafia. Co-
> lheram amostras plantares e fizeram moldes de seus sapatos — tudo isso

em busca de algo que o ligasse ao crime. E enviaram todas essas provas para os especialistas. Para o laboratório de criminalística de Little Rock. Para o FBI em Quantico, Virgínia. Para analistas no Alabama. E, como os senhores verão, não encontraram nenhuma prova substancial que o ligasse ao crime. Mas, antes que isso sequer ocorresse e se tornasse público, o inspetor Gitchell foi até a mesma imprensa que antes fora uma fonte de pressão e disse que, em uma escala de um a dez, as provas contra esse jovem eram onze. E, desse ponto em diante, ninguém mais acreditou nele, não importava o que dissesse.

O advogado de Damien também destacou a "inépcia policial" em sua declaração inicial e ecoou a alegação feita por Stidham de que os detetives haviam desenvolvido uma "visão em túnel sobre Damien Echols". Mas, além disso, tentou controlar os danos causados pela imagem superexposta de Damien. Gesticulando em direção a ele, Price afirmou: "Serei honesto com os senhores. Ele não é o típico garoto americano. É meio esquisito. Talvez não seja como eu e você. Isso é uma coisa negativa. Mas os senhores também verão que simplesmente não existem provas de que tenha matado aqueles três meninos."

Pedido para anulação do julgamento

A promotoria começou a chamar suas testemunhas. Novamente, como no julgamento de Jessie, Dana Moore e Pam Hobbs descreveram a última vez que estiveram com os filhos, e Melissa Byers forneceu detalhes de como, pouco antes de Christopher desaparecer, seu marido o encontrara andando de skate em uma rua movimentada. "Ele trouxe Christopher para casa e lhe deu três cintadas", disse Melissa, "porque ele poderia ter sido atropelado."

Mas os repórteres que haviam feito a cobertura do julgamento de Jessie notaram algo diferente. Ron Lax e os advogados de defesa também perceberam a mudança. Em um de seus primeiros movimentos, os

NÓ DO DIABO 265

promotores chamaram uma testemunha que afirmou que, na noite de 5 de maio, vira não três, mas "quatro meninos" entrarem na floresta Robin Hood.[15] Lax e as equipes da defesa sabiam o que estava acontecendo. Uma das poucas coisas consistentes nas muitas declarações de Jessie era sua afirmação de que ele, Damien e Jason haviam visto *três* meninos na floresta. Esse fora o relato que os promotores haviam apresentado durante seu julgamento. Mas, aqui — dado que Jessie não testemunharia, todas as provas eram circunstanciais e não havia motivo aparente ou testemunha ocular —, os promotores pareciam estar alterando sua versão dos fatos e preparando terreno para o depoimento de Aaron Hutcheson.[16]

Como durante o primeiro julgamento, o detetive Allen descreveu como literalmente quase tropeçara no primeiro corpo e como recuperara os outros. Ele citou a ausência de sangue nas margens, mas afirmou que a água no local onde o corpo de Christopher fora encontrado "continha muito sangue". Lax achou a declaração absurda. Nenhum dos relatórios policiais mencionava "muito sangue" e o detetive Ridge não teria de vasculhar o canal de joelhos se a água em torno dos corpos estivesse tão visivelmente ensanguentada. Novamente, fotografias das vítimas, nuas, pálidas e amarradas, foram mostradas ao júri, enquanto Ridge descrevia a mutilação de Christopher e a maneira como os meninos foram presos.

No segundo dia de depoimentos, o advogado de Jason pediu que Ridge descrevesse como a polícia manuseara as provas encontradas com os corpos. Ridge explicou que, como as roupas e os tênis estavam molhados, eles "tiveram de secar antes de serem enviados ao laboratório de criminalística". Ele disse que os itens foram colocados em sacos de papel usados e levados até a delegacia. Lá, foram removidos dos sacos e colocados "para secar", durante toda a noite, no chão do escritório do inspetor Gitchell. No dia seguinte, foram "reembalados" e enviados ao laboratório de criminalística em Little Rock.

Quando o advogado de Damien inquiriu Ridge, ele perguntou sobre os dois galhos que haviam sido marcados como provas, mas que a polícia só retirara da cena dois meses após os crimes. Entregando a Ridge um dos galhos, Price perguntou:

— Você não recolheu este galho como prova na época em que os corpos foram recuperados?

— Não, senhor — respondeu Ridge. — Eu só recolhi esse galho como prova depois da confissão de Jessie Misskelley, na qual ele disse...

Price se voltou para o juiz, interrompendo o detetive, para objetar:

— Peço a anulação do julgamento, Vossa Excelência.

Em uma conferência na tribuna do juiz, não ouvida pelo júri, Price afirmou que a pergunta que fizera ao policial "não exigia que ele revelasse o fato de que Jessie Misskelley confessara". Ele disse que o juiz deveria anular o julgamento porque "o objetivo de separar nosso julgamento do julgamento do sr. Misskelley é justamente por ele ter confessado. É a razão para a separação".

A discussão foi breve. "Ele não deveria ter dito isso", reconheceu Burnett. "Mas", acrescentou, "certamente não vejo motivo para uma anulação." O pedido de Price foi negado.

Então, o advogado de Jason pediu a anulação. Mas Burnett estava determinado. Ele disse: "Não existe uma alma naquele júri ou nesta sala que não saiba que o sr. Misskelley confessou." Ele disse que advertiria o júri a ignorar a declaração de Ridge e determinou que o julgamento seguisse em frente.

"Atividades de culto"

De volta a seu lugar em frente aos jurados, o advogado de Damien retomou a inquirição de Ridge. Price perguntou ao detetive sobre as amostras de sangue que ele e o sargento Allen haviam recolhido na parede do banheiro do Bojangles depois que os corpos haviam sido encontrados.

— Em que data vocês enviaram as amostras para o laboratório de criminalística?

— Elas nunca foram enviadas.

— Nunca foram enviadas?

— Sim, isso mesmo.

NÓ DO DIABO 267

— Onde estão essas amostras de sangue agora?

— Não sei, senhor. Elas foram perdidas.

— Perdidas?

— Sim, senhor.

Price então tentou perguntar a Ridge a respeito do relatório, escrito alguns dias depois dos assassinatos, sobre um morador da área que dissera à polícia que "alguns homens negros" haviam sido vistos na floresta. Abaixo dessa observação, Gitchell acrescentara seu próprio comentário: "Foi mencionado que, durante as atividades de culto, alguns membros escurecem o rosto." Price mencionara o relatório para que os jurados percebessem que, já no início da investigação, Gitchell e seus detetives haviam encarado os homicídios como possivelmente "relacionados a um culto". Mas Fogleman interrompeu e os advogados se aproximaram do juiz. Fogleman disse que queria saber onde Price pretendia chegar com essa pergunta. Quando Price explicou, Fogleman disse que não objetaria, pois isso "abriria a porta" para que os promotores inquirissem Ridge "sobre qualquer evidência de que atividades de culto estavam envolvidas" no crime.

Foi a vez de o advogado de Jason contestar. Ele afirmou que, meses antes, fizera uma petição solicitando que ninguém fosse autorizado a mencionar "atividades de culto" e uma audiência especial fora presidida pelo juiz Burnett. Paul Ford queria que qualquer um que afirmasse que atividades de culto estavam envolvidas deveria antes demonstrar que existiam "bases factuais" para tal alegação.

O advogado de Damien tinha uma estratégia diferente. Price disse a Burnett que queria estar livre para usar a expressão a fim de demonstrar que desde o início a polícia se fixara nessa possibilidade, à exclusão de outras, mais razoáveis.[17] O desacordo entre as duas equipes de defesa sublinhou as diferenças que as distanciavam e haviam dado origem a suas repetidas solicitações para que os julgamentos fossem separados. Price queria atacar o foco dos detetives em cultos e satanismo, que acreditava ter atraído injustificada atenção sobre Damien. Ford, acreditando que Jason não poderia ser associado a nada relacionado a cultos ou satanismo — e que seria prejudicado se os temas fossem apresentados —, não queria nem mesmo que as palavras fossem mencionadas.

A questão era a posição que os promotores assumiriam. Burnett perguntou a Fogleman:

— Vocês apresentarão atividades de culto como possível motivo? Pretendem desenvolver isso?

— Ainda não decidimos — respondeu Fogleman. — Depende do desenvolvimento do caso.

Observando que a lei não exigia que os promotores provassem o motivo, Burnett afirmou que o fato de os assassinatos estarem ou não relacionados a cultos não "importa realmente para o que estamos fazendo aqui, a menos que seja um possível motivo". E perguntou a Fogleman:

— Você pretende provar a motivação do crime?

— Se o sr. Price e o sr. Davidson pretendem estipular que Damien Echols estava envolvido em satanismo e culto ao demônio, não temos nenhuma objeção — disse Fogleman, sem responder diretamente à pergunta do juiz.

Price e Davidson declinaram.

Burnett então tomou uma decisão altamente significativa. Ele disse aos advogados que permitiria que Price inquirisse a polícia sobre seu interesse em atividades de culto, mas somente se os promotores decidissem apresentá-las como motivação para o crime. Burnett disse a Ford que, se os promotores fizessem isso e os advogados de Damien tentassem combater a alegação, ele "instruiria o júri muito claramente a considerar as provas apenas em relação ao sr. Echols, e não em relação ao sr. Baldwin".

— A corte está ciente — persistiu o advogado de Damien — de que temos umas mil páginas da produção de provas fornecidas pela promotoria, alegando que os assassinatos estão relacionados a cultos?

— Isso não significa que eles precisem provar o motivo — respondeu Burnett simplesmente.

Mudança de procedimento

A questão sobre se Fogleman e Davis iriam ou não apresentar ocultismo ou satanismo como motivação para o crime continuou pendente enquanto os procedimentos eram retomados no tribunal. O detetive Ridge respondeu a mais algumas perguntas, sem que a palavra "culto" fosse mencionada. Então o dr. Frank Peretti, do serviço médico-legal, foi chamado ao banco de testemunhas. A inquirição do promotor Davis foi breve. Entregando a Peretti a faca que fora encontrada no lago em função do palpite de Fogleman, Davis perguntou se os ferimentos de Christopher eram "compatíveis com a parte serrilhada daquela faca". Peretti respondeu que alguns deles eram. Isso foi tudo. O promotor se sentou.

Em sua inquirição, o advogado de Jason fez com que Peretti admitisse que a maioria das facas serrilhadas — e não somente aquela em particular — poderia ter causado os ferimentos. Logo, o advogado de Damien se levantou e entregou ao dr. Peretti o que chamou de "faca de John Mark Byers". E perguntou se os ferimentos de Christopher eram compatíveis "com ferimentos infligidos por esse tipo de faca". Novamente, Peretti disse que sim e que "alguns dos menores ferimentos serrilhados" eram compatíveis com as serrilhas daquela faca.

Davis se voltou para certos ferimentos de Michael Moore. Ele perguntou sobre as contusões que Peretti dissera ter encontrado nas orelhas do menino e sobre as marcas de abrasão em sua boca. Peretti disse que os ferimentos eram do tipo "geralmente visto em crianças forçadas a praticar sexo oral". Davis perguntou se poderia haver outras causas. "Bem", disse Peretti, "os ferimentos nos lábios podem ser causados ao se colocar um objeto dentro da boca. Também se pode conseguir esse tipo de ferimento com um soco ou tapa. Ou ao colocar a mão sobre a boca e pressionar com força." Peretti também disse que Michael apresentava "ferimentos de defesa" nas mãos, indicando que resistira ao agressor. E afirmou que o menino apresentava "fraturas múltiplas" no crânio, que haviam causado inchaço "em todo o cérebro". Além disso, seus pulmões estavam cheios de água, indicando que, "quando entrou na água, ele estava respirando".

Quando inquirido a respeito de Stevie Branch, Peretti observou que "múltiplos cortes, irregulares e escavados" eram visíveis em seu rosto. Quando Davis perguntou sobre as possíveis causas, Peretti disse que "uma faca, um pedaço de vidro ou qualquer objeto afiado" poderia tê-las causado, se o objeto tivesse sido torcido ou a criança estivesse se debatendo. "É importante notar", elaborou Peretti, "que, na região da testa, temos uma abrasão ou arranhadura que criou um baixo-relevo. Esse baixo-relevo é quase abobadado. Esse tipo de ferimento é tipicamente causado por cintos. O cinto tem uma pequena fivela. [...] É o tipo de ferimento tipicamente visto com cintos." Peretti disse que o corpo de Stevie Branch apresentava ferimentos nas orelhas e na boca similares aos de Michael Moore. E afirmou que, assim como os de Michael, seus pulmões continham fluidos. Ele também sofrera um impacto maciço na parte de trás da cabeça. "A base do crânio apresentava uma fratura de 9 centímetros com múltiplas fraturas em sua extensão." E acrescentou, de maneira descritiva: "Sabe o que geralmente acontece quando se derruba um ovo e ele apresenta fraturas? Foi basicamente isso o que aconteceu."

Davis pediu que Peretti descrevesse os ferimentos de Christopher "de maneira geral". "Bem", respondeu o médico, "Christopher apresentava ferimentos na cabeça, no pescoço, na região genital e anal, nas pernas e nos braços."[18] Ele afirmou que Christopher tinha "uma contusão ou olho roxo" e que seus outros ferimentos faciais tinham "a aparência de uma fivela de cinto". E descreveu os ferimentos na área genital como "antemortem", significando que haviam sido infligidos enquanto o menino ainda estava vivo. Mostrando uma fotografia, continuou: "Aqui podemos ver que a pele do pênis foi removida ou arrancada. [...] E o que temos aqui é o corpo do pênis sem a pele. E, por toda a volta, temos esses cortes escavados. O saco escrotal e os testículos estão ausentes."

O crânio de Christopher também fora fraturado, mas apresentava um ferimento adicional não encontrado nos outros dois meninos: um buraco redondo de 6 milímetros fora "perfurado" no seu crânio, logo na junção com a espinha, onde, segundo Peretti, alguém literalmente "socara seu cérebro". Era uma declaração dramática e sem nenhuma relação com o

NÓ DO DIABO 271

que Jessie dissera. Mas nenhuma explicação foi solicitada — ou oferecida — para o notável ferimento.

Durante a inquirição, Peretti também relatou que não encontrara picadas de mosquito em nenhuma das crianças. Sua ausência incomodara Lax e as equipes de defesa desde o início, por causa dos numerosos relatos sobre a maciça presença de mosquitos na floresta na noite em que os meninos haviam desaparecido e da associação entre mosquitos e sangue. Mas, tendo feito a pergunta, Davis rapidamente seguiu em frente.

— Bem, doutor — disse ele —, eu notei que, em seu relatório de autópsia, não há menção à hora da morte. O senhor lidou com essa questão ou chegou a mencioná-la em seu relatório?

— Não — respondeu Peretti.

Estimar a hora da morte era parte importante do trabalho do legista e Peretti ofereceu apenas uma débil explicação para o fato de não tê-la feito.

— Determinar a hora da morte é mais uma arte que uma ciência — disse ele. — Realisticamente falando, não é possível fazer isso, a menos que você esteja lá e testemunhe a morte da pessoa.

Ele disse que o melhor que se podia fazer era oferecer uma estimativa, mas, neste caso, nem isso fora possível.

O promotor Davis prosseguiu:

— Doutor, o senhor disse que parte de seu trabalho é preparar os relatórios de autópsia. Neste caso em particular, o senhor foi particularmente cuidadoso em relação a quando e para quem liberou as informações?

— Sim, fui.

— Normalmente, a quem são entregues os relatórios e suas cópias?

— O que fazemos no laboratório de criminalística é o seguinte: no dia em que realizamos a autópsia, preenchemos um formulário chamado "Causa da Morte". Esse formulário segue automaticamente para o promotor do condado onde ocorreu a morte, para o legista e para as agências que conduzem a investigação.

— O senhor alterou ligeiramente esse procedimento, para se assegurar de que as informações de seu relatório não fossem disseminadas para o público em geral?

— Bem, o que eu fiz... O que normalmente fazemos... Por exemplo, se examino alguém que morreu de infarto, escrevo 'Infarto, problemas coronarianos'. Mas, como este caso gerou tanta cobertura da mídia e havia muitos boatos e muitas pessoas telefonando para o laboratório por causa disso, decidi colocar no formulário apenas as causas da morte. Não disse nada sobre os ferimentos. Não disse nada ao promotor. Não disse nada à polícia. Não disse nada a ninguém.

Lax, que ouvia o depoimento, ficou pasmo. Um elemento padrão dos relatórios do laboratório de criminalística — informação que em geral era enviada "automaticamente" — fora omitido e Peretti "não dissera nada a ninguém". Lax se perguntou quantos desvios de procedimento poderiam surgir em um único caso.

Os jornais daquele dia relataram que Damien falara brevemente com os repórteres durante uma pausa no julgamento, antes que seus advogados "o levassem embora". A troca foi longa o bastante para que ele descrevesse as acusações contra si mesmo como "bobagens" e comentasse que estava achando o julgamento "um tédio, na maior parte do tempo".

"Muito difícil"

Quando a corte se reuniu novamente, os advogados de Jason inquiriram Peretti. A confissão de Jessie não seria mencionada neste julgamento, mas, como as prisões e a tese da promotoria a respeito do crime haviam se baseado naquela crucial e não mencionada confissão, Ford queria explorar algumas de suas questões centrais. "Havia algum sinal de estrangulamento?", perguntou ele. "Nenhum", respondeu o médico.

Em seguida, Ford examinou a alegação de que os meninos haviam sido sodomizados. Peretti respondeu que não encontrara provas de que os meninos haviam sido estuprados. Eles haviam sido amarrados com cordas? "Não", respondeu Peretti, ele não encontrara nenhuma evidência disso. E, quanto aos ferimentos na cabeça, reconheceu que "centenas de itens" poderiam ter sido usados para infligi-los, e não apenas os galhos

NÓ DO DIABO 273

que a polícia encontrara no local. Durante a inquirição, também reconheceu que "qualquer faca serrilhada" poderia ter causado os ferimentos de Christopher.

Quando Ford perguntou se teriam sido necessárias "habilidade e precisão" para realizar a castração de Christopher, Peretti respondeu: "Acredito que sim."

Ford então perguntou a Peretti quanto tempo demoraria para um médico como ele, com toda sua "habilidade, precisão e conhecimento", fazer o que fora feito ao menino.

— É uma pergunta difícil — respondeu Peretti. — Eu levaria algum tempo. Não é algo que se possa fazer em cinco ou dez minutos.

— Demoraria mais que cinco ou dez minutos?

— Acredito que sim.

— E isso em seu laboratório?

— Sim.

— Com um bisturi, correto?

— Correto.

— Bem, doutor, e se acrescentássemos à equação o fato de o senhor estar no escuro? O senhor conseguiria fazer isso no escuro?

— Seria difícil.

— E dentro da água? O senhor conseguiria fazer isso dentro da água?

— Seria muito difícil.

— E se o senhor estivesse dentro da água e no escuro, levaria muito mais tempo, não é verdade?

— É verdade.

— E se estivesse dentro da água, no escuro e cercado de mosquitos, isso tornaria as coisas ainda mais difíceis?

— Acredito que sim.

Na verdade, acrescentou Peretti, ele duvidava ser capaz de realizar tal procedimento nessas circunstâncias.

Ainda durante a inquirição, ele afirmou que Christopher sangrara até a morte em razão dos ferimentos; o sangue fora drenado de seu corpo e seus órgãos internos estavam pálidos. Quando Ford perguntou se

Damien e Jason, no escuro, poderiam ter limpado a quantidade de sangue perdida por Christopher, Peretti disse:

— Acho muito difícil. Não é fácil limpar sangue. Ele teria encharcado o solo.

— Doutor — disse Ford —, em relação aos homicídios que estamos discutindo hoje, o senhor concorda que eles podem ter ocorrido de três maneiras? Os ferimentos podem ter sido infligidos dentro da água. Podem ter ocorrido na margem, ao lado do canal. Ou podem ter ocorrido em outro local. O senhor concorda que essas são as possibilidades?

Peretti concordou.

— Ok. E o senhor concorda comigo que, baseado no que viu dos corpos desses meninos, seria altamente improvável que isso tivesse acontecido dentro da água?

Novamente, Peretti concordou. Teria sido "muito difícil", ele admitiu.

Hora da morte

Ford então retornou à elusiva questão da hora da morte. Durante o julgamento de Jessie, o dr. Peretti declarara não poder emitir uma opinião. Mas agora, com Damien e Jason sendo julgados e seus advogados pressionando por uma estimativa, Peretti chocou a todos na corte.

"Baseado no que sei", disse ele, "seria uma faixa muito ampla: entre 1 hora e 5 ou 6 horas da manhã." Em contraste com a vaga declaração que fizera antes, subitamente ele estava sendo específico. Ele disse que chegara a essa estimativa levando em consideração fatores como a temperatura do ar e da água, o horário em que os meninos haviam desaparecido, o horário em que seus corpos foram achados e as causas da morte. O advogado de Jason perguntou se ele consultara outros legistas sobre sua conclusão. Ele disse que consultara dois outros médicos.

— Eles concordaram com sua opinião? — perguntou Ford.

— Concordaram — respondeu Peretti.

O surpreendente depoimento atingiu em cheio a tese da promotoria sobre o crime. Ele contradizia tudo que Jessie dissera em sua confissão

NÓ DO DIABO 275

— a confissão que levara às prisões e à sua condenação. Ele significava que os meninos estavam vivos durante a busca noturna na floresta, vivos em algum outro lugar. E questionava tudo que a polícia deduzira sobre a falta de sangue na cena, sobre o local onde os meninos haviam sido mortos e sobre quem estaria com eles entre a meia-noite e o alvorecer. Muitas das perguntas suscitadas pela estimativa de Peretti não podiam ser respondidas. Mas, como observou Lax, uma coisa era óbvia: seu último depoimento representava mais uma peça de evidência tardia; mais um elemento retido por um oficial da lei; mais uma contradição no cenário da polícia; mais uma ambiguidade em um caso repleto delas.

O advogado de Jessie ficou chocado quando soube que Peretti testemunhara sobre a hora da morte. Sua mente percorreu todas as maneiras pelas quais poderia ter usado essa informação durante o julgamento. Stidham afirmou que perguntara a Peretti se ele podia determinar a hora aproximada das mortes e ele respondera que não. Agora, oferecera uma estimativa — e essa estimativa não se encaixava em nenhum lugar da confissão de Jessie. Argumentando que Jessie não tivera um julgamento justo porque os jurados não foram informados dessa discrepância, Stidham apresentou uma petição ao juiz Burnett, pedindo que anulasse a condenação e concedesse ao garoto um novo julgamento.

Os advogados de Damien e Jason encararam o depoimento de Peretti como uma pequena vitória. Além da admissão de incompetência por parte da polícia e do reconhecimento de Peretti de que conduzira o caso de maneira diferente da habitual, agora o próprio legista do estado dizia que os homicídios pareciam ter sido cometidos ao menos quatro horas depois do que teria sido possível no cenário apresentado pela promotoria.

Fogleman ficou lívido. O depoimento de Peretti fora uma surpresa desagradável. "Direi apenas isto", fuzilou ele mais tarde. "É um erro confiar no dr. Peretti para dar um parecer sobre a hora da morte. O dr. Peretti é um livro à parte."[19] Fogleman disse que ele e Davis souberam que Peretti planejava testemunhar sobre a hora da morte pouco depois de ele voltar ao banco de testemunhas. Ele e os dois promotores estavam do lado de fora da sala de audiências, contou Fogleman, quando Peretti disse que "teria de expressar uma opinião". Fogleman e Davis ficaram atônitos. "Nós perguntamos: 'O quê? Por quê? Você disse que não tinha informações suficientes!'" Fogleman disse que Peretti nunca respondeu à pergunta, mas, com o tempo, os promotores deduziram o que acontecera. De acordo com ele, os advogados de Jason haviam discutido o caso com o dr. Peretti pouco antes do julgamento e gravado a sessão. Fogleman mais tarde diria:

> Não tenho certeza se o dr. Peretti sabia disso, mas não faz diferença, porque eles tinham o direito de gravar a entrevista, com ou sem o seu conhecimento. Mas suspeito, veja bem, é uma suspeita, que eles conversaram com o dr. Peretti e manipularam seu ego, dizendo coisas como: "Certamente o senhor tem uma ideia sobre a hora da morte", e ele disse que sim, tinha uma ideia. Então eles possuíam essa gravação e, quando ele estivesse no banco de testemunhas, poderiam dizer: "Bem, o senhor deu sua opinião antes. Por que não pode repeti-la agora?" Suspeito que foi isso que aconteceu. Sei que eles gravaram a entrevista. Eles me disseram isso. E sei que o dr. Peretti subitamente mudou de ideia sobre fornecer uma estimativa.

Durante o restante da inquirição, Davis tentou minimizar o estrago. Ele abandonou a questão da hora da morte e perguntou sobre o efeito que a água poderia ter tido sobre as provas. Sim, respondeu Peretti, a água poderia ter lavado o esperma dos ânus dos meninos, se eles tivessem sido estuprados. E sim, é possível que uma criança seja estuprada sem que haja sinais posteriores de laceração. Em seguida, o assediado legista recebeu permissão para deixar o banco de testemunhas.

"Ficando absurdo"

Imediatamente, a promotoria chamou Michael Carson, de dezesseis anos, o jovem ladrão que recentemente se apresentara com uma história condenatória a respeito da conversa que, segundo ele, tivera com Jason na prisão, meses antes. Seu depoimento provar-se-ia crucial e, juntamente com a faca retirada do lago e as fibras encontradas nos corpos, que seriam "microscopicamente similares" às fibras de um roupão feminino encontrado na casa de Jason, constituiria a totalidade do processo do Estado contra ele.

— Ele me contou como desmembrou as crianças — disse Michael ao promotor Davis. — Ele sugou o sangue dos pênis e dos escrotos e colocou as bolas na boca.

Os espectadores na sala de audiências arquejaram. Davis pressionou. Comentando que Michael só relatara o que Jason dissera quase seis meses depois, o promotor perguntou:

— O que fez com que você se apresentasse naquele momento?

— Eu vi as famílias na TV — respondeu Michael. — E vi o quanto estavam tristes com a ausência de seus filhos. Tenho coração mole. Não consegui aguentar.

Depois, o promotor inquiriu o sargento Allen a respeito da faca que fora retirada do lago atrás da casa de Jason. Quando o promotor apresentou um mapa do parque de trailers, Allen mostrou ao júri onde Jason vivia e então indicou um ponto no lago, a pouca distância, onde os mergulhadores haviam encontrado a faca. Durante sua inquirição, os advogados de defesa atacaram a tenuidade da ligação, não apenas entre a faca e Jason, mas também entre a faca e o crime.

O advogado de Jason perguntou a Allen:

— Você está dizendo ao júri que essa faca é a arma do crime? É isso que você está dizendo ao júri?

— Não, senhor — respondeu Allen. — Não estou dizendo isso ao júri.

Quando o detetive Ridge retornou ao banco de testemunhas, ele reconheceu que, ao contrário do que Gitchell dissera aos repórteres, a sugestão de realizar uma busca no lago fora de Fogleman. O advogado de Damien pegou a faca dobrável que John Mark Byers dera ao cinegrafista — a única arma que podia ser diretamente ligada ao menos à família de uma das vítimas. Mas quando Price tentou perguntar a Ridge sobre sua entrevista com Byers depois que fora encontrado sangue na faca, os promotores objetaram. Eles não queriam que o júri ouvisse que, seis semanas atrás, a polícia formalmente lera os direitos de Byers e o interrogara a respeito dos homicídios — uma revelação que poderia fazer com que parecesse suspeito. Burnett imediatamente dispensou o júri e presidiu outra audiência *in camera* com os advogados.

Ambos os lados questionaram Gitchell durante a audiência. Sob juramento, ele sustentou que ele e Ridge não consideravam Byers um suspeito. Ele disse que só o interrogara a respeito da faca dobrável porque Stidham insistira. Perguntado por que, se Byers não era um suspeito, ele havia lido seus direitos antes do início do interrogatório, Gitchell disse que estava apenas tentando ser cauteloso. Era o tipo de ardil 22 com que os advogados de defesa vinham lidando desde o início do caso. E o absurdo não parou aí. Quando o advogado de Damien perguntou a Gitchell se, durante o interrogatório de Byers, os detetives haviam "tentado determinar se Mark Byers estava ou não envolvido nos homicídios", Gitchell respondeu: "Sim, senhor." Mas quando Price perguntou "Então, naquela época, vocês ainda tinham dúvidas sobre se poderia haver outras partes envolvidas nos homicídios, além das três pessoas acusadas?", Gitchell respondeu: "Não, senhor."

O juiz Burnett disse que não conseguia entender as intenções do advogado de defesa. Price respondeu que queria apresentar provas coletadas pela polícia de West Memphis mostrando que Byers era um suspeito e que também havia outros, mas Burnett não permitiu. Além de Byers, argumentou Price, havia o jovem Christopher Morgan, o adolescente de Memphis que dissera à polícia da Califórnia ter cometido os homicídios. Morgan rapidamente se retratara, mas, se essa era a questão, Jessie Misskelley também o fizera. Price queria inquirir Morgan como uma forma de sugerir aos jurados que o caso da polícia estava longe de ser incontestável.

Mas Burnett perguntou por que o depoimento de Morgan seria relevante. Price não conseguiu acreditar.

— Um homem que confessou os crimes? Que conhecia as três vítimas? Que partiu de West Memphis uma semana depois dos crimes?

NÓ DO DIABO

Acho que isto é definitivamente relevante: o fato de que ele se mudou para a Califórnia e confessou.

Além disso, argumentaram as equipes de defesa, eles queriam inquirir as outras testemunhas que a polícia vira como suspeitas. Mas Burnett já ouvira o suficiente.

— Senhores — disse ele —, isso está ficando absurdo. Não permitirei que arrastem para cá cada possível suspeito, a menos que tenham algo que os ligue diretamente ao caso.

Os advogados de defesa argumentaram que a confissão de um suspeito, mesmo que retratada, deveria ser suficiente para ligá-lo ao caso. Mas Burnett decidiu que depoimentos de outros suspeitos não seriam permitidos. Ele disse aos advogados de defesa que não permitiria que eles "confundissem o processo" com "coisas que não são relevantes".

19

O motivo

O JULGAMENTO ENTRAVA EM SUA TERCEIRA SEMANA. Os promotores Davis e Fogleman haviam comemorado a decisão do juiz de proibir provas sobre outros suspeitos. Mesmo assim, seu caso era frágil. Durante o julgamento de Jessie, eles tinham uma confissão, mas não neste. Impedidos de chamar Jessie para depor e não querendo chamar o jovem Aaron Hutcheson, eles não tinham testemunhas oculares. Quanto a provas materiais, tudo o que possuíam eram alguns galhos comuns da floresta, um par de fibras "similares" e a faca retirada do lago — nada que ligasse diretamente os réus aos homicídios. Para alguns observadores, seu caso parecia frágil. Então, abruptamente, Fogleman anunciou um motivo. "Promotor afirma que assassinatos estão ligados a culto", proclamou o *Jonesboro Sun*.

Os promotores não haviam sugerido um motivo em sua declaração inicial ao júri. Mas o jornal relatou que Fogleman pretendia chamar "um especialista em crimes relacionados a cultos" para depor. A decisão deu origem a outra audiência *in camera*, na qual o advogado de Jason, Paul Ford, tentou impedir essa abordagem. Com o júri fora da sala, o detetive Ridge testemunhou que, desde o início, acreditara que o assassinato dos garotos estava ligado ao oculto. "O fato de que houve excesso, ou seja, mais ferimentos do que teria sido necessário para causar a morte", levara-o a suspeitar de um crime relacionado a cultos. A idade dos meninos — oito anos, que afirmou ser um número usado pelas bruxas da religião Wicca —, seu conhecimento de que, "em assassinatos relacionados a cultos, as vítimas são do sexo masculino" e as declarações de Aaron Hutcheson haviam reforçado suas suspeitas. "Além disso", disse ele, "havia ferimentos do lado esquerdo do rosto de um dos meninos, o que é um sinal do oculto." Ridge afirmou que, quando interrogara Damien, suas respostas aumentaram suas desconfianças.

— Algum de vocês pode definir "oculto" para mim? — Burnett perguntou a Ford e Fogleman.

— Bem — disse Ford —, podemos pegar o dicionário Webster, Vossa Excelência.

— Não sei o que é o oculto — resmungou Burnett. — Parece algo ruim, mas não tenho certeza do que significa.

— A promotoria agora está declarando que o motivo dos assassinatos foi o oculto? — perguntou Price.

— Ainda não tomamos uma decisão final — respondeu Fogleman, — mas, neste momento, eu diria que sim.

Burnett perguntou a Fogleman se ele esperava ligar Jason a "atividades ocultistas".

— Excelência, precisaremos conversar sobre isso com o especialista. É meu entendimento que alguns sinais de envolvimento são obsessão com música heavy metal e mudanças na maneira de se vestir, passando a usar preto. E acredito que as provas mostrarão que ele possui quinze camisetas pretas com essa coisa de heavy metal. E ele possuía alguma parte de um animal, garras ou dentes, acho que eram garras — disse Fogleman.

O outro advogado de Jason, Robin Wadley, sacudiu a cabeça em sinal de incredulidade.

— Vossa Excelência, a posição da promotoria é que possuir camisetas pretas com estampa de bandas de rock preenche os requisitos da corte para... somente esse fato é suficiente?

Mas Fogleman disse que havia mais.

— Temos o depoimento prestado por Michael Carson relacionado ao ato de sugar sangue do pênis — continuou Fogleman —, e acho que a evidência mostrará que essas pessoas acreditam que beber sangue é algo que lhes dá poder.

NÓ DO DIABO

Os advogados de Jason ficaram desapontados, mas não surpresos, quando Burnett tomou partido de Fogleman e permitiu depoimentos sobre o oculto. Mas, à luz dessa decisão, novamente imploraram para que ele separasse os julgamentos, pois previam que haveria muitos depoimentos sobre o conhecido interesse de Damien pelo oculto, mas nenhum sobre Jason. Novamente, Burnett recusou. Ele disse que alertaria o júri de que "o depoimento — abomino conceder dignidade chamando-o de depoimento sobre o oculto — relativo à religião Wicca" deveria ser considerado somente em relação a Damien.

"Salve-se"

O pedido de Ford para que Jason fosse julgado separadamente fora amplamente divulgado. O que o público nunca soube — e que, na verdade, quase ninguém na sala de audiências, incluindo os jurados, sabia — era que, enquanto os promotores tentavam conseguir sentenças de morte para os supostos infanticidas, também ofereceram a Jason um acordo separado. Eles o fizeram não uma, mas duas vezes. Como Jason lembrou mais tarde, as ofertas foram apresentadas a ele por seus advogados, Ford e Wadley, e eram similares ao acordo oferecido a Jessie. Em vez de pedir ao júri para sentenciá-lo à morte, os promotores tentariam obter uma sentença de quarenta anos — período que permitiria uma eventual liberdade condicional — se ele se declarasse culpado e testemunhasse contra Damien. Se aceitasse o acordo e tivesse bom comportamento na prisão, poderia sair em dez ou quinze anos.[1]

Em alguns aspectos, Jason representava a maior ameaça ao caso dos promotores. Havia muito pouca evidência contra ele e Fogleman e Davis temiam que, se os jurados tivessem dúvidas a seu respeito, sua condição de corréu os levasse a questionar também o envolvimento de Damien. Em contrapartida, se Jason testemunhasse, um de seus maiores problemas transformar-se-ia em vantagem. Paul Ford afirmou que a primeira oferta foi feita antes do início do julgamento. Ela representava um tremendo desafio para um garoto cujo 17º aniversário ainda estava a um mês de acontecer. Mas sua resposta foi rápida e segura.

"Eles disseram: 'Apenas diga alguma coisa. Salve-se'", lembrou Jason. "Ford me encorajou a aceitar. Mas eu pensei: 'Não, isso não está certo.' Tomei a decisão sozinho, ali mesmo, naquela hora. Foi um 'não' muito rápido. Ford disse: 'Bom, eu tinha de perguntar.'"

Como a maior parte da participação de Jason no julgamento, o drama desenrolou-se em silêncio e foi basicamente ignorado. Mas o episódio é revelador. Ele diz muito sobre os promotores — e sobre o caráter de um garoto de dezesseis anos que, ao rejeitar a proposta, arriscava-se a ser condenado à morte.

"A credibilidade das testemunhas"

Damien não sabia da oferta nem da recusa de Jason em "mentir", como disse, sobre o amigo. O que sabia era que corria o risco de ter suas próprias palavras usadas contra si mesmo. Seus advogados tentavam impedir isso.

Os promotores queriam apresentar os relatórios que a polícia de West Memphis escrevera sobre as entrevistas com Damien nas semanas anteriores à prisão. Price argumentou que elas haviam sido obtidas ilegalmente. Burnett considerou o argumento em outra audiência *in camera* e o próprio Damien foi chamado a testemunhar. Depois que ele prestou juramento, Price perguntou se ele solicitara um advogado quando fora interrogado pela polícia em 10 de maio, cinco dias após os crimes. Damien disse que pedira um advogado — não uma, mas três vezes —, mas que o detetive James Sudbury argumentara contra a ideia. "Ele disse que eu não precisava de advogado", testemunhou Damien, "porque ele acabaria me custando muito dinheiro e, de qualquer modo, iria embora no fim." Damien afirmou ter sido interrogado durante oito horas naquele dia. "No começo", disse ele, os detetives "foram muito gentis. Porém, mais tarde, começaram a me xingar. Disseram que iriam 'fritar meu traseiro' e que era melhor eu confessar de uma vez."

NO DO DIABO 285

A mãe de Damien, Pam, testemunhou que, por volta das 17h45, enquanto a polícia ainda o interrogava, ela telefonou para um advogado, que, por acaso, também era senador estadual, em uma cidade próxima e pedira que ele fosse até West Memphis para representar seu filho.[2] Na mesma audiência, o senador testemunhou que, após receber o telefonema, dirigira até a delegacia de West Memphis, onde pedira para ver Damien, mas sua solicitação fora "negada". O senador disse que repetira a solicitação pouco tempo depois e, dessa vez, ouvira que o "prédio estava fechado" e que ele "não podia ir até o andar de cima", onde Damien estava sendo interrogado.

Os detetives Ridge e Durham, contudo, afirmaram que Damien nunca pedira um advogado. Davis argumentou que, de qualquer modo, o papel do senador era irrelevante, pois nenhuma parte do interrogatório feita após sua chegada seria apresentada como evidência.

"É relevante para a forma como eles assediaram o garoto", respondeu o advogado de Damien. Ele argumentou que os jurados precisavam saber que Damien não tivera acesso a um advogado.

Mas o juiz Burnett não ficou impressionado. Segundo ele, se a própria investigação policial fosse questionada, literalmente centenas de pessoas seriam chamadas para depor e isso seria, como já dissera, "absurdo". Baseado na "credibilidade das testemunhas" — Ridge e Durham —, Burnett decidiu que as declarações que Damien fizera durante o interrogatório de quase oito horas seriam admitidas. O julgamento foi retomado na presença do júri. Fogleman agora podia perguntar a Ridge sobre o que Damien dissera à polícia. Ridge relatou seus comentários sobre o significado místico da água, sobre três ser "um número sagrado na religião Wicca" e sobre a "força demoníaca" que, segundo Damien, todas as pessoas tinham "dentro de si".

Em seguida, foi a vez de Price inquirir Ridge.

— Quando o senhor perguntou a ele qual era seu livro favorito da Bíblia, ele respondeu que era o Apocalipse?

Ridge concordou.

— O senhor fez essa pergunta a algum outro suspeito do caso? — continuou Price.

— Não me lembro de ter perguntado isso a mais ninguém. Não, senhor — respondeu Ridge.

— Quando o sr. Echols... O senhor perguntou a ele que tipo de livros ele gostava de ler?

— Sim, senhor.

— E ele respondeu... Acho que eram os livros de Anton LaVey e Stephen King? — acrescentou Price.

— Sim, senhor.

— Em sua opinião, havia algo incomum no fato de o sr. Echols gostar desse tipo de livros?

— Anton LaVey é autor de um livro sobre regras satânicas e envolvimento satânico. Stephen King parece ser autor de filmes e livros de terror e, se o senhor está perguntando se achei estranho, sim, senhor, achei — disse Ridge.

Para explorar mais profundamente o quanto Damien era "estranho", Fogleman chamou Deanna Holcomb, a ex-namorada de Damien. "Durante o tempo em que vocês ficaram juntos", perguntou Fogleman à garota de dezessete anos, "como Damien se vestia?"

— Ele se vestia todo de preto — respondeu Deanna.

— Durante o tempo em que vocês namoraram, Damien carregava algum tipo de arma? — perguntou Fogleman.

Deanna disse que ele carregava "facas". Fogleman mostrou a ela a faca retirada do lago, perguntando se já vira uma como aquela.

— Sim, senhor — respondeu Deanna.

Ela disse que, certa vez, quando abraçara Damien, vira uma faca como aquela no bolso de sua capa de chuva.

Os advogados de defesa tentaram desacreditar a polícia, demonstrando que, de várias maneiras, sua investigação fora pouco confiável. Em uma nova audiência sem o júri, eles disseram ao juiz Burnett que os detetives haviam compilado dez fotografias e as mostrado a várias pessoas, incluindo Aaron Hutcheson, sem registrar, contudo, de quem eram essas fotografias. Fogleman disse que a questão não tinha importância, pois Aaron nunca identificara ninguém.

NÓ DO DIABO 287

O advogado de Damien argumentou: "Vossa Excelência, se eles mostraram a essa suposta testemunha a fotografia de meu cliente e ela não o reconheceu, isso é ilibatório e temos o direito de saber de quem eram essas fotografias." Mas Burnett anunciou, mais uma vez, que "os relatórios e a investigação da polícia" não eram "a matéria deste julgamento". E, mais uma vez, tomou partido de Fogleman.

Oculto ou culto?

Tendo decidido perseguir o motivo relacionado a atividades de culto, os promotores abriram todas as comportas. Fogleman pediu que Burnett "considerasse registrar que a lua estava cheia em 5 de maio, de acordo com um almanaque". A defesa objetou, mas Burnett disse achar o pedido "apropriado" e registrou oficialmente que a lua estivera cheia na noite dos homicídios.

Com isso estabelecido, os promotores chamaram Dale Griffis, um Ph.D. "especialista em cultos" de Tiffin, Ohio. Eles queriam que Griffis elaborasse a alegação de Ridge de que os homicídios estavam relacionados a um culto. Mas as equipes de defesa objetaram a qualificação de Griffis como perito. Com o júri novamente dispensado, dessa vez por mais de três horas, Burnett ouviu enquanto Griffis respondia perguntas dos advogados de ambos os lados. Como, a defesa queria saber, alguém se torna especialista em algo como o oculto? Griffis respondeu que tinha 26 anos de experiência com a lei, um doutorado na Columbia Pacific e prática de consultoria em satanismo. Em função de sua especialidade, disse ele, Jerry Driver o contatara a respeito de atividades satânicas em West Memphis muito antes dos crimes. Os dois haviam conversado cerca de meia dúzia de vezes.

O advogado de Jason perguntou a Griffis que cursos ele frequentara para obter seu doutorado. Depois de evitar a pergunta várias vezes, Griffis finalmente reconheceu: "Nenhum."

O advogado de Damien já ouvira ao bastante. "Em nome de meu cliente", disse Price a Burnett, "nossa posição é que um doutorado por correspondência, no qual a pessoa não precisa frequentar aulas, concedido por uma instituição não reconhecida, não qualifica alguém como especialista no Arkansas."

— Discordo — respondeu o juiz Burnett. — Permitirei que ele testemunhe sobre o tema do oculto.

Mais tarde, Fogleman declarou que, até a audiência, não percebera que o diploma de Griffis era "de uma escola por correspondência". Anos após o julgamento, ele admitiu que a revelação provavelmente fora seu "momento mais embaraçoso como advogado".[3] Mas, na época, o constrangimento não o impediu de inquirir Griffis como o especialista que o juiz Burnett acabara de decidir que ele era.

— Qual é a diferença entre oculto e culto? Existe alguma? — perguntou Burnett a Griffis.

— Sim. Um grupo dedicado ao oculto é um grupo envolvido em alguma forma de ciência esotérica. Esses grupos são anteriores ao cristianismo. Um grupo dedicado a um culto é geralmente o tipo de grupo com o qual trabalho, são os grupos que cometem crimes. Eles obedecem a um sistema particular de crenças e a um líder carismático e, por causa desse sistema de crenças, violam a lei.

— O número três, três vítimas, tem algum significado?

— Um dos números mais poderosos na prática da crença satanista é o 666 e alguns acreditam que a raiz de seis é três.

Mas, quando o advogado de Damien perguntou a Griffis se ele concordava que o número três "também é significativo no cristianismo, por exemplo, e em outras religiões", ele respondeu: "Não posso afirmar isso."

— O senhor está familiarizado com a crença cristã, a Trindade, o Três em Um? — perguntou Price.

Griffis disse que sim, mas acrescentou que sua crença de que os homicídios estavam relacionados a um culto fora confirmada por alguns desenhos de Damien, particularmente o de "um indivíduo com a cabeça de um bode satânico".

Price objetou que qualquer material que Driver tivesse retirado da casa de Damien antes do crime fazia parte de seus registros e era confidencial. Mas Fogleman argumentou que os materiais estavam relacionados ao "sistema de crenças" e ao "estado mental" de Damien.

— Vossa Excelência — argumentou Price —, os Estados Unidos possuem a Primeira Emenda. Uma pessoa tem o direito de acreditar... Ela pode praticar a liberdade religiosa.

— Não tenho nenhum problema com o fato de ele praticar qualquer crença que queira — respondeu Burnett. — Isso não significa que essa crença não faça parte das provas relevantes em um processo contra ele.

— Se for um texto que ele possuía um ano antes dos homicídios, obviamente não é relevante — rebateu Price.

Mas o promotor Davis retornou à teoria da motivação, argumentando que o momento das crenças de Damien não era relevante. Ele afirmou que as ideias de uma pessoa, que podem "levá-la a agir", continuavam "através do tempo".[4]

Finalmente, Burnett decidiu em favor da promotoria: os livros, textos e desenhos retirados da casa de Damien um ano antes dos homicídios seriam admitidos como evidência.

— Também determino que, uma vez que o Estado tem o ônus da prova neste caso, e boa parte dele é circunstancial, é necessário e apropriado que o Estado prove o motivo, se puder... e também que o valor probatório do depoimento relacionado à motivação supera qualquer possível efeito prejudicial.

Ainda durante a audiência, Ford perguntou a Griffis:

— O senhor possui qualquer evidência que estabeleça uma ligação entre Jason Baldwin e o oculto?

— Não.

— Todos os crimes dessa natureza são ocultistas? Todos os homicídios com esse tipo de ferimento são ocultistas?

— Não, senhor.

— O que separa os homicídios ocultistas daqueles que não o são?

— Acima de tudo, as datas, a lua cheia.

Os advogados de defesa protestaram, dizendo que não havia base científica para a afirmação de Griffis de que os homicídios estavam relacionados a um culto. Mas o juiz Burnett decidiu que havia. E disse que qualificaria Griffis como especialista "baseado em seu conhecimento, experiência e treinamento na área do ocultismo ou satanismo".

Onze camisetas pretas

Quando o júri retornou, Fogleman chamou algumas testemunhas para preparar o caminho para Griffis. Lisa Sakevicius, do laboratório de criminalística, testemunhou que encontrara "traços de cera azul" na camiseta de uma das vítimas. Outras testemunhas disseram ter encontrado um livro chamado *Never on a Broomstick* e o crânio de um cachorro na casa de Damien e onze camisetas pretas na casa de Jason. Com isso, Fogleman chamou Griffis, que disse ao tribunal como, baseado na fase da lua e na ausência de sangue na cena do crime, detectara "os paramentos do oculto".

— Ao olhar para jovens envolvidos com o oculto, o senhor observa algum tipo particular de roupas, joias ou marcas corporais, alguma coisa assim? — perguntou o promotor.

— Em minha observação pessoal, as pessoas pintam as unhas e o cabelo de preto, usam macacões e camisetas da cor preta, esse tipo de coisa — respondeu Griffis. — Às vezes, elas se tatuam. E usam brincos com símbolos ocultos, que podem ser comprados pelo correio.

Fogleman perguntou sobre o tipo de arte associada a "pessoas envolvidas com ocultismo". Griffis respondeu que, segundo suas observações, ela envolvia necromancia ou "amor pela morte". As obras atribuídas a Damien podiam ser qualificadas dessa maneira, continuou. Similarmente, seus textos e os livros que possuía indicavam envolvimento com o oculto. Durante o depoimento, Griffis depurou sua opinião, dizendo

NÓ DO DIABO 291

que o crime mostrava os paramentos não apenas do oculto, mas de culto ao demônio em particular.[5]

As provas finais da promotoria

No dia seguinte, Fogleman e Davis realizaram seu ataque final. Chamaram duas garotas e a mãe de uma delas para testemunhar sobre o que teriam ouvido durante um jogo de softball. Uma das garotas, de doze anos, disse: "Eu ouvi Damien Echols dizer que matara aqueles três meninos."[6] Ela disse que Jason Baldwin estava com Damien na ocasião e que, depois de ouvir a confissão, ela a relatara à mãe.

Durante a inquirição da defesa, a garota reconheceu que nunca vira Damien antes do encontro no estádio. Ela afirmou que ele estivera conversando com um grupo de pessoas, mas a confissão de homicídio fora a única parte da conversa que conseguira ouvir. Também reconheceu que estivera a pelo menos 4,5 metros de distância quando ele fizera o comentário. Embora tivesse contado à mãe e o crime ainda não tivesse sido solucionado, reconheceu que nem ela nem a mãe haviam relatado à polícia a suposta confissão de Damien até que ele fosse preso.

A segunda garota era amiga da primeira testemunha e um ano mais velha.[7] Ela afirmou que, durante o jogo de softball, ouvira Damien dizer "que matara os três meninos e, antes de se entregar, mataria mais dois e já os escolhera". Assim como a amiga, também disse que nunca vira ou ouvira Damien antes do evento. Ela relatara o incidente à mãe, mas, novamente, nem ela nem a mãe alertaram os policiais, até que as prisões foram realizadas. Quando os advogados de defesa a inquiriram, ela reconheceu que, embora "seis ou sete" pessoas estivessem com Damien naquela noite, ela não conseguiria reconhecê-las, mesmo que estivessem presentes à sala de audiências.

E essas foram as provas finais da promotoria.

A defesa de Damien

Quando os promotores se sentaram após chamar a última testemunha, um repórter anotou suas impressões sobre o caso apresentado. "Tudo é muito vago [...]. Não consegui entender o caso, ele é simplesmente impenetrável."[8]

Mais tarde, escreveu: Quando a promotoria encerrou o caso, ela provara acima de tudo: 1) que os homicídios de fato ocorreram e 2) como as vítimas morreram. Ela provara "o que" e "como", mas não "quem", "por que", "onde" ou mesmo "quando". Seus "quem", "por que", "quando" e "onde" foram suposições, palpites, boatos e uma péssima comédia de tribunal. Não há nenhum motivo, a oportunidade não está muito clara, a hora da morte é discutível e não existe nenhum fiapo de evidência tangível ligando qualquer um dos réus ao crime.

De maneira pouco surpreendente, os advogados de defesa também consideraram as provas irrisórias, especialmente em um caso nos quais os promotores buscavam a pena de morte. Argumentando que "não há provas que coloquem Jason Baldwin na cena do crime, não há testemunhas oculares que o identifiquem como perpetrador nem provas materiais ou científicas que o liguem ao homicídio", seu advogado pediu que Burnett pronunciasse um veredito direto de absolvição, o que um juiz tem poderes para fazer quando as provas são consideradas insuficientes. Mas Burnett se recusou, anunciando em público: "Considero as provas mais que suficientes."

O advogado de Damien fez uma petição similar e Burnett tomou uma decisão similar. O advogado de Jason pediu novamente a separação dos julgamentos, notando que "existe um esmagador número de provas apresentadas neste processo que o tribunal instruiu o júri a considerar *somente* em relação a Damien". Novamente, a petição foi negada.

Embora o juiz Burnett tivesse determinado que o caso da promotoria "era mais que suficiente", os advogados de Damien encontraram pouco o que contestar. Agora que a bola estava em seu campo e era hora de apresentar a defesa, eles se sentiam lutando contra sombras. Como

NÓ DO DIABO 293

contestar alegações que ligavam Damien a Satã e, consequentemente, a homicídios cometidos durante a lua cheia? Eles começaram por seu álibi.

A mãe de Damien testemunhou sobre suas atividades em 5 de maio, terminando com a alegação de que ele estivera com a família desde as 16 horas. Mas, durante a inquirição, Davis dilacerou seu depoimento, sugerindo vigorosamente que, no mínimo, ela se confundira sobre os horários. Michelle, contudo, corroborou o relato da mãe, assim como os amigos da família.

Com isso, os advogados de Damien o colocaram no banco de testemunhas.

Som e fúria

Seu cabelo estava mal cortado. Quando Shettles o vira antes do julgamento, ele precisava desesperadamente de um corte e, sem nenhum barbeiro disponível, ela mesma fizera o trabalho. Enquanto Val Price fazia algumas perguntas preliminares, o garoto respondeu em um tom de voz que, estranhamente, não parecia nem confiante nem amedrontado.

Price perguntou como Damien passara a usar esse nome. Ele explicou que mudara de sobrenome quando Jack Echols o adotara e que, na época, estivera "muito envolvido" com a Igreja Católica.

— Estávamos escolhendo nomes de santos — disse ele.

— Eu frequentava a Igreja de Saint Michael e ouvi sobre esse cara nas ilhas havaianas, o padre Damien, que cuidou de leprosos até finalmente pegar a doença e morrer. Fui inspirado pelo que ele fez.

— A escolha do nome Damien teve alguma relação com qualquer tipo de filme de terror, satanismo, cultos, qualquer coisa dessa natureza? — perguntou Price.

— Não, nenhuma relação.

— Diga às senhoras e aos senhores do júri um pouco sobre as coisas que você gosta de fazer, seus interesses, hobbies e coisas dessa natureza.

— Durante alguns anos, gostei muito de andar de skate. Foi praticamente tudo que fiz durante algum tempo. Gosto de filmes, de qualquer tipo de livro, de falar ao telefone, de assistir a TV.

— Você lê muito?

— Sim.

— Que tipo de livro você gosta de ler?

— Eu leio qualquer coisa, mas meus favoritos são Stephen King, Dean Koontz e Anne Rice.

— Durante esse período, você se interessou por diferentes tipos de religião? Que crenças você estudou?

— Eu li sobre todos os diferentes tipos de religião, porque sempre me perguntei como podemos saber se escolhemos a certa, se não estamos fazendo confusão.

— Depois do período em que esteve realmente envolvido com o catolicismo, você começou a se concentrar em alguma outra religião em particular?

— Na Wicca.

Price perguntou a Damien sobre alguns de seus textos, que os promotores já haviam apresentado. Damien identificou um dos livros como seu diário. Mostrando citações na capa interna, o advogado pediu que Damien as lesse para o júri "e dissesse de onde vieram".

Damien começou a ler:

"A vida é só uma sombra errante. É uma história contada por um idiota, cheia de som e fúria, sem significado algum." Isso é *Sonho de uma noite de verão*, de William Shakespeare.[9] "Puro negro parecendo límpido. Meu trabalho aqui está terminado. Tente me devolver o que costumava ser." Isso é de uma fita do Metallica chamada *And Justice for All* . É sobre quão distorcido é o sistema judiciário e coisas assim. Essa outra veio de *Além da imaginação*: "Eu chutei muitas portas em meu tempo e estou disposto a esperar até que esta se abra. Quando ela abrir, estarei esperando."

Damien identificou outros itens que a promotoria apresentara contra ele, como a capa de uma fita do Metallica chamada *Master of Puppets* e a capa de "uma cópia pirata de uma fita do Metallica que a maioria das pessoas nem sabe que existe", chamada *Garage Days Revisited*. Damien explicou que ele e Jason costumavam "fazer ampliações das capas em uma copiadora e usá-las para decorar nossos quartos". Ele disse que encontrara o crânio do cão e o guardara porque achara "legal". Outra imagem que a promotoria apresentara era a de um crânio dourado com asas. Damien a identificou como o emblema da Harley-Davidson.

Price perguntou por que Damien pegara emprestado um livro de bruxaria de Cotton Mather na biblioteca. Ele respondeu:

— Só para ler. Ao olhar para a capa, a maioria das pessoas acha que é um livro de bruxaria. Mas, na verdade, é um livro antibruxaria. Foi escrito por um ministro puritano. É sobre as diferentes maneiras pelas quais, durante a era das perseguições, eles costumavam encontrar modos de torturar as pessoas e mantê-las presas até que elas finalmente dissessem: "Sim, sou uma bruxa", e então eles podiam matá-las.

Quando Price perguntou se Damien tinha carteira de motorista ou já dirigira um carro, ele respondeu que não. Price também perguntou se ele discutira os assassinatos durante o jogo de softball das garotas; Damien disse que estivera no estádio, mas não falara sobre os assassinatos. E quando Price pediu sua opinião sobre o depoimento do especialista em cultos, Dale Griffis, Damien observou, calmamente:

— Algumas coisas estavam corretas, mas ele não fez distinção entre os diferentes grupos. Ele os juntou em um único grande grupo que chamou de cultos.

— Em relação às várias coisas sobre as quais Griffis falou ontem — crenças satanistas —, alguma dessas coisas faz parte de suas crenças pessoais? — continuou o advogado.

— Na verdade, não — respondeu Damien, embora acrescentasse que poderia partilhar "algumas características que Griffis descrevera".

— Alguns satanistas podem ser arrogantes, convencidos, autocentrados. Eu posso ser assim, mas não sou satanista. Não acredito em sacrifícios humanos nem em nada do tipo.

Perguntado sobre a faca encontrada no lago, Damien respondeu:

— Eu tinha uma parecida, mas a minha não tinha cabo preto. O cabo da minha era camuflado e tinha uma bainha camuflada. A lâmina da minha era preta. Não era prateada como esta.

Perguntado sobre como se sentira durante o ano anterior, desde que fora acusado pelos crimes, respondeu:

— De várias maneiras. Às vezes zangado, quando via coisas na TV. Às vezes triste. Às vezes assustado. Sobre a ocasião em que lambera os lábios durante uma das audiências preliminares, disse:

— Acho que perdi a cabeça, porque, quando saí, todo mundo estava lá, dizendo palavrões, gritando comigo, coisas assim. Eu fiquei aborrecido e fiz aquilo.

— Você matou algum daqueles meninos? — perguntou o advogado.

— Não — respondeu Damien. — Não matei.

A manchete de primeira página do *Arkansas Democrat-Gazette* na manhã seguinte anunciava: "Echols nega ter matado os três meninos." A linha seguinte dizia: "Admite interesse pelo oculto." A fotografia que ilustrava a matéria mostrava Jason sorrindo durante o julgamento. A primeira página do jornal de Jonesboro trazia uma foto de Damien sorrindo enquanto era conduzido para fora do tribunal.

Mas havia menos razões para sorrir no dia seguinte, após a inquirição de Davis. O promotor entregou a Damien uma folha com vários nomes escritos em um alfabeto incomum. Damien reconheceu que escrevera os nomes. Em resposta às perguntas de Davis, disse que um dos nomes era de Aleister Crowley, um conhecido escritor de bruxaria. Davis identificou Crowley como "destacado autor no campo da adoração demoníaca" e um escritor que "acredita em sacrifícios humanos". Damien não discordou. Disse que nunca lera um livro de Crowley, mas acrescentou:

— Eu teria lido, se tivesse encontrado.

Ao lembrar do incidente no Oregon que resultara em sua hospitalização, o promotor Davis perguntou: "Você ameaçou comer seu pai vivo?" Damien disse que a polícia fora chamada porque ele ameaçara se matar. Davis perguntou sobre a referência que ele fizera no dia anterior à medicação que lhe fora receitada. "Você ainda a toma?", perguntou

NÓ DO DIABO   297

Davis. Damien disse que sim — ele vinha tomando o antidepressivo Imipramine há dois anos e ele o fazia se sentir sonolento.

— Você é maníaco-depressivo?

— Sim, sou.

— Descreva o que acontece quando você não toma seu remédio.

— Eu choro. Fico sozinho a maior parte do tempo, fechado em mim mesmo. Se não tomo o remédio, tenho dores de cabeça, náusea e depressão generalizada.

— E quando está na fase maníaca, você se sente quase invencível?

— Sim.

Davis começou a perguntar sobre o incidente no qual Damien ameaçara arrancar os olhos do namorado de Deanna, mas seu advogado objetou. Davis rebateu:

— Vossa Excelência, eles afirmaram ontem que ele é um tranquilo, passivo e pacífico wiccano.

Davis disse que queria mostrar que Damien tinha outro lado. Burnett concordou e o promotor perguntou:

— Quando você tem uma dessas mudanças de humor e sua medicação não está em dia, você às vezes se torna violento?

— Somente contra mim mesmo.

Damien foi o único dos três réus a testemunhar. Muitos observadores na sala de audiências concordaram que essa decisão fora extremamente arriscada. E agora, enquanto Damien se afastava do banco de testemunhas, muitos concordavam que ele não ajudara seu caso — e que poderia tê-lo prejudicado seriamente. Mas Damien parecia não perceber isso. Ele parecia satisfeito, como se, em um confronto com um promotor veterano, tivesse se saído bem.

Para o repórter do *Arkansas Times,* parecia que os promotores tentavam retratar Damien "como um monstro maligno capaz de cometer o crime e, consequentemente, deve tê-lo cometido".[10] Mas não era assim que o repórter o via. "Ele é sarcástico e não apresenta sinais de remorso", escreveu, "mas o que transmite não é uma sensação de fria ameaça; ele é um garoto problemático, perdido em uma postura teatral que tentou transformar em identidade. É mais patético que assustador."

O misterioso Christopher Morgan

Como peça seguinte da defesa, os advogados de Damien tentaram inquirir Christopher Morgan, de Memphis, o jovem de vinte anos que dissera à polícia da Califórnia que poderia ter "tido um branco" e matado os três meninos de West Memphis. Embora Morgan tivesse rapidamente desmentido a declaração, os advogados de defesa queriam que o júri o ouvisse, pois ele poderia ao menos gerar dúvida razoável. Mas os promotores tentaram impedir seu depoimento. Eles disseram a Burnett que ele teria de presidir outra audiência *in camera* para ouvir o que Morgan tinha a dizer antes de deixá-lo testemunhar em audiência pública. Burnett concordou e, com o júri fora da sala, teve início o mais estranho, mais secreto — e talvez mais revelador — procedimento do julgamento.

No início da audiência *in camera* que se seguiu, Morgan se recusou a responder perguntas sobre o que dissera à polícia. Ele pediu um advogado. Ignorando seu pedido, o juiz Burnett fez com que prestasse juramento. Morgan respondeu a algumas poucas perguntas e então novamente pediu um advogado. O juiz Burnett novamente recusou e ordenou que ele respondesse. Finalmente, sem advogado, Morgan testemunhou sob juramento. Ele disse que já trabalhara vendendo sorvetes no bairro das vítimas, mas que mentira quando dissera à polícia da Califórnia que poderia tê-los matado. Ele afirmou ter passado o dia dos assassinatos trabalhando em um lava-rápido ou saltando de dunas de areia no rio Mississippi e que, à noite, fora a uma boate em Memphis. Disse que fora para a Califórnia alguns dias depois dos crimes para buscar um carro para um amigo. Declarou que fora voluntariamente até a delegacia quando soubera que estava sendo procurado e confessara por estar exasperado, após 17 horas de interrogatório pela polícia de Oceanside. Por fim, disse que, atualmente, enfrentava uma acusação federal em Memphis por posse de LSD.

O juiz Burnett perguntou a Morgan sobre a parte de sua declaração em que ele dissera à polícia que a confissão era falsa. "Pelo que me lembro,

NÓ DO DIABO 299

posso ter dito a eles algo como: 'Estão felizes agora?' Eles perguntaram: 'Isso é verdade?' e eu respondi 'Não'." Morgan disse que a polícia o mantivera preso em uma salinha e, em um impulso, ele dissera: "Talvez eu tenha feito isso", para que eles o deixassem em paz. Então, a polícia de Oceanside o deixara ir sem fazer nenhuma acusação. Fogleman afirmou que a polícia de West Memphis "excluíra" Morgan como suspeito.

O promotor Davis então argumentou que seu depoimento não era "confiável". Ele disse que os advogados de defesa queriam usá-lo para "criar uma cortina de fumaça", mas o que ele tinha a dizer era "absolutamente" irrelevante. Paul Ford discutiu essa alegação, argumentando que a polícia interrogara Jessie em circunstâncias semelhantes.

"Jessie Misskelley negou que tivesse cometido o crime, negou mais uma vez, então admitiu e depois negou e negou novamente e agora está na prisão", disse Ford. "Esta pode ser uma situação similar."

Nesse momento, o juiz Burnett decidiu indicar um advogado para Morgan. E ordenou que ele retornasse ao tribunal em dois dias, com seu advogado.

"Extraviada"

De volta à audiência pública, os advogados de defesa mudaram seu foco para a qualidade da investigação policial. Com o inspetor-chefe Gitchell no banco de testemunhas, o advogado de Damien, Scott Davidson, perguntou que tipo de manual fora seguido pelo departamento durante os procedimentos. Gitchell disse que não existia manual. Davidson perguntou se o departamento possuía gravadores e filmadoras. Gitchell reconheceu que sim. Davidson perguntou: "Vocês filmaram alguma entrevista com meu cliente, Damien Echols?" Gitchell respondeu que não. Nem tampouco gravaram qualquer uma das entrevistas com o principal suspeito.[11]

Em seguida, o advogado de Damien questionou Gitchell sobre os procedimentos do departamento para manusear as provas. Gitchell disse não haver procedimentos escritos. Davidson perguntou se a prova retirada do restaurante Bojangles fora enviada ao laboratório de criminalística. Gitchell respondeu: "Não, senhor. Ela foi, como se diz, extraviada."

Davidson perguntou sobre o gravador que, segundo Vicki Hutcheson, a polícia instalara sob sua cama. Gitchell disse que o tenente Sudbury tentara realizar essa operação de vigilância, mas nenhum registro da operação fora feito e não havia transcrição porque a gravação era inaudível. Nesse momento, o juiz Burnett interrompeu. "Sr. Davidson", perguntou ele, "o senhor pretende chegar a algum lugar?"

Davidson achou o comentário tão inadequado — um sinal de desprezo do juiz pela defesa — que imediatamente pediu anulação do julgamento.

— Objetamos o fato de a polícia ter extraviado provas, o fato de as identificações fotográficas não terem sido feitas adequadamente e o fato de não existirem registros da operação de vigilância. Nunca vimos nenhum documento sobre essa operação. E acho que isso certamente é relevante para o caso — disse, voltando-se para Burnett.

Mas o juiz não queria ouvir.

— Nada disso é relevante agora — disse ele.

"Você se saiu bem"

Na sexta-feira, ao fim da segunda semana de julgamento, o advogado principal de Damien, Val Price, questionou John Mark Byers sobre a faca que ele dera à equipe da HBO. "Onde o senhor guardava a faca?", perguntou Price.

Byers ofereceu a resposta que Ridge sugerira antes. "Quando ganhei a faca", respondeu ele pausadamente, "de presente de Natal, durante algumas semanas ela ficou na saleta, em uma mesinha ao lado de minha poltrona e, depois disso, foi guardada na cômoda do quarto."

Price perguntou a Byers sobre suas repetidas declarações a Gitchell e Ridge de que nunca usara a faca. Mas Byers alegou que se lembrava apenas vagamente do que dissera aos detetives seis semanas antes. Ele

NÓ DO DIABO 301

parecia desorientado no banco de testemunhas, como se achasse difícil entender as perguntas de Price. Finalmente, exasperado, Price perguntou se ele já usara a faca em carne de veado.

— Usei — respondeu Byers —, e, aliás, enquanto tentava usar a faca para fatiar o veado, cortei o polegar.

— Ah, o senhor cortou o polegar — disse Price. — É verdade que o senhor nunca disse ao inspetor Gitchell, em 26 de janeiro, que já cortara o polegar com essa faca em particular?

Era uma pergunta imprecisa, mas Byers respondeu, vagamente:

— Sim, senhor, parece que naquele dia eu disse isso a ele.

Perguntando a Byers vezes sem conta "O senhor disse ao inspetor Gitchell...", Price fez com que o júri percebesse quantas vezes Byers dissera a Gitchell e Ridge de que "não tinha ideia" de como sangue humano fora parar na faca. Então o advogado voltou no tempo para inquirir Byers sobre algumas declarações que ele fizera à polícia em 19 de maio, duas semanas após os homicídios. Ao perguntar sobre aquela entrevista, fez com que Byers admitisse que a última vez que vira Christopher fora quando surrara o menino com o cinto. Byers também reconheceu que, enquanto os outros procuravam na floresta, ele voltara para casa a fim de trocar de roupa e, embora estivesse escuro quando retornara à floresta, saíra sem uma lanterna. Mas não houve elaboração e, quando Price encerrou a inquirição, os promotores não tinham perguntas e Byers foi dispensado. Quando passou pela mesa dos promotores, Fogleman lhe deu um tapinha nas costas. "Não se preocupe", disse ele. "Você se saiu bem."[12]

Mais tarde, Fogleman observou que os advogados de defesa não tinham ousado perguntar a Byers diretamente se ele matara os meninos e ridicularizou suas cautelosas tentativas de fazê-lo parecer suspeito por implicação. Por fim, afirmou que as equipes de defesa pareciam desesperadas.

Ordem de silêncio

De fato, com os depoimentos chegando ao fim e apenas duas testemunhas restantes, a defesa fora claramente bloqueada. Burnett permitira que armas altamente discutíveis — a faca do lago e os galhos — fossem apresentadas como provas. Permitira que os promotores explorassem o interesse de Damien pelo oculto como motivo para os assassinatos. Qualificara Griffis como perito em cultos e permitira que este afirmasse que os homicídios apresentavam "os paramentos" do satanismo. E agora, com o julgamento entrando na última semana, Burnett tomou outra decisão, afirmando a propriedade do julgamento de Jessie Misskelley. Sem fazer comentários, rejeitou os argumentos de Stidham de que a mudança no depoimento de Peretti sobre a hora das mortes constituía uma nova evidência que lançava dúvidas adicionais sobre a validade da confissão de Jessie à polícia. Apesar da mudança no depoimento do médico, Burnett decidiu que Jessie não teria um novo julgamento.

A decisão não surpreendeu os advogados de Damien e Jason. Era difícil imaginar que o juiz Burnett agendaria um novo julgamento para Jessie no meio — ou mesmo depois — do julgamento dos outros dois réus. Mas os advogados ainda tinham algumas esperanças. Uma delas de que o júri ouvisse a confissão de Christopher Morgan à polícia da Califórnia. Mas, quando este retornou com o advogado indicado pelo tribunal, como Burnett ordenara, o já incomum julgamento teve uma virada notável. Até então, todas as audiências *in camera* haviam sido conduzidas em público, ou seja, embora o júri fosse retirado da sala de audiências, os repórteres e outros observadores tinham permissão para ficar, uma vez que as sessões faziam parte do julgamento. Por razões que nunca foram esclarecidas, mas pareciam estar relacionadas a drogas, o juiz Burnett decidiu que essa audiência seria uma exceção. Ele barrou a imprensa e os espectadores e emitiu uma ordem de guardar silêncio, proibindo os advogados envolvidos de discutir o conteúdo da sessão. O que se seguiu foi a parte mais secreta de um caso já envolvido em mistério.

NÓ DO DIABO 303

Burnett chamou Morgan e todos os advogados a seu gabinete. O advogado de Jason, Paul Ford, exprimiu sua exasperação:

Vossa Excelência, gostaríamos de registrar que esta é a primeira audiência *in camera* deste caso realizada longe dos ouvidos da imprensa e do público. Este tribunal realizou continuamente audiências *in camera* acessíveis aos observadores, mas esta foi deliberadamente orquestrada para permanecer longe dos ouvidos do público. É meu entendimento que o tribunal emitiu uma ordem de silêncio que nos proíbe de fazer comentários e não permitirá que chamemos Chris Morgan. Assim, não haverá explicação para o fato de Chris Morgan não ser chamado e Vossa Excelência nos proibiu de dizer à imprensa que o estado do Arkansas objetou a evidência e a testemunha. Vossa Excelência não permitirá que o interroguemos e não permitirá que discutamos a decisão. Este julgamento é público e foi continuamente realizado na presença da imprensa. Mas, quando a evidência é prejudicial à promotoria, a audiência é realizada em segredo.[13]

O juiz Burnett ouviu sem fazer comentários. "Mais alguma coisa?", perguntou ele.

O advogado de Morgan anunciou que ele não desejava testemunhar. Se fosse obrigado, pretendia exercer os direitos previstos na Quinta Emenda para evitar a autoincriminação. Os promotores objetaram vigorosamente a perspectiva de Morgan ser colocado no banco de testemunhas apenas para invocar a Quinta Emenda. Eles não queriam que o júri tivesse a impressão de que ele sabia algo autoincriminatório em relação aos homicídios — impressão que quase certamente criaria dúvidas sobre a culpa dos réus.

Isso, é claro, era exatamente o que a defesa queria. Price citou a decisão da Suprema Corte dos Estados Unidos que afirmava que nenhuma testemunha, além do réu, tinha o "direito" de se recusar a testemunhar. Além disso, segundo a decisão, quando testemunhas relutantes subiam ao banco de testemunhas e não desejavam depor, eram obrigadas a invocar os direitos garantidos pela Quinta Emenda "a cada pergunta" que lhes fosse feita.[14]

O outro advogado de Jason, Robin Wadley, argumentou que, até então, o advogado de Morgan não apresentara nenhuma razão pela qual ele estaria autorizado a invocar o privilégio da Quinta Emenda.

— Seu advogado falou sobre acusações em Memphis, relacionadas a drogas, que podem causar impacto — disse Wadley —, mas não demonstrou por que nem como. Até que isso seja feito, não acredito que possamos determinar se ele sequer tem o direito de invocar a Quinta Emenda.

— Mais alguma coisa? — perguntou Burnett.

O advogado de Morgan, Scott Emerson, manifestou-se. Em linguagem altamente velada, afirmou que, de certa maneira, as acusações enfrentadas por Morgan poderiam estar relacionadas aos homicídios e eram parte da razão pela qual ele não desejava testemunhar. De forma enigmática, disse a Burnett:

> Há acusações pendentes contra esse senhor no tribunal federal do estado do Tennessee. Conversei extensivamente sobre essa acusação, por telefone, com seu advogado em Memphis, que ficou chocado com o fato de o sr. Morgan não ter recebido aconselhamento quando solicitou um advogado. [...] Fui avisado, tanto por meu cliente quanto por seus advogados, que, além da possibilidade de autoincriminação relacionada a esses eventos, há alguns fatos sobrepostos em relação às acusações do tribunal federal.

O advogado de Jason, Robin Wadley, mal conseguia conter a frustração. "Vossa Excelência", disse ele, "ele está falando sobre acusações federais em Memphis. Não sabemos quais são essas acusações, quando foram feitas, que alegações as basearam nem quando ocorreu o suposto contato pelo qual ele foi acusado."

Price falou novamente, citando a lei do Arkansas, que determinava claramente que o tribunal "não deve aceitar declarações vagas da testemunha em relação ao privilégio da Quinta Emenda".[15]

— Mais alguma coisa? — perguntou Burnett novamente.

— Vossa Excelência — disse o promotor assistente Fogleman —, o Estado objeta o fato de a acusação desejar levá-lo ao banco de tes-

NÓ DO DIABO 305

temunhas, na frente do júri e de todo mundo, para exercer os direitos garantidos pela Quinta Emenda. Como sabe este tribunal, mesmo que o júri seja esclarecido a respeito do privilégio, parecerá, para o público em geral e provavelmente para os jurados, que ele deve ter feito algo, se deseja exercer os direitos da Quinta Emenda. Objetamos o fato de isso ser feito na presença do júri e do público.

Fogleman, delicadamente, também apresentou outra questão ao juiz Burnett. Ele disse que, quando Morgan fora questionado durante a audiência *in camera* anterior, "ele foi compelido a estar aqui.

— Ele recebeu uma intimação. Quando se sentou no banco de testemunhas, não tinha a liberdade de se levantar e ir embora. Ele não foi avisado sobre seus direitos. Ele pediu um advogado durante a...

— Ele pediu um advogado quando se sentou no banco de testemunhas — interrompeu Burnett — e novamente após a segunda ou terceira pergunta. E eu disse a ele para responder. Foi por isso que decidi que ele precisava de um advogado.

Burnett então abandonou essa questão e atacou os advogados de defesa:

— Este é o caso mais bizarro que já vi em toda minha vida. Há todo tipo de pequenas questões incidentais sendo apresentadas... Também gostaria de observar que os advogados de defesa, os advogados do sr. Echols, violaram uma das regras ao revelar a identidade de uma fonte confidencial. O tribunal instruiu as partes a não mencionar a cooperação entre o sr. Byers e o Departamento de Polícia de Memphis, o Departamento de Polícia de West Memphis e a força-tarefa antidrogas e, mesmo assim, ela foi mencionada. Este é apenas um exemplo entre milhares de outros.

Os advogados de defesa lutavam para entender o que parecia ser o fluxo de consciência do juiz Burnett. O que começara com a relutância de Morgan em testemunhar devido a acusações federais inespecíficas, relacionadas a drogas e apresentadas em Memphis, subitamente se voltara para fontes confidenciais e, daí, para a "cooperação entre o sr. Byers" e a força-tarefa antidrogas e os departamentos de polícia de ambos os lados do rio Mississippi. O que tudo isso tinha a ver, perguntavam-se os advogados, com o julgamento de homicídio? A "cooperação" entre Byers e a

306   MARA LEVERITT

polícia estaria de alguma forma relacionada à ordem de silêncio emitida
pelo juiz em relação à audiência?

Sem esclarecer nenhuma dessas questões, Burnett resolveu o problema
imediato. Observando vagamente que Morgan "parecia um jovem que admitira ter mentido e que essas mentiras poderiam possivelmente incriminá-
-lo se ele fosse forçado a testemunhar", decidiu que não o obrigaria a isso.[16]
Então, lembrando aos advogados sobre a ordem de silêncio, acrescentou:
"Qualquer um que mencione à imprensa, ao júri ou a qualquer outra
pessoa o que foi dito aqui incorrerá em desacato ao tribunal. E falo sério."

O advogado de Jason, Robin Wadley, ficou revoltado.

— Vossa Excelência — disse ele —, então vamos começar a decidir
aleatoriamente as coisas que significam desacato e não... Mas Burnett o
interrompeu imediatamente.

— Acredito ter sido bem claro — disse ele. — Não impus a vocês nenhum tipo de restrição, mas agora estou impondo uma ordem de silêncio.

Como exigido por Burnett, nenhum dos presentes jamais falou sobre
a audiência. A imprensa nunca relatou uma palavra sobre a rapidamente
retratada confissão de Morgan, sua intenção de invocar a Quinta Emenda, as acusações relacionadas a drogas que ele enfrentava em Memphis
ou a inexplicável referência de Burnett a John Mark Byers. O público
tampouco ficou sabendo que, embora Burnett se negasse a acreditar que
oficiais do Departamento de Polícia de West Memphis haviam negado
os três pedidos que, segundo Damien, ele fizera em relação a um advogado, o próprio Burnett ignorara as repetidas solicitações de Christopher
Morgan, feitas em seu próprio tribunal.[17]

"Pensamentos e atos sombrios"

Desanimados, os advogados de defesa retornaram à sala de audiências.
Como testemunha final, o advogado de Damien chamou Robert Hicks,
oficial de treinamento policial da Virgínia.[18] O oficial disse que seu trabalho era "auxiliar os órgãos da lei a desenvolver políticas claras e sensatas

NÓ DO DIABO   307

e treinar e supervisionar seu pessoal de acordo com essas políticas". Ele afirmou possuir mestrado em antropologia aplicada e ter escrito um livro e vários artigos sobre os "chamados crimes ocultistas ou satânicos e sua relação com os órgãos da lei".[19]

Quando perguntado sobre como se interessara por esse campo incomum, Hicks explicou que, durante os anos 1980, muitos órgãos da lei haviam se interessado "pelo amplo tema dos crimes satânicos, crimes ocultistas e crimes relacionados a cultos". Como parte de seu trabalho era monitorar as tendências na aplicação da lei, ele começara a frequentar seminários sobre o assunto. "Comecei a suspeitar que algumas das informações apresentadas não eram acuradas o bastante para a prática policial", disse ele.[20]

Em seguida, Price falou sobre o depoimento de Dale Griffis, o especialista em cultos. Ele perguntou se a data dos assassinatos — perto de 1º de maio, dia do festival pagão de Beltane — indicava o que Griffis chamara de "paramentos do oculto". A princípio, Hicks pareceu não saber a resposta. Por fim, disse que ouvira sobre datas sendo associadas a crimes satânicos, mas que, "na Virgínia — e em algumas investigações que fiz sobre esse assunto em âmbito nacional —, não vemos influência dessas datas na ausência ou prevalência de crimes violentos". Quando o advogado de Damien perguntou sobre a posição dos corpos, que, segundo Griffis, sugeria o envolvimento de uma seita, Hicks respondeu que "o fato de simplesmente encontrar um corpo daquela maneira não é, em si mesmo, indicativo de qualquer ideologia religiosa que eu conheça".

Price quis saber se Hicks conhecia quaisquer dados empíricos que sugerissem que a mutilação sexual indicava crime relacionado ao ocultismo. Hicks disse não conhecer nenhum. E assim foi seu depoimento. Ponto por ponto, ele refutou a noção de que havia qualquer base científica ou estatística para o que Griffis dissera.

Price então perguntou:

— Em seu estudo sobre esse fenômeno, o heavy metal e os grupos de rock são algo que os policiais de cultos procuram quando tentam determinar se um crime particular pode estar relacionado ao satanismo ou a cultos?

— Sim. Na verdade, os policiais de cultos, como nos habituamos a chamá-los, costumam recomendar, em seminários para outros policiais, que eles encontrem uma maneira de entrar no quarto de adolescentes para ver que tipo de música eles ouvem e que tipo de livro leem.

— Em seus estudos, o senhor encontrou qualquer dado empírico ou estudo afirmando que a posse desse tipo de material leva à atividade criminosa ou a crimes satanistas?

— Existe muita controvérsia a esse respeito e muitas pessoas dirão que esse material pode levar a pensamentos e atos sombrios. Mas, no que se refere à música do Metallica, temos provas empíricas sugerindo que a música não causa o tipo de dano que se atribui a ela, ou seja, o de levar pessoas a cometer crimes.

Hicks explicou:

> Em minha opinião, a frase "paramentos do oculto" não tem absolutamente nenhum significado ao considerarmos qualquer tipo de crime violento. [...] O termo "oculto" não tem significado fixo. Na mente da maioria das pessoas, ele se refere a certos tipos de prática, certos símbolos e sinais, que não observamos nem praticamos, mas outras pessoas, sim — pessoas que fazem coisas ruins. É isso que a palavra geralmente significa na mente popular. Dizer "paramentos" é simplesmente pintar o crime com a tinta de algo maléfico. Para alguns policiais, isso praticamente conduz a uma luta moral cristã. Policiais que ensinam o ponto de vista de Griffis afirmam que temos de estar espiritualmente armados quando investigamos esses crimes, o que, em minha opinião, excede aquilo que a força policial é designada a fazer.

Com isso, os advogados de Damien encerraram sua defesa.

"Eles voltaram e eram vinte"

Enquanto a maior parte da atenção dos promotores se concentrava em Damien e seu suposto envolvimento com o oculto, o repórter do *Arkansas Times* que cobria o julgamento observava Jason. "Tentei — sem sucesso — imaginá-lo sugando o sangue do corpo quase sem vida de Chris Byers, como seu esfarrapado companheiro de cela afirmou que ele admitira ter feito", escreveu Bob Lancaster. "Não consegui." Para Lancaster, Jason tinha "a aparência ligeiramente esgotada de um garoto que foi levado até o gabinete do diretor do colégio e não sabe quão grave é sua situação."[21]

Mas a gravidade de sua situação estava prestes a se tornar evidente. Seus advogados haviam redobrado os esforços para separar os julgamentos e evitar que as menções a satanismo e ocultismo o prejudicassem, mas, agora que esses esforços haviam falhado e estava na hora de apresentar a defesa, eles surpreenderam a todos no tribunal chamando apenas uma testemunha, um especialista em cabelos e fibras de um laboratório do Texas.[22]

Ford pediu ao analista para discutir a única fibra vermelha encontrada junto aos corpos, que os analistas do laboratório de criminalística do Arkansas haviam afirmado ser "microscopicamente similar" às fibras de um roupão vermelho pertencente à mãe de Jason. O analista do Texas disse discordar dessa conclusão, observando que sua análise da fibra "excluía o roupão vermelho como possível fonte".[23]

Com isso, Ford anunciou: "Encerramos."

Mais tarde, explicou que ele e Robin Wadley, o outro advogado de Jason, acreditavam que o caso da promotoria era tão frágil que a presunção de inocência prevaleceria.[24] "Queríamos apenas desaparecer do radar e deixar que Damien fosse o foco. Em certo momento, ficamos no tribunal durante três dias sem que o nome de Jason fosse mencionado. Estávamos apenas tentando desaparecer. Achamos que era uma boa estratégia: ser um não evento, dado que, para início de conversa, não existiam muitas provas. Pensamos que, se não chamássemos atenção e eles não nos notassem, pelo que iriam condená-lo?"[25]

Jason também estava desalentado. Ele achara que seus advogados chamariam alguns de seus professores para testemunhar a respeito de seu comportamento na escola, inclusive no dia dos assassinatos e nos posteriores. Ele esperara ouvir alguns depoimentos que validassem seu álibi. Em retrospecto, concluiu que gostaria de ter testemunhado, quando mais não fosse para que o júri pudesse ouvi-lo dizer algo em benefício próprio antes de decidir seu destino. Quando a única testemunha chamada por seus advogados saiu do banco de testemunhas, Jason se sentiu, como contou mais tarde, "perdido". Ele se sentia jovem e sozinho e estava preocupado com a família.[26]

Durante o julgamento, ele tomara uma segunda decisão crucial, baseada em sua própria ética e na crença de que "a verdade surgiria". Isso nunca foi reportado, mas, quando Fogleman e Davis decidiram jogar com as cartas do ocultismo, eles abordaram Jason novamente, dessa vez com uma oferta mais tentadora. Anos depois, Jason rememorou o teor da conversa: "Antes do início do julgamento, eram quarenta anos. Depois, durante o julgamento, eles voltaram e eram vinte." Jason disse que não se sentiu tentado a aceitar em nenhuma das vezes. "Aquilo era errado. Ia contra tudo em que fui ensinado a acreditar. Não éramos ricos, em termos de dinheiro, mas minha mãe nos ensinara bons valores. Eles ficavam dizendo: 'Damien é tudo que eles querem. Apenas testemunhe contra Damien. Diga que foi ele. Vá até lá e minta.' Eu respondi que não podia ajudar. Disse a eles: 'Eu não poderia fazer isso mesmo que vocês dissessem que eu estaria livre agora mesmo.' E também disse: 'Não quero mais ouvir falar sobre isso.'"

Jason atravessara o julgamento apoiado em certas crenças. Como explicou: "Eu não achava possível que nos considerassem culpados sem que tivéssemos cometido o crime. Não nos Estados Unidos. Não fui criado para acreditar que isso poderia acontecer nos Estados Unidos." Mas, tendo recusado dois acordos e sentindo o vigor da acusação contra ele, essas velhas crenças começaram a desmoronar. Ele vira seus advogados

NÓ DO DIABO

"lutando muito", mas também percebera que "era difícil lutar contra o juiz Burnett e os promotores ao mesmo tempo". Parecia que "tudo que tentávamos fazer, o juiz Burnett não permitia. Ele encontrava alguma razão para proibir. Até eu podia ver isso, e não entendo nada dessas coisas".

Mais cedo, Jason dissera a seus advogados que queria testemunhar. Ele queria dizer ao júri que estava cortando a grama do quintal do tio na tarde em que os meninos desapareceram e queria que alguém telefonasse para ele e confirmasse a história. Ele queria dizer que não se lembrava de ter encontrado Michael Carson na detenção juvenil, mas que, se o tivesse encontrado, jamais teria dito aquelas coisas. Mais que tudo, queria que os jurados o ouvissem falar em sua defesa antes de se reunirem para julgá-lo. Mas, como lembrou mais tarde, seus advogados "desconversaram, disseram que eu tinha dezesseis anos e não precisava testemunhar. Afirmaram que tudo que eu dissesse seria distorcido pelo promotor e usado contra mim".

Agora, refletia Jason, parecia que eles estavam certos. Ele sentia que qualquer defesa era inútil e que, contra Burnett, ele e seus advogados "não poderiam vencer". "Tudo que importava", concluiu ele, "era que Damien era esquisito e eu tinha camisetas pretas."

As três semanas de depoimentos haviam produzido algumas reviravoltas notáveis. Mas as peculiaridades do julgamento ainda não haviam terminado. Duas outras bizarrices ainda seriam produzidas antes que os advogados apresentassem seus argumentos finais.

Acusações mais leves

Normalmente, quando um réu é julgado por crime capital, ele pede que o júri seja instruído a considerar acusações mais leves, como homicídio em primeiro ou segundo graus, dado que acusações mais leves produzem sentenças mais leves. Frequentemente, embora não sempre, os promotores se opõem a esse pedido. Neste caso, contudo, a situação foi inversa. Os promotores queriam que o júri fosse capaz de considerar alternativas à pena de morte. Depois de consultar Damien e Jason na frente de Burnett, os advogados de defesa anunciaram que seus clientes haviam assumido uma postura intransigente. Eles queriam que os jurados considerassem apenas as acusações mais graves — ou os considerassem inocentes.[27] Mas Burnett decidiu contra, afirmando que o júri seria instruído a considerar várias acusações. Esse foi o primeiro do que um jornal local mais tarde descreveu como "os acontecimentos surpreendentes" do dia.

O segundo ocorreu quando Fogleman anunciou que a polícia de West Memphis subitamente descobrira sangue em uma corrente pertencente a Damien. A corrente estivera com a polícia desde a noite das prisões, dez meses antes. Ao notar o que parecia ser sangue, os detetives haviam enviado um pingente em formato de machadinha para análise no laboratório estadual de criminalística. Mas a quantidade de sangue era tão pequena que o laboratório o reencaminhara para outro, na Carolina do Norte, capaz de realizar testes mais elaborados. Quando o julgamento de Damien e Jason se aproximava do fim, o laboratório da Carolina do Norte relatara ter encontrado dois tipos sanguíneos no pingente. Um desses tipos DQ Alfa, como eram chamados, combinava com Damien. O outro era compatível com o tipo sanguíneo de Jason Baldwin, Stevie Branch e aproximadamente 11% do que o laboratório chamou de "população caucasiana".[28] A despeito da ambiguidade da descoberta, Fogleman queria apresentar a corrente ao júri. Embora ambos os lados já tivessem formalmente encerrado, ele tomou a extraordinária iniciativa de pedir que Burnett permitisse a apresentação de novas provas.

Isso levou a outra audiência *in camera*. Novamente, o júri nada soube do que foi discutido. O advogado de Damien afirmou que ambos os réus haviam usado o pingente. "Se realmente é o sangue de Jason Baldwin nesse pingente, e não o de Stevie Branch", disse Val Price, "a evidência não tem valor e não é relevante." O advogado de Jason afirmou que a tentativa de introduzir novas provas nesse estágio do julgamento era ultrajante. "Não se trata de evidência recém-descoberta", disse ele. "Eles tiveram esse pingente em seu poder o tempo todo. Simplesmente não fizeram nada com ele."

O juiz Burnett achou que a situação era séria o bastante para adiar o julgamento por um dia enquanto lidava com o problema. Se acedesse ao pedido de Fogleman, o julgamento teria de prosseguir. No pior dos casos, a introdução de novas provas significaria a anulação do julgamento de Jason, que seria prejudicado pela apresentação de provas para as quais seus advogados não estavam preparados. Finalmente, Burnett disse aos promotores que, se eles quisessem apresentar o pingente, ele aceitaria as repetidas solicitações dos advogados de Jason para que seu julgamento fosse separado.

Agora, os promotores enfrentavam um dilema. Eles haviam feito de tudo para evitar que Jason fosse julgado separadamente. Agora estavam sendo advertidos pelo juiz Burnett de que, se tentassem introduzir a corrente com a mancha de sangue, a separação seria ordenada. Fogleman e Davis recuaram. A questão do pingente foi abandonada.

O oficial de justiça notificou os jurados a retornar ao tribunal na quinta-feira, 17 de março, para a conclusão do julgamento. O *Jonesboro Sun* relatou "rumores" de que o inexplicável adiamento fora causado "pelos resultados de um teste de DNA em traços de sangue encontrados em uma corrente de Echols".

20

Os vereditos

FINALMENTE, APÓS 17 DIAS DE JULGAMENTO, Fogleman levantou-se para apresentar ao júri seus argumentos finais. Ignorando o depoimento de Peretti, afirmou que os homicídios haviam ocorrido entre 21h30 e 22 horas da noite de 5 de maio, no local onde os corpos haviam sido encontrados. Descreveu o "altamente convincente" depoimento de Narlene Hollingsworth, que afirmou ter visto Damien na rodovia paralela às interestaduais, perto do lava-rápido Blue Beacon, por volta desse horário. Quanto à declaração de Narlene de que Damien estava com a namorada Domini, e não com Jason, Fogleman simplesmente disse aos jurados para "tirarem suas próprias conclusões".[1] E citou as duas meninas do estádio de softball, que afirmavam ter ouvido Damien assumir a responsabilidade pelos homicídios. "Aquelas duas crianças assustadas", disse ele, "não tinham nenhum motivo para vir até aqui e dizer algo além da verdade." Ele olhou para o júri com ar confiante.

Mas os senhores podem dizer: "Espere um minuto. Temos uma cena do crime completamente limpa. Os assassinos foram muito meticulosos ao remover todas as provas e esconder as bicicletas, as roupas e os corpos. Por que ele contaria isso para todo mundo?" Bem, número um: para quem ele contou? Ele contou para um grupo de seis ou sete tietes que o seguem por toda parte. Os senhores se lembram dele dizendo que se veste daquela maneira e tudo o mais para manter as pessoas afastadas? Contudo, para onde quer que olhemos, lá estão os fãs à sua volta. Ainda assim, os senhores podem se perguntar: "Muito bem, mas por que ele diria isso?" Bem, os senhores se lembram de quando o sr. Davis perguntou sobre a condição maníaco-depressiva? Durante a fase maníaca, a pessoa se sente invencível — ninguém é capaz de tocá-la.

Fogleman enfatizou como a faca fora encontrada no lago, perto da casa de Jason. Ele rememorou o depoimento de Michael Carson, as respostas de Damien ao detetive Ridge e as fibras encontradas na cena do crime. "Perguntem a si mesmos", continuou, "se essas coisas são significativas." Ele reconheceu que as provas do processo eram circunstanciais e que nenhuma delas, "em si mesma", apontava para o assassino. "Mas", aconselhou, "não é assim que se deve olhar para elas." Usando o exemplo de uma casa, argumentou: "Se olharmos apenas para uma pequena parte, não será uma casa. A fundação é uma casa? Não. A porta é uma casa? Não. Não é assim que se olha para as partes de uma casa. É preciso olhar para o todo. Acreditamos que, quando os senhores olharem para as provas como um todo, concluirão que essas provas circunstanciais atestam, além de qualquer dúvida razoável, que os réus cometeram os homicídios."

Em seguida, Fogleman falou da questão que introduzira durante o julgamento: "Agora, quero falar sobre o motivo."

O motivo, neste caso, é inconcebível. O tipo de evidência relacionada ao motivo não é algo que se queira ansiosamente apresentar, especialmente neste caso. E por quê? Essa coisa satânica... Não importa se eu acredito, se os advogados de defesa acreditam ou se os senhores acreditam nesses conceitos. A única coisa que importa é no que os réus acreditam. Quando se fala em motivo, essa é a única coisa que importa. Olhem para a história. Olhem para os milhares de anos de história religiosa. Milhares de pessoas morreram em nome da religião. É uma força motivadora. Ela dá às pessoas que querem fazer o mal, que querem cometer assassinatos, uma razão para fazer isso. Em si mesma, ela fornece uma razão — uma justificativa para o que fazem.

NÓ DO DIABO

Então Fogleman leu um dos poemas de Damien para o júri, um poema que, segundo ele, descrevia seus conflitos internos. Era um conflito entre "Wicca, que é boa, e a cruz invertida, que é satânica". O poema dizia:

> *Quero estar no meio,*
> *nem negro, nem branco,*
> *nem errado, nem certo,*
> *mas bem na linha que os divide,*
> *poder ir para um lado ou outro num momento.*
> *Sempre estive no negro, no errado.*
> *Tentei caminhar até o branco,*
> *mas quase o destruí,*
> *porque o negro tentou me seguir.*
> *Dessa vez, não permitirei.*
> *Ficarei no centro.*

Fogleman declarou: "Aqui está Damien Echols. Ele não quer estar no branco. Ele não quer ser bom. Ele quer ser ambos ao mesmo tempo, para que possa ir até o lado bom ou até o lado mau, aquele que melhor se adequar a seus propósitos. Se ele quiser fazer o mal, vamos para o lado satânico. Se quiser ser bom, vamos para o lado wiccano. Esse poema diz tudo a respeito de Damien Echols."

Retornando às provas circunstanciais, o promotor continuou: "Não, senhoras e senhores, cada um desses itens, em si mesmo, não significa que alguém seria motivado a cometer homicídio — não em si mesmo.[2] Mas, se olharmos para eles em conjunto, começaremos a ver o interior de Damien Echols. Veremos seu interior e, lá dentro, não existe alma. Assustador. É isso que ele é: assustador."

O promotor assistente zombou da decisão dos advogados de defesa de implicar John Mark Byers "por insinuação". Quanto às acusações de inépcia policial, ele disse: "Erros foram cometidos? Claro [...]. Mas, no esquema geral das coisas, não significam nada."

Então Fogleman pegou uma grapefruit. "Agora, eu gostaria de falar sobre as facas", disse ele. O advogado de Jason objetou. Em uma discussão na tribuna de Burnett, Ford argumentou que Fogleman estava se preparando para realizar um experimento não científico com um item — a grapefruit — que não fora classificado como evidência. "Só vou mostrar as marcas que uma e outra faca deixam na fruta", rebateu Fogleman. "Isso é tudo, Excelência." Burnett o autorizou a continuar.

Fogleman golpeou a fruta teatralmente com cada uma das facas — a que fora retirada do lago e a que pertencera a Byers. Segurando a fruta de modo que o júri pudesse ver as marcas, ele disse que o padrão deixado pela faca do lago combinava com os ferimentos de Christopher Byers. Com a faca em mão, apontou para a foto da autópsia que mostrava os cortes na virilha de Christopher. "Isso prova que esta faca causou aqueles ferimentos", disse ele. "Bem, é verdade que poderia ter sido outra faca como esta, mas afirmo que a prova — a evidência circunstancial — mostra que esta faca, prova nº 77 da promotoria, causou aqueles ferimentos."

Então ele se sentou. Seus argumentos finais haviam levado uma hora e meia.

Os argumentos finais de Damien

Pela primeira vez desde o início do julgamento, o filho de Damien estava na sala de audiências com Domini. Val Price, seu principal advogado de defesa, levantou-se para os argumentos finais. Ele se concentrou na responsabilidade dos jurados em considerar a dúvida razoável. Lembrando que "as provas circunstanciais devem ser compatíveis com a culpa do réu e incompatíveis com qualquer outra conclusão razoável", ele lembrou o depoimento de John Mark Byers. Especificamente, pediu que o júri se lembrasse da afirmação de Byers de que dera uma surra de cinto em Christopher logo antes de o menino desaparecer; de sua alegação de que fora até a floresta no escuro, às 20h30, "ainda vestindo short e chinelos, sem uma lanterna"; da declaração de Peretti de que alguns dos ferimentos de Christopher "eram compatíveis" com os que poderiam ser causados pela faca que Byers dera à equipe de filmagem; do relatório do laboratório indicando que o DNA encontrado na faca era "compatível" com o sangue tanto de Christopher quanto de seu padrasto; e das respostas contraditórias que Byers fornecera quando questionado a respeito do sangue encontrado na faca. "Acho", disse Price aos jurados, "que essas provas — e a possibilidade de que John Mark Byers seja um suspeito — certamente criam uma dúvida razoável."

O advogado atacou a maneira como o Departamento de Polícia lidara com o caso, assim como a teoria da promotoria para o crime. Ele lembrou o gerente do Bojangles e o extravio da prova. Notando a ausência de sangue no local onde os corpos haviam sido encontrados, perguntou: "Havia qualquer evidência, na cena do crime, de que os meninos foram espancados, esfaqueados ou cortados ali? Não. Não havia nenhuma evidência." Em resumo, disse ele, "se algo se encaixava na teoria da promotoria de que Damien estava envolvido, eles investigavam. Se não se encaixava, eles deixavam de lado. Jogavam fora. Assim como fizeram com o sangue encontrado no Bojangles".

Em seguida, abordou a teoria da promotoria quanto à motivação. Observando que a maioria dos julgamentos seguia as garantias constitucionais estabelecidas pelas quinta e sexta emendas — direito a um julgamento público e conduzido na presença de um júri —, afirmou que este caso era incomum porque também causava preocupações em relação à Primeira Emenda, que estabelecia o direito à liberdade religiosa. Rememorando o depoimento dos detetives de que "Damien não fora um suspeito até que começara a falar sobre suas crenças wiccanas", disse que essas crenças jamais deveriam ter sido um problema. "Parte de ser adolescente, durante os primeiros anos, quando se está crescendo, é questionar as coisas", disse ele. "Questionar as crenças religiosas. Questionar os valores paternos. Esse questionamento não é evidência de homicídio. [...] Ainda é possível, nos Estados Unidos, ter coisas esquisitas no quarto. E isso não significa ser culpado de homicídio. E não fornece nenhum tipo de motivação."

320 MARA LEVERITT

Com isso, Price assumiu seu lugar na mesa da defesa, ao lado de Damien.

Os argumentos finais de Jason

O advogado principal de Jason, Paul Ford, continuou o ataque em seus argumentos finais, especialmente em relação à polícia. Rememorando uma série de lapsos, incluindo a busca tardia nas casas das vítimas, os galhos que Ridge recuperara na floresta mais de três meses após os homicídios e a ausência de sangue na cena do crime, Ford zombou dos investigadores. "Eles manterão sua história", disse ele, "por mais ridícula que seja." Ele também pediu que o júri se perguntasse por que o inspetor Gitchell raramente compareceu ao julgamento. "Ele é o encarregado", afirmou, "mas foi um fator inexistente durante este julgamento. Não disse nada a vocês." E, apenas uma semana antes das prisões, Gitchell afirmara em sua carta ao laboratório de criminalística que ele e seus detetives estavam "caminhando às cegas".

Ele lembrou aos jurados a afirmação do dr. Peretti de que acharia difícil realizar a castração em Christopher Byers rapidamente, no escuro e dentro d'água. "E eles querem que os senhores acreditem que um garoto de dezesseis anos fez isso, quando seu próprio legista, um médico habilidoso, acharia difícil fazê-lo." Quanto ao depoimento de Michael Carson sobre a suposta confissão de Jason na cadeia, Ford pediu que os jurados lembrassem que, aos dezesseis anos, Michael já cometera dois crimes. "Ele é um ladrão", argumentou. "Rouba armas. Destrói as casas que invade — e, em sua segunda conversa com ele, Jason Baldwin teria falado sem restrições."

Voltando-se para as credenciais do perito Dale Griffis chamado a depor pela promotoria, Ford afirmou:

> Ele não frequentou uma universidade, mas o correio. E, mesmo assim, foi qualificado para vir até aqui e falar com os senhores. Contudo, a despeito de todas as suas hipérboles, não existem provas materiais associadas a

NÓ DO DIABO

Jason. Não existem livros. Não existem fotografias. Não existem desenhos. Não há nada ligando Jason aos "paramentos do oculto", que, segundo os promotores, foram a razão para o crime. Se eles possuíssem provas, elas teriam sido apresentadas.

Então eles tentaram criar pânico em relação ao satanismo. Sim, é uma coisa assustadora. Mas é ainda mais assustador condenar alguém sem provas. Quando não conseguiram entender, quando nada fez sentido, eles chamaram de "assassinato relacionado ao oculto" e encontraram alguém que servisse na carapuça. Eles estavam caminhando às cegas. Não conseguiam entender. Decidiram chamar de "assassinato relacionado ao oculto" e encontraram alguém esquisito. Alguém que usava preto. Mas deixaram uma coisa de lado: o fato de nada ligar Jason a essas atividades.

Ford apontou para Damien. "É isso que eles querem: culpa por associação. Como ele está sentado ao lado de Damien, eles querem que os senhores o condenem." E finalizou pedindo aos jurados: "Tirem a venda dos olhos e olhem para isso da maneira como realmente é. E mandem Jason Baldwin para casa."

"Algo estranho acontecendo"

Mas o promotor Davis tinha a última palavra: "Acho que o ponto-chave deste caso não é apenas quem matou aqueles meninos, embora essa seja a questão real sobre a qual os senhores precisam decidir. Mas acho que também é importante saber que tipo de pessoa está envolvida, que tipo de pessoa foi capaz de transformar aqueles três meninos inocentes de oito anos nos corpos que vimos nas fotografias. Porque o tipo de pessoa capaz de fazer isso está no próprio centro deste caso."

Notando que a defesa atribuíra "muita importância" à ausência de sangue na cena, Davis introduziu um novo cenário — um que não fora mencionado nem nas declarações de Jessie nem em nenhum depoimento durante os julgamentos: "Tudo que precisava ser feito era estender alguma coisa no chão quando as crianças foram colocadas lá. Pode ter sido um pedaço de plástico ou um pedaço de lona que foi dobrado e levado embora quando eles deixaram a floresta naquela noite. E eles ficaram livres por mais trinta dias. Eles podem ter jogado o plástico ou a lona no canal a caminho de casa. Uma grande capa estendida no chão teria servido ao mesmo propósito."

Ele afirmou que as acusações de inépcia policial eram uma manobra padrão dos advogados de defesa. "Eles sempre vêm até aqui e dizem: 'A polícia errou, porque, se tivesse feito um trabalho melhor, como fazem na TV, teríamos todas as respostas.' Então eles afirmam que a polícia fez besteira." Mesmo assim, Davis admitiu que existiam "poucas provas". E explicou: "Alguém fez um bom trabalho de limpeza. A mesma pessoa que se assegurou de enterrar as roupas na lama para que elas não flutuassem cuidou de limpar a área e fez um excelente trabalho, removendo a maioria das provas."

A ideia de que os réus haviam limpado a cena de um triplo homicídio e uma castração no escuro, e tão bem que a polícia não fora capaz de encontrar uma única pista definitiva, surpreendeu alguns observadores na sala de audiências, assim como a alusão à lona. Mas o promotor continuou, afirmando que as crenças de Damien haviam levado aos crimes. "O motivo satânico ou oculto soa estranho para mim", disse ele. "Mas quando pessoas fazem o que fizeram a esses três meninos, os motivos normais para a conduta humana não se aplicam. Há algo estranho acontecendo, algo que leva as pessoas a atos assim. Quero dizer, algumas pessoas são muito estranhas."

Gesticulando em direção a Damien, Davis continuou: "Os senhores podem julgá-lo pelo que presenciaram no banco de testemunhas. Esse garoto é frio como gelo. Praticamente não demonstra emoção. E o que ele fez, em nome desse negócio de satanismo, foi muito mais do que apenas experimentar e fazer algum tipo de exercício intelectual. [...] Afirmo que, por mais estranho que pareça e por mais que seja pouco familiar, esse conjunto de crenças no oculto, crenças que Damien possuía e às quais seu melhor amigo, Jason, foi exposto

NÓ DO DIABO 323

constantemente — esse conjunto de crenças foi o motivo ou a base para esses bizarros assassinatos."

Então o promotor Davis resumiu o caso: "Apresentamos um caso circunstancial com provas circunstanciais e elas são boas o bastante para a condenação. Acho que Damien é a ligação com Jason. Acho que existe uma conexão entre os dois que os senhores podem considerar ao determinar a culpabilidade do outro réu. [...] E, quando o fizerem, olhem para as provas. Olhem para elas cuidadosamente. Olhem para essa faca. Olhem para essas fotos. Olhem para todas as provas em conjunto e, ao fazerem isso, os senhores verão que esses réus são culpados para além de qualquer dúvida razoável. E se sentirão — poderão se sentir — bem."

17 de março de 1994

Os jurados deixaram a sala de audiências às 17 horas. Eles deliberaram até as 21h40. Enquanto isso, Damien concedeu uma entrevista informal a alguns repórteres. Ron Lax se aproximou para ouvir. Parecendo relaxado, Damien aproveitou a oportunidade para cutucar a principal testemunha dos promotores. Se o júri o considerasse inocente, disse aos repórteres, ele planejava conseguir "um doutorado por correspondência e me tornar especialista em cultos". Ele se queixou de que não tivera permissão para ler os livros de Stephen King ou Anne Rice desde que fora preso e tivera de recorrer aos faroestes, a única literatura disponível na prisão.

No dia seguinte, sexta-feira, 18 de março de 1994, os jurados retomaram as deliberações às 9h30. Às 15h30, notificaram o juiz Burnett de que haviam chegado a uma decisão. Damien e Jason foram conduzidos de volta à sala de audiências. Burnett proibiu qualquer tipo de manifestação. Policiais uniformizados se colocaram entre a audiência e os réus, formando o que um observador chamou de "parede humana".

Quando tudo ficou pronto, o silêncio caiu sobre a sala de audiências enquanto o meirinho entregava os veredito s ao juiz Burnett. "Nós, o júri, consideramos Damien Echols culpado de crime capital", leu ele. E

324 MARA LEVERITT

em seguida: "Nós, o júri, consideramos Jason Baldwin culpado de crime capital." O debate sobre acusações mais leves se provara desnecessário.[3]

"Trechos sombrios"

"É isso aí!", gritou John Mark Byers, apesar da proibição de Burnett. Ele e outros membros das famílias das vítimas começaram a se abraçar e chorar. Um repórter observou que "Baldwin pareceu chorar quando o veredito foi lido", mas "não Echols". Uma histérica Domini Teer foi conduzida para fora da sala de audiências, segurando seu bebê.

Enquanto o júbilo iluminava certas partes da sala de audiências, o pesar obscurecia outras. O juiz Burnett disse aos repórteres que os membros do júri haviam pedido para não serem questionados sobre a decisão. Seu trabalho ainda não terminara: eles teriam de passar pela fase de sentença, que começaria na manhã seguinte. Burnett advertiu: "Não quero ninguém tentando falar ou interagir com os jurados de nenhuma forma." Voltando-se para o júri, acrescentou: "Farei com que um oficial os escolte até seus veículos." Policiais levaram Damien e Jason embora. Burnett bateu o martelo, encerrando os procedimentos do dia. Os espectadores deixaram a sala de audiências.

"Eles tiraram vidas, agora perderão a vida", disse o padrasto de Stevie, Terry Hobbs, aos repórteres. Ele acrescentou que desejava que as famílias pudessem ficar "dez minutos em uma sala" com os réus "para fazer a eles o que fizeram àqueles meninos". A mãe de Stevie, Pam Hobbs, disse: "Deus se vingou. Irei até a sepultura de um menininho e direi: 'Vencemos. Nosso Deus não nos abandonou.'" O pai de Michael, Todd Moore, disse estar "completamente satisfeito" com os veredictos, mas afirmou que eles não aliviavam sua dor. "Meu filho não voltará para casa", disse ele, contendo as lágrimas. Melissa Byers clamou pela execução: "Se alguém comete um assassinato cruel — meu filho foi torturado até a morte —, essa pessoa deve pagar com a vida."

A mãe de Damien culpou a investigação policial pelo veredito. "Tiraram a vida de três meninos inocentes", disse ela, "e o Departamento

NÓ DO DIABO 325

de Polícia de West Memphis fez um trabalho malfeito e tinha de culpar alguém. Então eles tiram a vida de mais três meninos inocentes." A mãe de Jason ecoou a condenação, dizendo que seu filho fora "incriminado". Falando sobre a falta de provas, acrescentou: "Não sei como eles chegaram ao veredito de culpado, mas sei que meu filho é inocente." O irmão de Jason, Matt, disse aos repórteres: "Eu não acho que ele seja inocente. Eu *sei*. Eles não cultuam demônio nenhum. Isso é apenas um monte de besteira que disseram para mexer com a mente dos jurados." Domini se escondera em uma velha caminhonete estacionada perto do tribunal. Transeuntes viram a mãe de dezessete anos soluçando no banco de trás do carro, nos braços de Michelle, de quinze anos, irmã de Damien.

Alguns minutos depois, Damien e Jason foram escoltados para fora do tribunal por policiais fortemente armados. Estavam algemados e vestiam coletes à prova de balas. "Amo você, filho", gritou a mãe de Jason. Jason continuou a caminhar, mas olhou para ela e disse, baixinho: "Também amo você." Um dos familiares de Damien gritou: "Aguente firme, filho. Você vai sair dessa." Damien concordou com a cabeça: "Eu sei."

"Onde está seu Deus agora, Damien?", gritou Pam Hobbs. "Acho que você é inocente", gritou alguém. "Vocês estão fritos!", exultou outro observador.

Gary Gitchell apenas observava enquanto a polícia conduzia os adolescentes condenados até os carros. "Sinto que nosso trabalho foi plenamente justificado", disse ele aos repórteres. "Conhecíamos nosso caso. Sabíamos que era forte." Quando perguntado sobre a ausência de provas, ele explicou que, no período entre os crimes e as prisões, os réus tiveram tempo de "se livrar de muitas delas". O *Commercial Appeal* relatou que "os olhos de Gitchell se encheram de lágrimas quando abraçou o detetive Bryn Ridge. 'Temos uma ligação que não consigo explicar. Não consigo explicar', disse ele, contendo as lágrimas".

O repórter do *Arkansas Times* que cobria os julgamentos observou:

> Os promotores condenaram Echols por pegar emprestado certos livros suspeitos da biblioteca pública e copiar trechos sombrios ("cheio de som e fúria, sem significado algum") de William Shakespeare. Graças a Deus por ele nunca ter descoberto Poe. E, mesmo assim, essa vaga proposta dos

homicídios como expressão da concepção de um garoto ignorante sobre as exigências da demonologia constituiu todo o caso da promotoria. É tudo que temos [...]. E isso provou ser rigorosamente nada — exceto que Damien Echols foi julgado, por falta de algo melhor, pelo "crime de pensar", com Jason Baldwin indo de roldão como um acréscimo.

"Um pacote de informações"

Nenhum dos procedimentos do julgamento ocorreu sem percalços e isso tampouco se daria na fase de sentença, que começou no dia seguinte. Antes do início da fase final, Burnett — como fizera tão frequentemente — pediu que o júri saísse da sala enquanto conversava com os advogados. Quando os jurados se retiraram, o juiz explicou que recebera relatos de que o primeiro jurado e sua filha haviam recebido ameaças de morte de "alguém ligado a Damien" e que outro jurado recebera o que descrevera como "um trote". Antes de pedir que os jurados se retirassem, Burnett perguntara se eles ainda acreditavam que podiam ser imparciais. Todos os jurados haviam dito que sim e Burnett afirmara se sentir "confiante e satisfeito" com as respostas. Mas os advogados de Jason se preocupavam com a possibilidade de os contatos terem contaminado o júri. A seu pedido, Burnett chamou o primeiro jurado de volta à sala e o questionou diretamente. Ele reconheceu que, durante o julgamento, um membro de sua família recebera uma ameaça, que ele "discutira indiretamente" na sala dos jurados. Segundo ele, o episódio gerara "uma conversa de dez segundos" e o assunto "não viera à tona novamente".

Mais uma vez, Burnett disse estar satisfeito. Mas os advogados de defesa não estavam. Observando que uma ameaça fora feita e discutida entre os jurados, eles argumentaram que a possibilidade de contaminação de um júri que avaliava questões de vida e morte era inaceitável e pediram a anulação do julgamento. O juiz Burnett negou o pedido, dizendo que os advogados poderiam recorrer, se quisessem. Ao mesmo tempo, anunciou: "Vamos seguir em frente."

NÓ DO DIABO 327

A fase de sentença era igual à fase de determinação de culpa ou inocência, porém mais curta. Os promotores apresentariam provas que tendiam a salientar ou aumentar a gravidade do crime, a fim de pedir a punição mais severa. A defesa, por sua vez, apresentaria provas para diminuir ou atenuar as circunstâncias e pleitear uma sentença misericordiosa. No caso de Damien, o advogado Scott Davidson pediria que o júri o sentenciasse à prisão perpétua, em vez de condená-lo à morte. Ele chamou algumas testemunhas para descrever as circunstâncias difíceis de sua infância, mas a defesa esperava que o dr. James Moneypenny, psicólogo de Little Rock, fosse a mais importante.[4] Moneypenny entrevistara e testara Damien e analisara muitos de seus registros. "Noto que há um pacote de informações à sua frente", disse Davidson. "São os registros do caso?" Era uma pergunta bastante simples, mas Lax, sentado na audiência, sentiu o coração pesado. Ele sabia o que estava naqueles registros. E sabia que, agora que a própria defesa de Damien os introduzira no julgamento, eles estavam acessíveis para os promotores, se eles quisessem explorá-los. "Isso mesmo", respondeu o psicólogo.

Davidson continuou. Ele perguntou o que o psicólogo concluíra sobre os registros. Moneypenny deu o parecer de que Damien sofria de "severo transtorno mental" caracterizado pela depressão e que, sob ele, havia "uma estrutura de personalidade bastante desequilibrada". Ele o descreveu como tendo "um senso generalizado de alienação entre si mesmo e o mundo", além de "extrema sensibilidade a coisas como traição, hipocrisia, mentiras — todas as coisas que podem ser dolorosas ou prejudiciais para alguém extremamente sensível em função do que sofreu". E atribuiu essa "estrutura de personalidade desequilibrada" à ausência de laços afetivos durante a infância.

Moneypenny elaborou:

> O que aconteceu é que ele se voltou para dentro. Ele recuou. E, enquanto crescia, criou em sua própria mente um mundo de fantasia. Acho que esse recuo foi um esforço para se afastar do que percebia como um mundo muito perigoso, pouco acolhedor, pouco amigável. [...] Mas ele era bastante

inteligente e refletia muito e, em sua própria mente, começou a responder —
ou tentar responder — a uma série de perguntas que as crianças se fazem.
Coisas como: quem sou eu? Por que estou aqui? O que se espera que eu
faça? Para onde estamos indo? E, ainda mais importante, perguntas como:
por que existe injustiça? Por que as coisas nem sempre funcionam como
deveriam? Por que as pessoas ficam desapontadas? Normalmente, as crianças
recebem o que chamamos de mensagens corretivas. Explicamos coisas a
nossos filhos e dizemos a eles que tudo ficará bem e o que eles devem fazer
para sobreviver é seguir em frente, a despeito das imperfeições do mundo.
Acho que Damien não teve isso.

Como resultado, de acordo com o psicólogo, ele desenvolvera algumas
ideias irracionais e ilusórias. Mas Moneypenny previu que ele poderia ser
"tratado com sucesso" na prisão, onde "haveria um senso de estabilidade".
E explicou que, certa vez, perguntara a Damien o que ensinaria ao filho
se tivesse a chance de criá-lo. "Ensinaria que ele é especial", respondera
Damien, "e que ele pode ser diferente dos outros, mas isso não significa
que esteja errado." Moneypenny achava que a resposta era "um reflexo
real" das carências do próprio Damien.

Quando Fogleman se levantou para inquirir o psicólogo, Lax afun-
dou na cadeira. Seus medos haviam se mostrado justificados. "Em sua
análise", começou Fogleman, "o senhor encontrou os registros do Centro
de Saúde Mental do Leste do Arkansas?" Moneypenny disse que sim.
Fogleman apontou para a pasta no colo do psicólogo. "Posso vê-los, por
favor?", pediu.

Teoricamente, esses documentos eram confidenciais, documentos que
a promotoria não deveria ver. "É claro", diria Fogleman mais tarde, "não
sabíamos o que estava nos registros." Mas agora os próprios defensores de
Damien os haviam incluído e os promotores estavam livres para explorá-
-los. Lax esperava o pior. Ele estremeceu, perguntando-se até que ponto
Fogleman usaria as informações. Embora o promotor depois tenha dito
que nunca vira os documentos, naquele momento pareceu a Lax que
ele sabia exatamente o que procurar ao folhear as páginas entregues por

NÓ DO DIABO

Moneypenny. "Eles estão em ordem cronológica?", perguntou Fogleman. Moneypenny disse não saber.

Enquanto Fogleman procurava, o advogado de Jason pediu outra consulta com o juiz Burnett. Ele objetou contra isso, no interesse de Jason. Observando que os registros médicos de Damien haviam sido confidenciais até que "a capacidade mental do réu foi colocada em questão" durante a fase de sentença, Ford argumentou que eles eram potencialmente "muito prejudiciais" para seu cliente:

A vida de Jason Baldwin está em jogo e as declarações que serão apresentadas podem, de fato, custar sua vida sem que a defesa sequer tenha visto os registros. [...] Estamos total e completamente algemados. [...] Não sabíamos que o estado psicológico de Damien seria apresentado como questão. Nunca tivemos a oportunidade de examinar esses registros. Estamos total e completamente impotentes e, mesmo assim, a vida de Jason está na balança.

Ford pediu que Burnett instruísse os promotores "a não fazer menção aos registros", mas Burnett recusou, embora — novamente — tenha dito a Ford que instruiria os jurados a considerá-los apenas em relação a Damien. Mais uma vez, Ford pediu a separação e, novamente, ela foi negada.

A essa altura, Fogleman encontrara o que queria. Devolvendo os documentos ao psicólogo, pediu que ele localizasse os relatórios do centro de saúde mental do condado para onde Driver exigira que Damien fosse enviado. Moneypenny encontrou as páginas indicadas. Fogleman pediu que ele lesse as notas da terapeuta. O psicólogo leu:

Relata pensar muito sobre a vida após a morte. "Quero ir aonde vão os monstros." Descreve a si mesmo como "odiando a raça humana". Relata sentir que existem duas classes de pessoas, cordeiros e lobos. Lobos comem cordeiros.

Damien explicou que obtém poder ao beber o sangue de outras pessoas. Tipicamente, bebe o sangue de um parceiro sexual ou parceiro dominante. Consegue isso mordendo ou cortando. Ele declarou: "Isso faz com que eu me sinta um deus."

Durante a inquirição, os advogados de Damien tentaram salvar a situação pedindo que o psicólogo lesse algumas das entradas mais promissoras da terapeuta em relação ao comportamento e ao prognóstico de Damien. Mas a tentativa obteve pouco êxito e Fogleman teve a última palavra. "Em seu consultório", perguntou ele ao psicólogo, "é normal encontrar pessoas dizendo que bebem sangue e que isso as faz se sentirem como um deus?"

— É muito incomum — respondeu Moneypenny.

— É o quê?

— Não é comum — repetiu o psicólogo. É muito atípico. Acho que isso representa alguns de seus pensamentos e crenças extremas e o que eles se tornaram para ele.

Com isso, a testemunha foi dispensada.

Estava na hora de os advogados de Jason apresentarem provas a serem consideradas pelo júri durante a sentença. A questão de saúde mental apresentada pelos advogados de Damien era uma de muitas possibilidades. Embora Jason não tivesse histórico de doença psiquiátrica, os advogados presentes à sala de audiências para ouvir os argumentos finais esperavam que, no mínimo, seus advogados apresentassem depoimentos sobre seu registro juvenil, praticamente inexistente, e seu bom desempenho na escola. Mas, para surpresa de todos, Ford não chamou ninguém — nenhuma testemunha — para oferecer um depoimento em favor do adolescente.

Durante os argumentos finais, Fogleman falou por apenas alguns minutos e depois abriu novamente a pasta com os relatórios da terapeuta. "Damien contou que, no hospital, disseram que ele poderia ser outro Charles Manson ou Ted Bundy", leu o promotor. Com essa declaração, ele se voltou para o júri: "Pedimos seu veredito."

Tendo chamado apenas uma testemunha durante o julgamento e nenhuma durante a fase de sentença, Ford implorou pela vida de Jason. Ele lembrou ao júri que Jason não possuía antecedentes criminais e tinha apenas dezesseis anos. E concluiu: "Seu veredito já decidiu que Jason Baldwin morrerá na prisão. A questão é como morrerá. Obrigado."

NÓ DO DIABO 331

O promotor Davis concluiu em nome do Estado. Segurando as fotografias de Christopher Byers, Michael Moore e Stevie Branch, ele pediu que os jurados considerassem o que fora feito às crianças. Disse ele: "Se alguma vez já houve uma ocasião apropriada para aplicar a pena de morte, esta é a ocasião", e pediu que "decidissem pela pena capital". Os jurados se retiraram às 14h05 e foram para uma sala onde anotaram impressões sobre o julgamento em um grande flip-chart.[5] O que se seguiu foi um processo simples, quase simplista. Sob os títulos "Prós" e "Contras", os jurados avaliaram os depoimentos ouvidos durante as três semanas de julgamento. Na coluna de prós do detetive Mike Allen, escreveram que ele parecia ser "bom". Na coluna de contras, alguém escreveu "nada". Outras avaliações foram ligeiramente mais profundas. Os jurados escreveram que o detetive Bryn Ridge parecia ser franco, mas notaram, na coluna de contras, que ele "não examinou galhos" e "extraviou o sangue". O dr. Frank Peretti foi julgado "confiável", "imparcial" e "profissional", embora "capacidade de julgamento ruim" fosse listado na coluna de contras, assim como a questão da "hora da morte". Na página de Dale Griffis, os jurados listaram "parcial em relação aos sinais de ocultismo", "depoimento ruim" e "baixa autoestima" como contras. Do lado positivo, um dos jurados escreveu "bem-informado" e "4.800 livros".

Então realizaram o mesmo procedimento em relação a Damien e Jason. Os prós de Jason foram "na escola", "manteve a história" e "demonstrou remorso". Mas a lista de contras era mais longa: "melhor amigo de Damien", "confissão na prisão", "baixa autoestima", "combinação de fibras", "faca" e "frequentou a cena do crime", embora nenhum depoimento tivesse sido apresentado em relação ao último ponto.

A página de Damien previa o resultado. Seus prós foram: "inteligente", "maníaco-depressivo", "manteve a história" e "leal à família". Mas a lista de contras tomava duas páginas. Ela incluía "algo a ganhar", "desonesto", "manipulador", "esquisito", "seguidor de Satã", "combinação de fibras", "depoimento incriminador — Ridge", "jogou beijos para os pais", "foi até a cena do crime duzentas vezes em dois anos (MENTIU)", "usa facas", "confissão secundária (garotas do estádio)", "mentiu durante depoimento", "padrões inapropriados de pensamento", "testemunhas não confiáveis" e "comer pai vivo". Finalmente, em uma página, em grandes letras de forma, alguém escreveu enfaticamente: "Você é aquilo que pensa!" Em duas horas e vinte minutos, os jurados tomaram uma decisão.

Durante o julgamento, Damien comparecera ao tribunal vestindo camisas de manga comprida, mas, enquanto o júri estava fora da sala deliberando sobre a sentença, ele se trocou. Quando os jurados voltaram, ele estava sentado, pronto para conhecer seu destino, usando uma camiseta preta da Harley-Davidson.

As sentenças

Os jurados decidiram que os três meninos haviam sido assassinados de "maneira especialmente cruel e depravada", um fator agravante para a sentença. Contudo, levando em consideração a idade de Jason, a ausência de histórico criminal e a crença de que agira como cúmplice "sob excepcional pressão" de Damien, eles o sentenciaram à prisão perpétua sem possibilidade de liberdade condicional por cada um dos homicídios.

Embora os atos de Damien tivessem sido influenciados por "extremo transtorno mental ou emocional", a crueldade e a depravação dos homicídios superavam esses fatores atenuantes. Eles o sentenciaram à morte por injeção letal.

O juiz Burnett pediu que os réus se levantassem.

— Algum de vocês tem alguma razão legal a apresentar ao tribunal para que a sentença não seja imposta? Sr. Echols?

— Não, senhor.

— Sr. Baldwin?

— Porque sou inocente.

— Como disse?

— Porque sou inocente.

— Bem, o júri avaliou as provas e concluiu de maneira diferente. Vocês têm algo a dizer?

— Não.

— Não.

Depois de ler a sentença de Jason, Burnett disse ao adolescente de dezesseis anos: "Você ficará sob custódia do xerife para ser conduzido até o Departamento Correcional do Arkansas."

Então se voltou para Damien. Ele informou ao assassino condenado que ele agora estava sob custódia do xerife, que o conduziria ao sistema penitenciário estadual. Lá, disse Burnett, "no quinto dia de maio de 1994", os oficiais irão "administrar uma injeção intravenosa contínua, com uma quantidade letal de um barbitúrico de ação extrarrápida combinado a um agente paralisante, até que você esteja morto".

PARTE 3

Revelações

21

Os recursos

QUANDO JASON OUVIU O VEREDITO DE CULPADO, ele não se importou se a sentença seria de vida ou morte.[1] Não fazia diferença. Mais tarde, ele explicou que não faria diferença se tivesse sido sentenciado a um único dia na prisão, pois "a verdade não fora revelada e proclamada a todos". Ele não conseguia acreditar no veredito. A palavra "culpado" ressoava em seus ouvidos.

Ele dissera a si mesmo que o julgamento finalmente revelaria a verdade. Ele acreditava que Deus tinha o controle supremo e, assim, tudo acabaria bem. Essa fé o mantivera seguindo em frente — e agora fora esmagada. Ele afirmou ter entrado em estado de choque e achar difícil respirar ou falar. Quando o juiz Burnett perguntara se havia qualquer razão para que a sentença não fosse imposta, ele quisera responder com um grito. Em vez disso, sentira-se impotente, esmagado, como se um torno apertasse seu peito. Tivera de se esforçar para fazer sua débil declaração: "Porque sou inocente."[2]

Jason: dezesseis anos e "durão"

Na manhã de segunda-feira, 21 de março de 1994, Jason foi colocado em um furgão para a longa viagem até a penitenciária em Pine Bluff.

Ele tinha 50 dólares — 10 dólares do ex-prisioneiro que o visitara e 40 dólares dados pelo diretor do centro de detenção — e uma Bíblia presenteada pela mãe.

Eu me sentei ao lado da janela e fiquei olhando para fora. Olhei para os carros e seus ocupantes, lembrando quando minha mãe, meus irmãos e eu costumávamos viajar. Dirigíamos pelo interior do Mississippi até a casa de minha tia Janette. Era uma viagem longa e eu ficava olhando para fora, assim como fazia agora, com a diferença de que, naquelas ocasiões, eu ficava ansioso para chegar. Dessa vez, não estava. Pensava que seria bom se nunca chegássemos. Poderíamos continuar dirigindo para sempre ou, talvez, o policial que estava dirigindo me levasse para casa e dissesse: "Desculpe, sr. Baldwin. Descobrimos que foi tudo um erro. Vá para casa." Eu sairia do carro. As algemas e correntes seriam retiradas. Eu agradeceria a Deus e correria para casa.

Mas essa fantasia permaneceu apenas isso, uma fantasia. O furgão entrou em uma estrada empoeirada que levava até o departamento de diagnóstico da unidade, onde os novos prisioneiros passavam as primeiras semanas. Seu coração acelerou quando viu a torre de guarda, mas tudo o mais parecia ocorrer em câmera lenta. Quando o furgão parou, o policial na torre baixou um caixote de leite amarrado a uma corda. Os policiais do furgão colocaram suas armas no caixote e ele foi içado. Então a barra em frente ao furgão foi erguida e Jason entrou no complexo murado.

Disseram-lhe para entrar na fila com outros prisioneiros recém-chegados que aguardavam o momento de serem processados. Um velho prisioneiro fez um inventário de seus poucos pertences e criou uma conta para seu dinheiro. "Minha primeira conta", pensou o adolescente com ironia. Marchou até uma sala onde três homens estavam sentados atrás de uma mesa. Eles ordenaram que ficasse nu. Envergonhado, despiu o macacão alaranjado.

— Você acha que é durão, não acha? — perguntou um dos homens.

Jason pensou: "Tenho de sobreviver." Nesse momento, adotou a ideia como seu mantra na prisão. "Eu *sou* durão", disse para si mesmo. Então repetiu a frase em voz alta. Os homens olharam para o garoto nu, de cerca de 50 quilos, à sua frente. Um deles deu uma risadinha:

— Ele não será durão por muito tempo.

No chuveiro, para onde foi levado em seguida, o velho prisioneiro que fizera o inventário de seus pertences o encarou de maneira faminta. Jason lhe disse para não olhar. Quando o prisioneiro continuou ali, Jason o encarou. O velho inclinou a cabeça e saiu. Era uma vitória pequena, mas importante. Pela primeira vez desde que chegara à prisão, Jason começou a achar que talvez pudesse sobreviver. Mas, após o banho, o velho voltou. E entregou a Jason um par de cuecas incrivelmente justas. Jason lhe disse que era melhor ele conseguir algo do seu tamanho. Quando o homem não se moveu, Jason lembrou que fora mandado para a prisão por triplo homicídio. O homem respondeu que ele não parecia um assassino.

— Você realmente matou aquelas crianças? — perguntou ele.

— É por isso que estou aqui — respondeu Jason. — É melhor não mexer comigo. — O velho saiu e voltou com cuecas que lhe serviam.[3]

Logo após seu primeiro Natal na prisão, Jason recebeu uma carta de um homem que afirmava ter trabalhado como conselheiro no centro de detenção onde ele e Michael Carson haviam sido presos.[4] O homem explicou que "cada palavra" que Michael dissera durante seu depoimento fora baseada em conversas entre os dois. E explicou: "Nós discutimos o caso em uma sessão e eu contei a ele o que as pessoas diziam sobre as vítimas e sobre o que supostamente fora feito aos corpos. Então esse jovem foi até a polícia e declarou que você confessara esses detalhes enquanto estavam juntos na detenção."

O conselheiro disse que, quando "descobriu o que estava acontecendo", ficou inseguro sobre o que fazer, temendo ser processado se revelasse informações confidenciais a respeito das conversas com Michael Carson. Por fim, entrou em contato com Paul Ford, o advogado de Jason, que pediu seu depoimento. "Eu concordei", escreveu o conselheiro, "porém, mais tarde, fiquei sabendo que não poderia dizer ao tribunal o que acontecera. Não posso dizer a razão, pois também não sei. Eles disseram que tinha algo a ver com o fato de que a informação era privilegiada." O conselheiro expressou profundo arrependimento. "Agi muito errado e fui muito burro ao ter conversas dessa natureza", escreveu ele. "Daria tudo no mundo para retirar os comentários que fiz ou mudar o que aconteceu." [5]

Agora, somente uma decisão do tribunal poderia fazer isso. Ao fim do primeiro ano de Jason na prisão, Paul Ford apresentou uma petição para um novo julgamento. Ele não citou a alegação do conselheiro, pois apresentava queixas muito mais graves. Na declaração juramentada que acompanhava a petição, Ford alegou que, em um momento crucial do julgamento, o juiz Burnett se reunira em caráter privado com os promotores Davis e Fogleman para discutir a estratégia da promotoria.[6] Como os advogados de ambos os lados devem estar presentes durante qualquer comunicação com o juiz que está presidindo o julgamento, ocasiões em que isso não ocorre são vistas como comunicações impróprias, chamadas *ex parte*.[7] A acusação de Ford era muito grave. Nem Burnett nem os promotores negaram que a reunião ocorrera. Mas a queixa colocava Burnett na posição de decidir sobre sua própria conduta como juiz. Ele indeferiu a petição de Ford para um novo julgamento — e Jason continuou na prisão.

Jessie: dezessete anos e "no buraco"

Jessie achou mais difícil se adaptar. Ele era frequentemente disciplinado por xingar, recusar-se a trabalhar, brigar e beber, já que é sempre possível produzir álcool na prisão. Passava muito tempo na solitária, ou "o buraco", como é conhecido. Achava que seus problemas eram causados pelo estresse. Anos mais tarde, explicou:

Tenho um monte de coisas na cabeça. Para mim, é difícil fazer qualquer coisa, pensar em minha família, pensar se algum dia vou sair daqui, o que vou fazer se esse dia chegar. Isso me deixa pra baixo. Faz com que pense em coisas estúpidas e me envolva em brigas. Tento ir para o buraco, pois lá posso ficar sozinho e tentar acalmar minha mente. Para mim, ficar no buraco não é tão ruim. Ao menos, você fica sozinho e em paz. [8]

NÓ DO DIABO 341

Com o tempo, Jessie aprendeu a controlar seus impulsos agressivos. Começou a trabalhar na cozinha. Para se distrair, jogava dominó, lia revistas de luta livre e dormia.

Damien: dezenove anos e "no corredor"

A experiência de Damien na prisão foi muito diferente da de Jason e Jessie. Ele foi levado diretamente para o corredor da morte, um bloco de celas na unidade de segurança máxima do estado, perto de Varner, Arkansas. Lá, foi colocado em uma cela individual e seu antidepressivo foi imediatamente suspenso.[9] Durante os primeiros meses, os efeitos da retirada súbita dos medicamentos e da tensão de estar no corredor da morte foram severos. O bloco era constantemente barulhento. Os prisioneiros mentalmente perturbados vociferavam. Outros gritavam raivosamente de uma cela para outra ou com os guardas. Ocasionalmente, havia violência. Guardas com equipamento antirrebelião entravam nas celas. Punições eram aplicadas. Um ou dois meses depois de sua chegada, os guardas vasculharam sua cela e encontraram uma faca. Damien insistiu em não saber nada sobre ela, mas foi enviado para o buraco por um mês — um mês durante o qual, segundo ele, foi espancado e passou fome.

Nos meses seguintes, um dos criminosos mais veteranos da prisão colocou Damien sob sua proteção.[10] Mais tarde, Damien afirmaria que esse prisioneiro plantara a faca em sua cela como forma de demonstrar seu nível de autonomia na prisão.[11] Depois do incidente da faca, o homem se oferecera para protegê-lo e o apresentara a elementos de uma trama iniciada muito antes de sua chegada.[12] Como Damien rapidamente descobriu, naquela época a corrupção predominava na unidade de segurança máxima do Arkansas e seu protetor explorava essa situação. Como ele e alguns amigos no corredor da morte tinham acesso a grandes quantias de dinheiro vindas de fontes externas, haviam sido capazes de subornar guardas e certos administradores da prisão, conseguindo drogas, artigos de luxo e outros tipos de contrabando. O status único do líder era evidenciado, entre outras coisas, pela presença de uma poltrona reclinável em sua cela. Ele também tinha uma câmera Polaroid, com a qual fotografava as festas que oferecia. As fotografias demonstram graficamente uma quebra de segurança naquela que era supostamente a prisão mais segura do estado. O prisioneiro e seu quadro de amigos estavam usando a situação para planejar uma fuga. Eles já haviam afrouxado uma janela e removido um bloco de concreto na parede entre a cela do líder e a cela adjunta. Quando Damien chegou ao corredor da morte, ele foi designado para essa cela.

O plano de fuga falhou. Houve uma mudança na administração da prisão e, logo depois, os guardas descobriram a janela frouxa e o buraco na parede entre as celas, assim como ferramentas escondidas e pólvora. O líder foi punido severamente, seus privilégios foram retirados e, quando finalmente saiu do buraco, ele queria retaliar. Queria, no mínimo, constranger os funcionários da prisão, que considerava corruptos e igualmente culpáveis. Perto do fim, ele enviou fotografias de sua poltrona reclinável e das festas a uma repórter, que as publicou no *Arkansas Times*. Coincidentemente ou não, mais ou menos na mesma época, Damien escreveu cartas para os oficiais estaduais e para a imprensa, alegando que um prisioneiro veterano o violentava e espancava repetidamente. Damien relatou que as agressões haviam começado logo que chegara à prisão, que fora fotografado em "estados de nudez e seminudez" e que "vários oficiais de alta patente estavam conscientes do fato e nada faziam para impedi-lo".

A alegação, feita em março de 1995, quando Damien já estava na prisão fazia um ano, levantou a questão de como um prisioneiro do corredor da morte tinha acesso a outros.[13] Em sua carta, Damien alegou que "parte da parede está faltando [...] e nossas celas estão conectadas". A sensacional afirmação, combinada com as fotos publicadas pelo *Arkansas Times,* chamaram a atenção do público para a quebra de segurança na prisão.[14] A polícia estadual do Arkansas conduziu uma investigação e, embora os investigadores afirmassem não poder provar a alegação de Damien de que fora estuprado, três membros da equipe, incluindo um vice-diretor, foram demitidos.[15]

NÓ DO DIABO 343

O recurso de Jessie

Como prometido, os advogados de Jessie, Damien e Jason recorreram à Suprema Corte do Arkansas. O recurso de Jessie chegou primeiro à corte. Em uma decisão unânime anunciada em 19 de fevereiro de 1996 — dois anos após a condenação —, os sete juízes da Suprema Corte observaram que as declarações de Jessie à polícia eram "praticamente a única evidência" apresentada contra ele, que eram um "confuso amálgama de horários e eventos" e continham "numerosas inconsistências". Mesmo assim, a corte achou que eram suficientes para apoiar o veredito do júri.[16]

O juiz presidente Bradley D. Jesson escreveu a decisão. Nela, resumiu o que chamou de "substância" das declarações à polícia de West Memphis, organizando-as "de maneira a revelar com clareza" a descrição que Jessie fizera do crime. Ao contrário das declarações, o resumo do juiz presidente era uma narrativa coerente. Ela dizia, por exemplo, que Jessie dissera ter sido convidado a se reunir a Jason e Damien na floresta: "Eles foram até a área, que era um canal, e estavam no canal quando as vítimas se aproximaram em suas bicicletas. Baldwin e Echols chamaram os meninos, que foram até lá. Os meninos foram severamente espancados por Baldwin e Echols. Ao menos dois meninos foram estuprados e forçados a realizar sexo oral em Baldwin e Echols." E, em outro ponto: "O recorrente [Jessie] foi questionado a respeito de seu envolvimento em um culto. Ele disse que estava envolvido havia cerca de três meses. Os participantes tipicamente se reuniam na floresta. Eles realizavam orgias e, como rito de iniciação, matavam e comiam cachorros [...]."

A Suprema Corte reconheceu que Jessie errara em alguns detalhes significativos. "O recorrente [Jessie] inicialmente declarou que os eventos ocorreram às 9 horas de 5 de maio", observou o juiz Jesson.

Mais tarde, ele mudou esse horário para meio-dia. [Em uma declaração posterior,] o recorrente disse que ele, Echols e Baldwin haviam ido até a área de Robin Hood entre 17 e 18 horas. Questionado pelo policial, mudou para 19 ou 20 horas. Finalmente, disse que o grupo chegara às 18 horas, e as vítimas, ao anoitecer.

Mas todos os sete juízes ignoraram as discrepâncias. "Embora haja inconsistências nas provas", afirmaram, "deferimos a determinação de credibilidade do júri."

Stidham afirmou durante o recurso, assim como fizera durante o julgamento de Jessie, que a confissão fora involuntária. Os juízes reconheceram que "a idade, o nível educacional e a inteligência do réu" eram "fatores a ser considerados" ao determinar a validade de uma confissão. Também reconheceram que confissões feitas enquanto o acusado está sob custódia da polícia "são presumidamente involuntárias" e que "é ônus do Estado demonstrar sua voluntariedade". A despeito desses requisitos, contudo, o juiz presidente escreveu que, na opinião da corte, a confissão de Jessie fora voluntária.

E tampouco se deixou influenciar pelas alegações de Stidham em relação à idade e capacidade mental de Jessie. "Pessoas mais jovens que ele foram capazes de fornecer confissões voluntárias", observou o juiz presidente. Além disso, acrescentou: "Um baixo quociente de inteligência não significa que um suspeito seja incapaz de voluntariamente fazer uma confissão ou abrir mão de seus direitos."[17]

A Suprema Corte também concordou com a decisão do juiz Burnett de que as técnicas utilizadas pelo inspetor Gitchell e pelo detetive Ridge — o diagrama em forma de círculo, o polígrafo, a fotografia da vítima e a gravação da voz de Aaron Hutcheson — não haviam sido opressivas. Embora reconhecessem que "a voz do menino nos fez pensar" e que esse tipo de tática "se aproxima perigosamente da opressão psicológica", os juízes concluíram que, "nesse caso, dado que numerosos outros fatores apontam para a voluntariedade da confissão, não a invalidaremos".

Mas nenhuma dessas conclusões fazia parte do ponto mais controverso da decisão, que reverberaria pelo sistema judiciário do Arkansas durante anos, relativo à condição de menoridade de Jessie e ao fato de que os detetives não fizeram com que um de seus pais assinasse a desistência de direitos. A questão era particularmente preocupante no caso de Jessie porque, como observou a Suprema Corte: "Na época em que o recorrente assinou a desistência, [a lei do Arkansas] exigia que a desistência juvenil

NÓ DO DIABO

fosse assinada pelos pais, guardiões ou tutores."[18] A despeito da aparente clareza da lei, a Suprema Corte decidiu que ela não se aplicava a Jessie. Segundo o juiz presidente, na época em que Jessie fora interrogado, a Suprema Corte já decidira que, "quando uma pessoa com menos de dezoito anos *é julgada como adulta* em um tribunal, a ausência da assinatura dos pais em um formulário de desistência não torna sua confissão inadmissível". Naquele parecer, a corte decidira que "quando um jovem é acusado como adulto, ele se torna sujeito aos procedimentos aplicáveis a adultos. Assim, a necessidade de consentimento dos pais é limitada aos procedimentos da corte juvenil".[19]

Para Stidham, a decisão era tanto enlouquecedora quanto absurda. Ela significava que um menor acusado de um delito relativamente leve, como jogar pedras em uma janela, não poderia abrir mão de seus direitos constitucionais sem que um dos pais também assinasse o formulário. No entanto, um jovem acusado de um crime grave, pelo qual poderia receber uma sentença de prisão perpétua ou mesmo de morte, não contava com a mesma proteção.

Stidham continuou a atacar a validade da confissão de Jessie, baseado na falha dos detetives em gravá-la na íntegra. Mas a Suprema Corte lidou facilmente com isso, observando que "nenhuma lei do Arkansas exige que isso seja feito".[20] As questões finais de Stidham foram ainda mais facilmente indeferidas. A Suprema Corte apoiou todas as decisões de Burnett, incluindo a que admitira como evidência itens como "uma fotografia de Jason Baldwin vestindo uma camiseta preta com o nome do grupo Metallica, o depoimento de uma testemunha de que comparecera a uma reunião de culto com o recorrente e Echols e um livro sobre bruxaria encontrado na casa de Echols" — itens que, segundo Stidham, eram irrelevantes e prejudiciais. Ao contrário, afirmou a corte, todos os itens eram relevantes porque serviam para corroborar aspectos da confissão de Jessie. E, "com a confissão sendo a única evidência significativa contra o recorrente, qualquer corroboração é altamente probatória".

Finalmente, a corte respondeu ao argumento de Stidham de que Jessie deveria ter recebido um novo julgamento quando, durante a audiência

346   MARA LEVERITT

de Damien e Jason, o dr. Peretti modificara seu depoimento e fornecera
uma estimativa da hora da morte que contradizia a confissão. A Suprema
Corte afirmou que o júri provavelmente teria considerado Jessie culpado,
mesmo que tivesse ouvido o parecer do legista de que as mortes haviam
ocorrido após a meia-noite.[21]

A decisão sobre Damien e Jason

A Suprema Corte do Arkansas levou um pouco mais de tempo para se
pronunciar sobre os 44 pontos apresentados pelos advogados de Damien
e Jason em seus recursos. A decisão, que os juízes entregaram dois dias
depois do Natal de 1996, tinha 93 páginas, a mais longa da história recente da corte. E seu efeito foi igualmente abrangente. Para cada ponto
apresentado pelos advogados, os juízes decidiram unanimemente que o
julgamento fora justo e que o juiz Burnett não cometera erros.[22]

A corte decidiu que, embora as provas fossem circunstanciais, eram
suficientes para apoiar os veredictos. Ao explicar a decisão, a corte se
referiu frequentemente à tese do estado de que os homicídios haviam
ocorrido como parte de um ritual satânico. "Durante a inquirição",
afirmava o parecer,

> Echols admitiu que se envolvera profundamente com o oculto e
> estava familiarizado com suas práticas. Vários itens foram encontrados
> em seu quarto, incluindo um registro funerário sobre o qual copiara
> feitiços e desenhara um pentagrama e cruzes invertidas. Um diário
> foi apresentado e continha imagens mórbidas e referências a crianças
> mortas. Echols testemunhou que usava uma longa capa de chuva preta
> mesmo quando estava calor. Uma testemunha vira Echols, Baldwin e
> Misskelley juntos, seis meses antes dos homicídios, usando capas negras
> e carregando longos cajados. O dr. Peretti testemunhou que alguns
> dos ferimentos dos meninos eram consistentes com o tamanho de dois
> galhos recuperados pela polícia.

NÓ DO DIABO

Quanto à teoria do estado sobre a motivação, a Suprema Corte afirmou:

O dr. Dale Griffis, especialista em crimes relacionados ao ocultismo, afirmou, durante o julgamento, que os homicídios apresentavam os "paramentos do oculto". Que a data dos homicídios, perto de um feriado pagão, era significativa, assim como o fato de a lua estar cheia. Que crianças pequenas eram frequentemente usadas em sacrifícios porque "quanto mais jovens e inocentes, maior a força vital". Que houve três vítimas e que o número três era significativo para o ocultismo. Além disso, todas as vítimas tinham oito anos e oito seria o número das bruxas. Que sacrifícios frequentemente são realizados perto da água, para um ritual parecido com o batismo ou apenas para lavar o sangue. O fato de que as vítimas foram presas com os pulsos amarrados aos tornozelos era significativo, pois isso fora feito para exibir a genitália, e a remoção dos testículos de Byers também era significativa, pois testículos são removidos para obtenção de sêmen. Ele declarou que a ausência de sangue na cena poderia ser significativa porque membros de seitas estocam sangue para rituais futuros, nos quais o bebem ou se banham nele. Que os múltiplos ferimentos poderiam ser um reflexo do oculto e que era significativo o fato de as vítimas terem sido feridas do lado esquerdo, e não do direito: pessoas que praticam ocultismo usam a teoria da linha mediana, que divide o corpo ao meio. O lado direito se relaciona ao cristianismo, enquanto o lado esquerdo é o dos praticantes do satanismo. A margem, que parecia limpa, poderia ser consistente com uma cerimônia. Em resumo, o dr. Griffis testemunhou que havia significativas evidências de morte ritualística satânica.

A Suprema Corte decidiu que tudo isso constituía "substancial evidência" da culpa de Damien. Quanto à substancial evidência contra Jason, os juízes citaram apenas o depoimento de Michael Carson afirmando que Jason lhe contara ter "desmembrado as crianças". Um pouco mais de tempo foi dedicado à apreciação do argumento de que os julgamentos deveriam ter sido separados. Mas, no fim, os juízes concluíram que "quase todos os fatores" considerados se mostravam "claramente" favoráveis a um julgamento único.[23] Similarmente, não houve problemas para aprovar a extraordinária busca noturna, o fato de que o magistrado de West Memphis que assinara os mandados também instruíra a polícia durante a preparação das declarações ou a imprecisão dos mandados, autorizando a polícia a procurar "fibras azuis, verdes, vermelhas, pretas e púrpuras" e "materiais satânicos ou de culto". Os argumentos relacionados à admissão de provas de ocultismo também foram considerados e rejeitados. Apoiando-se fortemente no depoimento de Griffis, a corte decidiu que o juiz Burnett não errara ao qualificá-lo como especialista e permitir que testemunhasse, ao autorizar a apresentação do crânio do cão, dos pôsteres de música heavy metal e dos livros que Damien lera e ao permitir que Jerry Driver testemunhasse que vira Damien, Jason e Jessie andando juntos seis meses antes dos homicídios, carregando "longos galhos ou cajados".[24]

Os juízes também rejeitaram os argumentos de que o juiz Burnett deveria ter exigido que Christopher Morgan subisse ao banco de testemunhas, mesmo que invocasse a Quinta Emenda a cada pergunta que lhe fosse feita. A decisão afirmava que o juiz do julgamento tinha o poder de decidir se Morgan deveria ou não testemunhar. Não encontrando "abuso manifesto" desse poder, os juízes não questionaram a decisão de Burnett.

E assim foi com todo o resto. A Suprema Corte aprovou as decisões de Burnett de admitir provas como os galhos encontrados na floresta meses após os homicídios e a faca retirada do lago, baseadas no depoimento do dr. Peretti de que os ferimentos das vítimas "eram compatíveis" com os ferimentos que poderiam ser causados por esses objetos. Similarmente, apoiou a demonstração de Fogleman e suas facadas na grapefruit. E não viu problema no fato de que, mesmo agora, dois anos após os julgamentos, nenhum dos advogados de defesa indicados pelo tribunal fora pago.[25]

Embora a decisão fosse excepcionalmente longa, sua essência era simples: as condenações permaneceriam. Agora, a única possibilidade de recurso para os réus, no estado do Arkansas, seria afirmar que seus advogados haviam sido inteiramente inadequados. Mas nenhum tribunal indicaria alguém para fazer isso e todos os três prisioneiros eram pobres.

Paradise Lost

No momento em que parecia que Damien, Jason e Jessie cairiam na obscuridade, os produtores que haviam filmado o julgamento lançaram seu documentário. *Paradise Lost: The Child Murders at Robin Hood Hills* foi exibido pela primeira vez em 1996 e imediatamente virou sensação. Com trilha sonora do Metallica, o documentário mostrava cenas realistas de West Memphis e das famílias envolvidas no caso, tanto das vítimas quanto dos réus. Imagens de pobreza, pesar e raiva contrastavam com a formalidade dos procedimentos na sala de audiências. Entrevistas com Damien, Jason e Jessie na prisão misturavam-se a comentários das famílias das vítimas e longos segmentos nos quais John Mark Byers esbravejava contra os prisioneiros. O documentário foi exibido pela HBO. Os diretores nunca apresentaram uma conclusão, para além das condenações, mas milhares de espectadores acharam o filme chocante.[26]

Muitos espectadores no Arkansas ficaram consternados com a imagem do estado apresentada no documentário — e com a maneira pela qual os críticos se concentraram na mentalidade de cidade pequena que, segundo eles, dera origem aos vereditos. Michael Atkinson, da revista *Spin*, afirmou que West Memphis era "o tipo de inferno deprimente do qual a América está insuportavelmente cansada".

Robin Dougherty observou, no *Miami Herald*, que "o guarda-roupa e o corte de cabelo de coroinha-que-virou-malvado de Damien não mereceriam um segundo olhar em South Beach". Roger Ebert abordou a explicação do motivo fornecida pelos promotores. "É um grande documentário", disse Ebert, "e uma das coisas que ele demonstra é a necessidade, a real necessidade de criar a ideia de rituais satânicos para explicar crimes, porque não basta que haja um pervertido lá fora, capaz de matar esses meninos. [...] Mas todo mundo na cidade, na sala de audiências e no júri ficou cego em função das fantasias a respeito de um culto satânico e ninguém foi capaz de ouvir a voz da razão".

wm3.org

Muitos espectadores presumiram que, desde o lançamento do documentário, os três réus haviam recorrido e, se os problemas revelados fossem reais, estariam sendo corrigidos e os adolescentes em breve seriam libertados. Mas três amigos de Los Angeles — o escritor Burk Sauls, a artista gráfica Kathy Bakken e o fotógrafo Grove Pashley — não se contentaram em presumir. Eles queriam saber mais sobre o que acontecera, mas acharam difícil conseguir informações.

"Após assistir ao documentário", explicou Sauls mais tarde, "achei que tinha perdido a parte em que eles explicavam por que achavam que os adolescentes eram responsáveis pelos homicídios".

Bakken ficou igualmente perplexa: "Eu me senti como se estivesse suspensa", disse ela. "Foi uma sensação horrível. Eu esperava que os garotos estivessem livres, mas, para ter certeza, escrevi para os advogados e descobri que eles ainda estavam na prisão."

Em outubro de 1996, os três viajaram até o Arkansas, caminharam pela floresta onde os corpos haviam sido encontrados, dirigiram até três diferentes penitenciárias e se encontraram com Damien, Jason e Jessie. Também conheceram Dan Stidham, o único dos advogados de defesa ainda empenhado em provar a inocência de seu cliente. Como lembraram mais tarde, eles não encontraram "uma única coisa" que apoiasse a ideia de que os três jovens haviam cometido os homicídios. Igualmente preocupante era a sensação de que "ninguém os estava ajudando; eles tinham sido simplesmente abandonados".

Os três amigos começaram a ver o que acontecera em West Memphis como uma versão moderna dos infames julgamentos de Salem, nos quais os rumores e a histeria suplantaram a razão e levaram a execuções. Como explicaram mais tarde, eles também se convenceram de que, assim como a mídia divulgara a imagem dos réus como de pessoas más, um fórum para uma discussão mais racional sobre o que realmente acontecera poderia introduzir alguma objetividade que somente a passagem do tempo fora capaz de levar a Salem — e, naquele caso, com anos de atraso para os injustamente condenados.[27]

Quando os três californianos obtiveram respostas para suas perguntas e coletaram material de apoio, decidiram publicar suas descobertas na internet. O site que fundaram, wm3.org, rapidamente se tornou uma central de informações e opiniões sobre o caso.[28] Desenvolveu-se uma sinergia entre o documentário e o site quando os espectadores, intrigados pelas mesmas questões que haviam incomodado os três fundadores, buscavam informações na internet, encontravam o wm3.org e, em números surpreendentemente altos, respondiam a seus apelos.

Sauls, Bakken e Pashley produziram camisetas com a fotografia dos três prisioneiros do Arkansas e as palavras de ordem "Free the West Memphis Three" (Libertem os Três de West Memphis). Eles incitavam os apoiadores a escrever para o governador do Arkansas, Mike Huckabee, pedindo o reexame do caso e criaram um fundo de apoio para manter o site.[29] Também tentaram fornecer uma visão mais pessoal dos prisioneiros, publicando fotografias atuais e vislumbres de sua vida na prisão. Em uma cuidadosamente formatada "entrevista de um minuto", lançada em 1996, Damien contou o que gostaria de fazer se fosse libertado: "Eu adoraria ter uma loja de livros usados", disse ele. "Adoro ler e seria uma vida bastante pacífica." O site também relatou que Jason trabalhava como auxiliar de escritório em sua unidade, enquanto Jessie, como a maior parte dos prisioneiros do Arkansas, trabalhava no campo, no esquadrão da enxada.

Em 1997, o wm3.org noticiou que, embora os recursos dos prisioneiros tivessem fracassado, eles ainda tinham petições pendentes na Suprema Corte do Arkansas. Conforme o site se tornava mais sofisticado e seus fundadores obtinham um entendimento mais aprofundado do processo legal, documentos relacionados ao caso foram apresentados, links para decisões relevantes da Suprema Corte do Arkansas foram organizados, diferentes fóruns de discussão foram criados (um para novatos buscando informações e outro onde os convertidos podiam discutir estratégias) e um arquivo foi desenvolvido.[30]

352   MARA LEVERITT

Ao mesmo tempo que os policiais em West Memphis consideravam tanto o documentário quanto o site frutos do trabalho de pessoas de fora do estado, bem-intencionadas, mas mal informadas — pessoas que não sabiam o que *realmente* acontecera —, o movimento para "libertar os Três de West Memphis" tocava numa corda sensível nos Estados Unidos. Ele ecoava reminiscências de ostracismo, a paixão pela justiça e o comprometimento com a liberdade de expressão — artística, intelectual e religiosa.[31]

Enquanto *Paradise Lost* era reprisado na HBO, continuava a ser exibido em pequenos cinemas e se tornava disponível em vídeo, a interação entre os espectadores e o site se expandia. No Arkansas, o efeito público foi emudecido, mas as respostas pessoais em geral eram intensas. Uma videolocadora em Little Rock emprestava o documentário de graça, porque os proprietários acreditavam que os moradores do Arkansas deveriam assistir.[32] Quase toda a audiência permaneceu durante mais duas horas após a exibição de *Paradise Lost* no festival anual de documentários em Hot Springs, Arkansas, para uma discussão com os produtores e alguns dos advogados que haviam representado os adolescentes de West Memphis. Em 1998, uma mulher de Jonesboro, que estivera presente em parte do segundo julgamento, disse que, após assistir ao documentário, fora direto para o computador: "Fiz uma busca", disse ela. "Digitei um nome e *bum*, lá estava o site. E pensei comigo: 'Caramba, achei que ninguém mais dava a mínima.' Fiquei infinitamente surpresa ao ver que alguém, além de mim, se importava."[33]

Fama na prisão

Os três prisioneiros no centro da crescente atenção não tiveram permissão para assistir a *Paradise Lost*. E-mails iam e vinham falando a seu respeito, mas eles não podiam enviá-los nem recebê-los. O caso era discutido nos jornais, mas a grande imprensa do Arkansas e do outro lado do rio, em Memphis, prestava pouca atenção. Para Damien, Jason e Jessie, a prisão ainda consistia, dia após dia, em comida ruim, barras de ferro e

NÓ DO DIABO

tédio. Mesmo assim, o documentário e o site afetaram suas vidas. Uma das coisas que mudou foi que suas cartas começaram a chegar.[34] Entre as enviadas a Jason, estava a de uma garota de dezessete anos de Little Rock. Sara Cadwallader lembrou mais tarde: "Eu vi o documentário na HBO e queria escrever para eles. Acho que escolhi Jason porque ele era o mais jovem."

Em uma entrevista em 1996, Damien relatou que, entre as centenas de cartas, recebera uma da irmã Helen Prejean, autora de *Dead Man Walking* [*Os últimos passos de um homem*]: "A carta dizia 'Escolha a vida'", disse ele, "o que quer que isso signifique."

Na época, Damien passara a ver a vida, especialmente a sua, de maneira diferente: "Cheguei aqui como uma criança", explicou ele, "e alguns anos se passaram. Nesse tipo de ambiente, acho que a gente envelhece um pouco mais rapidamente."[35]

Seu mundo se expandiu em contato com as pessoas que assistiram ao documentário e visitaram o site. Muitas enviavam livros, que ele lia com voracidade. Seus hábitos de leitura se expandiram para incluir grandes obras da literatura. E ele iniciou uma séria correspondência com uma mulher que assistiu ao documentário e se esforçou para entrar em contato. Lorri Davis, arquiteta e cinéfila de Nova York, viu a estreia de *Paradise Lost* no Metropolitan Museum of Art. Ela começou a enviar livros e, quando os telefonemas passaram a ser permitidos no corredor da morte, quase todos os que Damien fazia eram para ela. Ele deixara de tomar os antidepressivos desde que chegara à prisão e, no fim de 1996, reconheceu que, "infelizmente", tornara-se "muito mais animado" — "infelizmente" porque "sempre me sinto um idiota quando estou animado".

22

O informante

A VIDA DEPOIS DOS JULGAMENTOS CONTINUOU DURA para os familiares das vítimas, incluindo o pequeno Aaron Hutcheson. Embora não fosse uma vítima direta, uma vez que não fora assassinado, seu envolvimento na investigação certamente o expusera aos horrores do crime. Mesmo após os julgamentos, o interesse de sua mãe pelo caso permaneceu intenso e assim, até certo ponto, também o seu.

Depois que os julgamentos terminaram e os réus foram enviados para a prisão, Vicki Hutcheson entrou em contato com Ron Lax, o investigador particular de Memphis, para relatar que estava "intrigada" com certas partes da investigação. Em abril de 1994, algumas semanas depois de Damien e Jason serem sentenciados, Lax visitou Hutcheson no apartamento onde ela agora vivia. Sobre a visita, escreveria mais tarde: "Vicki me perguntou quem recebera o dinheiro da recompensa. Respondi achar que ninguém o recebera e ela declarou que deveria ter sido ela, pois fora a voz de seu filho que 'resolveu o caso'. Ela então me disse que a polícia interrogou Aaron em várias ocasiões, sem que ela estivesse presente, que não tinham o direito de fazer isso e que ela pretendia processá-los porque isso causara graves problemas mentais a Aaron."

Mas essas não eram suas únicas preocupações. De acordo com as notas de Lax, Hutcheson também "declarou que nunca assinou nenhum termo de consentimento para que o gravador fosse instalado em seu trailer e que

Gitchell mentira ao dizer que havia um termo de consentimento" e que "Bryn Ridge disse a ela que cuidaria dos cheques sem fundos em troca de seu depoimento, mas ela não deveria contar a ninguém". Quando Lax disse a ela que Damien não sabia dirigir, ela respondeu: "Talvez eu tenha sonhado."

Três meses depois, em julho de 1994, Hutcheson telefonou para Lax e perguntou se surgira algo novo. "Quando respondi que ainda trabalhávamos no recurso de Damien", escreveu Lax, "ela começou a contar sua experiência em Nova York, no *The Maury Povich Show*. De acordo com Vicki, os Hobbs estavam presentes, assim como Mark e Melissa Byers e o sr. Hicks, pai de Pam Hobbs. Vicki declarou que Mark Byers estava fora de controle e que eu deveria assistir à gravação para ver seus comentários e ações."[1]

No mês seguinte, Hutcheson telefonou para o escritório de Lax quatro outras vezes. Da primeira vez, Lax não pôde atender e ela pediu para falar com Glori Shettles. Mais tarde, Shettles escreveu: "Perguntei a Vicki quais eram suas principais preocupações em relação ao caso naquele momento, e ela respondeu: 'por que Mark Byers está solto? Por que a maior parte do Departamento de Polícia de West Memphis está se afastando? E por que aqueles três garotos estão atrás das grades se a polícia possui muito mais provas contra Mark Byers que contra eles?'" Hutcheson telefonou novamente para Shettles no dia seguinte e dois dias depois. "Ela declarou estar pensando em telefonar para o Canal 13, em Memphis, para avisar que, na verdade, cometera perjúrio", escreveu Shettles após a segunda conversa. "Também disse que não mentira, mas que queria 'sair dessa'." Quatro dias depois, ela telefonou mais uma vez e teve outra conversa incoerente com Shettles, que escreveu: "Desnecessário dizer que Vicki está sofrendo com a pressão e com as frustrações. Ela quer desesperadamente 'saber a verdade' e percebeu que não pode confiar na polícia."

Em virtude dos telefonemas, Lax tomou providências para que Hutcheson fosse até seu escritório em Memphis, a fim de que ele e o advogado de Jessie, Dan Stidham, pudessem entrevistá-la formalmente. Ela concordou e, em 17 de agosto de 1994, o investigador e

NÓ DO DIABO   357

o advogado gravaram a conversa. Ela durou 5 horas e meia. Lax e Stidham estavam particularmente interessados na parte da entrevista em que Hutcheson discutia o esbat:

> Vicki acha que foi até lá, mas estava bêbada e não tem certeza de quem a acompanhava. Ela brigara com o namorado naquele dia, por volta das 14 ou 15 horas, fora até a loja de bebidas e comprara duas garrafas de meio litro de Wild Turkey. Bebera uma garrafa sozinha e depois fora até a reunião em uma área perto de Turrell, Arkansas. Ela ainda se lembra da aparência do local, mas não consegue lembrar se Damien e Jessie estavam com ela. Quando tentamos fazer com que se lembrasse da maneira como chegara à reunião, ela não conseguiu. Ela se lembra de ter visto pessoas pintadas de preto e percebido que estavam se despindo. Declarou que sabia que precisava sair de lá e que alguém a levara embora, mas não se lembra de nada depois disso. Ela acordou na manhã seguinte deitada no jardim, ao lado de uma garrafa de uísque. Estava sozinha e não se lembrava de nada.

O relato de Hutcheson sobre seu papel no caso permaneceria ambíguo. No fim dos anos 1990, o escritor Burk Sauls postou no site wm3.org a transcrição da entrevista que realizara com ela. O texto permaneceu no site até que Hutcheson, afirmando temer por sua segurança, pediu que os administradores o retirassem. Na entrevista, ela descreve Jessie Misskelley "como um irmão mais novo" para ela. "Qual é a sua versão a respeito daquela época?", perguntou Sauls. "Bem", respondeu ela, "estou realmente preocupada com as questões legais relacionadas a isso. Mas, basicamente, eu disse o que a polícia de West Memphis queria que eu dissesse. E eles queriam que eu dissesse que fui até a reunião. A reunião do esbat. Eles inventaram essa história." Ela caracterizou a investigação policial como tendo sido "apenas um exagero". Em certo momento, disse a Sauls: "Você sabe o que quero dizer, acima de tudo? Quero pedir desculpas. Quero dizer a Jessie, Jason e Damien que sinto muito."

Briga de faca e ordem de restrição

Logo depois dos julgamentos, mais ou menos durante o período em que Vicki Hutcheson telefonava para Lax e Shettles, os investigadores também receberam ligações de Ricky Murray, o pai biológico de Christopher Byers. Shettles escreveu, para os arquivos da agência, que Murray ficara muito perturbado recentemente, ao ver o *Maury Povich Show*, quando Mark Byers declarou que, no dia dos homicídios, apanhou a mulher no trabalho e possuía um álibi impecável. Rick conversara com Mark Byers no funeral de Chris Byers. Naquele dia, ele não disse que apanhara Melissa no trabalho, somente que estivera no tribunal.

Lax escreveu que Murray também declarou que "Melissa Byers é viciada em heroína desde os doze anos. Ela usava heroína antes de começar a fumar maconha". Finalmente, segundo Shettles, Murray "também afirmou nunca ter aberto mão de seus direitos paternos e que Chris não fora adotado por Mark Byers".

Mas, nessa época, os telefonemas do ex-marido de Melissa para os investigadores particulares de Memphis eram o último dos problemas dos Byers. Após os julgamentos, eles haviam saído de West Memphis, deixando um rastro de cheques sem fundos, e se mudado para Cherokee Village, uma comunidade planejada no centro-norte do Arkansas, perto da fronteira com o Missouri. Embora tenham dito aos novos vizinhos que queriam viver discretamente e ter privacidade durante o luto, eles rapidamente atraíram a atenção da polícia. Em setembro de 1994, tanto Mark quanto Melissa foram presos no condado de Sharp, depois que os investigadores concluíram que eram responsáveis pelo roubo de antiguidades no valor de 20 mil dólares de uma residência próxima à sua.[2] A polícia acusou Mark e Melissa Byers por arrombamento e roubo de propriedade. Eles pagaram uma fiança de 5 mil dólares cada. Se condenados, disse o juiz durante a audiência, enfrentariam sentenças de três a dez anos de prisão e multas de 10 mil dólares cada. Ambos se declararam inocentes.[3]

NÓ DO DIABO 359

Dali a duas semanas, Mark Byers foi preso novamente. Dessa vez, acusado de contribuir para a delinquência de menor de idade, uma contravenção. A acusação originara-se em um incidente no mês de julho, durante o qual um adolescente fora gravemente ferido em uma briga de faca que Byers instigara, encorajara e supervisionara.[4] Mais tarde, o chefe de polícia que prendeu Byers declarou: "Ele ficou me perguntando: 'Qual é sua opinião? Eu acho que eles tinham de brigar, você não?' Eu respondi: 'Não, não acho. Essa é uma das razões pelas quais estou prendendo você.'"

No fim de outubro de 1994, sete meses após o julgamento de Damien e Jason, o jornal local relatou que os Byers enfrentavam "acusações criminais, ordens de restrição e uma rixa" com os vizinhos. A polícia fora chamada para acertar as diferenças entre os dois casais oito vezes em um mês. Mark Byers disse a uma repórter que seu relacionamento com os vizinhos se deteriorara quando ele acertara o filho de cinco anos deles com um mata-moscas. Os vizinhos reclamaram que o golpe fora forte o bastante para deixar marcas. Em outro incidente, os vizinhos disseram à polícia que Melissa ficara na rua em frente à casa, gritando que, se ela e Mark fossem presos, eles seriam os culpados.[5]

Quando uma repórter entrevistou os dois casais, ela notou que os Byers, que viviam da pensão por invalidez de Mark, não tinham "telefone, gás, água quente e muito pouco, se algum, dinheiro em casa". Sentado à mesa da cozinha, Mark Byers disse que ele e a mulher estavam sendo perseguidos por causa das acusações feitas contra ele durante os julgamentos. "Somos vítimas transformadas em vilões", disse à repórter. Mas, em breve, um novo incidente os colocou novamente no noticiário. Um trailer, pertencente à mulher cuja casa eles haviam sido acusados de invadir, explodiu misteriosamente na entrada da garagem. A mulher, que estava fora da cidade, disse às autoridades que os tanques de propano do veículo haviam sido esvaziados.

Instigada por essas histórias, uma repórter do *Arkansas Times* decidiu investigar o histórico de John Mark Byers. Ela entrou em contato com um policial aposentado de Marked Tree, a cidade do leste do Arkansas onde Byers foi criado. O ex-policial lembrou que, em 1973, quando Byers tinha apenas dezesseis anos, seus pais haviam chamado a polícia, afirmando que o filho os estava ameaçando com uma faca de açougueiro.[6] A repórter também descobriu um incidente mais recente, embora menos violento, em Jonesboro. Os proprietários de uma joalheria disseram que Mark e Melissa haviam trabalhado lá brevemente em outubro de 1990 e que, durante esse período, joias no valor de 65 mil dólares haviam sido roubadas. Quando a polícia não conseguira prender ninguém, os joalheiros haviam iniciado uma ação contra os Byers e outro casal. O caso, que foi julgado no tribunal de Jonesboro em abril de 1991, resultou na ordem para que os dois corréus dos Byers devolvessem os itens roubados. O advogado que os representava era Val Price, mais tarde indicado para defender Damien.[7]

No fim de 1994, os Byers enfrentavam doze acusações de contravenção em West Memphis, por emissão de mais de 600 dólares em cheques sem fundos; seus vizinhos tinham ordens de restrição contra eles; havia acusações de arrombamento; Mark enfrentava acusações por contribuir para a delinquência de menor de idade; ele e Melissa eram suspeitos na explosão do trailer; e Melissa fora acusada de lesão corporal qualificada, por um incidente durante o qual apontara uma arma para um instalador de carpetes que se recusara a trabalhar em sua casa até que o piso fosse limpo.

Em janeiro de 1995, o juiz municipal local considerou Mark Byers culpado da acusação relativa à briga.[8] Ele ordenou que Byers pagasse metade das despesas médicas do garoto ferido, em um total de 2 mil dólares. (O adolescente agressor deveria pagar a outra metade.) O juiz também o sentenciou a um ano de prisão, mas Byers pagou fiança no valor de mil dólares, o que lhe permitiu permanecer livre. Como ele conseguiu dinheiro para a fiança, quando se sabia que enfrentava acusações por cheques sem fundos e que, há apenas três meses, ele e a família viviam sem telefone nem aquecimento, aparentemente não preocupou o tribunal.

O casal manteve-se discreto durante vários meses. As outras acusações contra eles ainda estavam pendentes e o terceiro aniversário do assassinato de Christopher se aproximava quando a polícia foi chamada para

NÓ DO DIABO 361

investigar uma tragédia. Dessa vez, contudo, o telefonema veio não dos vizinhos, mas do hospital local, onde os médicos haviam acabado de anunciar a morte de Melissa Byers.

A morte inexplicada de Melissa

A data era 29 de março de 1996. A equipe do hospital disse ao xerife que uma ambulância fora chamada à casa dos Byers às 17h20. Melissa estava inconsciente quando os paramédicos chegaram.[9] Sua morte foi anunciada no hospital uma hora e dez minutos depois. Mas os médicos estavam perplexos. Eles disseram ao xerife que não havia nenhuma evidência de trauma no corpo e que eles não conseguiam determinar a causa da morte súbita. Em contraste com a decisão do inspetor Gitchell após a descoberta do homicídio dos três meninos de oito anos, o xerife imediatamente pediu a ajuda da polícia estadual do Arkansas. Duas horas após o telefonema para a ambulância, uma equipe de investigadores da polícia estadual se reuniu no hospital. A morte foi investigada como "possível homicídio".[10]

Observando o corpo nu de Melissa, os investigadores notaram a presença de "marcas de injeção intravenosa na parte de cima de ambos os pés, no lado interno do pulso direito e no lado superior direito da área torácica". As marcas no pulso e no tórax haviam sido cobertas com curativos, sugerindo que poderiam ser o resultado dos esforços de ressuscitamento de Melissa no hospital. Mas as outras marcas não estavam cobertas. Os investigadores tiraram catorze fotografias do corpo, identificadas numericamente em seu relatório. O relatório tinha apenas três páginas, mas, mesmo nesse pequeno espaço, continha mais informação que qualquer coisa escrita pela polícia de West Memphis depois da descoberta dos corpos dos meninos assassinados. O investigador anotou que o legista do condado chegara "aproximadamente às 20h10 para trasladar o corpo para o serviço médico-legal do estado". A essa altura, contudo, os investigadores já entrevistavam uma testemunha que telefonara para a polícia ao ouvir sobre a morte de Melissa. Como o chefe da investigação escreveu mais tarde em suas notas, a testemunha relatou que "Melissa e Mark estavam tendo problemas familiares ultimamente e Mark tinha uma namorada chamada Mandy. [...] Ela também disse acreditar que Melissa estava tomando Dilaudids [*sic*] e Zanex [*sic*]".

Às 21h40, uma equipe de investigadores locais e estaduais iniciou uma busca na residência dos Byers. Enquanto ela era conduzida, Byers ficou do lado de fora com uma mulher identificada nos relatórios da polícia estadual como Mandy Beasley. Um investigador filmou o interior da casa e outro tirou fotografias. O chefe da investigação ditou uma cuidadosa descrição da casa térrea de madeira, prestando especial atenção ao quarto onde os paramédicos da ambulância haviam encontrado Melissa. Um terceiro investigador da polícia estadual preparou um diagrama da "cena do crime". No quarto, eles recolheram como evidência três toalhas e uma blusa, todas encontradas sobre a cama; "o que se suspeita ser maconha e parafernália relacionada"; dois copos, um dos quais se acreditava conter schnapps de pêssego; e "sete diferentes tipos de medicação prescritos para Melissa Byers", todos listados.[11]

À meia-noite, o chefe da investigação ainda estava trabalhando, entrevistando o vizinho que chamara a ambulância.[12] O vizinho disse ao investigador que Byers o chamara logo após as 17 horas. Byers "dissera não conseguir acordar Melissa e pediu que ele fosse até lá para ver se ela tinha pulso". O vizinho perguntara "por que ele não chamava uma ambulância", mas Byers ignorara a pergunta, insistindo para que ele "fosse até lá — pela porta da cozinha".

De acordo com o relatório do investigador, o vizinho disse que foi imediatamente até o quarto e viu que Melissa estava completamente nua, deitada de costas na beirada da cama. A boca estava aberta, e os olhos, fechados. Ela estava completamente imóvel, com os braços ao lado do corpo. [Ele] checou o pulso, ergueu as pálpebras e examinou seus olhos. Disse a John Mark para iniciar as manobras de reanimação cardiorrespiratória. Ela gorgolejou alguns fluidos e ele disse a Mark que precisava telefonar para a emergência.

NÓ DO DIABO 363

Depois que o vizinho telefonara, ele vira que Mark e seu enteado Ryan Clark, agora com dezesseis anos, estavam tentando vestir uma calça em Melissa. Ele perguntou a Mark se ela estava morta. Mark respondeu que não, mas, enquanto dizia isso, "Ryan tinha uma expressão engraçada, meio horripilante, no rosto".

O vizinho também disse ao policial "que Mark não estava completamente histérico, mas preocupado. Quando o serviço de emergência chegou à residência, Mark ficava repetindo: 'Eles precisam trazê-la de volta'". Ryan "ficava balbuciando alguma coisa e não parecia coerente". Ryan saiu de casa antes que a ambulância chegasse. O vizinho relatou que, "quando ele partiu, quase virou o carro; ele saiu muito rápido, espirrando cascalho".

O vizinho seguira a ambulância até o hospital, onde encontrara John Mark Byers: "Ele afirmou que, no hospital, Mark lhe dissera temer que Melissa tivesse tido uma overdose de uma droga que está circulando pelas ruas de Memphis. Byers disse que a droga podia ser comprada por 50 dólares nas ruas. Ele não se lembra do nome da droga, mas acha que começa com a letra D. John Mark Byers também disse achar que ela morrera de overdose e que eles iriam acusá-lo de tê-la asfixiado. Byers não explicou quem eram 'eles'."

Na mesma noite, o investigador da polícia estadual fez com que Byers descrevesse suas atividades durante as horas que antecederam a morte. A declaração continha poucos detalhes. Em essência, Byers disse que ele e a mulher haviam tirado um cochilo e que, quando ele se levantara, não fora capaz de acordá-la.[13]

Banido

O foco da investigação sobre o "possível homicídio" de Melissa mudou para o serviço médico-legal do Arkansas, onde se esperava que a autópsia pudesse explicar sua morte misteriosa. Mas, assim como o inspetor Gitchell passara semanas em West Memphis em uma frustrada espera pelos resultados, o investigador da polícia estadual e o xerife agora esperavam pelas descobertas do legista. Quando cinco meses se passaram sem nenhuma resposta do laboratório estadual de criminalística, o investigador da polícia estadual telefonou para descobrir a causa.[14] Ele finalmente recebeu o relatório da autópsia em 30 de setembro de 1996 — seis meses após a morte de Melissa.

Mas o relatório foi de pouca ajuda. E sua conclusão — ou, mais precisamente, sua falha em chegar a uma conclusão — era incomum. A despeito do corpo de Melissa ter sido levado imediatamente para o laboratório de criminalística, o legista do Arkansas relatou que seu departamento fora incapaz de determinar as causas físicas e legais da morte, ou seja, se fora resultado de causas naturais, acidente, suicídio ou homicídio. O xerife fez uma declaração à imprensa explicando que, embora drogas tivessem sido encontradas no corpo de Melissa, a quantidade "não era suficiente para ser letal". Mesmo assim, segundo ele, o caso permaneceria aberto — e o relatório da autópsia seria selado.

A investigação não era a única questão relacionada a Byers e à lei que apresentava resultados incomuns. Em 28 de agosto de 1996, cinco meses após a morte de Melissa e um mês antes de o legista liberar o relatório da autópsia, John Mark Byers compareceu ao tribunal para responder à acusação de arrombamento. Ele não contestou a acusação e o promotor ofereceu um acordo que permitiria que permanecesse fora da prisão.[15] Byers ainda não tinha meios visíveis de subsistência para além da magra pensão por invalidez. Mesmo assim, o promotor anunciou que concordava em não mandá-lo para a prisão se ele cumprisse duas condições: 1) pagar 20 mil dólares de restituição à mulher cuja casa fora roubada e 2) deixar a cidade. Especificamente, Byers recebeu ordens para "não permanecer, residir ou entrar" em qualquer um dos cinco condados do distrito judicial do norte do Arkansas. Byers assegurou que se mudaria e o juiz o advertiu de que o veredito seria imediatamente convertido para culpado se ele retornasse ao distrito ou fosse preso novamente, caso em que seria acusado como reincidente.[16]

NÓ DO DIABO   365

A decisão de banir Byers foi outro episódio incomum em sua altamente
atípica história com tribunais e promotores. O banimento, ou exílio,
quase nunca é imposto porque a Constituição do Arkansas o proíbe. [17]

"Uma história profunda"

Em dezembro de 1997, um ano depois de Byers deixar o distrito judicial,
uma repórter do *Arkansas Times* pesquisou mais profundamente a inexplicada morte de sua mulher. A investigação fora descontinuada, ainda que
o caso permanecesse aberto. Quando o serviço médico-legal e o promotor
local se recusaram a permitir que a repórter ou o advogado de Jessie vissem
o relatório da autópsia, ela obteve uma cópia com a polícia estadual. O
relatório dizia que Melissa pesava 95 quilos no dia de sua morte; tinha
"Christopher" tatuado no bíceps direito; e, além das marcas de injeção
notadas pelos investigadores, ambos os pulsos apresentavam "múltiplas
marcas já cicatrizadas". O laboratório de toxicologia relatara não ter
encontrado álcool no organismo e nenhum opioide no sangue, embora
traços de alguns dos medicamentos prescritos tivessem sido detectados.
O relatório afirmou que a urina apresentara resultados positivos para
maconha e hidromorfina, o narcótico sintético comumente conhecido
como Dilaudid. (O Dilaudid é altamente valorizado no mercado negro
e seu preço nas ruas, na época da morte de Melissa, era de cerca de 50
dólares por tablete.) Ela não tinha prescrição para esse medicamento.

A repórter notou, com alguma surpresa, que, na seção do relatório
destinada ao parecer do legista, a hidromorfina não fora mencionada.
Em vez disso, as conclusões repetidamente identificavam uma droga
diferente, a hidrocodona, como tendo sido detectada na urina. Quando
contatado a respeito da discrepância, o diretor do laboratório estadual de
criminalística afirmou que fora um erro tipográfico. [18] Questionado sobre
as numerosas marcas no corpo, afirmou que poderiam ser o resultado da
intervenção médica depois que a ambulância fora chamada. De acordo
com o diretor, não havia "como dizer se as marcas haviam sido feitas duas

ou seis horas atrás" e que o legista que realizara a autópsia acreditava que "provavelmente todas haviam sido feitas no hospital".[19]

O interesse pela morte de Melissa ressurgiu brevemente no fim de 1997, quando investigadores da polícia estadual entrevistaram três pessoas que relataram suspeitas em relação a John Mark Byers.[20] Mas pouco se ouviu sobre isso. Quando a repórter do *Arkansas Times* o contatou em Jonesboro, para onde se mudara após seu extraordinário (e aparentemente ilegal) banimento do centro-norte do Arkansas, ele afirmou que nunca vira Melissa "injetando nenhuma droga". Afirmou que ela morreu de "desgosto" e que, depois da morte de Christopher, perdera "a vontade de viver".

Quando perguntado a respeito de si mesmo, Byers disse que o tumor cerebral o deixara "100% incapacitado" e que ele sofria "terríveis enxaquecas". Às vezes, sua cabeça parecia "uma bola de remédios; sinto como se houvesse sirenes em meus ouvidos e uma câmera espocando na frente de meus olhos". Ele afirmou viver "abaixo da linha de pobreza" e que, por conta de sua condição financeira, não tivera de pagar à mulher que fora roubada. "Sou à prova de julgamentos", acrescentou ele. "Sou pobre." John Mark Byers escarneceu de seus antigos vizinhos na montanhosa região do norte do Arkansas, chamando-os de "atrasados", "mente estreita" e "caipiras tocadores de banjo". Disse ele: "Eu fui empurrado para lá." Mas, na maior parte do tempo, Byers lastimou a perda da mulher e do filho e da boa vida que tivera. "Essa é uma história profunda", disse ele. "Eu era maçom do 32º grau. Saí de minha grande e bonita casa, deixei de ser um cidadão respeitável e agora me sinto um pária jogado no fundo do poço." Mais de uma vez, lembrou à repórter: "Sou a vítima aqui. Não vamos nos esquecer disso." Quanto aos assassinatos de Christopher, Michael e Stevie, Byers afirmou: "Alguém que tira a vida de outra pessoa é depravado e muito doente. Não doente como um retardado, mas maleficamente doente. Eles devem ter algum tipo de problema, mais profundo do que consigo imaginar."

Número errado

Contudo a história de infortúnio de Byers estava prestes a se tornar ainda mais longa. Assim como os problemas o haviam seguido de West Memphis até Cherokee Village, eles também o perseguiram até Jonesboro. Em junho de 1998, no mesmo tribunal em que o juiz Burnett sentenciara Damien e Jason, outro juiz o condenou por uma contravenção relacionada a cheques sem fundos. Novamente, ele não recebeu nenhuma punição. De acordo com os registros do tribunal, Byers recebeu apenas uma sentença suspensa de doze meses, a despeito da garantia que lhe fora dada, no momento de seu banimento do distrito vizinho, de que seria julgado como reincidente se cometesse outro crime.

Parecia que Byers não era apenas "à prova de julgamentos", como alegara, mas também à prova de encarceramento. Todavia, em 19 de abril de 1999, ele discou o número errado.

Por volta das 21h20, um patrulheiro da polícia estadual estava ao lado do carro que parara, preenchendo uma multa, quando seu celular pessoal começou a tocar. Ele não reconheceu a voz, mas ficou intrigado quando o homem que telefonava o convidou para "vir aqui em casa e comprar mais um pouco". O patrulheiro mais tarde disse ter pensado que era um de seus amigos "mexendo" com ele, mas fora cauteloso o bastante para perguntar: "Comprar o quê?"

"Maconha", respondeu o homem. "Coisa da boa." Agora o patrulheiro estava certo de que o homem não sabia para que número telefonara. Mas, do mesmo modo, o patrulheiro não sabia quem era ele. Segundo seu relatório, ele foi capaz de descobrir o endereço afirmando que estava "ocupado com uma garota" e não podia ir até lá no momento, mas perguntou se poderia enviar seu amigo Jeff. O homem do outro lado da linha deu uma risadinha e concordou. Então, fingindo ter memória ruim, o policial disse que não conseguia se lembrar das ruas que levavam até o endereço e precisava dos nomes para dar a Jeff. O homem solicitamente forneceu a rota que levava até sua porta. O patrulheiro confirmou que Jeff já estava chegando. Ele desligou e contatou os policiais à paisana da unidade de narcóticos de Jonesboro. Alguns minutos depois, eles chegaram ao endereço. Byers estava esperando do lado de fora. Um dos policiais, que se apresentou como Jeff, mais tarde relatou que "realizara uma compra de narcóticos do suspeito", depois do que Byers fora preso imediatamente. O patrulheiro disse que, após levar Byers até a delegacia, o policial telefonara para ele. E riu: "Ele disse: 'Você deveria ter visto a cara dele quando contamos para quem ele telefonara.'"[21]

Byers foi acusado de vender Xanax, uma droga controlada. Ele compareceu novamente ao tribunal, onde novamente foi condenado. Dessa vez, foi sentenciado a cinco anos de prisão. Mas, como sempre, não foi preso. Conforme os registros do tribunal, o juiz[22] suspendeu a sentença; Byers foi colocado em liberdade condicional durante vinte meses e teve de pagar multa.

Parecia que ele evitaria a prisão mais uma vez. Mas o promotor[23] que aceitara o acordo de banimento decidiu que algo tinha de ser feito. Depois de saber da condenação por tráfico de drogas em Jonesboro, ele cumpriu a promessa que fizera a Byers de mudar seu veredito para culpado de arrombamento. Em 26 de maio de 1999 — cinco semanas após a ligação para o número errado —, os policiais levaram Byers para a penitenciária estadual de Pine Bluff, a fim de cumprir oito anos de prisão.

Pela primeira vez em sua carreira criminosa — uma carreira que incluía uma condenação por ameaça de morte, admissão de culpa na fraude de 20 mil dólares dos Rolex, prisões por posse de armas e drogas, condenações por emissão de cheques sem fundos e uma condenação por contribuir para a delinquência de menor de idade —, Byers estava atrás das grades. Mas, embora uma condenação por tráfico de drogas tivesse precipitado sua viagem até a penitenciária, nenhuma referência a ela apareceria em seu registro de prisão. Em vez disso, os registros do Departamento Correcional do Arkansas indicavam que ele cumpria pena apenas pelas condenações de arrombamento e roubo no distrito judicial onde ele e Melissa viviam antes de ela morrer. Byers ainda não cumprira um dia de prisão por qualquer crime cometido no distrito do promotor Brent Davis — ou qualquer crime relacionado a drogas.[24]

A "história" sobre o "sonho"

Enquanto estava na prisão, Byers nunca ficou na mesma unidade que Damien, Jason ou Jessie.[25] Mas aproveitou a oportunidade de execrá-los durante uma entrevista concedida em junho de 2000. Em uma pequena sala de conferências na unidade de segurança mínima no sul do Arkansas, Byers, agora vestindo uniforme branco, referiu-se aos três como "os filhos da mãe" que mataram seu "filho" e se regozijou com o fato de que ele estaria livre em breve e eles "morreriam na cadeia".

Sua maior queixa em relação à vida na prisão era terem proibido os cigarros recentemente. Interrompendo ocasionalmente a entrevista para manifestar o desejo de fumar, ele falou de boa vontade sobre sua vida. Seu relato, embora muito específico em alguns detalhes, era vago e contraditório em outros. Alguns episódios, como as atividades ilegais em West Memphis, foram completamente omitidos. Em vez disso, Byers alegou ter "uma ficha limpa" até os problemas recentes. Expressou seu espanto de a polícia do norte do Arkansas ter dado tanta importância a seu envolvimento na "briguinha" dos adolescentes. Disse ser inocente no caso de arrombamento e afirmou não ter contestado a acusação devido aos "maus conselhos" do advogado. Nunca reconheceu ter vendido drogas, mas admitiu que as usara, embora apenas *após* a morte de Melissa. Afirmou que a decisão de se voltar para as drogas fora um "erro" causado pela autopiedade em seguida à morte da mulher e saudou a prisão como "provavelmente a melhor coisa que já me aconteceu", por retirá-lo de uma espiral descendente.

Apesar de ter prometido "nunca dizer uma palavra negativa" a respeito da mulher, ele observou que ela começara a usar drogas muito antes de eles se conhecerem. Era viciada em heroína e Dilaudid, disse ele, e ele tentara ajudá-la a se livrar do vício. Na verdade, disse Byers, seu primeiro telefonema para a polícia de West Memphis — o telefonema que levara os detetives a usá-lo como informante — fora para denunciar alguns dos fornecedores de Melissa. Mas seu relato mudou durante a entrevista de quatro horas. Em certo momento, quando seu status como informante foi mencionado, ele o minimizou e ofereceu uma versão diferente para seu primeiro contato com o Departamento de Polícia: "Vi alguém traficando na área próxima à minha casa. Vi um indivíduo na esquina fazendo transações com estudantes e, em minha opinião, ele parecia estar vendendo drogas. Telefonei para a polícia. Eles usaram minha casa para uma operação de vigilância. A polícia de West Memphis filmou algumas transações da minha casa. Até onde sei, apenas duas prisões foram feitas. E esse é o alfa e o ômega de meu status como informante. Não sou nenhum John Gotti."

Perguntado sobre a prisão em Memphis um ano antes dos homicídios, quando fora acusado de porte de armas e drogas, Byers manteve uma expressão neutra, como se tentasse, sem sucesso, se lembrar de tal incidente. Ele sugeriu que o John Mark Byers que fora retirado da prisão em Memphis e entregue à custódia do serviço de delegados dos Estados Unidos fora outra pessoa e enfatizou que, até seus problemas recentes, não tivera "*nenhum* antecedente criminal, nenhuma prisão, nenhum problema com a polícia".[26]

Na verdade, segundo Byers, ele fora "praticamente o típico garoto americano". Fora "um adolescente bastante desenvolvido" e um "estudante mediano" que tivera "uma infância muito feliz" com os "melhores pais do mundo". Quando perguntado sobre o incidente que descrevera para os cinegrafistas, no qual afirmara ter sido sexualmente atacado e deixado em um canal quando era adolescente, Byers iniciou uma explicação enrolada. "Foi um sonho", disse ele, "um sonho que eu estava contando a Melissa. Era ficção, não fato."[27] Byers afirmou que sua decisão de cooperar com os produtores fora motivada apenas pelo desejo de prestar um serviço ao público. Ele disse que queria que as pessoas soubessem que "há indivíduos tão doentes no mundo que são capazes de sodomizar e assassinar nossos filhos".

Após os assassinatos de Christopher e seus amigos, disse Byers, ele se lembrava de "se sentar no escritório de Gary Gitchell" enquanto Gitchell relatava que os testículos de um dos meninos haviam sido arrancados.

NÓ DO DIABO 371

"Perguntamos qual dos meninos", disse Byers. "Ele disse que fora Michael Moore. Então, dois ou três dias depois, veio até nossa casa e disse que fora Christopher." Nos meses que se seguiram, Byers afirmou que sabia que algumas pessoas achavam que ele havia cometido os crimes — uma situação que lhe causara "dor incomparável". Mas disse que não se preocupara com os rumores porque "minha cronologia em 5 de maio faz com que a de O. J. Simpson pareça um queijo suíço. Das sete da manhã de 5 de maio e pelos três dias seguintes, praticamente cada minuto do meu tempo foi documentado". Assim como se queixara da falha da polícia de West Memphis em iniciar a busca pelos meninos na noite em que desapareceram, ele se queixou do tratamento que Melissa recebeu dos médicos na tarde em que morreu. "Eles só aplicaram o choque uma vez", contou ele. "Não tentaram salvar sua vida."

Quanto à sua própria saúde, Byers ergueu a mão até a testa e indicou um lugar acima do olho direito. Era onde estava o tumor, disse, "bem aqui, no lobo frontal". Segundo ele, o tumor distorcia sua percepção de profundidade, diminuía "a força e a sensação" da mão direita, borrava a visão do olho esquerdo e o tornava parcialmente surdo do ouvido esquerdo. Ele tinha ataques apopléticos que poderiam ser causados pela tensão "ou quando fico realmente zangado, realmente furioso. Se fico muito ansioso, isso também pode causar um ataque. Às vezes, acordo no chão, vomitando. Perco o controle dos intestinos. Ranjo os dentes. Então, por três ou quatro dias, todos os meus músculos doem por causa das câimbras".[28] Para controlar os ataques, Byers recebera uma prescrição de Dilantin e Tegretol. Ele contou que um dos medicamentos causara deterioração de suas gengivas. Em abril de 1997, a periodontite o levara a remover todos os dentes em um dentista de Shreveport, Louisiana. Mas, assim como em outros tópicos, sua história sobre o que acontecera a seus dentes não era clara. Em outro momento da entrevista, ele explicou a decisão de extraí-los sem mencionar as gengivas: "Eu tinha várias falhas, vários dentes que haviam lascado e quebrado em acidentes", afirmou ele. "Meus dentes estavam me dando muitos problemas, havia anos."

Somente quando falou dos três assassinos condenados a atitude amigável de Byers se modificou.

— Não acho que eles nasceram ruins. Mas são culpados, todos os três. Foram considerados culpados pelo que fizeram. E fizeram o que fizeram, em minha opinião, por causa das coisas que estavam lendo e colocando na cabeça. É como as pessoas que jogam aquele jogo, "Dungeons and Dragons". Só que eles levaram suas fantasias até o último nível, o nível do sacrifício humano. Você colhe o que planta. Se mergulhar em bons pensamentos, você se tornará uma pessoa boa. Se colocar veneno em seu sistema, ficará envenenado.

Ele culpou Damien, Jason e Jessie não apenas pelos homicídios, mas também pela maior parte do pesar em sua vida.

— Eles mataram meu filho. Contribuíram para a perda de meu negócio. Foram um fator na morte de minha mulher. E acredito que contribuíram para o fato de eu estar na prisão. Estive buscando em minha mente e em meu coração uma maneira de perdoá-los. Até agora, contudo, não consegui. Acho que ficaria mais perto de perdoá-los por seus atos se eles fossem homens o bastante para assumir o que fizeram. Mas parece que eles não conseguem fazer isso e não consigo ter compaixão por covardes.

No fim da entrevista, ele acrescentou:

— Se eu tivesse uma esperança, seria a de que Echols, Baldwin e Misskelley fossem homens o bastante para se levantar e dizer: 'Sim, eu fiz isso. Não estava pensando direito. Sinto muito pelo que fiz. Será que essas famílias conseguem me perdoar?"

Então, como se percebesse que o que descrevera era impossível, acrescentou:

— Mas não há a menor chance de isso acontecer. Eles provavelmente não possuem essa coragem.

Os pais de Melissa

O único ponto sobre o qual Byers expressou pesar durante a entrevista realizada na prisão foi seu relacionamento com o outro enteado. Ryan Clark, de dezesseis anos, saíra de casa na tarde em que a mãe morrera e, segundo Byers, eles não se viam fazia anos. "Reconheço que não fui o pai perfeito", disse ele, enxugando as lágrimas. "Não existem pais perfeitos. Mesmo meu pai tinha alguns defeitos. Mas ainda amo Ryan e só quero seu bem. Espero que ele esteja bem."

Ryan foi mais reservado. Contatado em 2001, ele tinha 22 anos e estava relutante em falar sobre as mortes do irmão e da mãe.[29] Disse acreditar que ambos estavam "no céu" e que falar sobre eles não os traria de volta. E pediu que fosse deixado em paz. Queria ser deixado em paz para "ser apenas outra pessoa no mundo".

Os pais de Melissa não foram tão reticentes.[30] Entrevistados em sua casa em Memphis, falaram abertamente sobre a angústia que se seguiu às mortes de Christopher e Melissa. Falaram de seu amor por Christopher, que haviam ajudado a criar antes de Melissa se casar com John Mark. Negaram qualquer conhecimento do envolvimento de Melissa com drogas, expressaram sua confiança de que os três adolescentes condenados de West Memphis eram realmente culpados pelo homicídio do neto e disseram não ver razão para reexaminar sua morte ou a da filha. "Não ajudaria em nada", assegurou o pai de Melissa.

Mesmo assim, eles falaram, e muito do que tinham a dizer se centrava no ex-genro, John Mark Byers.

"Ele era um bom joalheiro, mas preguiçoso", disse o pai de Melissa. A mãe interrompeu para dizer que "ele supostamente tem um tumor cerebral". Mas o pai manteve sua dura opinião: "Ele é doente", concordou, "e mentiroso. Ele bateu em Melissa mais de uma vez, deixou um olho roxo." E acrescentou que, sempre que algo assim acontecia, Byers "culpava todo mundo, menos a si mesmo".

Sentados em sua sala de visitas, cercados pelas fotografias da família, os pais de Melissa disseram que a polícia de West Memphis nunca os entrevistara após o assassinato de Christopher. Eles ainda sabiam muito pouco sobre a investigação. Mas, se os detetives tivessem entrevistado o casal, teriam ouvido uma história desconcertante — uma que poderia ter causado perguntas sobre o período de tempo logo depois que Christopher saíra da escola, no dia em que desaparecera.

Embora Byers tivesse dito à polícia que fora até a clínica em Memphis e não encontrara Christopher quando voltara para casa, por volta das 15h10, o pai de Melissa se lembrava de uma versão bastante diferente dos acontecimentos daquela tarde.

Ele informou que Melissa pedira que ele fosse até sua casa para ficar com Christopher após a escola, no caso de Mark ainda não ter voltado da clínica. O avô do menino disse que dirigira até West Memphis como combinado, mas, quando chegara lá — pouco depois de Christopher sair da escola —, Mark já estava em casa.

— Eu estava a caminho da escola, que era bem perto da casa deles, quando Mark me viu e disse que ele mesmo apanharia Chris. Ele me disse para não ir. Então continuei meu caminho. Pensei nisso centenas de vezes desde então. Queria ter ido em frente e apanhado Chris. Eles me ligaram naquela noite para dizer que ele tinha desaparecido.

O pai de Melissa contou a história aparentemente inconsciente da luz que ela lançava sobre o relato de Byers. Ele e a esposa sabiam pouco mais que o público em geral a respeito da investigação sobre o homicídio das crianças. E não foram aos julgamentos. "Melissa nos disse para não ir", explicou sua mãe. "Ela disse que iríamos apenas nos aborrecer."

Quando os julgamentos terminaram, eles acreditaram, como a maioria do público, que a justiça fora feita. Afinal, disseram, ecoando uma opinião bastante disseminada, quem confessaria um crime como esse se não o tivesse cometido? "Misskelley pode ser retardado", alegou o pai de Melissa, "mas não tão retardado."

Nos meses após o julgamento, seu pesar foi misturado à preocupação com Melissa e Ryan, que agora moravam ainda mais longe, no centro-norte do Arkansas. Os pais de Melissa disseram ter dado a ela e a Mark dinheiro para comprar uma casa porque sabiam que, agora que Melissa não estava trabalhando, a família sobrevivia inteiramente da pensão por invalidez de Mark. Mas o dinheiro parecia desaparecer. Segundo eles, Ryan telefonava e contava que tinha de tomar banhos frios depois da escola e voltar para uma casa sem aquecimento onde quase sempre não havia comida suficiente.[31]

NÓ DO DIABO 375

Mas as preocupações do casal se intensificaram nos dias anteriores à morte de Melissa. "Ela telefonou e disse: 'Pai, preciso de 200 dólares. Estou dura.' Eu mandei o dinheiro", contou seu pai. "Mandei 200 dólares na segunda-feira e ela morreu na sexta-feira. Disseram que ela tinha apenas 3 dólares na bolsa."

Mas o casal disse que Melissa estava preocupada com mais que dinheiro naquela semana. Seu casamento com Mark estava à beira do colapso. "Sabíamos que ele estava aprontando", disse sua mãe. "Ele estava saindo com uma mulher. Melissa disse que se divorciaria dele. Que o deixaria. Mas ele respondeu que não se divorciaria de uma segunda mulher."

Os pais de Melissa afirmaram que, pouco antes de sua morte, ela combinara passar alguns dias com eles. Eles a esperavam na sexta-feira. Quando, no meio da tarde, ela ainda não havia chegado, eles telefonaram. "Telefonamos para saber se ela viria e Mark disse: 'Não, ela não estava se sentindo bem e agora está dormindo.' Mais tarde naquela noite, o telefone tocou. Mark disse apenas: 'Melissa morreu.' Foi só o que ele disse."

A mãe de Melissa, que atendera ao telefone, lembrou-se de ter gritado "Melissa o quê?"

"Queríamos ir até lá", disse o pai. "Mas Mark disse que não era necessário, porque a polícia ficara com o corpo."

Assim como ocorrera depois do assassinato de Christopher, o casal disse não ter sido contatado pela polícia após a incomum morte de Melissa. Mas, dessa vez, as dúvidas relacionadas às circunstâncias da morte de sua filha fizeram com que rompessem relações com Byers.[32]

O ex-genro do casal e pai biológico de Christopher tem uma opinião diferente sobre o caso. Em uma carta postada no site wm3.org, ele declarou sua crença de que os adolescentes condenados pelos homicídios de Christopher, Michael e Stevie não cometeram o crime.[33] "Quero saber quem matou meu filho", escreveu ele, "e quero saber que serão pegos e punidos pelo que fizeram. Não quero três inocentes na prisão, sofrendo por algo que não fizeram."

Em 29 de agosto de 2000, Byers foi liberado pelo Departamento Correcional do Arkansas. Tendo cumprido quinze meses de sua sentença de oito anos, ele foi colocado em liberdade condicional até maio de 2007.[34]

23

O público

EM 1997, PAM HOBBS, MÃE DE STEVIE BRANCH, iniciou uma ação de 10 milhões de dólares contra os produtores do documentário, alegando que eles haviam descumprido o acordo de não exibir material gráfico.[1] O caso foi decidido em favor dos produtores. Pouco mais de dois anos depois, em setembro de 2000, Hobbs protestou novamente contra o uso comercial de imagens do arquivo da polícia, dessa vez depois que alguém ofereceu fotos da cena do crime e da autópsia no site de leilões eBay.[2]

Um jovem apoiador escreveu para o governador do Arkansas, Mike Huckabee, que é republicano e ministro batista. Uma assessora, que se identificou como "oficial de ligação de justiça criminal" do governador, respondeu. Após observar que o governador não podia reabrir o caso nem realizar qualquer tipo de investigação, a assistente continuou: "Gostaria de assegurar de que um teste de DNA foi realizado e uma compatibilidade foi encontrada entre os homens condenados." A declaração era flagrantemente enganosa e podia apenas se referir ao teste de DNA realizado no sangue encontrado no pingente de Damien, cujos resultados imprecisos sugeriam que o sangue poderia ter vindo de Jason Baldwin, Stevie Branch ou 11% da população caucasiana e nunca foram apresentados como evidência. Além disso, a assistente afirmou que o filme sobre o caso fora um relato "ficcional" e não um documentário. Ela encaminhou a carta ao promotor que cuidara do caso.[3]

O analista forense

A conduta da polícia de West Memphis durante a investigação de homicídio suscitara tantas dúvidas que uma das fundadoras do site se matriculou em um curso de análise pericial ministrado por um analista de perfis criminais.[4] O instrutor, Brent Turvey, ficou intrigado quando ouviu sobre o caso de West Memphis e seu interesse foi aguçado quando viu as fotos e outras provas relacionadas à autópsia das vítimas. Em 1997, o analista preparou um relatório com sua própria avaliação. Ele observou nas fotos de Michael Moore o que chamou de "padrão direcional de abrasão", logo abaixo do ombro direito. A abrasão não correspondia a qualquer uma das provas coletadas no local onde os corpos foram descobertos e era "incompatível com qualquer elemento natural do ambiente". Em uma das fotografias feitas na floresta, também notou o que acreditava ser "um pedaço de tecido" na mão direita de Michael. "Essa é uma prova crucial", escreveu ele, e insistiu para que fosse encontrada e "exaustivamente examinada".

As fotos de Stevie Branch eram ainda mais perturbadoras. Ele observou a existência de um padrão de ferimentos no rosto da vítima que podem ser marcas de mordida. Marcas de mordida são muito importantes em casos criminais, pois indicam determinados comportamentos e conduzem à individuação. Elas podem revelar, sob exame, quem cometeu o ato, pois marcas de mordida podem ser tão inigualáveis quanto digitais.

Turvey recomendou que um odontologista forense analisasse as fotografias.

Em relação a Christopher Byers, o analista escreveu: "A constelação geral de ferimentos dessa vítima é mais avançada, mais extensa, mais claramente sexualmente orientada e incluiu o uso de uma faca." Após descrever os ferimentos causados pela remoção do pênis, do saco escrotal e dos testículos, observou: "A natureza dessa emasculação, como indicada pelos ferimentos, não é habilidosa nem experiente. Foi um ato raivoso e descuidado, mas proposital e realizado com fúria." O

NÓ DO DIABO 379

analista também procurou vestígios da surra de cinto que John Mark Byers alegara ter dado em Christopher antes de seu desaparecimento. Ele identificou três conjuntos de ferimentos nas nádegas do menino, dois dos quais concluiu serem "incompatíveis" com marcas de cinto. O terceiro conjunto, descrito no relatório da autópsia como "cinco cortes superficiais na nádega esquerda", eram "de fato lacerações" quase paralelas e "mais compatíveis" com uma surra de cinto. Ele acrescentou: "É opinião deste examinador que, após ter recebido esse conjunto de ferimentos, que cortaram a pele e provavelmente resultaram em sangramento, a vítima teria sido incapaz de caminhar ou andar de bicicleta sem incrível dor e desconforto."

O analista também ofereceu sua avaliação sobre o local onde os corpos haviam sido encontrados. Ele concluiu que aquele não era o local onde os meninos haviam sido mortos e que "no mínimo quatro cenas" estavam envolvidas. Ele as chamou de "o local do sequestro", onde os meninos haviam sido capturados; "o local do ataque", uma estrutura ou residência próxima onde haviam sido mortos; "o local da desova", o canal onde os corpos haviam sido encontrados; e "o veículo", utilizado para transportar os corpos do local do ataque até o local da desova. E citou três razões para suas conclusões.

Primeira: a natureza e a extensão dos ferimentos infligidos às vítimas, especialmente a emasculação de Chris Byers, requerem iluminação, tempo e privacidade ininterrupta. Como estava escuro na floresta e grupos de busca caminharam pela área durante toda a noite, isso indica uma estrutura isolada ou afastada da área de atenção imediata.

Segunda: a natureza e a extensão dos ferimentos infligidos às vítimas, especialmente a emasculação de Chris Byers, teriam resultado em tremenda perda de sangue. Muito pouco sangue foi encontrado nas margens do canal de drenagem.

Terceira: as facadas e a emasculação infligidas a Chris Byers, considerando-se que Chris estava consciente durante ao menos parte do ataque [como indicado pela evidência de luta durante os ferimentos feitos em seu pênis], teriam resultado em muitos gritos.

Entre todos os sons relatados naquela noite pelas equipes de busca e pelos moradores locais, ninguém mencionara gritos. A circunstância de que os três meninos foram capturados juntos e seus ferimentos mostravam que haviam oferecido "limitada resistência" sugeria que haviam sido abordados por "alguém que conheciam e em quem confiavam".[5]

A sequência

Os produtores Berlinger e Sinofsky também começaram a ver o caso de uma perspectiva diferente. Eles haviam recebido prêmios e elogios pelo documentário *Paradise Lost*, mas o orgulho fora acompanhado pelo desapontamento com o fato de o filme jamais ter "saído das páginas de entretenimento". Embora a maioria do público tenha se chocado com o que foi apresentado, grande parte dele — os produtores estimavam 20% — via o documentário como prova de que os três réus eram culpados.[6]

Berlinger e Sinofsky decidiram filmar uma sequência. Se o primeiro documentário fora "mais artístico", o segundo seria "mais forte, mais engajado".

— Ficamos atraídos pela segunda história porque queríamos ajudar — explicou Berlinger. — O documentário nunca recebeu a atenção social que merecia. Com a segunda parte, queríamos que ele fosse discutido não somente nas páginas de entretenimento, mas também nos editoriais. Queríamos que pessoas poderosas tomassem partido.

Cenas do julgamento haviam formado e informado o primeiro documentário, mas os produtores decidiram basear o segundo na criação do site e no ativismo que ele gerara. Outro desafio foi que muitas das pessoas mostradas no primeiro filme não queriam ser entrevistadas novamente.

— As pessoas estavam revoltadas conosco no Arkansas — lembrou Berlinger. — Os Moore não queriam nem ouvir falar a nosso respeito. Pam Hobbs tentou nos processar. Brent Davis não falava conosco. Isso

NÓ DO DIABO 381

nos deixava John Mark Byers. Ele estava mais do que disposto a falar para as câmeras e nós o colocamos no centro e em primeiro plano.

A maior parte da filmagem ocorreu em 1998 — após a morte de Melissa e o banimento de Byers do distrito judicial onde viviam, mas antes da prisão relacionada às drogas. Como no primeiro documentário, Byers falou longamente, mas agora seu tom era mais raivoso e teatral. O documentário *Paradise Lost 2: Revelations* estreou na HBO em março de 2000. Byers estava mais que "no centro e em primeiro plano". Ele era o alvo.

Se, no primeiro filme, os produtores haviam sido sutis em manifestar sua crença de que os réus eram inocentes, no segundo deixaram claro que Byers deveria ser visto como principal suspeito. Mesmo com as câmeras rodando, ele fez pouco para dissipar as suspeitas. Tendo concordado, por exemplo, em se submeter a um teste de polígrafo, em certo ponto se referiu ao "assassinato" de Melissa. Depois que foi questionado sobre o homicídio dos meninos de oito anos e respondeu que não estivera envolvido, o examinador que conduzia o teste afirmou que, "até onde podia ver", ele estava dizendo a verdade. Essa conclusão, contudo, foi contrabalançada pela informação de que Byers admitira estar usando várias drogas prescritas — medicamentos que, como o espectador era levado a concluir, poderiam distorcer os resultados. Mesmo assim, ele ficou exultante com o resultado. "Sim!", exclamou, apertando entusiasticamente a mão do examinador. "Eu sabia que era inocente!"

As críticas ao segundo documentário foram favoráveis, embora menos entusiásticas que as recebidas pelo primeiro.[7] Como antes, a região onde foram realizados se viu sob fogo cerrado. Um crítico do *Newark Star--Ledger*, de Nova Jersey, descreveu West Memphis como "um bastião de honradez judaico-cristã, ameaçado pelo fascínio sombrio da América secular", observando que "esse cenário teológico" provavelmente explicava "por que a polícia mantém sua história e grande parte da cidade a apoia".[8] Da mesma forma, o crítico Roger Ebert pediu que os fatos do caso fossem reexaminados em "um ambiente neutro", pois ficou claro que "as pessoas envolvidas do local têm grande interesse em estar com a razão, sem se importar se estão certas ou erradas".

De maneira pouco surpreendente, as reações no Arkansas foram diferentes. Quando o segundo documentário foi lançado, dois repórteres do *Arkansas Democrat-Gazette* entrevistaram várias pessoas envolvidas no "caso bizarro".[9]

Eles relataram que Todd Moore ficara "indignado" com as insinuações de que Byers estava envolvido nos crimes. "Embora não gostasse dele como vizinho e não o considere um amigo, ele não é um assassino", disse ele ao jornal. O promotor Brent Davis disse ter ficado enojado pela maneira como os documentários eram "parciais em relação à defesa" e o detetive Mike Allen, agora tenente, concordou: "Se eu morasse na Califórnia, visse o filme e não conhecesse os fatos, ficaria chocado por terem acusado os garotos", disse ele. "Posso entender por que alguém vivendo em Nova York ou Los Angeles ficaria inflamado ao ouvir todo esse lixo." Por outro lado, afirmou Allen: "Se a HBO exibisse o julgamento inteiro, sem cortes, e então perguntasse aos espectadores se ele [Damien] é culpado, haveria uma resposta completamente diferente." Mas o primeiro jurado do júri que condenara Damien e Jason disse que assistira ao primeiro documentário e achara a cobertura do julgamento justa, assim como fora o veredito. "Se eu voltasse à sala de audiências", disse ele ao jornal, "votaria 'culpado' novamente."

Quando o segundo documentário foi exibido na HBO, milhares de espectadores imediatamente acessaram o site. Seus administradores relataram que, entre 13 de março, quando o filme foi lançado, e o fim do mês, o site recebeu aproximadamente 133 mil acessos. Eles pediam que os visitantes enviassem um cartão-postal de seu estado com uma mensagem dizendo "Libertem os Três de West Memphis". Os cartões seriam reunidos em um grande banner que seria levado até o Arkansas como evidência do interesse nacional pelo futuro dos prisioneiros. Um dos fundadores disse que, após a estreia do segundo documentário, o endereço anunciado começou a receber até sessenta cartões-postais por dia.

NÓ DO DIABO 383

Isso foi gratificante para os produtores. Mas eles ainda esperavam um resultado mais dramático, como o conseguido por *A tênue linha da morte*, um clássico de 1988 que levara à liberdade de um texano que passara anos no corredor da morte. Naquele caso, as questões suscitadas pelo filme haviam levado a polícia do Texas a reabrir a investigação. Os produtores acreditavam que alguém com poder para tanto poderia iniciar uma revisão similar do caso de West Memphis. Eles queriam que os filmes chegassem ao ex-governador do Arkansas, que agora era presidente dos Estados Unidos.

Berlinger, que já trabalhava em outro filme, pediu a todo mundo em Hollywood que convivia com o presidente Bill Clinton que lhe enviasse cópias dos documentários, mas a maioria se recusou. Dada sua convicção de que os prisioneiros eram inocentes, e um deles seria morto, ele achou essa reticência muito frustrante.[10]

Finalmente, Berlinger mandou um e-mail para Roger Ebert, que elogiara as duas edições de *Paradise Lost*, e perguntou se ele poderia enviar os filmes para o presidente (já que Clinton estivera em seu programa). Para seu deleite, Ebert concordou.

— Dois meses depois — disse Berlinger —, recebi uma carta de Bill Clinton. Fora escrita no papel timbrado oficial da Casa Branca e protegida por uma capa de papelão, como se eu fosse emoldurá-la. A carta dizia: "Prezado Joe, achei ambos os filmes fascinantes e perturbadores, mas, por favor, leve em consideração..." Ele dizia que, como presidente, não tinha influência sobre o sistema judiciário do Arkansas. Em suma, ele pulou fora.

Mais artistas se engajam

Estranhamente, embora o presidente dos Estados Unidos se sentisse impotente em relação ao caso, um crescente número de músicos não se via assim. O grupo Metallica foi o primeiro a expressar seu apoio a uma revisão do caso ao doar sua música para a trilha sonora do primeiro documentário. Quando se disseminou a compreensão de que os promotores haviam ligado o gosto musical de Damien e Jason ao satanismo, que o estado alegara ser o motivo para os homicídios, outros músicos passaram a ver essa tática como um ataque — que ameaçava tanto sua forma de expressão artística quanto, potencialmente, qualquer um que a ouvisse. Enquanto os produtores eram de Nova York e os fundadores do site, de Los Angeles, os músicos que se manifestaram mais energicamente a respeito do caso eram de Seattle.

Em março de 2000, um agente de Seattle anunciou o projeto de reunir várias bandas em apoio aos três condenados do Arkansas agora conhecidos como os Três de West Memphis. Danny Bland, agente do Supersuckers, explicou a gênese do projeto em um artigo publicado em um dos jornais de entretenimento da cidade.[11] Bland descreveu que ficou a par do caso por meio do documentário da HBO, sua posterior visita ao site e as cartas dos três jovens prisioneiros. "Algo nessa história me encheu de solidariedade por aqueles garotos e de muita raiva pelo sistema judiciário do Arkansas", escreveu ele. "Eu reuni as tropas — Supersucker Eddie Spaghetti [o cantor Eddie Daly], sua esposa Jessika e [o promotor musical] Scott Parker — e fui até o Arkansas para visitar Damien e Jason." A visita a Damien durou três horas, durante as quais os visitantes explicaram sua ideia.

Falamos sobre o CD que estávamos organizando para conscientizar o público sobre seu caso e como bandas como Rocket from the Crypt e L7, assim como cantores como Tom Waits e Mark Lanegan, estavam contribuindo com seu tempo e sua música. Damien admitiu não saber muito sobre essas bandas; afinal, estava preso havia sete anos e, antes disso, vivia em West Memphis. Kelley Deal (do Breeders) disse que, além da canção, queria enviar uma fotografia sua vestindo uma camiseta do Black Sabbath e usando batom e esmalte pretos para a arte do CD. Quando contei isso a Damien, ele sorriu e disse: "Ah, que bom. Agora ela pode ser presa na cela ao lado da minha."

NÓ DO DIABO   385

Não foi fácil reunir as dezenas de músicos, muitos dos quais precisavam de permissão de seus próprios estúdios para participar do projeto. Mas, sete meses depois de o grupo de Seattle visitar o Arkansas, o CD *Free the West Memphis Three* estava pronto para o lançamento. Alguns dos nomes mais famosos eram Tom Waits, cantando sua "Rain on Me"; Steve Earle, interpretando "The Truth", de sua autoria; e Eddie Vedder, líder do Pearl Jam, cantando "Poor Girl", de John Doe e Exen Cervenka, em uma performance com o Supersuckers.[12] A capa do CD mostrava uma realista colagem de algemas, celas e imagens dos três prisioneiros do Arkansas. Na contracapa, havia uma foto da torre de guarda da penitenciária onde Damien estava preso.[13]

Pouco antes do lançamento, o Pearl Jam realizou um concerto em Memphis, uma cidade onde um DJ rotineiramente zombava dos defensores dos Três de West Memphis e repórteres da TV recebiam telefonemas de reprimenda dos telespectadores se apresentassem notícias sobre o crescente movimento. No fim do show, diante de uma multidão de cerca de 10 mil fãs na Pyramid Arena, o Pearl Jam atendeu duas vezes aos pedidos de bis. Então Eddie Vedder, líder da banda, voltou ao palco pela terceira vez. "Esta última canção é para um amigo que ainda não conheço", anunciou ele. "Ele é de West Memphis. Vou conhecê-lo amanhã." Com isso, a banda iniciou uma ácida interpretação de "Teenage Wasteland", do The Who. A multidão rugiu, embora poucos na plateia soubessem a quem ele se referia. No dia seguinte, Vedder foi levado de limusine através do rio Mississippi até o interior do Arkansas, para a unidade de segurança máxima do estado, onde visitou Damien. Mais tarde, disse a um repórter: "Visitei Damien naquele lugarzinho esquecido por Deus, na prisão — ele está no corredor da morte —, e todo mundo lá é tratado como lixo."[14]

Logo após o lançamento, contudo, a Music City Record Distributors, de Nashville, Tennessee, anunciou que removeria a compilação das prateleiras das lojas Cat's Music.[15] Em carta enviada às lojas, a companhia relatou que as redes Pop Tunes e Best Buy haviam tomado decisões semelhantes. Mas, em outras partes do país, a reação ao disco foi muito diferente. O *Village Voice* o chamou de "estranha e excitante coletânea".[16] A crítica do jornal levantava uma questão que inflamava tanto o cerne do caso de West Memphis quanto os motivos de muitos dos músicos que apoiavam os prisioneiros. Tratava-se do amálgama de esperança, confusão, energia sexual e rebelião que martelava no rock e na vida de muitos adolescentes que se viam atraídos por ele. Desde suas origens, no mesmo delta do Mississippi que dera origem ao blues, o rock fora denunciado como "mau".

A histórica Beale Street, em Memphis, tornou-se uma atração turística, mas, em seu auge, a rua era um cordão de botequins à beira do rio onde tocavam alguns dos melhores músicos do país — contra um cenário de desprezo e condenação da elite religiosa da cidade. Dera-se o mesmo com Elvis Presley. Hoje em dia, seu nome decora praticamente tudo em Memphis. Mas, no início dos anos 1960, quando surgiu na cena musical, ele enraiveceu os defensores locais da decência — e muitos continuaram a vê-lo como mau até perceberem que era bom para a economia.

O rock brinca com muitos tabus: sexo, drogas e — o pior de todos — noções subliminares do mal.[17] Ele é arriscado. Borra a realidade com teatralidade. Expressa emoções perigosas — uma qualidade que os fãs acham libertadora, mas outros acham aterrorizante. O que as músicas do Metallica, do Megadeth e do Slayer diziam a respeito de Damien e Jason? Elas representavam, como sugeriu o promotor Fogleman, partes de um mosaico que apontava para o satanismo e o homicídio? Ou significavam, como acreditavam os produtores do CD, que os dois buscavam músicas que dessem voz a seus medos e às forças no âmago de suas próprias vidas? Em uma entrevista concedida durante o lançamento do CD, Eddie Spaghetti, do Supersuckers, disse que seu compromisso com o projeto surgira, parcialmente, em função de um senso de obrigação para com a "garotada" que ouvia suas músicas — e que, aparentemente, poderia ter esse fato usado contra ela em um tribunal.[18] Como escreveu o editor de uma revista semanal de Little Rock:

NÓ DO DIABO 387

"O que parece assustar Spaghetti e músicos como ele, que exploram o 'lado negro' da música, é o fato de que qualquer um que compre seus CDs e suas camisetas pode ser considerado um adorador do demônio e se tornar bode expiatório de um sistema legal que teme os panoramas desconhecidos da 'música negra'."[19]

Quando o CD foi lançado, alguns apoiadores temeram que o suporte de músicos de rock que ganhavam a vida sendo "maus" pudesse prejudicar os esforços mais tradicionais do site em benefício dos prisioneiros. Esses temores cresceram quando Trey Parker, um dos criadores de *South Park*, um dos programas mais irreverentes da televisão, uniu-se à lista de celebridades. "Foi a publicidade ruim", inquietou-se um apoiador, "que os colocou na prisão." Mas a nuvem de preocupação se dissipou — parcialmente, sem dúvida, porque é difícil prejudicar a imagem de alguém que já está no corredor da morte — e o movimento pelos Três de West Memphis se intensificou.

"Conversas discretas"

Mas um colunista do principal jornal do estado, o *Arkansas Democrat-Gazette,* não partilhava tais preocupações. Em uma coluna publicada em fevereiro de 2001, Philip Martin, o principal colunista de assuntos culturais do jornal, comentou o crescente apoio nacional aos três prisioneiros do Arkansas, incluindo alguns músicos e certos "tipos de Hollywood". Martin afirmou acreditar que muitos dos apoiadores dos Três de West Memphis eram "bem-intencionados e sinceros" e que "pessoas sensatas e decentes podem discordar". Dito isso, informou a seus leitores acreditar que Damien, Jason e Jessie eram os assassinos.

Por várias razões, sua opinião era um comentário importante sobre o caso, pois refletia atitudes prevalentes no Arkansas seis anos após os julgamentos. Sua coluna reconhecia uma litania de "questões" a respeito do caso — questões que Martin disse achar "preocupantes". Ao mesmo tempo, ela ecoava a confiança que ele, como muitos moradores do Arkansas, ainda mantinha: a de que a justiça fora feita.

Ele fez questão de reconhecer as preocupações dos apoiadores. Admitiu que, como eles, não ficara convencido da culpa dos réus "acima de qualquer dúvida razoável". Disse que, inicialmente, tivera "algum receio sobre a maneira como a polícia identificara os suspeitos" e ficara "preocupado com a histeria satânica que cercara o caso". Disse saber que o sistema judiciário do Arkansas era "capaz de atrocidades", que "provavelmente era capaz de condenar e mesmo executar a pessoa errada" e que o caso de West Memphis fora "confuso" e "amplamente circunstancial". Afirmou estar consciente de que "confissões podem ser falsas", de que a confissão de Jessie "dificilmente era uma prova convincente" e de que o adolescente provavelmente tinha "algum tipo de distúrbio cognitivo, além de um QI extremamente baixo". Admitiu não gostar "da insistência da promotoria em arrastar um autointitulado especialista em rituais satânicos" para o julgamento de Damien e Jason e que "provavelmente teria sido melhor julgar os dois separadamente". Afirmou entender que "a polícia rotineiramente pega atalhos", que "há pessoas inocentes (ou ao menos 'não culpadas') em nossas prisões" e que "se for pobre e sem amigos, você será tratado de maneira diferente da que seria se fosse rico e bem relacionado".

Mesmo assim, dois júris haviam considerado os réus culpados e ele não via nenhuma prova convincente de que os veredictos haviam sido injustos. "Isso dá uma boa história", escreveu ele, "policiais caipiras que crucificam desajustados sociais. Pode vender alguns livros. Mas ignora os fatos." Martin não citou os "fatos" que acreditava terem sido ignorados. Em vez disso, explicou que suas próprias dúvidas em relação ao caso haviam sido dissipadas por "algumas conversas discretas" com pessoas em quem confiava. Sem divulgar o que nessas conversas fora tão persuasivo, escreveu: "A palavra deles é suficiente para mim. A polícia pegou os caras certos."[20]

Então examinou o tema mais profundo do caso, ainda que de maneira superficial, como se não precisasse de mais explicações. Apesar de

NÓ DO DIABO

reconhecer que "não se importaria" se Damien, Jason e Jessie "de algum modo" conseguissem novos julgamentos, tampouco "ligava muito" se o caso jamais fosse revisado: "Embora seja contrário à pena de morte, não acho que Damien Echols seja um argumento particularmente bom contra ela. Posso estar errado, mas ele parece completamente calculista e cínico em relação a tudo isso, parece gostar da atenção. Ele parece mau. O que, como imagino que alguns de seus apoiadores poderiam argumentar, foi o que lhe causou problemas, antes de tudo — Echols *parece* mau."

24

Uma década atrás das grades

O HORROR DE 5 DE MAIO DE 1993 ENCERROU a vida de Christopher, Michael e Stevie para sempre. Os julgamentos encerraram a vida no mundo livre para Damien, Jason e Jessie — e colocaram Damien em uma lista de homens aguardando execução. Mas, do lado de fora dos cemitérios e para além dos muros das prisões, os participantes do drama em torno dos homicídios continuaram suas vidas.

Semanas após sua dupla vitória nos sensacionais julgamentos de West Memphis, o promotor assistente John Fogleman estava concorrendo ao cargo de juiz. Embora alguns eleitores considerassem a propaganda de sua campanha — em um outdoor perto do Blue Beacon — de mau gosto, sua alegação de que podia "tomar decisões difíceis em casos difíceis" se provou poderosa durante a votação. Enquanto os três adolescentes condenados eram apresentados à vida na prisão, John Fogleman subia os degraus até a tribuna do juiz, onde trabalharia ao lado de David Burnett.

Durante vários anos, o juiz Fogleman teve pouco a dizer, publicamente, a respeito do julgamento mais sensacional de sua carreira. Mas, em 2001, contatado a respeito deste livro, ele hesitantemente concordou em discuti-lo.[1] Sentado em seu simples e modestamente decorado escritório em Marion, na esquina do tribunal do condado de Crittenden, Fogleman disse estar preocupado que suas declarações pudessem "ser tiradas do contexto". A entrevistadora observou que, se Jessie Misskelley tivesse sido um pouco mais cauteloso, poderia ter tido receios similares ao ser interrogado pela polícia, mas o comentário não recebeu resposta. O ex-promotor, contudo, respondeu à maioria das perguntas com um ar de polida, embora formal, cooperação.

John Fogleman

Ele disse achar que ele e o inspetor Gary Gitchell eram "bons amigos" e que "se encolhera" quando Gitchell afirmara que, em uma escala de um a dez, o caso do departamento contra os acusados era um onze. Reconheceu que, na época das prisões, "basicamente, a única coisa que tínhamos era a declaração de Jessie" e que essa fora a razão de a investigação policial continuar praticamente até o início dos julgamentos. Fogleman observou que elementos do caso, como a falha dos detetives em investigar o homem ensanguentado no Bojangles, "poderiam ter sido conduzidos de maneira muito, muito melhor" e que o extravio da amostra de sangue retirada do restaurante fora "muito infeliz". Também reconheceu que se sentira um tanto "constrangido" com os papéis desempenhados por Vicki Hutcheson e seu filho Aaron. Com exceção dessas considerações, contudo, Fogleman expressou confiança nas conclusões da polícia e dos dois júris de que os três adolescentes acusados eram culpados.[2]

Ele citou suas razões para acreditar que as crianças haviam sido mortas onde foram encontradas: principalmente os relatórios policiais, afirmando que não havia nenhuma marca de veículos ou trilha de sangue levando até a floresta. Essa circunstância, aliada às observações dos policiais de "que uma das margens tinha uma aparência pouco natural", o convencera de que "os homicídios tinham de ter ocorrido ali". Ele se sentia igualmente seguro em relação ao fato de que o assassino não era o homem que se limpara no banheiro do Bojangles: "Tendo em mente que quem quer que tenha cometido o crime teve o cuidado de esconder cada peça de evidência, colocar as bicicletas e os corpos na água, prender as roupas na lama [...] pegar esse mesmo indivíduo e dizer que, imediatamente depois

NÓ DO DIABO 393

de fazer isso, ele foi a um lugar público, todo ensanguentado, e deixou sangue espalhado por lá — para mim, isso é completamente absurdo."

Fogleman disse que ele e a polícia tentaram considerar "todas as possibilidades" em que conseguiram pensar — inclusive a de que John Mark Byers pudesse ser o assassino. Lembrando-se da acusação de ameaça de morte apresentada pela primeira mulher de Byers, que Fogleman ouvira como jovem promotor da cidade de Marion, ele afirmou: "Francamente, assim que soube quem era uma das crianças [assassinadas], telefonei para a polícia e disse que eles deveriam investigá-lo."

Segundo ele, sua preocupação se baseara na fita gravada pela primeira mulher de Byers, que ela reproduzira em seu escritório: "Por causa da maneira como ele [Byers] soava na fita, achei que era alguém que eles [os policiais] deveriam considerar. Não que eu achasse que fosse culpado. É difícil considerar pais ou padrastos no homicídio de uma criança. Mas a fita soava bizarra o suficiente — a natureza de sua voz e a maneira como soava — para eu achar que ele deveria ser considerado, e ele foi."

Fogleman descreveu Byers como "não sendo um cidadão honrado da comunidade". Mas, quando perguntado sobre seu histórico, o juiz foi vago. Ele disse que a condenação por ameaça de morte fora expungida depois que ele "completou sua liberdade condicional", mas parecia não saber que Byers não cumprira os termos daquela sentença. Ficou surpreso ao ouvir que ele não fora processado pela fraude dos Rolex ("Achei que tinha sido. Não foi?") e falou vagamente sobre o que ele e a polícia de West Memphis sabiam sobre seu envolvimento com drogas.

> Não sei se minhas lembranças estão corretas, mas sei que não conseguimos confirmar sua condição de informante, de uma maneira ou de outra [...]. Parece-me que a polícia falou com alguém da força-tarefa antidrogas do condado de Shelby [em Memphis], da procuradoria-geral, do DEA ou do FBI, e eles confirmaram que Byers trabalhava para eles.

Mas disse que nenhuma informação adicional fora oferecida. E, quando perguntado se as polícias de Memphis e West Memphis não cooperavam, respondeu de maneira indireta: "Acho que a divisão de narcóticos do Tennessee está bastante bem coordenada com a daqui, mas talvez não tão bem quanto se poderia pensar."

As lembranças de Fogleman a respeito dos três réus eram mais claras. Ele citou as fibras encontradas junto aos corpos ("Eram coisinhas pequenas, mas importantes"), a faca retirada do lago ("Ainda acho que ela é mais significativa do que afirmou o dr. Peretti") e, particularmente, a confissão de Jessie. Fogleman disse que se sentira desconfortável com as discrepâncias nas várias declarações. E pareceu desconcertado quanto à razão de haver tantos relatos diferentes sobre o que Jessie afirmava ter acontecido. Observando que, em certo momento, Jessie declarou que estivera bebendo, alegou: "Da perspectiva de um promotor, pode-se dizer que isso confundiu seu julgamento e é a razão de ele ter citado tantos detalhes incorretos."

Mas, quando pressionado sobre por que Jessie oferecera tantos relatos diferentes, disse: "Não sei. Não sei. Eles são consistentes de maneira geral, mas não especificamente. Não sei." E acrescentou: "Temos uma situação na qual algumas coisas, como a cronologia e a forma como os meninos foram amarrados, obviamente estão erradas. Mas, ao mesmo tempo, ele disse coisas que somente alguém que esteve lá saberia." Segundo ele, essas coisas eram: "os ferimentos do lado esquerdo do rosto de um dos meninos, a mutilação do menino Byers e [Jessie] indicando nas fotografias qual deles sofrera qual ferimento. Da maneira como eu via — e cheguei a pedir aos policiais que tivessem o cuidado de não vazar qualquer informação para ele e eles me garantiram que nada assim ocorrera —, só alguém que estivera na cena saberia dessas coisas."

Em outro momento, garantiu que, se olhar para cada peça isolada de evidência do caso, não importa qual seja, você dirá: "Não vou condenar ninguém baseado nisso." Mas a maneira de olhar para provas circunstanciais é juntando todas as peças. É como olhar para os raios de uma roda, retirar um raio e dizer: "Não, isso não é uma roda." Mas coloque-os todos juntos e, sim, é uma roda.

O motivo é parte importante da roda que explica um crime. Mas o motivo fora elusivo nesse caso. Nenhum dos motivos comuns para homicídio — raiva, vingança, roubo — parecia se adequar aos réus. Além das desenfreadas declarações do pequeno Aaron e da suposta fotografia que Jessie relatou ter visto na suposta maleta no suposto esbat — não apresentadas nos julgamentos —, não havia nada indicando que os réus já haviam visto as vítimas. Davis e Fogleman aguardaram até o meio do julgamento de Damien e Jason para sugerir um motivo. Um dia antes de os promotores chamarem seu especialista, Dale Griffis, o jornal de Jonesboro citou o anúncio de Fogleman de que ele e Davis planejavam "mostrar que o motivo está relacionado a um culto".

Seis anos depois, Fogleman evitou a pergunta sobre por que insistira na teoria do ocultismo como motivação para os crimes. Em vez de demonstrar motivo, disse ele, o depoimento de Dale Griffis fora apresentado para explicar o estado mental de Damien. Observando que alguns dos textos que Damien "admirava" defendiam "sacrifício humano e esse tipo de coisa", Fogleman disse que apresentara a evidência de seu interesse pelo oculto simplesmente para mostrar ao júri que Damien não era um "adolescente normal".

Entretanto, o juiz Burnett decidira que permitiria a apresentação de um depoimento relacionado ao oculto somente se "ele estivesse relacionado ao motivo" e os promotores, ao anunciarem sua decisão de apresentá-lo, haviam confirmado essa relação. Fogleman tentou se distanciar dessa decisão. Explicou que, durante o julgamento de Damien e Jason, ele, Davis e Griffis haviam evitado a expressão "ritual satânico". O que argumentaram, disse ele, foi simplesmente que o crime continha "os paramentos do oculto", uma expressão que Fogleman afirmou "ter sido relevante para demonstrar o estado mental, especialmente o de Damien". A despeito de seu atual melindre em relação ao assunto da motivação, Fogleman permanecia confiante de que Damien era o assassino.[3]

Para ele, o caso estava fechado. "Obviamente", disse ele, "se eu tivesse processado alguém, conseguido a pena de morte e estivesse errado, eu me sentiria mal a respeito. Muito mal. Seria terrível. Se esse é o caso, espero que surjam novas provas."

Mas, agora que era juiz, Fogleman já não estava legalmente envolvido. O mesmo não se aplicava a Brent Davis. Ele permanecia sendo o promotor-chefe do distrito e ainda estava em posição de se opor a todos os desafios aos vereditos.

Advogados de defesa

No fim dos anos 1990, esses desafios vinham de várias direções. À exceção de Stidham, que ainda defendia Jessie, os novos esforços estavam sendo liderados por advogados sem vínculos com o distrito judicial. Estimulados pela publicidade e pelos pedidos dos apoiadores, alguns dos mais proeminentes advogados de defesa da nação — advogados de fora do Arkansas — haviam se interessado pelo caso.

Mas estava ficando tarde. Os recursos de Damien, Jason e Jessie à Suprema Corte do estado haviam falhado. As possibilidades de recurso ainda existentes no estado estavam se tornando mais estreitas. O principal ainda disponível era chamado, no Arkansas, de petição da Regra 37: um procedimento que permitia que pessoas condenadas argumentassem que seus julgamentos haviam sido injustos. Uma petição da Regra 37 não é ouvida pela Suprema Corte do Estado, mas, sim, pelo juiz que presidiu o caso. Como é de se esperar, juízes não encontram erros em suas próprias decisões com muita frequência e, assim, a maioria das petições é sumariamente indeferida. Mas, em casos nos quais um prisioneiro foi sentenciado à morte, o juiz deve obedecer a padrões mais estritos. Quando um juiz indefere uma petição da Regra 37 a alguém que está no corredor da morte, ele deve fundamentar cuidadosamente seus argumentos em relação a cada ponto questionado pela defesa. Um prisioneiro pode fazer várias alegações em relação à injustiça de seu julgamento, porém a mais comum é a de que o advogado que o representou trabalhou de maneira ultrajantemente desleixada ou, em termos legais, que ele recebeu "assistência jurídica ineficaz". O problema de Damien e seus corréus era como encontrar advogados que

NÓ DO DIABO   397

apresentassem suas petições, considerando-se que permaneciam tão pobres quanto na época dos julgamentos.[4]

Sem que eles soubessem, o interesse leigo que se formava em torno de suas alegações de inocência havia chamado a atenção de alguns importantes advogados de defesa. Um deles era Barry Scheck, famoso por seu trabalho no caso de O. J. Simpson e por sua especialização no florescente campo das provas do DNA. Outro era Edward Mallett, de Houston, Texas. Em 1997, Mallett informou a Damien que trabalharia de graça em sua petição da Regra 37 e que Scheck se oferecera para ajudar.[5] Mallett visitou o Arkansas e se encontrou com Val Price, o advogado que ele estava prestes a afirmar que falhara ao representar Damien. Mallett disse ter achado Price "muitíssimo agradável, definitivamente não o tipo de pessoa que eu gostaria de ter como inimigo profissional". Mesmo assim, ele o pressionou a explicar por que, em um momento tão crucial, participara e permitira que Damien participasse da filmagem. Foi quando Price explicou o papel que o dinheiro desempenhara no caso.

Price explicou que os produtores haviam oferecido a Damien 7.500 dólares por três entrevistas. Damien era pobre e esse dinheiro poderia ser usado em sua defesa. Embora seus advogados tivessem sido indicados pelo tribunal e devessem ser pagos por fundos públicos, eles afirmaram querer o dinheiro do documentário para contratar testemunhas especialistas. Mallett ficou desconcertado. Ele perguntou por que o tribunal não fornecera o dinheiro necessário para isso. Price respondeu não acreditar que o juiz Burnett autorizaria o pedido.

Price então falou um pouco sobre o histórico financeiro do caso, especialmente sobre o fato de os próprios advogados só serem pagos anos depois da conclusão dos julgamentos. Eles tiveram de pagar por suas próprias despesas antes e durante os julgamentos. Depois das sentenças, o juiz Burnett decidira que os seis advogados de defesa indicados pelo tribunal receberiam um total de 142 mil dólares, mais um adicional de mil dólares como reembolso de despesas.[6] Esse total era desproporcional à quantidade de tempo despendido no caso e recebê-lo mostrar-se-ia muito difícil. Como o caso de West Memphis fora iniciado em uma época na qual a responsabilidade pelo pagamento de advogados indicados pelo tribunal estava sendo transferida do estado para os condados, surgira uma disputa sobre quem deveria pagar a conta — o estado do Arkansas ou o condado de Crittenden. A questão chegara à Suprema Corte do Arkansas e, enquanto era decidida, os advogados continuavam sem pagamento.

Durante a disputa, reclamou o advogado de Jason, Paul Ford, o juiz Burnett foi pago, os promotores foram pagos, as testemunhas do estado foram pagas, todo mundo envolvido foi pago, exceto os advogados de defesa. Isso é injusto. A promotoria pode conseguir aquilo de que necessita para um julgamento e ser paga por isso, mas os advogados de defesa precisam subsidiar os custos por si mesmos.

O advogado de Jessie, Dan Stidham, disse que seu escritório tivera de fazer empréstimos para cobrir as despesas durante o julgamento de Jessie: "O promotor tem uma equipe de testemunhas especialistas à sua disposição e dezenas de investigadores. Isso manda uma mensagem de que, se você é pobre, não terá nenhuma chance."

O advogado de Damien, Val Price, foi igualmente prejudicado — e franco: "Se o estado pretende processar alguém e pedir a pena de morte, então ele deve estar disposto a pagar por uma vigorosa e zelosa defesa dos réus. O estado tem o FBI, os laboratórios de criminalística e várias outras agências a sua disposição. Nós não temos o mesmo acesso e precisamos pagar por nossas investigações. "Um ano e meio depois dos julgamentos, a Suprema Corte do Arkansas ordenou que o estado pagasse os seis advogados. O condado recebeu ordens de pagar Ron Lax e algumas testemunhas especialistas.[7]

Esse era o clima quando os advogados dos réus de West Memphis optaram por conseguir dinheiro onde pudessem. O interesse dos produtores parecera uma oportunidade. Os advogados que representavam Jason e Jessie haviam chegado à mesma conclusão: o dinheiro era criticamente necessário. Aconselhados por seus advogados, os réus haviam assinado contratos com os produtores, concordando que cada um deles concederia três entrevistas, pelas quais receberia 7.500 dólares. Os pagamentos seriam depositados em um fundo. Os advogados de Damien e Jason

NÓ DO DIABO 399

assinaram como fiduciários de seus clientes. Stidham, contudo, vira isso como um conflito de interesses. Ele encaminhara Jessie Misskelley a outro advogado, que o aconselhara sobre o contrato e servira como fiduciário de Jessie Jr.

A despeito de sua consideração pessoal por Price, Mallett deixou o Arkansas horrorizado. As circunstâncias que lhe haviam sido descritas eram um espantoso pano de fundo para um caso que já parecia conter mais que sua cota de peculiaridades.[8]

A audiência de um ano

No fim de março de 1997, três anos após as condenações, todos os três prisioneiros de West Memphis haviam enviado ao juiz Burnett petições relativas à Regra 37.[9] Como esperado, Mallett argumentou que, como os advogados de Damien "haviam sido injustamente privados de fundos para pagar peritos e para a remuneração adequada e oportuna de seus próprios serviços", eles haviam feito um acordo com os produtores que "criara um real e irrenunciável conflito de interesses entre eles mesmos e Echols". O promotor Davis discordou. O juiz Burnett decidiu que ouviria os argumentos de ambos os lados e agendou uma audiência para 5 de maio de 1998, o quinto aniversário dos homicídios.

Enquanto Mallett se preparava para a data da audiência, as fofocas no tribunal do condado de Crittenden se centravam em sua petição para que um dentista obtivesse moldes dentários de Damien, Jessie e Jason.[10] O analista de perfis criminais da Califórnia indicara a possibilidade — que não fora apresentada em nenhum dos julgamentos — de que as marcas incomuns no rosto de Stevie Branch poderiam ter sido infligidas por um ser humano. Mallett disse que, se as marcas realmente fossem de dentes humanos e as impressões de mordida pudessem ser identificadas, elas poderiam indicar outro agressor.

Mallett chegou ao Arkansas para a audiência consciente, como afirmou mais tarde, de que "essas coisas normalmente são resolvidas em

400 MARA LEVERITT

uma ou duas horas". Mas, até então, nada no caso de West Memphis fora normal.[11] Como os argumentos não haviam sido encerrados no fim do dia, Burnett ordenou que a audiência continuasse na próxima data disponível em sua agenda. Isso aconteceu mais duas vezes, resultando em uma audiência que durou oito dias, dividida em quatro sessões, em dois tribunais diferentes, durante um período de dez meses.[12]

A audiência descontinuada colocou Burnett e Damien na mesma sala de audiências várias vezes entre maio de 1998 e março de 1999. Muitos dos participantes dos julgamentos originais também estavam presentes. O promotor Brent Davis, o detetive Allen, os advogados de defesa de Damien, o dr. Peretti, Ron Lax e familiares das vítimas encheram o tribunal, como testemunhas ou espectadores. Mas agora a atmosfera era muito diferente da anterior. Damien, por exemplo, estava diferente. O corte de cabelo radical havia desaparecido, assim como o ar absorto e a altivez adolescente que tanto ofendera os observadores de seu julgamento. O prisioneiro do corredor da morte agora parecia composto e quase reflexivo. Usava óculos e roupas discretas. Seu cabelo negro estava cortado bem curto. Ele se sentava silenciosamente ao lado de Mallett, raramente olhando em volta.

Outra mudança era a ausência das câmeras. Depois do lançamento do primeiro documentário, Burnett expressara publicamente seu arrependimento por ter permitido que os julgamentos fossem filmados e afirmara que não cometeria esse "erro" novamente. Uma terceira diferença era o público. Tendo sido notificados sobre as datas da audiência por meio do site, apoiadores dos Três de West Memphis de mais de doze estados viajaram para o nordeste do Arkansas, simplesmente para estarem presentes à sala de audiências sempre que a petição de Damien fosse discutida. Eles queriam, assim como os fundadores do site, que o estado do Arkansas soubesse que o mundo estava assistindo.[13]

Do lado de fora da sala de audiências, o juiz Burnett deixou claro, em uma provocação aos apoiadores, que não ficara impressionado com sua presença. Do lado de dentro, ele deu ao advogado de Damien grande liberdade para chamar e interrogar testemunhas. "Preciso conceder esse crédito ao juiz Burnett", disse Mallett mais tarde. "Ele nos ouviu. Não tenho nenhuma queixa sobre sua disposição para ouvir."

Burnett ouviu, durante dias, depoimentos frequentemente surpreendentes, mas nenhum tão sensacional quanto o relacionado às supostas marcas de mordida. Primeiro, o analista de perfis criminais da Califórnia, que chamara a atenção para as marcas no rosto de Stevie, explicou como chegara à conclusão de que as marcas descritas como "em formato de sino" no relatório de autópsia poderiam ter sido feitas por dentes humanos. Sua conclusão foi apoiada pela próxima testemunha de Mallett, um especialista em odontologia forense. Em uma dramática demonstração, o especialista segurou os moldes retirados de Damien, Jason e Jessie. Segundo ele, nenhum deles teria deixado os padrões encontrados no rosto de Stevie.

"Marcas de mordida não combinam!", proclamou o site naquela noite. Mas, no dia seguinte, era a vez do promotor. Davis chamou outro odontologista forense, que declarou que, em sua opinião, as marcas visíveis na foto não eram de mordidas.[14] Davis então chamou o dr. Peretti. O legista afirmou no tribunal algo que jamais dissera antes nem tampouco acrescentara ao relatório de autópsia: que, enquanto os corpos dos meninos estavam no laboratório de criminalística, ele pedira, "em nome da cautela", que um odontologista forense os examinasse. Em seguida, Davis chamou o odontologista que, segundo Peretti, havia examinado os corpos. O odontologista insistiu que de fato fora chamado para analisar as marcas, que prestara particular atenção às presentes no rosto de Stevie e concluíra que nenhuma era resultado de mordidas humanas. Questionado por Mallett, contudo, reconheceu que não fizera notas sobre o exame, não escrevera um relatório e não cobrara por seu tempo.[15]

Para os apoiadores, esse era um resultado preocupante, especialmente porque, do lado de fora do tribunal, John Mark Byers estava novamente falando às câmeras, dessa vez sobre como os medicamentos para o tumor cerebral haviam feito com que perdesse todos os dentes.

O ataque de Mallett

Em 4 de junho de 1999, seis anos e um dia após as prisões, Mallett entregou a Burnett seus argumentos escritos. Omitindo completamente a questão das mordidas, ele abordou os conflitos de interesses presentes na maneira como os advogados Price e Davidson haviam conduzido a defesa de Damien. Mallett denunciou a decisão dos advogados de conseguir fundos para os especialistas com os produtores, e não com o tribunal. "Baseados somente em sua crença de que o tribunal não pagaria", escreveu, "sem fazer na verdade uma indagação, os advogados falharam na solicitação de fundos ao tribunal e fizeram uso de expedientes inadequados para defender seu cliente." Além disso, Price e Davidson haviam se "apropriado" do dinheiro do contrato "para si mesmos, como 'reembolso', de maneira contrária às disposições do fundo e sem consentimento [de Damien]. Os advogados estavam em Jonesboro, enquanto ele estava no corredor da morte, achando que o dinheiro estava em um fundo em benefício de seu filho".[16] Na verdade, o dinheiro do fundo fora sacado.

Em outro ponto, Mallett atacou o advogado de Damien por não ter informado que representara duas pessoas acusadas juntamente com John Mark Byers no incidente da joalheria de Jonesboro.[17] Similarmente, Mallett observou que Price nunca dissera a Damien que "fora advogado da testemunha Michael Carson, que afirmou que seu corréu Baldwin fizera uma confissão na prisão". Em ambas as situações, "existe conflito de interesses, que afetou de maneira adversa o desempenho dos advogados".

Mas a parte mais contundente do argumento de Mallett se referia ao questionamento do psicólogo durante a fase de sentença do julgamento de Damien.

Ninguém que tenha assistido ao documentário, estado presente ao julgamento ou lido a transcrição jamais esquecerá da devastadora inquirição do dr. James Moneypenny como testemunha da defesa. Moneypenny disse ao júri que registros mostravam que pessoas não nomeadas haviam dito ao réu que ele podia ser comparado aos assassinos seriais Ted Bundy e Charles Manson.

NÓ DO DIABO   403

Observando que Price não objetara, Mallett continuou: "Dessa maneira, a imagem do sr. Echols como assassino serial calculista foi introduzida por duplo testemunho indireto de uma fonte não nomeada pela testemunha apresentada pela defesa." Por essa e outras razões, Damien tivera negado seu direito constitucional a um julgamento justo.[18]

No resumo de Davis opondo-se à petição de Damien, o promotor argumentou que, embora Mallett tivesse colocado Price em julgamento, o advogado de Houston falhara em seus esforços de "assassinato de caráter". Burnett concordou. Em uma decisão superficial entregue em 17 de junho de 1999, ele negou a petição da Regra 37 de Damien para um novo julgamento.

Stidham e DNA

A decisão de Burnett levou Damien para mais perto do fim de suas possibilidades de recurso no Arkansas — e da execução. Mas Mallett ainda não desistira e Stidham ainda lutava por Jessie. E agora, como resultado do interesse cada vez maior pelo caso, ajuda legal adicional se reunia nos bastidores. Silenciosamente, o apoio legal aos três prisioneiros começou a crescer. Mallett e Stidham começaram a receber auxílio jurídico de especialistas cujos papéis não seriam conhecidos durante anos. O resultado foi que, a despeito da sucinta decisão de Burnett, os esforços em benefício dos prisioneiros se intensificaram. Mallett recorreu da decisão na Suprema Corte do Arkansas. E a luta se expandiu em duas novas frentes.

A primeira também se deu na Suprema Corte. Em fevereiro de 2001, Mallett apresentou uma raramente usada petição para um recurso por erro *coram nobis*. O nome se refere a um erro processual tão grave que afeta o próprio núcleo, ou coração, do julgamento. Na petição, Mallett argumentou que Damien jamais deveria ter sido julgado por causa de sua condição mental. Segundo ele, Damien era mentalmente incompetente — basicamente, insano — quando fora julgado e sentenciado à morte, e um julgamento nessas condições violava a Constituição americana. Era uma alegação chocante, mas Mallett apresentou extensa documentação para apoiá-la. Ele forneceu as notas da cadeia onde Damien estivera preso, documentando sua tentativa de suicídio, e as notas que Glori Shettles e Ron Lax haviam feito após as visitas, descrevendo suas alucinações e delírios paranoicos. Além disso, anexou registros mostrando que, por três vezes no ano anterior à prisão, Damien fora internado em hospitais psiquiátricos por ordem de um tribunal juvenil do mesmo distrito onde mais tarde seria julgado.

Mallett também introduziu provas importantes que não haviam sido apresentadas anteriormente: registros mostrando que, na época de sua prisão e julgamento, Damien já fora declarado "mentalmente incapaz pela Administração de Seguro Social federal" e recebia uma pensão em função disso. Os tribunais geralmente atribuem grande peso às declarações de invalidez do Seguro Social, uma vez que elas não tendem a ser feitas com leviandade. Mas a condição mental de Damien só fora explorada na fase de sentença do julgamento. Nem Damien nem ninguém de sua família mencionara a decisão do Seguro Social a seus advogados e, embora Glori Shettles tivesse solicitado seus registros, eles ainda não haviam chegado quando o julgamento começara.[19] Em uma declaração juramentada submetida juntamente com a petição, Val Price reconheceu que, se estivesse ciente da invalidez de Damien, atestada pelo Seguro Social, "teria alterado drasticamente a maneira pela qual conduzimos a investigação, a preparação e a apresentação das provas em sua defesa. [...] Cada aspecto de minha representação do sr. Echols teria sido afetado".

Stidham iniciou a segunda frente, desta vez perante o juiz Burnett. Em novembro de 2000, ele e um analista pericial fizeram uma visita ao Departamento de Polícia de West Memphis. Lá, durante vários dias, reviram centenas de itens ainda arquivados. E concluíram que havia uma chance razoável de que alguns desses itens pudessem conter novas informações. Quase oito anos haviam se passado desde as investigações de homicídio. Esses anos haviam presenciado profundas transforma-ções na ciência dos testes de DNA. Amostras menores agora podiam

NÓ DO DIABO 405

ser analisadas, fornecendo resultados mais precisos. Por todo o país, vereditos de culpa estavam sendo revertidos com base em provas de DNA, algumas das quais haviam sido arquivadas durante anos. Embora muitos promotores resistissem aos esforços para novos testes de DNA, os legisladores de muitos estados, incluindo o Arkansas, estavam criando leis que reconheciam a possibilidade oferecida pela ciência de corrigir erros e injustiças.[20]

Após rever as provas no Departamento de Polícia, Stidham imediatamente enviou uma petição ao juiz Burnett. O advogado disse que queria retestar vários itens, incluindo a faca com sangue no cabo que pertencera a John Mark Byers. "Testes adicionais com novos processos, mais sensíveis e mais precisos", escreveu ele, "podem ajudar a resolver testes previamente inconclusivos."

Quando o promotor Davis objetou a possibilidade de retestar as provas, Stidham escreveu novamente para Burnett. Citando a nova lei estadual que permitia que prisioneiros retestassem provas que poderiam libertá-los, ele solicitou uma audiência para discutir a petição. Burnett não respondeu.

Argumentos na Suprema Corte

Quase dois anos depois de o juiz Burnett ter indeferido a petição de Regra 37 de Damien, a Suprema Corte do Arkansas agendou a audiência de recurso solicitada por Mallett. O site se alvoroçou: a Suprema Corte consentira em ouvir seus argumentos orais. A audiência ocorreria em 15 de março de 2001 no Palácio da Justiça do Arkansas, no terreno do capitólio estadual, em Little Rock. Muitos apoiadores viram o evento como uma oportunidade de expor novamente suas preocupações em relação ao caso no estado onde ocorrera. Dezenas de apoiadores dos WM3 fizeram planos para comparecer.

O dia amanheceu frio e encoberto. A câmara estava lotada quando Mallett e um representante do gabinete da promotoria-geral do Arkansas fizeram suas breves apresentações.[21] Diante dos sete juízes togados, Mallett reiterou muitos dos pontos que apresentara em sua petição ao juiz Burnett. Novamente, ele salientou o conflito de interesses que os advogados de Damien haviam criado ao envolvê-lo no documentário. E acrescentou outra queixa, dirigida especificamente Burnett. Mallett disse aos juízes que, na superficial decisão negando a petição de Damien, o juiz Burnett falhara em responder a cada um dos pontos mencionados pelos advogados de defesa e, assim, não oferecera suas "descobertas de fato e conclusões da lei" requeridas pela Regra 37 do Arkansas. Em vez disso, respondera a apenas algumas questões e ignorara outras completamente. Em vários casos, simplesmente oferecera alguns comentários gerais. O advogado do estado argumentou que as respostas de Burnett eram suficientes e que reenviar a questão para o juiz a fim de obter uma decisão mais detalhada seria "uma grande injustiça para com o princípio da finalidade".

Tudo acabou em menos de uma hora. Do lado de fora, enquanto os repórteres se reuniam em torno de Mallett, os apoiadores dos Três de West Memphis começaram a desenrolar um banner em frente ao Palácio da Justiça. Câmeras de TV mostravam o colorido painel de 50 metros, e um dos fundadores do site explicou que ele fora criado com cerca de 3 mil cartões-postais enviados pelos apoiadores dos prisioneiros em todo o mundo.

Os repórteres perguntaram o que eles tentavam conseguir com sua demonstração. Esperavam influenciar os juízes? Naquela noite, uma resposta foi publicada no site. "Em vez de se sentirem desencorajadas e impotentes perante o sistema judiciário", escreveu o cofundador do site, "parece que muitas pessoas ainda estão esperançosas o bastante para acreditar que seu apoio e seus esforços realmente podem significar uma mudança para melhor." Mallett ofereceu uma resposta mais fria. "Existe uma ingenuidade na cultura americana que presume que 'se eu fizer um bocado de barulho, o comportamento do judiciário será afetado'", disse ele a um repórter.[22] Mas acrescentou: "Não acho que juízes sejam favoravelmente afetados por grupos de jovens e sites".

NÓ DO DIABO 407

Um mês após os argumentos orais, os juízes da Suprema Corte do Arkansas anunciaram sua decisão. Sem se referir à maioria dos argumentos de Mallett, eles concordaram com apenas um: que o apressado indeferimento da petição da Regra 37 de Damien não cumpria as exigências da lei, particularmente as relacionadas a um prisioneiro sentenciado à morte.[23] Os juízes reenviaram a petição a Burnett, ordenando que respondesse especificamente a cada questão mencionada pelos advogados de Damien. A Suprema Corte simplesmente jogou o caso de volta para Burnett. Mesmo assim, como observou Mallett, era a primeira vez na história dos julgamentos que um tribunal de recursos achava mesmo o menor dos erros. Ninguém esperava que, quando Burnett retornasse sua resposta às questões dos advogados de defesa, a decisão fosse diferente. E, alguns meses depois, quando ele finalmente anunciou a resposta revisada, essa presunção se provou correta. Mallett e os outros advogados, contudo, ficaram espantados quando leram o novo documento. Em vez de delinear suas descobertas de fato e conclusões da lei, como exigira a corte, Burnett simplesmente copiara, um ponto após o outro, o breve verbatim do promotor-geral e o anunciara como sua decisão.

"Isso é muito incomum em um processo criminal", reclamou Mallett. "A corte não fez descobertas independentes. Achamos que isso viola o princípio de revisão independente das provas."[24] Novamente, os advogados de Damien recorreram à Suprema Corte do Arkansas, pedindo que ela considerasse por si mesma se a representação de Damien durante o julgamento cumpria os padrões exigidos pela lei.[25]

Solicitação de um novo juiz

Enquanto os advogados de Damien se concentravam nas questões apresentadas à Suprema Corte do estado, Stidham se via bloqueado em sua iniciativa de retestar certas provas materiais em busca de DNA. Em maio de 2001, ele lembrou ao juiz Burnett sobre a petição que apresentara seis meses antes. "Vossa Excelência", escreveu em uma carta, "ainda não temos uma audiência agendada para discutir nossa petição para retestar as provas materiais desse caso." Stidham observou que a petição relativa à Regra 37 de Jessie estava pendente havia quase quatro anos e que Jessie estava "ansioso" para que os novos testes fossem conduzidos.

Porém mais oito meses se passaram sem uma resposta do juiz Burnett. Em fevereiro de 2002, Stidham escreveu novamente: "Prezado juiz Burnett: quase um ano se passou desde que solicitei que minha petição para preservação e reteste das provas processuais fosse ouvida em audiência. [...] Posso solicitar apresentá-la a um novo juiz?" E acrescentou: "Esse caso tem quase nove anos e eu realmente gostaria de seguir em frente." Para Stidham, que agora era juiz municipal em sua cidade natal de Paragould, Arkansas, a luta fora longa — e prometia continuar. "Houve vezes em que desejei que eles fossem culpados, para que eu pudesse seguir em frente e deixar isso para trás", disse ele. "Mas eles não eram."

Burnett finalmente respondeu. A audiência sobre as provas de DNA foi marcada para novembro de 2002. Após quase nove anos, a frustração com os procedimentos legais abatia quase todos os envolvidos nos recursos. Desde a condenação, as esperanças dos três haviam se apoiado amplamente no resultado dos recursos de Damien, dado que, se ele conseguisse um novo julgamento, isso influenciaria indiretamente os recursos dos outros dois. Mas, na primavera de 2002, com o nono aniversário dos assassinatos se aproximando, o recurso de Damien sobre a Regra 37 e sua petição para um recurso por erro *coram nobis* ainda aguardavam decisões da Suprema Corte do Arkansas.[26] "Vamos tentar vencer o caso no tribunal estadual", disse Mallett. Parecendo exausto, acrescentou: "Existe um processo federal disponível, se não tivermos sucesso aqui."[27]

Os detetives

O inspetor-chefe Gary Gitchell deixou o Departamento de Polícia de West Memphis dois meses após a condenação de Damien e Jason. O detetive de 41 anos anunciou que se mudaria para o outro lado do rio, em

NÓ DO DIABO 409

Memphis, para trabalhar para a Agência Pinkerton.[28] Em agosto de 2000, ele disse a um repórter da revista on-line *Salon.com* que ainda acreditava "firmemente" na culpa dos três assassinos acusados. "Tudo que se tem é um monte de provas circunstanciais", disse ele à *Salon*. "Não existe uma prova contundente. Não é o tipo de caso com provas contundentes."[29]

O detetive Allen foi promovido a capitão. Em um de seus raros comentários públicos, ele admitiu a um repórter do *Atlanta Journal-Constitution*: "Se eu assistisse àqueles documentários e não soubesse mais nada sobre o caso, também teria perguntas. Diria a mim mesmo: Talvez esses garotos não sejam culpados. Há milhares de dúvidas pendentes. É uma vergonha. Mas a realidade é que a HBO exibiu uma obra parcial, só mostrou um lado da questão. Eles cometeram uma real injustiça contra o caso. Se o país chegar ao ponto em que, em vez de realizar um julgamento, dissermos 'Vamos deixar a HBO fazer o que sabe fazer e as pessoas podem enviar e-mails para o tribunal', bem..." Nesse ponto, segundo o artigo, a voz de Allen falhou. Então ele acrescentou: "Como conheço o caso, posso dormir em paz à noite, sabendo quem matou aquelas crianças."[30]

Bryn Ridge também permaneceu na polícia de West Memphis. Como Allen, ele criticou o documentário e a "estupidez" das pessoas que apoiavam Damien, Jason e Jessie. "Revi o processo inteiro", disse ele em 2002, "e estou convencido de que eles são culpados." Mas Ridge, como outros investigadores, não especificou por quê. "Não vou falar sobre isso", disse ele.

O detetive Don Bray, do Departamento de Polícia de Marion, que introduzira Vicki Hutcheson e seu filho Aaron na investigação, sofreu um derrame logo após os julgamentos.

Steve Jones, o oficial do departamento juvenil que fizera a primeira descoberta crucial do caso — o tênis flutuando na água —, pediu demissão um ano após os julgamentos e se mudou de West Memphis.

Seu chefe, Jerry Driver, que fora o primeiro a sugerir que Damien, Jason e Jessie deveriam ser considerados suspeitos, foi colocado em licença administrativa em fevereiro de 1997, depois que uma auditoria em seu departamento encontrou um desfalque de quase 30 mil dólares. Ele pediu demissão do departamento de livramento condicional juvenil do condado de Crittenden no mês seguinte.[31]

Três anos depois, em 21 de janeiro de 2000, Driver compareceu ao tribunal do juiz Burnett para responder à acusação de roubo. Quando Driver não contestou a acusação, Burnett o sentenciou à liberdade condicional por dez anos e ordenou que devolvesse o dinheiro a uma taxa de 241 dólares por mês.[32]

O tenente James Sudbury, assim como Gitchell, Allen e Ridge, teve pouco a dizer sobre o caso na década que se seguiu aos julgamentos, embora deixasse suas opiniões bastante claras. Quando uma repórter visitou o departamento em 2001 para examinar as provas arquivadas, Sudbury a levou até o arquivo e disse à policial encarregada: "Ela quer ver o lixo."[33]

Mas a carreira de Sudbury estava passando por um momento difícil. Quando os três meninos de oito anos foram assassinados, ele e outros detetives da unidade de narcóticos de West Memphis estavam sendo investigados pela polícia estadual do Arkansas. Logo depois dos homicídios, a averiguação fora discretamente colocada de lado. Durante a investigação de homicídio e os julgamentos que se seguiram, poucas pessoas sabiam que o Departamento de Polícia estava sofrendo um inquérito. Mas houve vazamento e, quando os julgamentos terminaram, um repórter de Memphis começou a fazer perguntas sobre os resultados da investigação estadual sobre a unidade de narcóticos liderada por Sudbury.

Ron Lax não tinha ideia de que os policiais envolvidos na apuração de homicídio também estavam sendo investigados até que, dois meses após os julgamentos, conversou com o repórter. Depois da conversa, escreveu: "Esses policiais trabalhavam na divisão antidrogas do Departamento de Polícia de West Memphis e havia alegações de que haviam se apropriado de drogas e/ou mercadorias roubadas para uso pessoal. O único nome [que a repórter] mencionou foi o do detetive James Sudbury. Realmente surpreendente é o fato de que [o promotor] Brent Davis assinou um acordo judicial para encerrar a investigação em algum momento de junho de 1993. "Lax não sabia disso na época, mas Sudbury fora o oficial de mais

NÓ DO DIABO 411

alta patente implicado na investigação de corrupção. Na época dos homicídios, os investigadores da polícia estadual ainda estavam analisando alegações de que, como dizia um relatório, Sudbury levava "um estilo de vida acima dos padrões" para seu salário de policial.

A polícia estadual relatou ao promotor Brent Davis que, em entrevistas realizadas dois meses antes dos assassinatos, Sudbury admitira ter retirado armas e outros itens do armário de provas e ter mentido quando os investigadores o interrogaram pela primeira vez. Mas Sudbury não foi afastado. Foi parte ativa da investigação criminal. Depois que Damien, Jason e Jessie foram presos, Davis decidiu não processá-lo.

Sudbury permaneceu detetive da unidade de narcóticos durante vários anos, mas, em 2001, um novo chefe de polícia o exonerou. "Estamos lidando com corrupção policial", reconheceu o novo chefe.[34] Em uma entrevista coletiva para anunciar a demissão de Sudbury e de dois outros policiais da unidade de narcóticos, o chefe relatou que o FBI investigava "indiscrições" no departamento, algumas das quais vinham ocorrendo havia "mais de dez anos".[35]

Jessie, Damien e Jason

"É corrupto", disse Jessie Misskelley, agora com 25 anos, oferecendo sua opinião sobre o condado de Crittenden. Na primavera de 2001, Jessie passara um terço de sua vida na prisão. Ele fizera dezessete tatuagens, incluindo uma com seu apelido, Midget Biker (Ciclista Anão). E pensava em fazer mais uma: "Quero tatuar a cabeça", disse ele. "Quero um cérebro. Quero a tatuagem de um cérebro bem no topo da cabeça. Nunca vi ninguém com uma assim." Ele se descreveu como esperançoso e um pouquinho mais esperto do que quando fora preso. E aconselhou: "Se não foi você, jamais diga que foi."

O interesse de Damien por metafísica — que tanto colorira seu julgamento — continuou no corredor da morte.[36] Ele lera livros sobre budismo e terminara por abraçar essa filosofia. Como resultado, muitos habitantes do Arkansas ficaram duplamente surpresos quando leram, em dezembro de 1999, que não somente Damien se casara, como também o fizera em uma cerimônia budista realizada na prisão.[37] Sua esposa era Lorri Davis, a arquiteta de Nova York com quem ele estivera se correspondendo desde o lançamento do primeiro documentário.[38]

O capitão Allen disse ter ficado "surpreso e consternado" quando soube que Damien havia se casado. "Pensei comigo mesmo: 'Onde esse mundo vai parar?'", disse ele ao *Arkansas Democrat-Gazette*. "Sei que é uma disposição federal, mas, a menos que [um prisioneiro] esteja se casando com um companheiro de cela, eles realmente precisam renovar o sistema." Brent Davis disse achar "estranho" que Damien tivesse tantas pessoas o apoiando e que uma delas chegasse até mesmo a se casar com ele. "Nós o transformamos no que é hoje", afirmou o promotor. "Alçamos Echols das margens da psicose até a admiração de milhares de pessoas."[39]

Enquanto o nono aniversário dos homicídios se aproximava, Jason levava uma vida tão próxima da rotina de classe média quanto era possível no interior de uma prisão. Como aprendera rapidamente a usar computadores e mantinha um impecável histórico de comportamento, ele fora designado para uma série de trabalhos burocráticos em várias posições administrativas. Ele se afiliara aos Jaycees e começara a estudar investimentos. "Não quero sair e ser o garoto de dezesseis anos que era quando entrei", disse ele. "Quero me manter atualizado."[40]

Ele fizera cursos de antropologia, contabilidade e política americana — "pois quero saber sobre que bases nosso governo foi construído" — e sonhava em fazer uma faculdade de direito. Também tinha uma namorada. A correspondência que iniciara em 1997 com a jovem Sara Cadwallader se transformara em um romance sério. Ela estava no colegial quando eles se conheceram. Agora, fora aceita na faculdade de direito. Jason creditava a Sara a sua fé em Deus e ao apoio de muitos amigos, muitos dos quais "completos estranhos", sua estabilidade emocional e sua crença permanente de que "a justiça vai prevalecer".

"Eu cresci na prisão", escreveu ele no fim de 2001. "Mesmo com tudo que sofri, não me permiti sentir raiva, rancor ou ressentimento por aqueles que me colocaram aqui injustamente ou permitiram que isso acontecesse. É preciso amar a vida, aceitá-la como é e aproveitá-la enquanto você a tem. Amo este país. Amo os Estados Unidos e seu povo. E espero que, algum dia, possa viver novamente como homem livre, com minha reputação intacta."

Jessie, Damien e Jason tinham visões diferentes sobre como seria a vida se fossem libertados. Jessie sonhava com uma "grande festa". Damien disse que queria "desaparecer" com a mulher. Jason entrevia uma vida de ativismo de alguma forma relacionado à lei. "Estar aqui me deixou mais forte", admitiu ele. "Fez com que refletisse sobre coisas das quais deveria me orgulhar, coisas como a liberdade. Valorizo essas coisas. Não sou ingênuo como era antes. A razão pela qual estou aqui, a verdadeira razão, é que alguém tinha de pagar o preço."

Jason disse que a polícia e os promotores haviam "se contentado em dizer que éramos culpados" e isso fora "suficiente" para o público. Mas acrescentou entender a reação pública.

"Eu também costumava pensar assim. Para mim, um suspeito era 'aquele que cometeu o crime'. Mas eu não o cometi e essa é a questão principal."

EPÍLOGO

ESTA HISTÓRIA É UMA TRAGÉDIA INFANTIL. As vítimas — e houve muitas — eram todas menores de idade.

As vidas de Michael Moore, Stevie Branch e Christopher Byers terminaram muito cedo e em meio ao terror. Sabemos que, horas antes de Christopher sofrer o selvagem ataque a seus genitais, ele foi espancado com um cinto — uma punição ainda comum para muitas crianças. Ainda adolescente, seu irmão Ryan teve de lidar não apenas com o assassinato de Christopher, mas também com a inexplicada morte da mãe menos de três anos depois.

Todas as testemunhas eram crianças, e também foram vítimas, especialmente o jovem Aaron Hutcheson. Encorajado a contar e recontar sua história, sem orientação ou limites impostos pelos adultos, ele enfeitou seu relato, desde o homem com dentes amarelados até as cenas de orgia na floresta, chegando finalmente às horripilantes visões de baldes de sangue. Os adolescentes que testemunharam durante os julgamentos eram nada mais que personagens de um drama que não poderia ter se desenvolvido sem a exploração de palavras infantis. Outros adolescentes retrataram suas acusações, mais tarde admitindo ter dito apenas o que acreditavam que a polícia queria ouvir.

O próprio Jessie, inicialmente, dissera não saber nada sobre o crime. Quando lhe disseram que falhara no teste do polígrafo, ele também tentou satisfazer à polícia, mas estava tão confuso que acabou implicando a si mesmo.

Quando ele, Damien e Jason foram presos, nenhum deles era velho o bastante para comprar cerveja, cigarros ou uma revista *Playboy*, muito menos para assinar um contrato. Mesmo assim, os três foram interrogados repetidamente, e durante horas, por policiais armados, sem a presença de seus pais ou de advogados, e corriam o risco de serem acusados como adultos e enfrentarem uma possível execução.

Crianças não escrevem suas próprias tragédias. Elas são obras de adultos. A vulnerabilidade das crianças desta história estava evidente mesmo antes de os homicídios ocorrerem. Pobreza e instabilidade enfraqueciam os lares; intolerância, violência e corrupção oficial enfraqueciam a comunidade. Os sérios problemas de saúde mental exibidos por algumas crianças — particularmente Christopher, Jessie e Damien — eram tragédias em potencial.

Discursos sentimentais sobre "bebês" e "cordeirinhos" não conseguiram abafar a crueldade que golpeou esta história como um cinto. Quem estava protegendo Aaron Hutcheson de suas fantasias galopantes ou do efeito que a voraz atenção dos detetives teria sobre ele em anos futuros? Quem estava cuidando de Ryan? Que tipo de preocupação com as crianças levou a polícia a interrogá-las sem nem mesmo seus pais por perto? Se as táticas que levaram à confissão de Jessie eram aceitáveis, como decidiu a Suprema Corte do estado, os interesses de quem estavam sendo protegidos? Certamente não os de Jessie. *Nem de nenhuma das crianças.*

Uma terrível hipocrisia maneja o cinto corretivo. Isso é para o bem da criança. Isso é para enviar uma mensagem. Isso é para a sociedade. Isso é para ensinar respeito. Isso é pela lei e pela ordem.

— Acho que é importante que todos nós tenhamos de responder por nossos atos — disse o juiz John Fogleman em uma entrevista oito anos após os homicídios —, seja eu, sejam os policiais ou as pessoas que cometem crimes.

Mas os policiais desta história não foram sancionados por roubar coisas do armário de provas e John Mark Byers cometeu múltiplos crimes sem ter de "responder por seus atos". O juiz Burnett cometeu um grave erro quando ordenou que uma testemunha prestasse depoimento sem a presença de um advogado, embora a testemunha o tivesse

NÓ DO DIABO 417

solicitado duas vezes. Burnett então evitou a responsabilidade impondo uma ordem de silêncio a todos que haviam testemunhado seus atos. Fazer com que as pessoas respondam — ou não — por seus atos é um privilégio das autoridades.

Então a questão passa a ser: como as crianças deveriam lidar com essa autoridade? Perguntei a Fogleman se ele gostaria que um de seus filhos fosse interrogado pela polícia sem que ele ou um advogado estivessem presentes. Sua resposta imediata foi: "Eu mesmo não gostaria de ser interrogado sem um advogado." Ele acrescentou, mais deliberadamente: "Mas aquela não foi a primeira exposição de Jessie ao interrogatório e à leitura de seus direitos. E, na verdade, gostar não é realmente uma questão."

Perguntado sobre como aconselharia os filhos se eles fossem levados pela polícia para interrogatório, novamente Fogleman foi evasivo: "Sem contexto", respondeu ele, "eu diria 'Seja extremamente educado com a polícia e responda qualquer pergunta que fizerem. Seja franco.' Sem contexto, seria isso. Mas não acho que meus filhos possam se envolver nesse tipo de problema."

Mas crianças são levadas e interrogadas pela polícia. E o mundo não existe sem contexto. "Então, se o senhor estivesse discursando no Rotary e alguém perguntasse o que deviam dizer aos filhos, qual seria sua resposta?" "Honestamente, não sei", respondeu o juiz. "Não sei."

Se John Fogleman não sabe, quem poderia saber? Se nem mesmo um juiz pode aconselhar os pais sobre o que dizer a seus filhos, como, em nome de Deus, crianças subitamente levadas para interrogatório podem descobrir, sozinhas, o que fazer? Fogleman, que tem anos de experiência como promotor e como juiz, não conseguiu encontrar uma resposta. Mas Jessie Misskelley, que abandonara a escola, deveria ser capaz de encontrá-la porque, afinal, seu interrogatório por Gitchell e Ridge não fora sua "primeira exposição" a um interrogatório policial.

Mas a tragédia é ainda mais profunda. A pedra angular da justiça nos Estados Unidos da América é o fato de que pessoas acusadas de crimes são presumivelmente inocentes até que sua culpa seja provada. Crianças supostamente, são presumivelmente ainda mais inocentes. Mas, neste caso, tudo isso foi deixado de lado. Não houve proteção especial. Não houve tribunais juvenis. Não houve nem mesmo a básica presunção de inocência. A culpa de Damien, Jason e Jessie não foi provada. Ela foi presumida. E isso, como observou Jason, foi "suficiente".

POSFÁCIO — 2003

Desde a publicação deste livro, muitas pessoas me perguntaram sobre o título. Nos estágios iniciais, ative-me aos nós que prendiam as vítimas. Esses nós eram alguns dos poucos sinais claros que o assassino deixara para trás. Eu queria jamais esquecer Christopher Byers, Michael Moore e Stevie Branch ou a visão de seus corpos nus presos com os cadarços dos próprios tênis. Mesmo que tentasse analisar sua tragédia com a devida racionalidade, não podia ignorar meu próprio e humano grito de que o que fora feito com eles era diabólico. Enquanto escrevia, queria manter os nós na frente e no centro: quem fizera aquelas laçadas e nós em oito em volta dos pulsos e dos tornozelos dos meninos? As mãos de quem deram os nós direitos? Quem fizera os cruéis nós meia-volta?

À medida que meu trabalho progredia, um tipo diferente de nó começou a emergir. Eu o vi se formando durante a investigação e os julgamentos. Dessa vez, três adolescentes estavam sendo amarrados. Como os meninos, Damien Echols, Jason Baldwin e Jessie Misskelley haviam sido pegos em algo maior e mais poderoso que eles mesmos — algo que pretendia pôr fim a suas vidas. Com o tempo, as reviravoltas dos procedimentos contra os Três de West Memphis formariam um novo e horrendo conjunto de nós: estranhas amarrações legais que os prendem até hoje.

Não tendo cordas, quem quer que tenha amarrado as crianças improvisou usando seus próprios cadarços. O que os promotores de West Memphis não tinham eram provas. Eles tinham três homicídios ensanguentados e lamacentos e três réus, mas nem um único traço de evidência ligando os acusados ao crime. Então eles improvisaram. Eles amarraram Jessie com sua confissão esfarrapada.

Não tendo uma confissão — ou qualquer outra coisa — contra os outros dois, eles lançaram mão da triangulação. Ao ligar o crime à palavra "oculto" e, em seguida, ligar Damien e Jason a essa palavra, eles indiretamente os ligaram ao crime. O juiz permitiu essa tática e *voilà*! Assim, facilmente — e assim insubstancialmente —, a inoportuna ausência de provas foi superada.

Desde o lançamento do livro, comecei a ver seu título de maneira mais ampla.

Depois dos ataques de 11 de setembro de 2001, os Estados Unidos testemunharam a rápida erosão de liberdades que os cidadãos julgavam consolidadas. Proteções antes exigidas pela lei foram abandonadas em nome da defesa do país contra o terrorismo. Os paralelos com o que aconteceu em West Memphis — o horror, o pânico, a pressa e a disposição para abandonar procedimentos legais padronizados — são óbvios. Assim como os riscos.

Imagine que a vaga palavra "terrorismo" seja substituída pela vaga palavra "oculto". Imagine um crime violento, o rápido arrebanhamento de alguns suspeitos, uma semelhante ausência de provas. Imagine testemunhas se apresentando para dizer que o crime apresenta "paramentos" de terrorismo. Imagine provas adquiridas sob o chamado USA Patriot Act, provas de que suspeitos retiraram livros sobre o Islã na biblioteca, escreveram e-mails criticando a política americana ou possuíam CDs com músicas sobre violência. Imagine que, dessa maneira fácil e indireta, os acusados sejam ligados ao crime.

É outro nó do diabo. Acrescente o sufocante elemento do pânico e qualquer um de nós pode ser pego nessa armadilha.

Mara Leveritt, março de 2003

POSFÁCIO — 2011

Em um surpreendente desdobramento, um juiz do Arkansas presidiu uma inesperada audiência em 19 de agosto de 2011 e libertou Damien Echols, Jason Baldwin e Jessie Misskelley Jr. Um ano antes, a Suprema Corte do Arkansas ordenara que o juiz revisse as condenações e decidisse se os prisioneiros mereciam um novo julgamento. Como a promotoria queria evitar isso, os promotores se mostraram dispostos a negociar um acordo com os advogados de defesa.

O acordo era que, para serem libertados, Damien, Jason e Jessie teriam de se declarar culpados dos três homicídios, ao mesmo tempo que mantinham sua inocência. Os promotores estipularam que o acordo era inegociável. Se qualquer um dos três recusasse, todos eles enfrentariam meses ou provavelmente anos na prisão, durante os esperados novos julgamentos e prováveis recursos. Além disso, enfrentariam a possibilidade de o júri novamente os considerar culpados e Damien ser executado.

Em discussões apressadas um pouco antes da audiência, os três prisioneiros aceitaram o acordo. Em uma quinta-feira, Damien foi retirado algemado de sua cela no corredor da morte. Viajou em um furgão, juntamente com Jason e Jessie, para Jonesboro, Arkansas. No dia seguinte, usando roupas civis, compareceram ao tribunal onde Damien e Jason haviam sido condenados mais de dezessete anos antes. A audiência durou menos de uma hora. Quando terminou, eles assinaram alguns poucos papéis, concederam uma breve entrevista coletiva e saíram do tribunal como homens livres. Nem mesmo foram colocados em liberdade condicional.

Sua abrupta saída da prisão deixou muitas pessoas desconcertadas. Como ocorrera essa dramática reversão? E por quê? A resposta está emaranhada nos incontáveis, dissimulados e não examinados nós que prenderam este caso desde o início e fatalmente retardaram a justiça durante anos. Mesmo agora, ainda existem preocupações, enquanto os apoiadores exigem que o estado do Arkansas exonere os três e realize uma nova investigação sobre os homicídios.

Mara Leveritt, setembro de 2011

NOTAS

1. Os assassinatos

1. A menos que se afirme o contrário, os relatos sobre a busca dos meninos desaparecidos citados neste capítulo foram retirados dos registros do Departamento de Polícia de West Memphis.
2. A policial era Regenia Meek. O bairro onde os Byers viviam era conhecido como Holiday Garden.
3. O nome do gerente era Marty King.
4. Em alguns relatórios, Dana Moore, como era chamada, é identificada como Diana. Em declarações posteriores, Moore disse que relatara que o filho estava desaparecido enquanto Meek ainda estava na casa dos Byers, mas, aparentemente, Meek não preencheu o formulário sobre Michael nessa ocasião. De acordo com seus relatórios, ela respondeu à chamada no Bojangles e depois voltou à residência dos Moore às 21h25, quando registrou o desaparecimento.
5. O conjunto Mayfair.
6. Os dados meteorológicos de Memphis em maio de 1993 foram fornecidos pelo Centro Nacional de Dados Meteorológicos.
7. O Departamento de Polícia de West Memphis afirmou, em um resumo dos acontecimentos daquela noite, que "o desaparecimento das vítimas foi relatado à polícia aproximadamente às 20h10 de 5 de maio de 1993, quando a busca foi iniciada", mas os registros do departamento nessa data não contêm nenhuma menção a buscas além da realizada pelo policial Moore, das 21h42 às 22h10.
8. Gitchell concedeu ao sargento Allen o crédito pela descoberta crucial, mas testemunhos subsequentes revelaram que o assistente de Jerry Driver, Steve Jones, da unidade juvenil do condado, foi o primeiro a relatá-la.
9. De acordo com os relatos da polícia, Allen escorregou na margem enlameada enquanto tentava recuperar o tênis com um galho e acabou caindo na água. No entanto, Gitchell disse ao jornal local, o *West Memphis Evening Times*, que o mergulho fora intencional. "Sendo inquisitivo", disse Gitchell a um repórter, "ele pulou na água e começou a tatear à sua volta."

10. Retirado de um relatório policial de seis páginas, não assinado, datado de 6 de maio de 1993 e intitulado "Notas da cena do crime".

11. Existe certa discordância em relação à localização dos corpos. O relatório não assinado intitulado "Notas da cena do crime" indica que o primeiro e o terceiro corpos foram encontrados a 9 metros um do outro. Segundo o *West Memphis Evening Times*, contudo, Gitchell afirmou que eles foram encontrados a uma distância de "cerca de 3 metros". Um resumo policial sem data afirma que todos os três foram encontrados a uma distância de 1,5 m entre si.

12. O legista do condado de Crittenden era Kent Hale, gerente de uma funerária. No Arkansas, cada condado possui um legista, que não precisa ter formação médica. Existe um inspetor médico para todo o estado. Ele e seus assistentes são, necessariamente, legistas.

13. Segundo o jornal, a transmissão dizia: "Este departamento investiga o caso de sequestro de três jovens do sexo masculino. Foram encontrados com as mãos amarradas atrás das costas e os genitais foram removidos com um instrumento afiado. Os corpos foram abandonados em uma área remota. Qualquer departamento com casos similares, por favor, entre em contato com o inspetor Gitchell. Agradecemos qualquer informação."

14. Os meninos frequentavam a Weaver Elementary School, cujo playground era limítrofe ao terreno onde viviam Michael Moore e a família.

2. A polícia de West Memphis

1. Em caráter privado, alguns investigadores da polícia estadual disseram que a posição de Gitchell era surpreendente, especialmente à luz da pressão que sofria para solucionar o crime. O caso atraíra a atenção nacional, não havia nenhum suspeito óbvio e a ajuda de investigadores treinados, especialmente durante os primeiros dias, parecia fazer sentido. Mas outros membros da comunidade policial simpatizaram com sua posição. Eles afirmaram que os detetives se orgulhavam de serem capazes de solucionar os crimes de sua jurisdição e que o que realmente fazia sentido era a explicação oficial de Gitchell: "Temos quinze policiais trabalhando e, se chamarmos mais, acabaremos tropeçando uns nos outros."

2. Em 15 de janeiro de 1993, familiares do policial Clark White, membro disfarçado da força-tarefa antidrogas do condado, encontraram-no morto no trailer onde vivia. O xerife do condado, Richard Busby, alertou a polícia estadual. Os investigadores encontraram o corpo parcialmente decomposto no sofá da sala. Na cozinha, havia uma embalagem de veneno líquido. O relatório da autópsia concluiu que White morrera por ingestão de veneno. Seus pais, que viviam perto dali, relataram que logo depois de o terem visto pela última vez, avistaram dois

NÓ DO DIABO 425

homens dirigindo seu Pontiac Firebird preto, sem que ele estivesse no carro. O Firebird estava em nome do gabinete do xerife, que o usava em operações da unidade de narcóticos. Quatro dias após a descoberta do corpo, a polícia de Memphis localizou o Firebird e, algumas horas depois, a pessoa que fora vista ao volante. As forças policiais de ambos os lados do rio Mississippi cercaram a vizinhança. Algumas horas depois, policiais da unidade contra o crime organizado do Departamento de Polícia de Memphis capturaram dois suspeitos. Eles disseram à polícia que White penhorara vários itens, incluindo diversas armas e seu revólver de serviço, para comprar drogas. Segundo eles, alguns dias antes de sua morte, ele oferecera o Firebird como garantia a um traficante de Memphis em troca de crack no valor de 300 dólares. Subsequentemente, um dos suspeitos foi julgado e condenado pelo assassinato.

3. Ironicamente, assim que a investigação começou, o Departamento de Justiça dos Estados Unidos considerou a força-tarefa antidrogas de West Memphis-condado de Crittenden a melhor do Arkansas e uma das melhores da nação. Em parte, a honra foi concedida por causa da localização de West Memphis — na junção das interestaduais 40 e 55. Com um nível de tráfego de caminhões ao menos duas vezes maior que o da concorrente mais próxima, West Memphis afirma ser a capital mundial de paradas de caminhões. Para a polícia, isso oferece a oportunidade — tanto de execução da lei quanto de corrupção — de um grande fluxo de drogas cruzando o país. A localização de Memphis, a 18ª maior cidade americana, diretamente do outro lado do rio, contribui para o ambiente de ilegalidade. Com o DEA, órgão federal de combate ao narcotráfico, estimando que 1 em cada 85 veículos transporte drogas ilegais ou dinheiro de narcotráfico pelas interestaduais, as apreensões se tornaram uma das principais fontes de renda do condado rural de Crittenden. Em 1992, a força-tarefa apreendeu, além de uma fortuna em drogas, mais de 1 milhão de dólares em dinheiro, 74 veículos, 37 armas e vários outros bens. As apreensões inchavam os cofres — e os armários de provas — de um condado com apenas 50 mil habitantes, um quarto dos quais vivendo abaixo da linha de pobreza.

4. Os detalhes sobre a investigação da força-tarefa antidrogas foram retirados dos arquivos da polícia estadual do Arkansas.

5. Embora detalhes sobre a investigação da força-tarefa antidrogas do condado de Crittenden realizada pela polícia estadual não tenham sido publicados no jornal de West Memphis, naquela primavera o *Evening News* relatou, usando informações de outra agência estadual, que a taxa de abusos contra crianças do condado era uma das mais altas do estado.

6. A primeira mulher de Byers se chamava Sandra, e seus filhos, John Andrew e Natalie Jane.

426   MARA LEVERITT

7. Registros da prisão e da condenação por ameaça foram encontrados nos arqui-
    vos da secretaria do juízo do condado de Crittenden e, aparentemente, foram
    esquecidos quando a condenação foi anulada.
8. Os registros da solicitação de ordem de restrição são do tribunal do condado
    de Crittenden. Em entrevista concedida à autora em abril de 2001, Fogleman
    reconheceu ter ouvido a fita, mas afirmou não saber onde ela se encontrava.
9. Entrevista concedida à autora pelos pais de Melissa, Dorris e Kilburn DeFir, em
    abril de 2001.
10. Em entrevista à autora em 2001, Byers disse que se voluntariara para trabalhar
    como informante em função de seu senso de "responsabilidade civil". Disse ele:
    "A América precisa que muitos cidadãos façam o que eu fiz." Mas, se relatava
    atividades relacionadas a drogas estritamente por razões altruístas, era uma
    exceção à regra. A maioria dos informantes concorda em assumir esse perigoso
    papel somente após terem sido presos e fazer um acordo com os promotores.
11. Normalmente, os registros são apagados quando se trata de jovens. Byers tinha
    trinta anos quando foi acusado e condenado e 35 anos quando os registros foram
    apagados.
12. A prisão foi realizada e registrada pelo gabinete do xerife do condado de Shelby.

3. A investigação da polícia: parte 1

1. Os detetives declararam, por exemplo, que as roupas retiradas da água foram
    colocadas em pacotes de papel pardo e levadas à delegacia para secar. Então,
    foram novamente embaladas — nos pacotes originais — e enviadas ao labora-
    tório estadual de criminalística. Mas os pacotes recebidos pelo laboratório não
    apresentavam marcas de água ou outros sinais de umidade. Outras questões se
    centravam na qualidade e na extensão dos registros da investigação. Análises
    posteriores dos arquivos mostraram que os policiais fizeram relatórios, mas muitos
    foram deixados sem data ou assinatura. Em alguns casos, acrescentaram nomes
    e endereços aos registros sem indicar o que significavam. Arquivaram cópias de
    digitais sem identificação. Conduziram entrevistas sem um método claro, sem
    uma política aparente ou coerência na abordagem. Notas foram feitas em algumas
    entrevistas e não em outras; algumas foram gravadas, algumas filmadas e outras
    apenas parcialmente registradas. Os policiais exibiam fotografias durante sua
    busca por suspeitos, mas não registravam a quem pertenciam ou se alguma fora
    reconhecida.
2. O relatório parece uma declaração à imprensa, mas, dado que muitas das infor-
    mações foram mantidas em sigilo, talvez estivesse sendo preparado tendo em vista
    outros órgãos da lei. A polícia de West Memphis não informou seu propósito.

NÓ DO DIABO 427

Quando solicitados a conceder entrevistas durante a elaboração deste livro, os detetives Gitchell, Sudbury, Ridge e Allen não quiseram fazer comentários.

3. Testes posteriores, solicitados por um investigador particular, indicaram que Aaron era daltônico.

4. Ridge escreveu que o sangue encontrado na margem "pode ter sido o resultado de o perpetrador ter permanecido na área com certa quantidade de sangue em si mesmo ou um dos corpos pode ter sido depositado ali antes de ser colocado na água". Outros respingos "podem ser o resultado de uma transferência de sangue da cena do crime nos pés ou nas roupas de alguém deixando a área". Pode ter sido o assassino. Pode ter sido a polícia.

5. Isso era especialmente verdade em vista da idade das vítimas. Em 1993, as agências americanas estavam cada vez mais conscientes da sombria relação estatística entre abuso infantil e infanticídio. Na época, o homicídio foi identificado como terceira causa de morte em crianças entre cinco e catorze anos. Os departamentos de polícia que investigavam infanticídios eram instruídos a respeitar o luto dos pais, mas também a considerar a possibilidade de um membro da família ser o responsável. Como crianças geralmente permanecem perto de casa e são ensinadas a evitar estranhos, as agências policiais do país eram advertidas a investigar cuidadosamente as pessoas mais próximas às vítimas.

6. A amiga de Dawn, Kim Williams, era aluna da quarta série e vivia perto da floresta.

7. Nada indica que Gitchell tenha pesquisado os registros do tribunal para confirmar se Christopher fora adotado e, aparentemente, a questão não foi investigada. Byers disse à autora que um advogado local chamado Jan Thomas cuidou do caso. Quando questionado sobre como Byers pôde adotar Christopher estando em liberdade condicional, sem cumprir os termos da condenação e incapaz de pagar a pensão alimentícia dos dois filhos biológicos, Thomas disse que não fora informado sobre a condenação e não possuía os registros da adoção. Esses registros são confidenciais no Arkansas, mas R. L. Murray, pai biológico de Christopher, disse que nunca abriu mão dos direitos paternos, o que teria sido necessário a Byers para a adoção de Christopher.

8. Melissa Byers trabalhava na joalheria Fargenstein's , na esquina entre as ruas Poplar e Highland, em Memphis. Na hora do rush, a viagem entre o tribunal municipal em West Memphis, cruzando o rio Mississippi, até a loja no centro de Memphis e então de volta até a casa dos Byers levaria pelo menos uma hora.

9. Os detetives que entrevistaram Taylor foram Diane Hester e Mary Margaret Kesterson.

10. Ryan fora chamado para testemunhar em um caso de direção negligente.

428 MARA LEVERITT

11. O patrulheiro John Moore disse à central que fizera buscas na floresta entre 21h42 e 22h10.

12. No dia seguinte, 20 de maio, o sargento Allen e outro detetive entrevistaram Ryan novamente, mas a questão sobre o que acontecera à meia-noite não foi trazida à baila. Mesmo assim, durante essa entrevista, Ryan novamente contradisse o padrasto. Ele disse aos detetives que, até cerca de um ou dois dias antes dos crimes, nunca vira Christopher brincar com Stevie Branch. Além disso, relatou alguns aspectos perturbadores da amizade entre seu irmão e Michael. Certa vez, perto do início das aulas, ele pegara Christopher e Michael fazendo brincadeiras "sujas" atrás da escola. "Eles haviam feito cocô no terreno", disse ele, "e estavam jogando cocô um no outro." Mais recentemente, "Chris não brincava muito com Michael desde que eles se meteram em confusão por invadir a escola Weaver".

13. Byers disse que fizera uma festa para Dallas Brogdon, xerife do condado de St. Francis, que fica na fronteira oeste do condado de Crittenden. Segundo ele, era o aniversário de cinquenta anos do xerife.

14. Sem sugerir conexão com violência, os detetives perguntaram a Byers sobre o tumor cerebral. Ele respondeu que descobrira havia dois anos. "Venho tendo 'apagões'", explicou, "e, mesmo quando está frio, começo a suar. Tenho enxaquecas muito fortes. Logo começo a ter visão em túnel e é como se alguém disparasse um flash na minha frente, eu vejo pontos." Inicialmente, "acharam que eu tinha epilepsia e, então, que talvez fosse um aneurisma cerebral. Descobriram que já tive meningite e, acham, que ela pode ter causado isso". Ele disse que os médicos haviam receitado Dilantin, "que faz as gengivas sangrarem e é muito ruim para os dentes", mas ele interrompera o tratamento. Os médicos então prescreveram Tegretol. Byers contou que fora hospitalizado cinco vezes em um ano por causa do tumor e que o problema causara a perda da joalheria.

15. A vida de Christopher fora difícil desde o início. Ele pesava menos de dois quilos ao nascer, de parto prematuro, e teve de passar imediatamente por uma cirurgia abdominal.

16. O neurologista, dr. Donald J. Eastmead, registrou que Christopher tinha "muitos problemas [...]. Apresenta reações exageradas e tem ataques de raiva. É ocasionalmente agressivo e sente pouco remorso. A hora de dormir, as manhãs, as refeições, as viagens de carro e várias outras situações sociais são um problema. Ele as interrompe frequentemente". O médico prescreveu Tofranil contra a hiperatividade. Mas, em uma visita três meses depois, ficou consternado ao ver que Christopher parecia ter regredido. Registrou que a criança parecia sofrer de paranoia, queixando-se de "algo em seu cabelo". O médico manteve o Tofranil e, adicionalmente, prescreveu cinco miligramas de Ritalin duas vezes ao dia. Quando Christopher completou sete anos, a

NÓ DO DIABO

administração de Tofranil foi interrompida, e a de Ritalin, quadruplicada. Mas os problemas não cederam.

17. Durante a consulta um pouco antes da morte de Christopher, Eastmead notou sinais de "extrema impulsividade, instintos destrutivos, rivalidade, rebeldia, hiperatividade, tolerância extremamente baixa à frustração e recusa em obedecer a ordens". Ele também registrou: "Estou confuso quanto à razão. Ele tem tomado 20 miligramas de Ritalin duas vezes ao dia, o que melhorou a hiperatividade e o déficit de atenção, mas não produziu nenhuma alteração apreciável em suas habilidades sociais, que são muito pobres, incluindo coisas como brincar com as fezes e julgamento comprometido em relação ao cuidado e à atenção pessoal. [...] Certamente é uma criança difícil que pode necessitar de tratamento hospitalar para adquirir controle sobre o próprio comportamento. Estou modificando a medicação para Dexedrine, de 5 a 10 miligramas pela manhã e ao meio-dia e 5 miligramas à tarde, e acrescentando Tegretol."

18. O caso foi conduzido pelo investigador da polícia estadual Steve Dozier. Aparentemente, o anel que também fazia parte do pacote nunca foi recuperado.

19. Carta de Gitchell a Kermit Channel, laboratório de criminalística do Arkansas, 26 de maio de 1993.

20. Carta de Gitchell ao promotor assistente John Fogleman, 28 de maio de 1993.

21. O promotor assistente que acompanhou Fogleman até o laboratório de criminalística foi James "Jimbo" Hale.

22. Quando entrevistado em abril de 2001, Fogleman disse que não toma tais medidas com frequência, mas que ele e Hale visitaram o laboratório de criminalística "porque o caso era muito difícil".

4. A investigação da polícia: parte 2

1. Trecho do livro *Darkfall*, de Dean Koontz.

2. Registro de ocorrência, Departamento de Polícia de Marion, 6 de março de 1992.

3. As informações pessoais sobre Jerry Driver presentes neste capítulo foram retiradas de uma entrevista concedida à autora, por telefone, em 1º de novembro de 2000.

4. Registro de ocorrência, Departamento de Polícia de Marion, 13 de maio de 1992.

5. Relatório de prisão, gabinete do xerife do cond do de Crittenden, 19 de maio de 1992.

6. Pedido e ordem de prisão da divisão juvenil do tribunal de justiça do condado de Crittenden, 19 de maio de 1992.

430   MARA LEVERITT

7. "Encontrei vários animais sacrificados", diria Driver mais tarde. "Eram na maioria pequenos animais. O maior foi um cachorro. Podíamos ver que haviam sido mutilados. O cachorro fora esfolado e suas vísceras haviam sido retiradas. Encontramos alguns em uma velha escola em West Memphis, que tinha um pentagrama e o número 666 na parede. Encontrei um pequeno altar feito com pedras e gravetos. E havia uma porção de ossos de pássaros e um gato sem pele."

8. No fim dos anos 1980 e início dos anos 1990, houve alarme nos Estados Unidos em relação a crimes supostamente cometidos como parte de rituais relacionados a cultos. A preocupação surgiu em meados dos anos 1980, quando alguns psicoterapeutas relataram que um surpreendente número de seus pacientes descrevera, sob hipnose, vívidas "memórias recuperadas" de abuso ritual que afirmavam ter sofrido na infância. Muitos "sobreviventes", como vieram a ser chamados, relataram ter sido estuprados. Foram formados grupos para ajudar as vítimas e identificar os possíveis suspeitos. Uma força-tarefa criada para lidar com o problema em Los Angeles observou que "abuso ritual não necessariamente significa satânico. Contudo, a maioria dos sobreviventes relata ter sofrido abusos como parte de rituais de satanismo".

9. "Uma Perspectiva Policial sobre as Alegações de Abuso Ritual", Kenneth V. Lanning, agente especial supervisor, Federal Bureau of Investigation (FBI).

10. O consultor era Steve Nawojczyk, ex-legista de Little Rock. De acordo com seus comunicados à imprensa, ele fornecia consultoria a oficiais da lei em âmbito nacional sobre assuntos relacionados a atividades de gangues e a "cultos e grupos ocultistas".

11. Driver também se manteve em contato com outros especialistas em cultos do país. Ele e um policial de Nova York trocaram faxes para comparar pichações. Concluíram que algumas que Driver encontrara no condado de Crittenden pareciam com as que a polícia de Nova York descobrira durante o famoso caso do assassino serial "Filho de Sam". Como Driver explicou mais tarde: "Havia uma escola abandonada e, quando você atravessava o longo corredor e entrava nessa sala, ela parecia uma caverna. A cena parecia muito similar — sinistramente similar, eu diria — à imagem publicada em um livro sobre o Filho de Sam."

12. Registros fornecidos a Jerry Driver pelo Charter Hospital de Little Rock.

13. De acordo com membros da família, Damien sofria de cinetose severa desde a infância. Mesmo ao completar dezesseis anos, não demonstrou interesse em aprender a dirigir. Parecia feliz em andar e os motoristas em Marion e West Memphis haviam se acostumado a vê-lo, frequentemente vestindo uma longa capa de chuva preta, caminhando ao lado das rodovias. ·

14. Relatório de Calvin L. Downey, conselheiro do departamento juvenil, condado de Washington, Oregon, 14 de agosto de 1992.

NÓ DO DIABO　　　　　　　431

15. Damien foi levado ao St. Vincent Hospital and Medical Center.
16. Declaração juramentada apresentada à divisão juvenil do tribunal de justiça do condado de Crittenden em 9 de setembro de 1992.
17. Petição apresentada à divisão juvenil do tribunal de justiça em 9 de setembro de 1992.
18. Documentos autenticados autorizando a transferência da guarda foram assinados por Pamela Joyce Echols, no Oregon, em 11 de setembro de 1992. O tribunal do Arkansas ordenou a transferência de custódia. A ordem adjudicando Echols delinquente foi registrada três dias depois, em 14 de setembro.
19. Relatório sem data de Joyce Cureton, diretor do centro de detenção juvenil do condado de Craighead.
20. Relatório de alta médica do Charter Hospital, 28 de setembro de 1992.
21. Damien foi atendido por Sherry Dockins, psicóloga e assistente social do Centro Regional de Saúde Mental do Leste do Arkansas. Ele disse a Dockins que frequentemente dormia durante o dia, em geral visitava Domini à noite e gostava de "entrar em transe" quando estava sozinho, pois isso o afastava de "tudo que está acontecendo". Reconheceu ter usado álcool, cocaína, ácido e maconha no passado, mas disse que nunca fora viciado e não ingeria drogas fazia vários meses. Dockins também registrou que Damien lhe contara que tinha uma história de automutilação; que geralmente se sentia "neutro ou não sentia nada"; que "acha que existem duas classes de pessoas — cordeiros e lobos (lobos comem cordeiros)"; que revelara "uma história de abuso enquanto falava da maneira como era tratado quando criança, [mas] nega que isso o tenha influenciado, declarando: 'Deixei tudo isso para trás'"; que "descreve isso como mais que apenas raiva — como fúria. Às vezes ele 'explode'. Relata que, quando isso ocorre, a única solução é 'machucar alguém'"; e que, "quando questionado sobre seus sentimentos, declarou: 'Sei que vou influenciar o mundo. As pessoas se lembrarão de mim.'"

5. Os principais suspeitos

1. De acordo com uma pesquisa conduzida em 1998 pelo *Atlanta Journal-Constitution* e pela Universidade da Carolina do Norte, mais de 60% dos sulistas entrevistados — e quase três quartos dos que frequentavam igrejas — disseram acreditar que seres humanos às vezes são possuídos pelo demônio.
2. Martin B. Bradley et al., *Churches and Church Membership in the United States* (Atlanta: Glenmary Research Center, 1990). Nacionalmente, os batistas do sul representavam cerca de 8% da população.
3. Em novembro de 2001, a Convenção Batista do Estado do Arkansas aprovou a resolução de "condenar firmemente" a série de livros de J. K. Rowling sobre o

432 MARA LEVERITT

jovem bruxo Harry Potter. A resolução pretendia alertar os comerciantes — particularmente os livreiros — para a preocupação dos batistas com o fato de a série ser "incompatível com a moralidade bíblica", soar como um "tema anticristão" e "promover crenças e práticas pagãs".

4. Driver frequentava a igreja episcopal. Sua mulher, católica romana, frequentava a Igreja de St. Michael, em West Memphis — a mesma que Damien Echols frequentara durante algum tempo. Driver sabia que, antes das hospitalizações, Damien se interessara pelo catolicismo. Sabia que fizera um curso para convertidos e fora batizado na fé católica. Damien lhe dissera a mesma coisa que contara aos oficiais no Oregon, ou seja, que mudara seu nome de Michael para Damien quando fora adotado por Jack Echols e o escolhera em homenagem ao famoso padre católico que cuidara dos leprosos no Havaí. Mas Driver duvidava da história. Ele sabia que, um século antes, houve um padre Damien que cuidara dos párias havaianos. Mas também sabia que Damien era o nome do demônio infantil do filme de 1976, *A profecia*, e suspeitava que, se houvesse identificação, seria com aquele personagem.

5. Entrevista com Driver concedida à autora em novembro de 2000.

6. Os relatos de Baldwin sobre o início de sua vida, apresentados neste capítulo, foram retirados de entrevistas e correspondência com a autora enquanto ele estava na Unidade Grimes do Departamento Correcional do Arkansas, durante 2000 e 2001.

7. A banda favorita de Jason desde a primeira série era o Metallica. Ele gostava da forma como o grupo conseguia "fazer música, a forma como construíam todas aquelas harmonias e melodias diferentes cada um com seu instrumento, e, mesmo assim, a música que faziam de maneira independente se tornava um instrumento em si mesma, para compor uma canção completa". Na época em que Driver focou sua atenção em Damien — e, secundariamente, em Jason —, sua canção favorita do Metallica era "Nothing Else Matters". Ele gostava da melodia e da letra. A música desempenhava papel importante na vida dos jovens, em parte porque havia muito pouco além dela. Jason afirmou que "Damien ouvia músicas diferentes, mas pela mesma razão".

8. Os amigos tinham muito em comum — e muitas diferenças. "As pessoas achavam que usávamos drogas, porque parecíamos uns malucos", disse Jason, "mas não usávamos. Não precisávamos. Damien fumava cigarros. Eu nunca fumei. Ele já fumava antes de a gente se conhecer. Se não fumasse quando a gente se conheceu, nunca teria começado esse vício. A maioria das pessoas que conhecíamos fumava e muitas usavam drogas, tipo maconha. De qualquer modo, não tínhamos dinheiro para comprar drogas. Nunca tivemos dinheiro para fazer algo louco ou arriscado. Morávamos perto de um lago e isso era legal. Eu gostava de pescar,

NÓ DO DIABO   433

Damien não gostava. Mas tudo bem. Ele se sentava no deque, alimentava os patos e ficava me vendo pescar. Também tínhamos um Super Nintendo com o jogo mais legal da época, que era o Street Fighter II. Sei que é um jogo violento, mas era divertido! Nós ficávamos na minha casa, jogando Super Nintendo e ouvindo música."

9. Jason disse que frequentemente ouvia que iria para o inferno porque gostava de um tipo de música condenado pelos religiosos locais. Ficando juntos, ele e Damien eram capazes de absorver as farpas: "Após algum tempo, não ligávamos mais." Ele absolveu seus críticos. "Você sabe como as crianças são. Provavelmente ouviram isso em casa ou na igreja."

10. "Após o incidente", disse Jason, "Steve Jones me perseguia por usar camisetas de rock e coisas assim. Estava sempre mexendo comigo. Mas eu não ligava. Só liguei quando ele começou a perseguir Damien. Ele odiava Damien profundamente. Ele dizia a todas as crianças da vizinhança que Damien era uma bicha que cultuava Satã. Isso causou muitos problemas para Damien. Alguém estava sempre querendo derrubá-lo, mas ele era mais esperto que isso. Achava engraçados todos esses boatos a seu respeito. Não percebia como muitas pessoas levavam a sério o que outras diziam de seu nome e de sua aparência."

11. Jason não gostava de Deanna. Ele disse: "Quando os pais a proibiram de ver Damien, foi ela quem teve a ideia de fugir para a Califórnia. Pensando bem, agora, acho que deveria ter sido um amigo melhor e feito com que ele desistisse. Eu tentei, mas não tanto quanto poderia. Ele queria que eu fosse com ele, mas eu não podia. Tinha responsabilidades com a minha família. Eu disse que não queria que ele fosse, mas ela se intrometeu e conseguiu o que queria. Desejei boa sorte e arrecadamos dinheiro para a viagem. Não lembro de quanto conseguimos, mas não era muito. Foi um dia triste. Especialmente quando a polícia o pegou. Depois disso, a polícia tinha uma razão legítima para mantê-lo fora de Marion. Por causa de seu amor por Deanna, Damien foi para o centro de detenção e depois viveu em Portland por um tempo. Ele tentou voltar para Marion algumas vezes, até mesmo para o colégio. A polícia o escoltou para fora. Tudo por causa de uma garota que não se importava realmente com ele, que estava apenas se rebelando contra os pais e procurando a primeira pessoa que pudesse manipular para tirá-la de lá."

12. Notas da entrevista com Don Bray, conduzida pelo investigador Ron Lax, em 7 de outubro de 1993.

13. O pastor era Dennis Ingall, da Igreja Batista de Lakeshore.

14. Quando Lax entrevistou Bray em outubro de 1993, o policial ainda carregava o papel no bolso da camisa. Lax escreveu em seu registro da entrevista: "Perguntei se ele conhecia Damien Echols pessoalmente e ele admitiu que nunca o encontrara

ou tivera qualquer tipo de conexão com ele. Declarou que houve um caso em Marion no qual uma adolescente fora estuprada e ele achava que Damien Echols estava envolvido; contudo, em entrevista posterior, declarou que um jovem fora preso pelo estupro e que Echols nunca fora acusado ou interrogado."

15. Mais tarde, Pam Echols afirmou que a entrevista ocorrera em 6 de maio. Damien disse que se lembrava de um helicóptero sobrevoando a cidade enquanto era interrogado.

16. Notas manuscritas do detetive Bill Durham.

17. Parece ser uma referência à entrevista de sexta-feira, 7 de maio, quando Sudbury e Jones interrogaram Echols.

18. Em questões relacionadas ao oculto, no entanto, o relatório de Ridge é extenso. "Quando perguntado se a água tinha algum significado na religião Wicca ou na magia negra, Damien declarou que a água era um símbolo demoníaco e que todas as pessoas possuem uma força demoníaca", escreveu Ridge. "Declarou que as pessoas têm controle sobre essa força demoníaca [...]. Explicou que, na religião Wicca, o mal feito volta três vezes. Isso significa que qualquer mal feito por uma pessoa fará com que ele volte contra ela mesma três vezes, como vingança. Declarou que seu livro favorito da Bíblia é o Apocalipse, por causa das histórias sobre o que era feito pelo demônio e o sofrimento das pessoas nas mãos do demônio [...]. Declarou que gosta dos livros de Anton LaVey, que são satânicos por natureza. Também gosta de livros como os de Steven [*sic*] King [...]. Notei que tem as letras 'E', 'V', 'I' e 'L' tatuadas nos nós dos dedos da mão esquerda e ele declarou que Jason Baldwin tem a mesma tatuagem."

19. Sermão do reverendo Fred Tinsley, da Igreja Episcopal frequentada pelos Moore.

20. No mesmo dia em que os policiais interrogaram Deanna Holcomb, receberam um telefonema da polícia de Memphis a respeito de um prisioneiro local. O policial em Memphis disse que o prisioneiro discutira adoração ao demônio e sacrifício humano com dois outros homens na prisão. A polícia de Memphis enviou registros dos três para a polícia de West Memphis e eles foram colocados nos arquivos do caso de homicídio, mas não houve registro de nenhum seguimento, nenhuma indicação de que os detetives de West Memphis tenham cruzado o rio para interrogá-los.

21. Ela identificou os amigos como Randy e Susan Sanders.

22. A polícia de West Memphis recebia muito encorajamento para considerar a tese do satanismo. No fim da primeira semana de investigação, um patrulheiro que se identificou como "especialista oficial do Departamento de Polícia de Nova York sobre cultos e ocultismo" fez contato para oferecer sua opinião de que os homicídios poderiam ter "natureza ocultista". Ele afirmou que partes do corpo desaparecidas eram um sinal-chave de que os assassinatos eram "ocultistas" e

NÓ DO DIABO 435

aconselhou a polícia de West Memphis a procurar por sinais como círculos, cera de velas, cruzes invertidas, pentagramas, o número 666 ou altares onde os corpos haviam sido encontrados. Mas a área já fora vasculhada e a polícia não encontrara nenhum desses sinais. No mesmo dia, um adolescente disse à polícia que ouvira que membros sendo iniciados em um culto local precisavam realizar algo "realmente ruim", como fazer três furos na cabeça das vítimas e retirar todo o sangue. Também no mesmo dia, uma mulher do Texas enviou a Gitchell um livro sobre como cultos que resultavam em assassinato estavam proliferando nos Estados Unidos. E duas garotas telefonaram para o *America's Most Wanted* para relatar que dois adolescentes que conheciam em West Memphis — nenhum dos quais foi nomeado — estavam envolvidos em "culto ao demônio". Segundo elas, um dos garotos dissera "a um de meus melhores amigos" que ele cometera os assassinatos. Outro homem disse à polícia que não sabia nada sobre os crimes, mas seu amigo tinha certeza de que Damien era o assassino.

6. A detetive voluntária

1. As declarações atribuídas a Bray neste capítulo foram retiradas de um relatório datilografado de três páginas, sem data, sobre suas conversas com Vicki e Aaron Hutcheson, que ele entregou à polícia de West Memphis.

2. As declarações de Vicki e Aaron neste capítulo foram compiladas das notas da polícia e de transcrições de entrevistas realizadas com ambos em 27 e 28 de maio e 2, 8 e 9 de junho de 1993.

3. As declarações atribuídas a Jessie foram retiradas de uma entrevista concedida à autora em 2 de fevereiro de 2001.

4. Em 25 de outubro de 1983, Jessie realizou o Wechsler Intelligence Scale for Children — Revised, o Peabody Picture Vocabulary e o Bender Gestalt Test.

5. James Fitzgerald, assistente social da área clínica no Centro Regional de Saúde Mental do Leste do Arkansas, relatou que Jessie foi visto no centro, juntamente com o pai e a madrasta, Shelbia Misskelley, na primavera de 1983.

6. Citações retiradas das notas do dr. Terry B. Davis.

7. Avaliação psicológica realizada por Terry B. Davis, Ph.D., em 25 de março de 1983.

8. Avaliação do dr. Davis em 23 de outubro de 1985.

9. Avaliação psicoeducacional realizada na Marion High School em 14 de abril de 1992.

10. Jessie disse que ele e Jason nunca foram próximos. A lembrança de Jason é de que ele e Damien "andaram" com Jessie durante um ou dois anos, começando na sexta série, época "na qual não havia muita gente querendo andar comigo".

436   MARA LEVERITT

Mas, com o tempo, eles se afastaram. "Damien não gostava de Jessie", disse Jason, "e Jessie não gostava dele. Andei com os dois até a oitava série. Depois, eu e Jessie brigamos por causa de uma menina."

11. Hutcheson explicou que, após ler sobre o caso nos jornais, "achei que a maneira como foram mortos era estranha, talvez, sei lá, fosse uma coisa meio de adoração ao demônio". Disse ela: "Jessie me disse que Damien ficava muito em Lakeshore, então fiz tudo que podia para ir até lá. E [...] contei a Jessie que tinha visto Damien [...] e ele afirmou. 'Ele é meio esquisito', e eu respondi 'Não, acho que ele é um gato. Queria muito sair com ele. Você pode arrumar um encontro?' Ele ficou muito surpreso, mas disse 'Sim, se você quer sair com ele, posso arrumar um encontro', e arrumou."

12. Segundo a descrição do encontro feita por Hutcheson à polícia, primeiro ela enviou os filhos para visitar o pai no oeste do Arkansas e depois retirou suas fotos da casa, para que Damien não as visse. Em seguida, dispôs estrategicamente "alguns livros de satanismo e bruxaria" pelo trailer, o que teve o efeito de fazer com que ele revelasse muitas coisas sobre si mesmo. Entre as alarmantes informações que ela relatou a Bray estava o fato de o culto de Damien se chamar os Dragões e de um de seus rituais envolver o sacrifício de órgãos genitais de animais.

13. A palavra "esbat" não é encontrada no *Dicionário Oxford*, considerado o léxico mais completo da língua inglesa.

14. Enquanto ignorava questões que contrariavam a tese de satanismo, a polícia aumentou o foco nos relatos que apoiavam suas suspeitas crescentes. No dia seguinte à alegada visita de Hutcheson ao esbat, policiais interrogaram os dois filhos de Narlene Hollingsworth, a mulher que dissera ter visto Damien e Domini na avenida, perto do Blue Beacon, na noite em que os meninos desapareceram. Eles afirmaram estar com ela na ocasião e confirmaram seu relato em todos os detalhes. Declararam ter visto Damien e Domini claramente — ambos vestidos de preto e sujos de lama.

15. Ninguém discutiu a declaração inicial de Aaron sobre um homem negro e alto, com dentes amarelados, e dirigindo um carro marrom, que apanhara Michael Moore após a escola. Esse relato tampouco foi questionado nas entrevistas subsequentes, nas quais ele forneceu relatos extremamente diversos sobre o que acontecera naquela tarde.

16. Quando os detetives de West Memphis entrevistaram Aaron no escritório de Bray, o menino disse que, em pelo menos cinco ocasiões, ele e seus amigos haviam testemunhado, de uma distância de aproximadamente 2 metros, cinco homens com os rostos pintados de preto. Os homens cantavam em espanhol em volta do fogo, fumavam cigarros estranhos, matavam animais, falavam sobre "coisas ruins" e faziam "coisas sujas". Os detetives pressionaram por detalhes,

NÓ DO DIABO 437

mas Aaron foi vago. A certa altura, Ridge perguntou: "De que tipo de coisas ruins estamos falando?" "Hum, Jesus e Deus", respondeu Aaron. "Digo, o diabo e Deus". Aaron acrescentou: "Eles disseram que gostavam do diabo e odiavam Deus."

7. A confissão

1. As declarações de Jessie foram retiradas de uma entrevista concedida à autora em 2 de fevereiro de 2001, na Unidade Varner do Departamento Correcional do Arkansas.
2. O amigo de Jessie, Kevin Johnson, ajudara na busca.
3. As declarações de Bray neste capítulo foram retiradas de um relatório datilografado de três páginas entregue por ele à polícia de West Memphis.
4. Jessie conhecia Allen desde muito novo, assim como Gary Gitchell. Como explicou mais tarde: "Eles me conheciam desde 1980, quando eu tinha cinco anos, porque foi quando comecei a ter problemas com a polícia. Eu me metia em confusão por roubar e brigar. É isso aí, roubar e brigar. Eu roubava brinquedos, bicicletas, bandeiras. E me metia em brigas. Quando fiquei mais velho, comecei a bater em qualquer coisa: muros, caixas de correio, garrafas, sinais de trânsito, janelas, qualquer coisa. Sempre que ficava zangado, batia em alguma coisa. Se fosse uma pessoa, batia nela." Como não batera em ninguém recentemente, Jessie não ficou preocupado com a visita. (Os horários citados neste parágrafo foram retirados do relatório escrito pelo detetive Bryn Ridge.)
5. A maioria das perguntas feitas a Jessie antes do teste do polígrafo se concentrava em Damien. De acordo com as notas de Allen, escritas às 11 horas daquela manhã, Jessie declarou que conhecia Damien havia mais ou menos um ano, que Damien era "doente" e que, certa vez, quando o nariz de Jason sangrara, "Damien enfiou o dedo no sangue e lambeu". Também relatou que conhecera Hutcheson após os crimes, que ela perguntara sobre Damien e que ele nunca estivera em Robin Hood. Ridge também escreveu um relatório. Ele registrou que Jessie fora chamado, em primeiro lugar, porque "se descobriu previamente que Jessie, Damien e Jason eram membros de um grupo de jovens com características de seita, que já se reunira em vários locais do estado". Ridge acrescentou que, quando entrou na sala onde Allen interrogava Jessie, o jovem parecia "nervoso, não conseguiu me olhar nos olhos e demonstrou, por seus gestos, que estava mentindo". Ao contrário do que ambos os detetives escreveram em seus relatórios iniciais, mais tarde Ridge registrou em seu pareceres datilografado que "Jessie declarou achar que Damien cometera os homicídios, tendo um amigo como cúmplice. Novamente, estava nervoso durante a entrevista e parecia estar

escondendo informações". Foi depois disso, relatou Ridge, que ele perguntou se Jessie se submeteria ao teste do polígrafo.

6. Existe uma discrepância entre o relatório datilografado de Ridge e os formulários de desistência de direitos. Ridge relatou que Durham começou o teste do polígrafo "por volta das 10h30", mas o formulário de desistência de direitos que Durham deu a Jessie antes do teste registra o horário como 11h30.

7. Para Ridge, a resposta de Jessie à voz da criança na fita foi o ponto de virada do caso. Eis como ele descreveu esse momento em seu relatório: "Jessie falou de uma vez que foi até a cena do crime, sentou no chão e chorou pelo que aconteceu com as crianças. Ele tinha lágrimas nos olhos nesse momento, ao contar sobre o incidente. Senti que era uma reação de remorso à ocorrência e que ele tinha mais informações do que revelara até então. Por volta das 14h20, Jessie disse ao inspetor Gitchell que estivera presente no momento dos crimes e começou a chorar por causa do acontecido. Ele parecia lamentar o ocorrido e disse que estava lá quando os três meninos chegaram à floresta e foram chamados por Damien para se juntar a eles. Nesse momento, eu e o inspetor Gitchell demos a Jessie algum tempo para se recompor e também para que eu pudesse me recompor, dada a situação emotiva que se iniciara. Então nos preparamos para gravar o interrogatório, essa sendo a primeira indicação de que Jessie de fato tomara parte nos crimes e estava presente na floresta na ocasião."

8. Embora nenhuma lei exija que o interrogatório de cidadãos seja gravado pela polícia, órgãos policiais do Arkansas conseguiram a aprovação de uma lei requerendo que, se um oficial for interrogado ou entrevistado, a ocasião seja gravada na íntegra.

9. Sob o título "Ferimentos no pescoço", o legista registrou: "Do lado esquerdo do pescoço, há algumas abrasões dispersas. Autópsia posterior não mostrou hemorragia nos músculos. O osso hioide e a laringe estavam intactos. Não foi observada hemorragia petequial. Não foram observadas fraturas."

10. Depois que o gravador foi desligado, de acordo com um registro sem data e sem assinatura nos arquivos da polícia de West Memphis, "Iniciaram-se os procedimentos para obter mandados de busca e apreensão".

11. Depois que a cronologia foi datilografada, alguém escreveu "incorreto" sobre uma entrada que afirmava que a segunda entrevista gravada começara às 15h45. (A Suprema Corte do Arkansas, mais tarde, concluiu que Jessie fora interrogado "com intervalos" por mais de sete horas.) A transcrição datilografada da segunda entrevista gravada não menciona a palavra "discrepâncias". Ela foi intitulada "Segunda entrevista conduzida para esclarecer declarações prévias".

12. A estranha maneira de Misskelley se referir a Christopher Byers e Stevie Branch pode ter refletido tanto sua confusão (chamando Byers de "Myers") quanto uma

NÓ DO DIABO 439

versão deformada da maneira de falar dos detetives, alguns dos quais se referiam às vítimas como "o menino Byers" ou "o menino Branch".

13. Durante o testemunho do detetive Bryn Ridge antes do julgamento, Paul Ford indagou: "O juiz Rainey estava ajudando a preparar a declaração para o mandado de busca. É isso que você está dizendo?" Ridge respondeu: "Sim, senhor." Ford perguntou como Rainey ajudara. "Ele informou os elementos que a declaração precisava conter para ser um documento legal", retrucou Ridge. Ford questionou: "Então ele disse a vocês o que precisavam conseguir, você saiu e voltou para se encontrar com o juiz Rainey?" Ridge disse que estava correto. "Quem estava presente?", perguntou Ford. Ridge respondeu: "Eu, John Fogleman, Gary Gitchell, [James] Jimbo Hale e o escrivão do tribunal."

8. As prisões

1. Os irmãos de Jason, Terry e Matt, tinham respectivamente dez e catorze anos.

2. Muito tempo depois de sua prisão, Jason teria tempo para refletir sobre as circunstâncias que a haviam causado. "Da maneira como vejo", disse ele, "a polícia há muito nos acusava, a mim e a Damien, de satanismo. Eles haviam espalhado o boato de que o motivo dos assassinatos era satanismo. Na época, estavam pegando um monte de pessoas e falando com elas. E umas das pessoas com quem falaram foi Jessie. Jessie tinha algum ódio e sede de vingança contra mim, por causa daquela coisa com a garota. E talvez tenha pensado: 'Vou ganhar um monte de dinheiro.' Talvez eles tenham conversado com ele e ele seguiu um impulso, foi em frente e falou demais. Ele não entendia a gravidade."

3. Ele disse que tudo que conseguiu registrar foi o fato de ter sido levado algemado da casa de Damien. "Eles me levaram até a delegacia", lembrou mais tarde. "Passamos por todo tipo de sala e acabamos no andar de cima, em uma sala com paredes azuis e quadros e diplomas pendurados. Havia um taco no canto da sala. Eles me algemaram a uma cadeira. Ridge e Allen estavam lá, além de um policial uniformizado. Eles e tentaram fazer com que eu confessasse os crimes. Eles tinham uma declaração datilografada e me disseram para assinar, mas eu não assinei. Eles me disseram que não havia como escapar. Eu devia confessar o que tinha feito. Eu estava tentando dizer a eles onde estava naquele dia, mas eles responderam: 'Não, é mentira. Nós sabemos. Alguém já entregou você. Você cometeu os assassinatos. Queremos que confesse.' De algum jeito, caí da cadeira. Caí para trás. Acho que Allen a empurrou com o pé. Ele disse: 'Você não passa de lixo branco.' Mais tarde, Ridge estava na sala com ele e comigo. Ele disse: 'Ninguém sabe que você está aqui. Poderíamos jogar você no rio Mississippi e dizer que você fugiu. Ninguém saberia.'"

440 MARA LEVERITT

4. Disse Jason: "Quando voltei do colégio, Damien e Domini já estavam na minha casa, esperando por mim. Eles não iam ao colégio. Entramos e jogamos Super Nintendo. Arrumei alguma coisa para comer. Então Dennis, o namorado de minha mãe, avisou que tinha alguém ao telefone querendo falar comigo. Era meu tio Herbert. Ele disse: 'Você esqueceu uma coisa.' Eu devia cortar a grama do quintal da casa dele. Deveria ter feito isso mais cedo, mas tive uma exposição de arte no colégio, então deixei para depois. Damien e meu amigo Ken afirmaram: 'Vamos com você.' Cortei a grama. Enquanto estava lá, Damien telefonou para a mãe e disse para ela buscá-lo na casa do meu tio, e não na minha. Ele e Domini foram até a lavanderia para telefonar e a mãe dele os apanhou lá. Levei uma hora para terminar a grama. Meu tio pagou 10 dólares. Eu e Kent fomos ao Walmart. Depois fomos ao Sam's e compramos refrigerantes por 10 centavos. Jogamos Street Fighter por 25 centavos. Aí voltamos para minha casa. Ken foi embora e eu fui até a casa de meu amigo Adam. Já estava escuro. Ele tinha uma fita do Iron Maiden que eu queria. Fui lá para tentar comprá-la. Ele me vendeu por 4 dólares. Eu tinha um colar de dragão com uma bola prateada que uma garota me dera na pista de skate. Ele queria comprar. Já eram dez ou dez e meia. Eu queria chegar na hora, então voltei para casa. Matt, Terry e Dennis [padrasto de Jason] estavam lá." Jason afirma ter dito tudo isso à polícia na noite em que foi preso: "Eu disse a eles que não fizera aquilo. Eles não quiseram ouvir."

5. Os policiais que ficharam Jason observaram que ele de fato tinha uma tatuagem, mas não eram as letras *E-V-I-L* que Vicki Hutcheson afirmara ter visto. De acordo com o formulário da polícia, era uma pequena cruz ansata, o símbolo egípcio da vida eterna, entre os dedos polegar e indicador da mão direita.

6. Entrevista com Fogleman concedida à autora em abril de 2001.

7. Um dos jovens que acusara Damien era William Winfred Jones, um adolescente que vivia no parque de trailers de Lakeshore, perto de Jason. Como era comum nas investigações, Ridge conversara com William previamente e depois o entrevistara com o gravador ligado. Na parte da entrevista que foi gravada, William declarou que ele e Damien eram amigos havia cinco anos. Que Damien não era "esquisito" no começo, mas que passou a agir de maneira estranha depois que entrou "naquela coisa de culto satânico". William disse que, certa noite, quando Damien estava bêbado, ele perguntou se Damien matara os meninos. Damien teria admitido. William disse a Ridge que Damien afirmara, aos berros, que fizera sexo com os meninos e depois os matara com uma faca "pequena", entre 20 e 25 cm. William acrescentou que "todo mundo" no parque de trailers de Lakeshore ouvira a declaração embriagada. Contudo, quando Ridge perguntou o nome dos que haviam ouvido a suposta confissão, ele modificou sua declaração. Pensando melhor, disse, somente ele, Damien e Domini estavam presentes.

NÓ DO DIABO 441

8. Ridge ouviu enquanto Gail Grinnell relatava algumas das coisas que ficara sabendo. Ela falou sobre uma ocasião em que algumas meninas contaram a um vizinho "que a polícia dissera para se afastarem de um garoto chamado Damien, porque ele era membro de uma gangue". Mas Ridge não estava interessado em ouvir queixas sobre conduta policial. Sem responder a suas observações, ele disse a Grinnell: "Não é complicado. Temos uma posição e Jason tem outra. Se ele nos contar uma história, se nos disser onde estava naquele dia, a que horas foi para qual lugar, vamos conferir se as pessoas o viram nesses lugares. Se provarmos que sua história é verídica e correta, Jason estará livre. Mas não podemos nem começar até que ele nos diga o que aconteceu e onde estava. [...] Se pudermos provar onde ele estava, tudo que quero é deixá-lo ir. Essa é a verdade. Mas não posso nem começar até que ele diga alguma coisa."

9. Normalmente, mandados de busca e apreensão, juntamente com as declarações submetidas para apoiá-los, são de acesso público. A prática, que existe há séculos, visa a proteger os cidadãos contra prisões infundadas. Mas, agora, Rainey anunciava que o nível habitual de transparência não seria permitido nesse caso. Ele justificou sua ordem para selar os registros dizendo que o "alto nível de publicidade" que o caso atraíra ameaçava "o direito dos acusados a um julgamento justo".

10. Bruce Whittaker, da WMC-TV, canal 5, em Memphis, disse que recusou a oferta porque "não compramos notícias".

11. O artigo foi escrito por Bartholomew Sullivan, principal jornalista do *Commercial Appeal* no caso. Outro jornalista que escreveu extensivamente sobre o assunto foi Marc Perrusquia, do mesmo jornal. Sullivan e Perrusquia se uniram a Guy Reel para escrever um livro a respeito, *The Blood of Innocents*, publicado pela Pinnacle Books em 1995.

12. Quando perguntaram a Gitchell se os pais de West Memphis já podiam permitir que seus filhos "saíssem e brincassem normalmente", ele respondeu de maneira indireta: "Acho que todos os pais precisam saber onde seus filhos estão." E acrescentou que "as crianças devem permanecer afastadas" de Robin Hood, que descreveu como "perigosa".

13. Um editorial do *West Memphis Evening Times* afirmou que, desde os homicídios, "a fábrica de boatos do condado de Crittenden trabalha sem parar. O nível de suposições chegou a proporções alarmantes depois que os três adolescentes foram presos na semana passada e os comentários da comunidade passaram a associá-los ao satanismo. A curiosidade pública sendo como é, na ausência de fatos claros e estabelecidos, com exceção dos nomes, idades e endereços dos suspeitos, a especulação está fadada a continuar". O editorial dizia que "dar ao público uma simples estrutura dos fatos relacionados aos homicídios ajudaria a

conter boatos e suposições. Parece-nos que eles são muito mais perigosos para o julgamento justo dos réus que a verdade em si. Mas, exceto isso, a falha do tribunal em permitir ao público mesmo um conhecimento limitado dos fatos significa que os habitantes do condado de Crittenden não têm escolha além de acreditar na palavra da polícia e dos promotores de que o caso foi solucionado e a comunidade pode respirar aliviada [...]. Embora essa comunidade não tenha nenhuma razão para desconfiar dos oficiais da lei, uma confirmação seria bem--vinda. Mas o caso permanece envolto em segredos e as perguntas do público permanecem sem resposta. Esperamos, acima de tudo, que nossa fé no sistema policial e judiciário seja justificada. Gostaríamos de ter certeza".

14. A ordem de Rainey para tornar sigilosos arquivos que normalmente seriam públicos foi confirmada pelo juiz Ralph Wilson Jr.

15. Os repórteres de fato fizeram algumas perguntas sobre as variações na confissão de Jessie. Um repórter do *West Memphis Evening Times* perguntou a Fogleman sobre a parte na qual Jessie dissera que os meninos haviam sido assassinados por volta do meio-dia, quando era sabido que estavam na escola. A resposta de Fogleman foi sucinta: "Obviamente, o horário está errado." O *Commercial Appeal* também observou a aparente "confusão sobre o assunto". O diretor da Weaver Elementary School confirmou que as vítimas estavam na escola naquele dia, mas o diretor da Marion High School, onde Jason estudava, recusou-se a liberar os registros de presença que teriam apoiado sua alegação de que estivera em sala de aula. Em outro artigo, o jornal observou que a transcrição da declaração de Jessie "coloca vírgulas em lugares incomuns". Por exemplo, em certo ponto da transcrição, Jessie teria dito: "Bem depois, tudo isso aconteceu naquela noite, o que eles fizeram, eu fui para casa por volta do meio-dia, e então eles me ligaram às nove naquela noite, eles me ligaram."

16. O reverendo Rick McKinney afirmou: "O satanismo está à solta. Pais e jovens precisam estar conscientes dessa realidade." Ele avisou que "a fascinação por horóscopos é um dos primeiros sinais. Se for até a biblioteca e procurar informação sobre horóscopos, eles o encaminharão até a seção de ocultismo". E acrescentou: "Sem dúvida há uma conexão entre a música heavy metal e o satanismo." O reverendo Tommy Stacy, outro batista, disse que a situação em West Memphis exigia uma "batalha espiritual". Mas essa batalha, avisou, deveria ficar "nas mãos do Senhor e dos oficiais da lei". Outro ministro batista, o reverendo Tommy Cunningham, iniciou uma série de sermões sobre satanismo. Ele disse à lotada assistência que "Satã quer que acreditemos que ele não é real. Se nos convencer disso, metade de seu trabalho estará feito".

17. O psiquiatra, dr. Paul King, foi identificado pelo jornal como autor de *Sex, Drugs and Rock and Roll: Dealing with Today's Troubled Youth*.

NÓ DO DIABO   443

18. As citações sobre cultos vinham de fontes muito variadas. "Especialistas em cultos dão alerta em 1992", dizia a manchete de primeira página do *Commercial Appeal*. John Mark Byers disse ao jornal que, mesmo após as prisões, ele e Melissa temiam que membros de um culto satânico ainda estivessem à solta na comunidade. Byers acreditava que "outros podem ter visto os três acusados 'molhados e sujos de sangue e de lama' após os assassinatos" — outros que "sabiam que esses três menininhos seriam sacrificados". "Eu e minha esposa estamos assustados", continuou ele. "O diabo está operando e, recentemente, Satá e seus demônios estiveram em West Memphis." A bibliotecária do condado de Crittenden, Nelda Antonetti, disse ao mesmo jornal que "estava alarmada com o grande aumento, nos últimos anos, do número de estudantes pedindo livros sobre satanismo, ocultismo e magia". Em um artigo escrito por Marc Perrusquia em 13 de junho de 1993, o jornal chegou ao ponto de observar que "um livro inspecionado recentemente por um repórter tinha uma página dobrada na qual se listava gordura humana como um dos ingredientes de uma poção que permite que as bruxas voem e também mencionava o coração de um bebê não batizado como iguaria a ser saboreada após a missa negra".

19. Bray reconheceu esse fato em um relatório datilografado de três páginas, sem data, que entregou à polícia de West Memphis.

20. A certa altura da entrevista de 8 de junho de 1993, Bray perguntou a Aaron se ele vira algum dos acusados "abusando" de Michael Moore. Aaron respondeu: "Eu não sabia que estavam abusando dele." Bray então perguntou: "Bem, você disse que eles o estupraram em certo momento. Foi isso que fizeram? Quem o estuprou?" Aaron respondeu que fora Jessie.

9. Os réus

1. Entrevista com Lax concedida à autora em maio de 2001.

2. Oito anos mais tarde, Jason recordou: "Fiquei lá por duas semanas antes de poder falar com minha mãe. Eles me deram um macacão alaranjado no qual estava escrito 'Condado de Craighead'. Mas eu não sabia onde era isso. Minha mãe também não sabia onde eu estava. Durante duas semanas, ela visitou prisões, duas semanas inteiras. Uma vez, ela foi até a prisão onde eu estava, mas eles disseram que eu não estava lá. Às vezes, no meio da noite, os guardas me acordavam para me mostrar a outros policiais. Eles apontavam e diziam: 'Sim, é ele.'"

3. Solicitado a escrever sobre quem queria ser se pudesse ser outra pessoa, Jason respondeu: "Estou satisfeito de ser quem sou. Admito ter alguns defeitos que não gostaria de ter, mas a vida é assim. Todo mundo possui ao menos uma coisa que o torna especial. Minha qualidade especial é a arte. Sempre fui capaz de encantar as

444   MARA LEVERITT

pessoas com meu trabalho e gosto disso. É uma coisa que posso fazer e a maioria das pessoas não pode. Assim, estou feliz em ser eu mesmo." Outra redação pedia que falasse do futuro. Ele respondeu: "Bem, em meu futuro imediato, planejo terminar o ensino médio, ir para alguma escola de arte e me especializar em arte comercial. Dentro de dez anos, planejo trabalhar para a MTV, produzindo vídeos e coisas assim, ou fazer capas de discos, camisetas etc. Dentro de trinta anos, provavelmente terei amadurecido e começarei a pintar paisagens em casa para vender. Ou posso ter minha própria loja de tatuagem. Acho que, em relação à minha carreira, é basicamente isso." Quando lhe pediram para descrever seu gosto musical, escreveu: "O tipo de música de que mais gosto é heavy metal. Mas ouço todo tipo de música. Minhas bandas favoritas são Metallica, Megadeth, Iron Maiden, Testament, Slayer e Ozzy Osbourne. Mas também gosto de Guns n' Roses, Pink Floyd, Nirvana, Red Hot Chili Peppers, Pigface, Alice in Chains e Pearl Jam. Gosto desse tipo de música porque ela é boa. A maioria defende alguma coisa nas letras, e gosto disso."

4. Os três réus foram levados para diferentes cidades e, embora suas famílias soubessem onde estavam, as autoridades se recusaram a revelar publicamente o nome das prisões, afirmando que o segredo se destinava a protegê-los.

5. *Commercial Appeal*, 9 de junho de 1993.

6. Damien tomava amitriptilina, um sedativo antidepressivo. Overdose pode causar arritmia cardíaca ou coma. O *1993 Physicians' Desk Reference*, um manual de farmacologia para médicos, afirmava que "pacientes potencialmente suicidas não devem ter acesso a grandes quantidades dessa droga". A lei do Arkansas requer que prisioneiros sejam acompanhados por um médico, que deve aprovar qualquer medicação prescrita, mas, no caso de Damien, essa precaução não foi tomada.

7. Lax e Shettles rapidamente ficaram sabendo que essa informação estava incorreta. Mas, dado que o próprio Damien não ligava para o nome usado e eles já o conheciam como Michael, esse foi o nome adotado. Após uma entrevista, Shettles escreveu: "Ele declarou que solicitou que seu nome fosse mudado para Damien porque, certa vez, pensara em se tornar padre católico e sabia que o padre Damien fora uma pessoa bondosa que ajudara os leprosos." Ela achou a história comovente: Michael, o pária social, adotando o nome de um padre que cuidara de leprosos.

8. Em sua pesquisa, Shettles descobriu que Damien frequentara nove escolas em cinco estados antes de completar dez anos. Ele fez jardim de infância em West Memphis em 1980. Fez o ensino básico em escolas de Tupelo, no Mississippi; de Walker, na Louisiana; e de West Memphis. O ensino fundamental se dividira entre Wichita Falls, Texas, e um colégio em West Memphis. O ensino médio fora feito em West Memphis; Columbus, Mississippi; e Frederick, Maryland.

NÓ DO DIABO   445

9. Shettles escreveu: "Michael declarou achar que o mundo seria destruído — em uma guerra nuclear, por exemplo — devido ao fato de sua mãe sempre falar da destruição mundial como descrita no Livro do Apocalipse. Disse que gostava de filmes assustadores e era fã dos livros de Stephen King. Descreveu sua obra favorita de Stephen King como sendo *As crianças do milharal*. [...] Declarou que sua principal fonte de informação em relação à religião Wicca era *Buckland's Complete Book on Witchcraft*. Afirmou que a religião Wicca não pratica sacrifícios de animais ou qualquer ritual envolvendo sangue. Além disso, declarou que os participantes não realizam orgias e disse nunca ter praticado bestialidade ou homossexualidade. Descreveu seus talentos como sendo poeta e skatista."

10. Driver e Jones haviam interrogado Damien e Jason várias vezes: quando uma escola abandonada pegara fogo e gatos e pássaros mortos haviam sido encontrados em seu interior; quando sepulturas no cemitério de Marion haviam sido profanadas; e quando Driver encontrara alguns animais mortos na descaroçadeira de algodão abandonada. Damien afirmou que não tivera nenhuma relação com os incidentes, mas que, à luz da atenção que recebera da polícia, não ficara surpreso quando os policiais haviam aparecido em sua casa no dia seguinte aos assassinatos.

11. O relatório de autópsia de cada um dos meninos declarava especificamente: "Nenhuma adesão ou coleção anormal de fluidos estava presente em nenhuma das cavidades do corpo."

12. Após uma entrevista com a mãe de Damien, Shettles escreveu: "Pam declarou que Michael e Jason conversaram por telefone após serem interrogados pela polícia e brincaram a respeito, dizendo coisas como: 'Aqui é o Suspeito Número Um chamando o Suspeito Número Dois.'"

10. Liberação dos arquivos policiais

1. Enquanto informações sobre o caso eram lentamente liberadas para os advogados de defesa, outras continuavam a vazar para a mídia. A despeito da insistente recusa de Gitchell em falar com os jornalistas e de os juízes terem fechado o acesso aos registros, um repórter do *Commercial Appeal* ficou sabendo que, um ano antes dos crimes, ocorrera um arrombamento no bairro onde as vítimas viviam e que relatórios sobre o incidente haviam sido incluídos no arquivo do caso de homicídio. O ladrão supostamente pisoteara o Yorkshire terrier da família até a morte e deixara o corpo no quarto principal. Mas, quando os repórteres pediram para ver os registros policiais, ouviram que eles agora faziam parte da investigação de homicídio e, portanto, estavam protegidos pela ordem do juiz

446 MARA LEVERITT

Rainey. "Esse caso é grande demais", disse Gitchell ao jornal. "Qualquer coisa relacionada a ele, importante ou insignificante, será acompanhada." Os advogados de defesa se preocupavam com vazamentos que não podiam impedir mas Fogleman e os juízes pareciam não se importar. Interrogado sobre a morte do cão, Fogleman respondeu de maneira dúbia: "Não estou dizendo que é um crime relacionado. Estou dizendo que faz parte do arquivo da investigação." Em seu relato sobre o incidente, o *Commercial Appeal* observou que Driver notara "um aumento nas pichações relacionadas a satanismo e nos relatos de sacrifício de animais". Em julho, também vazaram elementos das declarações de Aaron Hutcheson à polícia. Uma estação de TV em Memphis relatou que, em ocasiões anteriores aos assassinatos, as vítimas e "uma quarta criança de oito anos" haviam visitado uma espécie de casa na árvore, que chamavam de "clube da árvore". Os meninos supostamente teriam testemunhado "selvagens orgias ritualísticas, provavelmente relacionadas a cultos" enquanto estavam no clube. Gitchell não fez comentários.

2. Por exemplo: Lax descreveu um relatório, datado de uma semana antes das prisões, como "relatório manuscrito da investigação escrito por Bill Durham e relacionado à busca, na área da cena do crime, por uma árvore contendo uma casinha, como descrito por uma testemunha entrevistada em 27 de maio de 1993". Lax observou que "a árvore foi encontrada, mas não havia indicações de que já houvera uma casinha naquela árvore em particular". Dado que as entrevistas com Vicki Hutcheson e seu filho Aaron ainda não haviam sido liberadas, Lax e os advogados se perguntavam por que, com a investigação tão avançada, a polícia retornara à floresta para procurar uma casinha na árvore. A imprensa, com ainda menos informações, também tentava montar o quebra-cabeça que levara às prisões.

3. Entrevista à autora em maio de 2001.

4. As emoções que cercavam o caso se inflamaram no início de agosto, quando o dono de uma livraria em Jonesboro, a cidade onde Jason estava preso, anunciou que pretendia liderar uma passeata em apoio a bruxas, pagãos e à liberdade de credo. O evento atraiu sonora oposição. Steve Branch, pai biológico de Stevie, condenou a iniciativa na imprensa. "Digo a todos que acreditam em Deus e no cristianismo — mesmo que não frequentem a igreja — para se manifestarem", disse ele ao jornal de Memphis. A avó de Stevie, Marie Hicks, disse que não compareceria à passeata, pois, se o fizesse, "Levaria um punhado de granadas comigo". O chefe de polícia local disse que estava "se preparando para o pior". Em agosto de 1993, a sacerdotisa de um grupo de wiccanos em Memphis declarou ao *Commercial Appeal* que "wiccanos não reconhecem a existência de Satã e, portanto, seria pouco provável que cultuássemos essa entidade". E

NÓ DO DIABO 447

acrescentou: "Esperamos pelo dia em que cristãos, wiccanos, judeus, budistas, muçulmanos, hindus e todos os outros praticantes da fé no amor possam coexistir em harmonia." Mas a passeata de cerca de setenta wiccanos não ocorreu em harmonia. O *Commercial Appeal* reportou: "Com fileiras de pedestres e dezenas de policiais observando, os dois grupos passaram a centímetros um do outro em um bizarro encontro na Main Street, enquanto hinos cristãos e pregadores aos berros competiam com cantos pagãos em uma alta e confusa cacofonia." Um homem supostamente teria gritado: "Não sei o que há de errado com vocês. Vocês não se importam com os jovens da comunidade? Vocês sabem que isso está errado!" Uma mulher disse ao jornal: "Queria que meus filhos vissem que há gente má neste mundo. [...] Gente má que faz coisas más." Em contraste, um homem disse ao repórter que dirigira de Jonesboro até Little Rock para apoiar a liberdade religiosa: "Acredito em manifestações contra a perseguição religiosa de qualquer natureza." Mas essa era uma opinião minoritária. Após a marcha, um grupo de ministros locais, liderados por Bob Wirtmiller, pastor da Igreja do Nazareno de Woodsprings, prometeu fazer com que a livraria cujo proprietário organizara a passeata fosse fechada. Referindo-se aos assassinatos de West Memphis, ele publicou uma declaração: "Queremos que nossas crianças sejam protegidas contra qualquer possível reincidência causada por atividade ocultista de qualquer natureza."

5. "A princípio, achei que Michael participava voluntariamente dos serviços religiosos", escreveu Shettles; "contudo, fiquei chocada ao saber que os ministros iam até as celas com ou sem a permissão dos prisioneiros. Michael declarou que os ministros pregavam diretamente para ele e diziam que precisava entregar sua alma a Jesus ou não seria admitido no paraíso." Shettles escreveu que, quando mencionara o julgamento à frente, Damien "riu e declarou que, definitivamente, não queria nenhum padre no júri. E, brincando, disse que, se pudesse escolher, tampouco queria homens, mulheres, brancos ou negros".

6. Berlinger e Sinofsky ganharam fama no mundo dos documentários em 1992, com o lançamento de *Brother's Keeper*, sobre a vida de um fazendeiro acusado de sufocar o irmão. Em junho, quando o *New York Times* publicou uma breve nota sobre as prisões em West Memphis, um produtor da Home Box Office chamou a atenção dos dois para o caso. "De acordo com tudo que se dizia", explicaram mais tarde, "parecia um caso fechado: três adolescentes bebedores de sangue e adoradores de Satã haviam cometido um hediondo ato de violência. Ficamos intrigados e fomos até o Arkansas para algumas pesquisas iniciais." Quanto mais sabiam sobre o caso, mais intrigados ficavam. Decidiram filmar os eventos como parte de um documentário a ser produzido em conjunto com a Home Box Office, uma divisão da Time Warner Entertainment Co. Inc. Quando soube de

seu interesse, Lax telefonou para os produtores. Mais tarde, escreveu que Sinofsky "assegurou repetidamente que pretende apresentar um documentário objetivo, baseado nos elementos humanos, e não em questões de culpa e inocência. [...] Bruce disse estar interessado em retratar as famílias dos réus e sua dor, assim como as famílias das vítimas. [...] Expressei minha preocupação em relação a isso, pois me parece uma faca de dois gumes. Primeiro, não temos como saber o que os familiares pretendem dizer [...]. Segundo, mesmo que o estado não intime as entrevistas e o filme (e duvido que não o faça) e a produtora só lance o documentário seis meses depois do julgamento, como Bruce indicou que faria, enfrentamos o dano potencial que ele pode causar à defesa durante os recursos e os estágios pós-sentença". Lax concluiu seu memorando dizendo: "Falei com Scott Davidson [que, juntamente com Price, representava Damien] e concordamos que é melhor recusar polidamente a filmagem e as entrevistas com a família até uma data indefinida no futuro."

7. As garotas eram Holly George e Jennifer Bearden, ambas de Bartlett, Tennessee.

8. Lax queria examinar as fotografias que, segundo um dos relatórios policiais, haviam sido mostradas ao pequeno Aaron. Se alguma delas retratasse Damien e Aaron não o tivesse identificado como um dos assassinos, a informação poderia ser importante, particularmente se Fogleman chamasse Aaron para testemunhar. Gitchell e Ridge "inicialmente tentaram dizer que não haviam mostrado nenhuma fotografia a Aaron", escreveu Lax em suas notas. "Contudo, ao receberem uma cópia da declaração, conversaram entre si e declararam se lembrar de retirar fotografias de vários arquivos e mostrá-las a Aaron. [...] Tanto o inspetor Gitchell quanto o detetive Ridge informaram que Aaron Hutcheson não identificou nenhum dos indivíduos retratados. Quando perguntei se as fotografias estavam disponíveis, afirmaram que não e que não haviam registrado quais haviam sido mostradas ao menino." Os policiais então apresentaram o nome de várias pessoas, incluindo Damien Echols (mas não Jason ou Jessie), cujas fotografias poderiam estar incluídas.

11. Petições iniciais

1. Menos de um ano e meio antes dessa audiência, Burnett emitira a ordem de suspensão da condenação de John Mark Byers por ter ameaçado matar a ex-mulher.

2. Pouco depois de se tornar juiz, Burnett presidira o julgamento de Ronald Ward, de quinze anos, acusado de outro homicídio triplo, também em West Memphis. Durante algum tempo, Ward fora o mais jovem prisioneiro no corredor da morte dos Estados Unidos. A Suprema Corte do Arkansas, entretanto, deci-

NÓ DO DIABO 449

dira que Burnett errara ao permitir que, sendo negro, Ward fosse julgado por um júri formado apenas por brancos. No segundo julgamento, novamente no tribunal de Burnett e perante um júri racialmente misto, ele foi sentenciado à prisão perpétua.

3. Mike Trimble para o *Arkansas Democrat-Gazette*, 22 de fevereiro de 1994.
4. Como relatado por Bartholomew Sullivan, 16 de janeiro de 1994.
5. Baseada em uma decisão de 1968 da Suprema Corte dos Estados Unidos que citava a Sexta Emenda da Constituição americana. A corte determinou que, se um réu confesso fosse julgado juntamente com os corréus que acusara e não testemunhasse contra eles, os réus não confessos teriam negados seus direitos constitucionais de confrontar e questionar seu acusador. Como Misskelley negara a confissão e, presumivelmente, não testemunharia contra os outros réus, seu julgamento teria de ser separado.
6. No Arkansas, a expressão legal é "inocente em razão de deficiência ou doença mental".
7. Até poucos meses antes dos assassinatos, os honorários dos advogados do Arkansas que representavam clientes sem recursos financeiros, mesmo nos casos de pena de morte, tinham um teto de mil dólares. Essa política fora desafiada no próprio tribunal do juiz Burnett, por um advogado que se recusara a representar uma mulher pobre pelos honorários determinados pelo estado. Burnett ordenara que o advogado aceitasse o caso. Mas o advogado recorreu à Suprema Corte do Arkansas. A corte — citando a Oitava Emenda da Constituição americana, que proíbe a servidão involuntária — decidiu que ele tinha o direito de recusar. No início de 1993, o legislativo fora forçado a retificar a lei estadual relativa ao pagamento de advogados indicados pelo tribunal e, na época das audiências preliminares, a nova lei acabara de entrar em vigor. Mas ainda não se tinha certeza de como seria instaurada. Os oficiais do condado de Crittenden queriam que os honorários dos advogados de defesa dos garotos fossem pagos pelo estado, que era a parte responsável quando os profissionais foram indicados. O gabinete do procurador--geral do Arkansas, por sua vez, alegava que o estado era responsável somente pelos honorários que incidiam sobre a indicação dos advogados, no início de junho, até 1º de julho, quando a nova lei entrara em vigor.
8. De acordo com Stidham, Burnett prometeu que os advogados receberiam honorários de 60 dólares por hora de audiência e 40 dólares por hora pelo trabalho realizado fora do tribunal.
9. Notas de Shettles em 25 de outubro de 1993.
10. As amostras coletadas na noite das prisões haviam sido obtidas ilegalmente. Embora Ford tivesse lutado contra um pedido da promotoria solicitando uma nova coleta, Burnett aprovara o pedido.

450 MARA LEVERITT

11. Lax, que já trabalhara em mais casos de pena de morte que qualquer um dos advogados, disse que nunca vira algo assim. Em agosto, eles haviam recebido cerca de 13 mil documentos relativos à investigação, mas não tinham nenhuma indicação de quais estavam relacionados às prisões e quais haviam sido desconsiderados.

12. Ford argumentou: "Acho que ele sabe com razoável certeza quais dessas páginas usará e quais não tem intenção de apresentar. Se é esse o caso, não deveríamos despender nosso tempo e esforço examinando todos aqueles documentos, pela concebível possibilidade de que possam ser apresentados como evidência."

13. "Quando chegou à residência do sr. Baldwin", disse Ford, "o que você fez, basicamente, foi ir de quarto em quarto, gaveta após gaveta, procurando algo naquela faixa de cor ou tipo de fibra, o tipo correto de material, a cor correta de material, que poderia combinar com o que obteve em seu laboratório em Little Rock. Isso está correto?" Sakevicius respondeu: "Está correto."

14. Entrevista à autora em 21 de abril de 2001.

15. Gerald Coleman foi indicado para representar a família Echols após a intimação de Fogleman.

16. A Oitava Emenda da Constituição americana proíbe "punição cruel e incomum".

17. Júris qualificados para a pena de morte excluem quaisquer jurados que tenham reservas em relação à pena capital.

18. Após um hiato de catorze anos, durante os quais a pena de morte foi julgada inconstitucional, as execuções foram retomadas no Arkansas em 1990. Da retomada até as audiências preliminares, o estado executara quatro homens, um por eletrocussão e três por injeção letal.

19. Em uma audiência preliminar em novembro de 1993, Wilkins afirmou possuir Ph.D. em psicologia pela Universidade de Cornell e ser membro do Congresso Americano de Psicologia Forense.

20. A regra do julgamento rápido requer que o estado leve os réus a julgamento em um prazo de 12 meses, a menos que seus advogados peçam adiamento.

21. Crow disse a Burnett: "Encontramos constantemente pessoas dizendo que 'Eles não terão um julgamento justo por aqui, mas não vou assinar porque quero que os filhos da mãe sejam fritos'. Esse é o tipo de atitude que encontramos neste distrito, Vossa Excelência."

22. Entrevista à autora em abril de 2001.

23. O mergulhador, que não testemunhou durante o julgamento, foi identificado pelo sargento Allen como Joel Mullens, da polícia estadual do Arkansas.

24. Entrevista à autora em abril de 2001.

25. A matéria, publicada em 18 de novembro de 1993, foi escrita por Kathleen Burt, que é também a autora da fotografia.

NÓ DO DIABO

12. A investigação particular

1. Seth nasceu em 9 de setembro de 1993.
2. Frances Goza Haynes vivera com Pam e os filhos durante toda a vida de Damien.
3. Shettles escreveu que "Michael não sabe a causa dos tremores" e que, às vezes, "seus braços apresentam espasmos incontroláveis". Ela mostrou a ele alguns dos relatórios policiais. Enquanto Damien lia um deles, "perguntou sobre o significado de uma anotação que dizia que a lua estivera cheia às 19h41. Respondi que podia apenas assumir que talvez a lua cheia fosse importante, se os assassinatos estivessem relacionados a um culto". Damien então contou que um novo ministro batista o visitara recentemente e pedira para rezar com ele. Como o homem era educado, em vez de se impor como os outros haviam feito, Damien concordara. Shettles relatou: "O ministro perguntou se podia tocar em Michael, colocando a mão em seu ombro. Novamente, Michael concordou e o ministro lhe pediu para repetir que renunciava às atividades de culto e à adoração ao demônio e aceitava Jesus como seu salvador. Michael repetiu as palavras e o ministro perguntou se ele se sentia diferente. Michael disse que não. O ministro partiu após um breve sermão e agradeceu aos prisioneiros no bloco por não o terem matado."
4. Em outro momento, Driver descreveu a conversa que afirmava ter tido com o pároco da Igreja de Saint Michael, onde Damien estudara para se tornar católico. Driver disse a Durham que alguém invadira a sacristia e que o padre suspeitava de Damien, embora o culpado nunca tivesse sido encontrado. "Claro", continuou Driver, "essa é uma das coisas que esses caras fazem — esse tipo de *modus operandi*. Eles vão até uma igreja católica e descobrem o máximo que conseguem, invadem a sacristia, roubam as hóstias e a luneta... É assim que alguns deles operam. Não estou dizendo que ele fez isso, mas isso não seria muito diferente do que eles fazem." Mas, quando Shettles contatou o padre Greg Hart, antigo pároco da igreja, em fevereiro de 1994, escreveu: "O padre Hart declarou nunca ter tido uma conversa com Jerry Driver a respeito de uma invasão. A sacristia nunca foi invadida."
5. O nome do garoto era Buddy Sidney Lucas. Durante a entrevista, Lax perguntou se a declaração que fizera a Ridge e Durham era verdadeira. Lucas respondeu:
   — Eu disse a verdade na primeira vez. Mas eles... Durham gritou comigo, dizendo que eu estava mentindo.
   — Ele disse que você estava mentindo?
   — Sim, senhor. Ele me chamou de mentiroso.
   — E ele disse o que você deveria dizer?
   — Não, senhor. Ele não me disse o que dizer, mas eu disse o que achei que ele queria ouvir e ele começou a sorrir.

— Ele estava sorrindo? E você fez outra declaração na frente da câmera?

— Sim, senhor.

— Dizendo o que você achava que ele queria ouvir?

— Sim, senhor.

— E quando você disse o que ele queria ouvir, ou ao menos o que você achava que ele queria ouvir, ele continuou a gritar com você?

— Não, senhor.

Lucas disse que tentara satisfazer Durham para "não se meter em confusão". E explicou:

— Eu não sabia o que fazer. Não tenho problemas com a polícia. Nunca tive de falar com a polícia. Nunca fiz nada. Eu não sabia o que fazer.

6. De acordo com as notas de Lax, Christopher Littrell disse ter sentido que "Durham e Gitchell estavam tentando a jogada de 'tira bom e tira mau' com ele. Ele declarou que não ficara assustado ou intimidado. Ele conhecia seus direitos e sabia que poderia se levantar e ir embora quando quisesse".

7. Lax gravou entrevistas com Stephanie Dollar, Linda Sides, Marine Collins, Jennifer Roberts e Rhonda Dedman em 11 de janeiro de 1994.

8. Lax registrou o que uma das mulheres relatara: "Ela estava dizendo que Aaron vira um sujeito negro carregando facas e cordas." Outra afirmou que, logo após os assassinatos, ouvira Aaron dizer "que estivera na floresta com os outros três meninos antes e esse cara negro os perseguira". Uma terceira, Stephanie Dollar, contou que, algum tempo depois, Aaron dissera a ela que a polícia o interrogara. Dollar supostamente perguntara: "É mesmo? E o que você disse a eles?' E ele respondeu, 'Só disse que vi um homem negro lá embaixo. Ele estava bebendo uísque, cerveja ou alguma outra coisa em um saco de papel.'" Lax perguntou: "Ele parecia transtornado?" Dollar respondeu: "Não. Ele estava jogando Nintendo com meu filho mais novo." Outra mulher, Rhonda Lea Dedman, disse a Lax que ela e Hutcheson eram "grandes amigas". Dedman contou que, em 7 de maio, no dia seguinte à descoberta dos corpos, acompanhara Hutcheson e Aaron até uma sessão de aconselhamento na escola.

— Aaron contou à conselheira que estava presente no dia em que os meninos foram assassinados? — perguntou Lax.

— Não, senhor. — respondeu Dedman.

— E que ele teve de lutar com alguém? Que foi amarrado? Ou deu a ela indicações de alguma outra coisa além do fato de já ter brincado com os meninos naquela área no passado? — continuou Lax. A cada uma dessas perguntas, escreveu Lax, Dedman respondeu: "Não, senhor." De acordo com suas notas, Jennifer Roberts, a sobrinha de dezessete anos de uma das mulheres, disse que, na tarde em que os corpos foram encontrados, após a reunião com Bray, Hutcheson já tinha informações que não haviam sido divulgadas pela imprensa.

— Ela disse que eles tinham sido mutilados, castrados e amarrados.

NÓ DO DIABO 453

9. Após analisar o acordo proposto, Lax advertira: "Embora não possua nenhuma experiência no campo do entretenimento, parece-me que Damien estaria dando a esses indivíduos carta branca para fazer o que quisessem com a gravação." E acrescentou: "Acho que estamos todos cientes de que, se Damien for considerado culpado e sentenciado à morte, haverá recursos. Acredito que o dano potencial supera qualquer remuneração que ele possa receber."

10. A preocupação era justificada. Quando soube que Jason fora filmado, Fogleman emitiu uma intimação exigindo uma cópia da gravação. Um advogado da HBO escreveu para Ford e Wadley, garantindo que "a HBO tomará todas as medidas legais [...] para resistir vigorosamente à entrega de qualquer gravação". No fim, Burnett negou a intimação e a batalha legal foi evitada.

11. Por vezes, Byers vociferava a respeito dos réus, em vez de contra eles. Em certa parte de sua diatribe, disse: "O bom Senhor disse que Lúcifer e um terço dos anjos foram expulsos do paraíso. Ele não precisava deles. Ele invadiu suas mentes e os manipulou e eles rezaram para Satã, rezaram para o demônio, fizeram seus rituais de adoração satânica e orgias de todos os tipos, orgias homossexuais, como me contaram. Coisas insanas. Para mim, este lugar é o inferno na Terra, porque sei que três crianças foram assassinadas bem aqui onde estou. Sei que meu filho foi castrado e possivelmente caiu bem ali naquela margem e sangrou até morrer. Sei que foi estrangulado. Sei que a cabeça de um dos meninos foi golpeada até ser impossível reconhecê-lo. Sei que um dos menininhos foi esfolado como um animal, sua cabeça foi raspada e sofreu todos os tipos de ferimentos, enquanto eles continuaram a bater e golpear e então os mataram e mataram. É como se eles estivessem gostando. Eles os mataram duas, três vezes."

12. A fala de Byers enquanto atira nas abóboras é assustadora. "Sabe, Todd", diz ele, erguendo a arma e mirando, "eu poderia economizar um monte de dinheiro para o estado se eles me deixassem atirar nos filhos da mãe. Eu diria, 'Esta é pra você, Jessie. Veja aquele pote de água. [Atirando.] Oh, Jessie, acabei de cortar você pela metade, filho. E esta é pra você, Damien. Você é aquele círculo negro, bem no meio. [Atirando.] Ah, você se feriu. [Mirando novamente.] Ei, Jason, quero que você sorria e me mande um beijo'. [Atirando.] Ok, vamos voltar ao Jessie. Eu só o feri. Queria que ele sangrasse um pouco, como ele fez com meu filho. [Atirando.] 'Ah, Jessie.' O que me despedaça o coração é pensar nessa escória, porque isso aqui é tudo que precisa ser feito; eu atiraria lentamente, com uma arma realmente bacana. E a arma não teria consideração ou sentimentos por quem estaria em sua mira, assim como eles não se importaram em matar meu filho. Eu não me importaria de atirar neles. Não teria nenhum problema com isso. [Mirando novamente.] Acho que o bom e velho Jessie ainda está se mexendo. Vamos acabar com seu sofrimento."

454 MARA LEVERITT

13. Faca manchada de sangue

1. *Commercial Appeal*, 16 de janeiro de 1994.
2. "Uma conversa com Joe Berlinger e Bruce Sinofsky", comunicado de imprensa escrito pelos produtores e publicado em 1996.
3. Retirado de uma declaração manuscrita e de três páginas de notas manuscritas compiladas pela polícia de West Memphis em 24 de janeiro de 1994, durante o julgamento de Jessie. As notas só foram entregues às equipes de defesa em 15 de fevereiro, uma semana antes do início do julgamento de Damien e Jason. Segundo relatos, o membro da equipe de filmagem que ganhou a faca foi o cinegrafista Doug Cooper.
4. Essas declarações também datavam de 24 de janeiro e só foram liberadas em 15 de fevereiro.
5. O nome do laboratório era Genetic Design.
6. Entrevista à autora em maio de 2001.
7. Os sogros de Byers, Kilburn e Dorris DeFir, também se lembravam da faca sendo entregue em novembro. Eles afirmaram especificamente que Byers presenteara a faca a um membro da equipe de filmagem em um jantar de Ação de Graças em sua casa. Em uma entrevista na casa dos DeFir em abril de 2001, Kilburn DeFir disse: "Nós estávamos lá. Eu vi Mark entregar a faca."
8. As declarações de Byers foram claras e inequívocas. "Ninguém" se cortara com a faca e ele "nunca a usara". Mas, nesse ponto, Ridge propôs uma possibilidade. Em algum momento a faca pode ter ficado na saleta, perto de sua cadeira?
   — Acho que, assim que a ganhei, cortei as unhas com ela, bem embaixo da lâmpada.
   — Você disse 'Assim que a ganhei'. Ela ficou lá somente em um dia específico ou pode ter ficado lá por um período de tempo?
   — Possivelmente um ou dois dias.
   — Você ficou na saleta o tempo todo? Houve algum momento em que alguém, uma das crianças, pode ter usado a faca sem você saber?"
   — Acho que posso ter ido ao banheiro ou algo assim. É possível. Mas nunca vi nenhuma evidência de que eles a pegaram e nenhum sinal de que poderiam ter se cortado.
9. De acordo com suas notas, Lax conversou com Jonathan Karpa e Charlene Blum, do Centro Nacional de Ciência Forense, que era uma divisão da Maryland Medical Laboratory, Inc., em Baltimore.
10. Era notável o fato de nenhuma menção à condenação por ameaça constar dos arquivos do caso de triplo homicídio. Embora o registro da condenação tivesse sido apagado, o ataque ocorrera perto de Marion e Fogleman obviamente

NÓ DO DIABO   455

estava ciente. Além disso, os arquivos do caso de triplo homicídio continham relatórios policiais sobre suspeitos muito mais distantes do crime. Talvez ainda mais estranha fosse a ausência dos relatórios da polícia estadual sobre o caso dos Rolex. Isso era particularmente verdade, uma vez que se sabia que constava dos arquivos a investigação sobre o arrombamento ocorrido um ano antes dos homicídios, durante o qual um cão fora pisoteado até a morte. Quando perguntado sobre a razão de incluir esses registros no arquivo do caso de homicídio, Gitchell respondera: "Esse caso é grande demais. Qualquer coisa relacionada a ele, importante ou insignificante, será acompanhada."

11. Davis também optara por não processar o tenente Sudbury e outros investigadores da força-tarefa antidrogas local depois que uma investigação da polícia estadual forneceu provas de que subtraíam, para uso pessoal, armas e outras provas apreendidas durante o cumprimento do dever.

12. O memorando citava uma entrevista que o investigador da polícia estadual Steve Dozier conduzira em 24 de junho de 1993 com Tom Larson, de Dallas, Texas. Em seu relatório final sobre a fraude dos Rolex, Dozier escreveu: "O caso foi analisado pelo promotor, que decidiu não processar o suspeito Mark Byers."

14. O primeiro julgamento

1. Descrição feita por Bob Lancaster para o *Arkansas Times*, em 7 de abril de 1994, após o encerramento de ambos os julgamentos.

2. Melissa também afirmou que, algumas semanas antes de sua morte, Christopher contara a ela sobre um homem de cabelos escuros e calça, camisa e capa pretas que dirigira um carro verde até a entrada da garagem e o fotografara. Stidham objetou dizendo que esse era um depoimento indireto, mas Burnett o permitiu.

3. Quando fora entrevistado por Ridge e Sudbury em 19 de maio de 1993, Byers afirmara que havia começado a procurar na floresta por volta das 20h30. "Estava escuro", dissera ele. "Eu estava de short e chinelo, então corri para casa para mudar de roupa e vesti o macacão e as botas que provavelmente usei durante os dois ou três dias seguintes."

4. Entrevista à autora em maio de 2001.

5. Relatórios iniciais do laboratório estadual de criminalística para a polícia de West Memphis sugeriam que os meninos haviam sido sodomizados. Não tendo recebido os relatórios da autópsia, os detetives ainda acreditavam nisso quando interrogaram Jessie.

6. "A atmosfera era muito relaxada e amena", disse Gitchell. "Nós o tratamos com delicadeza, como se falássemos com um de nossos próprios filhos."

7. Em certo ponto, Gitchell disse acreditar que Jessie se confundira ao dizer que os meninos haviam faltado à escola "porque queria dizer que Baldwin faltara à escola naquele dia". Mas, como a polícia sabia, Jason estivera presente às aulas.

8. Audiências *in camera* — literalmente, na câmara do juiz — não são necessariamente conduzidas fora da sala de audiências. A intenção é que o júri não saiba o que foi dito, embora repórteres possam estar presentes e as audiências façam parte dos registros do julgamento. Alguns juízes ordenam que os jurados sejam retirados da sala de audiências, como fez Burnett frequentemente durante o caso. Mas também é comum, no Arkansas, que juízes tenham conversas em voz baixa, sem dispensar os jurados, que são instruídos a não ouvir. Essa prática, que Burnett também empregou algumas vezes, produz julgamentos mais rápidos. A duração média de um julgamento no Arkansas é uma das mais breves do país.

9. Mais tarde, no julgamento, Stidham tentou desacreditar a declaração de Hutcheson de que nunca estivera interessada na recompensa ao chamar uma de suas antigas vizinhas, que fora entrevistada por Lax. Stidham disse que a mulher estava preparada para testemunhar que Hutcheson falara repetidamente sobre seus planos para o dinheiro da recompensa. Mas o juiz Burnett não permitiu que ela testemunhasse. Ele afirmou não se lembrar de Hutcheson ter dito que não fora motivada pelo dinheiro.

10. Entrevista à autora em abril de 2001.

11. Notas de Lax em 30 de janeiro de 1994.

12. Stidham e Crow consideraram chamar Lucas para testemunhar sobre o tratamento que recebera, como evidência das táticas coercitivas que a polícia utilizara contra Jessie. No que Stidham descreveu como "uma decisão muito difícil", eles optaram por não usar seu depoimento. Como Jessie, ele era meramente funcional e estivera em uma escola de educação especial. Também era muito nervoso e os advogados acharam que não seria uma boa testemunha. Finalmente, como explicou Stidham mais tarde, os advogados consideraram que "o júri poderia ter acreditado na declaração de Buddy à polícia, que a promotoria certamente usaria para desacreditá-lo".

15. As audiências *in camera*

1. Entrevista à autora em maio de 2001.

2. Antes do julgamento, Wilkins relatou a Stidham que Jessie só conseguia contar de três em três números se usasse os dedos. Quando perguntado sobre o significado da máxima, "Não chorar sobre o leite derramado", dissera não saber, acrescentando, "Mas as pessoas dizem isso o tempo todo". Quando convidado a interpretar o provérbio, "A grama do vizinho é sempre mais verde", respondera, "Acho que

NÓ DO DIABO 457

a grama deles é mais verde". E quando Wilkins perguntara, "O que você faria se estivesse andando pela rua e encontrasse um envelope fechado, endereçado e já com os selos?", respondera, "Deixaria lá" e, após uma pausa, acrescentara, "Talvez eu o pegasse para ver o nome. Se fosse de alguém que não conheço, provavelmente o deixaria lá". Wilkins escreveu que "na interpretação estrita do estatuto legal, Jessie parece capaz de distinguir entre certo e errado". Contudo, observou que o garoto "claramente apresenta sérios déficits em sua capacidade de pensamento abstrato. [...] Ainda resolve problemas e toma decisões morais em um nível comparável ao de uma criança entre cinco e oito anos. [...] Para ele, as decisões sobre certo e errado são tomadas com base nas consequências da ação, e não em termos de intenção".

3. "Sinopse do caso" escrita por Stidham em 1994 e publicada em wm3.org.

4. Holmes acrescentou que testes de pico de atenção eram os únicos utilizados pelas polícias de Israel e do Japão, pois as autoridades de lá acreditavam serem os que possuíam o mais alto grau de validade.

5. Entrevista à autora em julho de 2001.

6. Em 1979, Ofshe fizera parte de uma equipe que recebera o prêmio Pulitzer por uma reportagem sobre a seita assassina californiana conhecida como Synanon.

7. Stidham achava que seria um caso de conflito de interesses se ele se envolvesse na questão e, assim, outro advogado foi contratado para negociar com a HBO. Os advogados de Damien e Jason não tiveram esse tipo de receio e conduziram a negociação com a produtora em benefício de seus clientes.

8. A posição de Burnett em relação ao depoimento de Ofshe demonstra o dilema legal enfrentado pelos advogados de Jessie em uma questão central para sua defesa: se um juiz determina que uma confissão foi voluntária e não permite que essa determinação seja "contestada" no tribunal, como o réu pode apresentar ao júri provas de que ela foi obtida mediante coação?

9. Alguns elementos da explicação de Ofshe foram agrupados, a fim de produzir uma declaração mais sucinta, no documentário *Paradise Lost*, produzido pela HBO.

10. Nessa época, o Arkansas era um dos cinco estados americanos a manter julgamentos bifurcados, com duas fases, nos quais os jurados decidem tanto o veredito quanto a sentença.

11. *Memphis Commercial Appeal*, 17 de março de 1994.

16. Alegações de má conduta

1. *Memphis Commercial Appeal*, 5 de fevereiro de 1994.

2. Como registrado no documentário *Paradise Lost*.

458 MARA LEVERITT

3. Por razões nunca esclarecidas, Domini Teer jamais foi tratada como suspeita, embora seu nome estivesse na lista de Driver e o depoimento dos Hollingsworth a colocasse perto da cena do crime, ao lado de Damien.

4. Relatório escrito pelo oficial Jon Moody.

5. Essa era a segunda vez que os advogados tentavam requisitar trechos do documentário da HBO. Davis e Fogleman haviam tentado obter uma entrevista realizada com Jason. Burnett também rejeitara o pedido.

6. O promotor assistente dessa parte do distrito era C. Joseph Calvin.

7. Elementos dessa série de eventos foram retirados de uma petição apresentada por Stidham à divisão criminal do tribunal do condado de Clay, Arkansas, distrito ocidental, em 22 de fevereiro de 1994.

8. Davis pediu que Jessie descrevesse "o que você viu Jason fazer". Jessie respondeu: "Primeiro, ele cortou um deles no rosto e ficou em cima dele, batendo sem parar. Então tirou a calça de um deles e cortou lá embaixo." Mesmo que, durante o julgamento, Jessie tivesse ouvido extensos depoimentos sobre os ferimentos de cada uma das vítimas, em sua declaração ele não mencionou nenhum nome. Davis perguntou: "Os meninos disseram alguma coisa, fizeram alguma coisa?" Jessie respondeu: "Eles ficavam dizendo, 'Parem, parem'." Davis: "E quanto ao menino no qual você estava batendo? Ele também disse isso?" Jessie: "Sim, ele me disse para parar e eu parei. Mas Damien disse, 'Não, não pare', então eu voltei a bater nele." Jessie disse que vira Jason "girando" uma faca na direção de um dos meninos, fazendo com que o sangue voasse sobre os arbustos. Na primeira parte da declaração, ele afirmou que nunca vira nenhum dos meninos inconsciente. Mas, quando Davis perguntou o que acontecera ao menino no qual ele batera, respondeu: "Ele desmaiou." Davis queria saber quando eles foram amarrados. Jessie respondeu que um deles fora castrado e o outro estava inconsciente quando "nós os amarramos".

9. No fim da entrevista, antes que o gravador fosse desligado, os advogados de Jessie fizeram uma declaração. Eles expressaram sua "forte crença" de que Jessie cometera perjúrio.

10. Stidham também reclamou que, a despeito de sua notificação à promotoria de que Jessie não testemunharia, o juiz Burnett ordenou que ele fosse trazido da prisão até o distrito judicial. "Embora não seja incomum que prisioneiros do estado sejam transferidos para uma prisão do condado a fim de testemunhar", argumentou ele, "é bastante incomum que sejam transferidos com essa antecedência. Essa 'antecipação' deu aos promotores a oportunidade de convencer Jessie." Ele chamou as reuniões de Davis e Fogleman com Jessie nos três dias anteriores ao julgamento, sem seu conhecimento, de "asqueroso exemplo de má conduta". E afirmou que "nada" na conduta dos promotores foi "justo ou

NÓ DO DIABO   459

honrado". Os advogados de Damien e Jason também estavam indignados. Eles apresentaram a Burnett suas próprias queixas, afirmando que os promotores haviam "zombado da lei". O advogado de Damien, Val Price, escreveu: "Os réus anteciparam que a promotoria argumentará que não violou os direitos de Jessie Lloyd Misskelley Jr., garantidos pela Quinta Emenda, porque lhe concedeu imunidade antes de registrar sua declaração e, assim, nada do que ele disse pode ser usado contra ele." Mas, argumentou Price, "o tribunal deve analisar como ocorreu essa concessão de imunidade. Ela foi obtida por má conduta da promotoria. [...] Se a promotoria tivesse agido corretamente, sequer se veria na posição de poder oferecer imunidade. [...] A promotoria não deve ter permissão para violar os direitos de um dos corréus para extremo prejuízo dos outros e o tribunal não deve sancionar tal atitude". Price acrescentou que os promotores haviam "impropriamente chamado a atenção para a suposta confissão de Jessie Lloyd Misskelley Jr., que ele [Jessie] afirmara, durante o curso de seu julgamento, ter sido obtida sob coação" e que o efeito desse comportamento ostensivo sobre os jurados potenciais "sabotara e debilitara seriamente" os direitos dos réus a um julgamento justo.

11. Burnett disse aos advogados de Jessie que, aparentemente, todo o problema começara porque eles haviam enviado "sinais ambíguos" aos promotores. Ele indicou outro advogado, Phillip Wells, de Jonesboro, para se reunir com Jessie e verificar suas reais intenções.

17. A lista de testemunhas

1. Stidham, que se lembrava de ter lido sobre a pista nos registros policiais que recebera, levou o fato à atenção de Lax, que não conhecia o relatório e não o encontrou nos documentos enviados a Price e Davidson.

2. Em um memorando de fevereiro de 1994, no entanto, Lax escreveu que Sandra Slone fora "bastante franca ao me dizer que tinha medo do ex-marido, Mark Byers". Ela declarou que "conheceu Mark na igreja em 1977 e eles se casaram em 1978. Mark tivera problemas com drogas e sua mãe informou à sra. Slone que o problema começou quando ele estava no Texas [na escola de joalheiros]. De acordo com a sra. Slone, Byers supostamente estava 'limpo' quando ela o conheceu, e ele prometeu jamais se envolver com drogas novamente; contudo, continuara a usá-las. A sra. Slone informou que, durante o período em que viveram em Jackson [Mississippi], Byers teve um bom emprego na Gordon Jewelers, mas começou a chegar em casa tarde e, em sua opinião, usava drogas nessas ocasiões. Eles haviam partido de Jackson abruptamente e ela nunca foi capaz de descobrir a razão. [...] Depois de deixarem Jackson, se mudaram para Mobile, no

Alabama, onde ele novamente trabalhou para a Gordon Jewelers e costumava viajar por longos períodos. Em certa ocasião, ficou fora da cidade durante duas semanas e, ao retornar, informou que eles se mudariam e ele deixaria o emprego. Novamente, eles se mudaram rapidamente (em dois dias) e ela nunca soube a razão. Ela ficou surpresa por ele desistir do bom emprego que tinha na Gordon Jewelers. Saindo de Mobile em 1982, eles se mudaram para Memphis, onde Byers conseguiu emprego em duas joalherias, ambas em Germantown [Tennessee], além de trabalhar por conta própria. Eles permaneceram na região de Memphis até 1985, quando se mudaram para Marion, Arkansas. Ela se divorciou de Byers em 1986. A sra. Slone informou que Byers tivera problemas com a polícia ou com as autoridades em Germantown [Tennessee], mas aparentemente lidara com isso e ela nunca soube exatamente o que aconteceu. Também declarou que sempre lhe pareceu que "Byers tinha conexões com a polícia, pois ele se envolveu com drogas e atividades ilegais, mas nunca foi preso". Lax acrescentou em seu relatório: "Desde então, pesquisamos nos arquivos criminais de Germantown, Tennessee, mas não encontramos nenhum registro relacionado a John Mark Byers."

3. O adolescente era Kenneth Clyde Watkins. Sua mãe chamava-se Shirley Greenwood.

4. Declaração filmada em 12 de fevereiro de 1994.

5 Lax escreveu: "Ridge admitiu que não fora encontrado nenhum item organizado em algum tipo de padrão. Tampouco havia padrão na disposição dos corpos. Não havia nenhuma pedra larga ou tronco na área [que pudessem ter sido usados como mesa de sacrifício]. Ridge declarou que nenhum relato revelara atividades novas ou incomuns antes dos homicídios, mas um amigo das vítimas declarara estar sendo recrutado para uma espécie de clube e que, para entrar, teria de matar alguém."

6. A informação sobre a decisão de realizar uma busca nos registros da biblioteca foi demais para Lax. O normalmente contido investigador procurou por Cotton Mather em uma enciclopédia e ditou um longo memorando. Ele observou que Mather, que vivera em Boston entre 1663 e 1728, era um escritor altamente respeitado que estimulara a crença popular em bruxaria. Ele era filho de Increase Mather, que fora pastor da North Church de Boston e reitor da Universidade de Harvard. "Na mesma enciclopédia, encontrei uma discussão muito interessante sobre bruxaria", afirmou Lax no memorando. "Bruxaria: influência sobrenatural que já se acreditou poder ser adquirida por certas pessoas em razão de algum acordo com Satã ou outros espíritos malignos. Até o século XVI, a crença em bruxaria era universal e todos os países cristãos a consideravam crime. Roger Bacon, Sir Matthew Hale, Blackstone, Richard Baxter e John Wesley acreditavam em bruxas. Embora essa velha ilusão estivesse começando a se desvanecer

NÓ DO DIABO

no início do século XVIII, um frenesi local surgiu na Nova Inglaterra mais ou menos nessa época. Ele se iniciou e teve continuidade principalmente no vilarejo de Salem e, avivado pelas incitações de Cotton Mather, fez com que um tribunal especial fosse constituído para julgar os mais de cem suspeitos de bruxaria, então na prisão. Em 1692, esse tribunal causou a morte de vinte pessoas. Houve grande reação à tragédia e mais de 150 pessoas acusadas do mesmo crime saíram da prisão no ano seguinte."

18. O segundo julgamento

1. Bob Lancaster, *Arkansas Times*, 7 de abril de 1994.

2. Stidham disse que Jessie tomara essa decisão na noite anterior, após conversar com o pai, a madrasta, seus advogados e Phillip Wells, o advogado indicado por Burnett para avaliar suas reais intenções. Quando os repórteres falaram com Wells, ele disse que os promotores haviam oferecido um acordo, mas não divulgou os termos.

3. Em um memorando datado de 23 de fevereiro de 1994, Ron Lax escreveu que a madrasta de Jessie descrevera o encontro. Jessie teria dito a ela a ao pai que não estava presente no momento dos assassinatos e que nada sabia sobre eles. Ele afirmou ter admitido os crimes uma segunda vez, após a condenação, porque estava com medo dos "homens armados" e do que aconteceria a ele na prisão. Segundo a sra. Misskelley, "Jessie tivera a impressão de que os promotores reduziriam significativamente seu tempo de prisão. Quando percebeu que isso não era verdade, decidiu não testemunhar"

4. Entrevista de Stidham e Misskelley à autora em fevereiro de 2001.

5. Durante a mesma entrevista, Stidham falou sobre o momento, pouco antes do início do julgamento de Damien e Jason, em que avisara à promotoria, pela última vez, para deixar seu cliente em paz, pois ele não testemunharia contra seus corréus: "Eu disse, 'Se vocês incomodarem meu cliente mais uma vez, darei uma entrevista coletiva e contarei a todo mundo o que vocês fizeram com ele. Contarei como os promotores do distrito se encontraram com meu cliente sem que eu soubesse, prometeram lhe trazer cerveja e disseram que Susan viria fazer sexo com ele'. Eu contaria como eles o haviam interrogado repetidas vezes, porque estavam com medo de não terem um caso se não pudessem contar com ele."

6. *Voir dire* significa "dizer a verdade". A expressão se refere a um processo legal no qual os advogados entrevistam jurados potenciais para determinar se são adequados àquele julgamento em particular.

7. "Eu me lembrava da entrevista coletiva do detetive da polícia de West Memphis", disse um jurado potencial ao deixar o tribunal, "e a declaração feita por Jessie

462   MARA LEVERITT

Misskelley estava gravada em minha memória". Outro disse somente que havia formado uma "forte opinião" sobre o caso. Um terceiro admitiu: "Da maneira como eles falavam das provas, eu não queria vê-las." Duas mulheres que foram dispensadas disseram que a mera entrevista para o painel do júri fora emocionalmente difícil. "Tenho filhos pequenos", disse uma delas. Outra jurada potencial foi dispensada por ter se declarado incapaz de impor a pena de morte. "Eu teria problemas com isso", disse Kathy Cravens, de Jonesboro. "Acho que, por causa da idade dos garotos, eu teria problemas com isso."

8. *Commercial Appeal*, 26 de fevereiro de 1994.

9. "De maneira simplificada, a seleção do júri faz parte do julgamento e deve ser realizada em público", argumentou um dos advogados. O editor do jornal, Henry Stokes, disse: "Acreditamos que um julgamento público é mais justo para todo mundo. O *Commercial Appeal* pediu apenas aquilo que exige a lei do Arkansas — que a seleção do júri seja feita às claras."

10. Burnett afirmou que a questão pertencia à alçada do juiz do julgamento e que ele continuaria a conduzir o *voir dire* em seu gabinete. "Pedir a pessoas comuns que deixem seus trabalhos, suas casas, suas ocupações habituais e venham até aqui para serem bombardeadas por questões muito delicadas, em relação às quais precisam verbalizar seus sentimentos mais íntimos, na frente de centenas de pessoas, dos olhos das câmeras, dos olhos do mundo — não acho isso razoável", disse ele.

11. "Será válida a ordem da corte de excluir o público e a imprensa do *voir dire*?", perguntou retoricamente a Suprema Corte ao fim de sua decisão. "Torna-se claro, pelo que foi dito, que respondemos com um enfático 'Não!'" Contudo, a Suprema Corte não opinou sobre como — ou mesmo se — o processo inválido deveria ser corrigido.

12. Relatório do policial C. Gellert, de Jonesboro.

13. A despeito do início extravagante, a matéria do repórter Marc Perrusquia tomou um rumo incomum em relação às reportagens escritas na época, pois também ofereceu descrições menos sensacionalistas dos réus. Perrusquia citou Dian Teer, mãe de Domini: "Ele gosta de filmes e livros sobre vampiros, mas eu também gosto. E daí? O que realmente me assusta é que quem de fato [matou os meninos] continua à solta, enquanto os detetives ficam por aí dando tapinhas nas costas uns dos outros." De igual forma, Jason foi descrito como "amplamente conhecido como jovem educado e cortês". Falando sobre ele, um vizinho comentou: "Ele nunca me pareceu um mau garoto."

14. Fogleman jamais explicou claramente por que a promotoria se baseara em "provas negativas". Ele apenas sugeriu que a maioria das provas que poderiam ter existido, incluindo digitais, sangue e possivelmente DNA, fora apagada pela água.

NÓ DO DIABO 463

15. "Dois deles empurravam bicicletas, um carregava um skate e o outro apenas caminhava", disse a testemunha Bryan Woody. Quando um dos advogados de defesa perguntou se a polícia de West Memphis mostrara a ele fotografias de outras crianças ou o ajudara a identificar o quarto menino, Woody respondeu que não.

16. Os repórteres também perceberam a importância de chamar Bryan Woody, que afirmou ter visto quatro meninos entrarem na floresta. "Se o depoimento de Woody estiver correto", explicou o *Jonesboro Sun*, "ele corrobora a declaração de Aaron Hutcheson [...] à polícia de West Memphis. [...] Embora os advogados do caso se recusem a discutir essa alegação, há especulações de que Hutcheson teria testemunhado o crime". O jornal observou que Aaron não testemunhara durante o julgamento de Jessie e, citando "relatórios", acrescentou que "não estava claro" se testemunharia neste, "por causa de seu estado mental em função de pesadelos recorrentes sobre o assassinato dos meninos".

17. Price disse a Burnett, "Nossa posição, Vossa Excelência, é que dois ou três dias após os homicídios, o Departamento de Polícia de West Memphis alegou que o assassinato estava relacionado a um culto. Essa foi a razão de procurarem meu cliente, Damien Echols. Estavam tentando ligá-lo ao que achavam ser um assassinato relacionado a cultos".

18. A referência de Peretti aos "ferimentos no pescoço" de Christopher na mesma frase em que menciona os horrendos ferimentos na região anal e genital parece um exagero das descobertas que descrevera em seu próprio relatório de autópsia, que não listava fraturas nem hemorragias e apenas "algumas abrasões esparsas" do lado esquerdo do pescoço. A referência, contudo, pode ter adquirido peso junto ao júri em face da declaração de Jessie de que as crianças haviam sido estranguladas.

19. Entrevista à autora em abril de 2001.

19. O motivo

1. Um dos advogados de Jason, Paul Ford, confirmou que as ofertas foram feitas, embora não se lembrasse dos termos exatos. "Sei que eles [os promotores] fizeram algumas ofertas e sei que elas ficaram cada vez melhores. Minha lembrança mais específica é que Jason não estava interessado."

2. O advogado era o senador estadual Mike Everett, de Marked Tree, Arkansas.

3. Entrevista à autora em abril de 2001.

4. O advogado de Jason apresentou outra questão, relacionada ao registro juvenil da testemunha da promotoria, Michael Carson, que Burnett decidiu ser inadmissível e sobre a qual o júri não ouviu. "É opinião de Jason Baldwin que, se

464   MARA LEVERITT

os promotores terão permissão para usar o registro juvenil de Damien Echols para demonstrar que ele possuía crenças e agia de acordo com elas", disse Ford, "deveríamos ser capazes de inquirir sobre o uso de LSD por Michael Carson, que faz parte de seu registro juvenil, para questionar sua credibilidade, já que ele é dependente de alucinógenos."

5. A decisão dos promotores de introduzir livros, maneiras de se vestir e crenças no processo provocou oposição. O *Jonesboro Sun* relatou que "um grupo de adolescentes" comparecera ao julgamento "vestindo principalmente preto" e que "um dos garotos usava uma corrente com um pingente em forma de pentagrama".

6. Seu nome era Christy Van Vickle.

7. Seu nome era Jody Medford.

8. Bob Lancaster, do *Arkansas Times*.

9. A citação, embora realmente seja de Shakespeare, foi retirada de *Macbeth*.

10. Bob Lancaster.

11. Gitchell explicou que seus detetives tinham "conversado com centenas de pessoas durante a investigação" e não era possível "gravar todo mundo". Mas reconheceu que as notas dos detetives eram os únicos registros dos interrogatórios de Damien — embora a polícia tivesse filmado e gravado muitas entrevistas e a despeito do fato de que, desde o início, Damien fora um dos principais suspeitos.

12. Como relatado por Stan Mitchell para o *Jonesboro Sun* em 12 de março de 1994.

13. Como o público e a imprensa não puderam participar da incomum audiência *in camera* e o juiz Burnett emitiu uma ordem de silêncio para os participantes, seu conteúdo nunca foi divulgado, relatado pelos jornais ou noticiários televisivos nem ouvido pelo júri.

14. Decisão de 1923 no caso *U.S.* versus *Murdock*.

15. Decisão de 1920 no caso *Locking* versus *State*, 145 Arkansas 415, 224 Southwest 952.

16. Burnett disse aos advogados que qualquer valor probatório que o depoimento de Morgan pudesse ter era "substancialmente menor que o perigo de causar prejuízos injustos e confundir as questões".

17. Registros sobre essa argumentação e a decisão de Burnett estão presentes apenas nas transcrições do julgamento, pp. 2.286-302.

18. Hicks afirmou ter recebido 500 dólares como reembolso pelas despesas de viagem ao Arkansas para testemunhar.

19. Hicks disse que fez mestrado na Universidade do Arizona. Seu livro se intitulava *In Pursuit of Satan: The Police and the Occult*. Em certo momento, Price pediu que ele lesse a citação que incluíra no fim do livro, de autoria de Kenneth Lanning, um agente do FBI que pesquisara as supostas conexões entre crime e ocultismo. Hicks leu: "Crimes bizarros e perversidades podem ocorrer sem atividade satânica

organizada. A perspectiva da lei exige que distingamos entre aquilo que sabemos e aquilo sobre o que não temos certeza." Levantando os olhos do livro, ele disse: "Eu concordo."

20. Hicks disse que se tornara particularmente cético quanto às ideias, divulgadas em muitos seminários, "de que a crença em satanismo ou certos temas ocultistas indica comportamento criminoso" e "de que as pessoas que a professam também devem estar envolvidas em atividades criminosas". Inicialmente, Price tentou perguntar a ele sobre os documentos preparados pelo Departamento de Polícia de West Memphis relacionados ao satanismo e ao oculto. Mas os promotores objetaram que Hicks falasse ao júri sobre as "políticas e procedimentos da polícia" e Burnett concordou: "Não importa que políticas o departamento possui — se é que possui alguma."

21. Para alguns observadores, a expressão de Jason parecia meio atordoada durante o julgamento. Talvez porque ele tivesse sérios problemas de visão. Segundo Jason, quando Paul Ford descobriu que sua visão era ruim e que ele não conseguia enxergar mais que 1 metro à frente, Ford prometeu que, assim que o julgamento terminasse, Jason seria examinado para começar a usar óculos.

22. Charles Linch se identificou como analista pericial do Instituto de Ciências Forenses, em Dallas.

23. Seis anos depois do julgamento, em maio de 2000, o *Dallas Morning News* relatou que Linch fora liberado de uma unidade psiquiátrica do Doctors Hospital, em Dallas, para testemunhar. Em seu artigo, Holly Becka e Howard Swindle afirmaram: "Considerado um perigo para si mesmo e para os outros e estando em tratamento com poderosas drogas antidepressivas, ele foi temporariamente liberado para testemunhar no mais famoso julgamento de crime capital do sudoeste do Arkansas. Apesar das circunstâncias, foi uma testemunha especialista." O jornal relatou que Linch reconhecera que estava deprimido e "bebendo demais" e que seu internamento fora involuntário. E citou Paul Ford, que não fazia ideia de que o cientista forense estivera hospitalizado para tratamento psiquiátrico e ficara "incomodado" com o fato de nem Linch nem seus supervisores terem relatado que ele teria de ser liberado de um hospital psiquiátrico para testemunhar.

24. Entrevista à autora em novembro de 2001.

25. Entrevista à autora em novembro de 2001.

26. A mãe de Jason, Gail Grinnell, perdera o emprego. Ela pedira que o chefe a dispensasse para que pudesse comparecer ao julgamento, mas ele se recusara. A fim de não deixar Jason sozinho enquanto lutava por sua vida, ela se demitira. Contudo, como fora listada como testemunha potencial, não podia entrar na sala de audiências. Quando ficou claro que não seria chamada, Jason percebeu

466 MARA LEVERITT

o tamanho do desperdício. Sua mãe abrira mão do emprego para passar três semanas inteiras esperando, sentada no corredor do lado de fora da sala de audiências, onde sequer conseguia ver, que dirá encorajar o filho.

27. Ford disse a Burnett: "Vossa Excelência, gostaríamos de poder argumentar para o júri que o estado do Arkansas sequer acredita ter provado as acusações de crime capital, pois os promotores estão solicitando que seja considerado homicídio em primeiro grau, o que diminui o ônus da promotoria."

28. O laboratório da Carolina do Norte, Genetic Design, identificou o tipo DQ Alfa como "1.2,4". O laboratório também relatou ter tentado ampliar os resultados, sem sucesso.

20. Os recursos

1. Fogleman disse ao júri que, como Jason tinha cabelo comprido, Hollingsworth provavelmente o confundira com a sobrinha.

2. Para que provas circunstanciais sejam consideradas substanciais o bastante para apoiar a condenação, a lei do Arkansas determina que elas precisam "excluir todas as outras hipóteses razoáveis".

3. Depois que os veredítos foram lidos, Burnett pediu que o meirinho questionasse os jurados, mas o primeiro jurado, Kent Arnold, interrompeu: "Vossa Excelência, precisamos usar nomes?" Até então, a identidade dos jurados não fora divulgada e Burnett proibira que eles fossem fotografados. Ele permitiu que fossem interrogados por número. Todos afirmaram ter votado pela condenação. Além de Arnold, os jurados eram Peggy Roebuck, Joan Sprinkle, Vicki Stoll, Barbara White, Sharon French, Peggy Van Hoozer, Howard McNatt, William Billingsly, John Throgmorton, Jennifer Dacus e Oma Dooley.

4. Jack Echols, pai adotivo de Damien, lembrou como, nas escolas que ele frequentara, as crianças sempre "implicavam com ele, batiam nele, brigavam com ele no ônibus". Joe Hutchison, o pai biológico, disse ao tribunal: "Não fiz o que deveria ter feito e, no que se refere a sua criação, se alguém é culpado, esse alguém sou eu."

5. As folhas foram guardadas, juntamente com provas e outros itens da investigação, pelo Departamento de Polícia de West Memphis.

21. Os recursos

1. Descrições do primeiro ano de Jason na prisão foram retiradas de uma carta escrita à autora, datada de 10 de dezembro de 2001.

2. De volta à prisão, disse ele, "chorei até não poder mais" e então decidiu "nunca mais chorar". Rezou "para que tudo desse certo", para que a mãe e os irmãos

NÓ DO DIABO

"aguentassem as pontas" e para que o Deus que o abandonara "revelasse a verdade". O diretor do centro de detenção e os membros femininos da equipe se uniram à prece para que ele fosse protegido. Um dos guardas tentou ajudá-lo trazendo um antigo prisioneiro estadual para uma visita. "Ele me disse o que esperar", diria Jason mais tarde, "e que eu não deveria confiar em ninguém, não importa quão amigáveis fossem as pessoas. Ele me informou que a prisão era um lugar violento, cheio de gente odiosa, e que eu, especialmente sendo jovem e pequeno, teria de estar sempre vigilante. 'Maravilha', pensei. Ele me disse que eu ficaria bem e me deu 10 dólares de seu próprio dinheiro." Quando a família veio para a última visita antes da transferência para a penitenciária, Jason fez seu melhor para não parecer amedrontado. Ele disse à mãe e aos irmãos para não se preocuparem, permanecerem unidos como família e jamais perderem as esperanças: "Nosso amor vai nos ajudar a passar por isso." Mas, no seu íntimo, ele se preocupava com o que estava à frente. Por mais que seu futuro parecesse difícil, ele sabia que estaria preso em uma cela, mas eles teriam de "viver lá fora", em meio a "todas as mentiras e boatos".

3. Jason permaneceu sob vigilância contra suicídio durante sessenta dias, mas nunca pensou em tirar a própria vida. Pelo contrário, ele trabalhou para se adaptar à rotina da prisão. Jogava basquete com o capelão, lia folhetos bíblicos, que eram abundantes, e se forçava para comer uma comida que a mãe não daria para o cachorro e o gato que tinham em casa. Quando as autoridades o transferiram para uma unidade em Varner, Arkansas, Jason tentou dizer a alguns prisioneiros que era inocente, mas logo desistiu, pois ninguém acreditava. Ele trabalhou longas horas sob o sol do Arkansas, em um dos infames esquadrões de enxada da prisão. Com a passagem dos meses, acostumou-se a tudo, exceto às ocasionais visitas. O pesar da mãe e sua incapacidade de ajudá-la eram quase impossíveis de suportar.

4. O autor da carta era Danny Williams.

5. Carta de Williams a Jason em 7 de janeiro de 1995.

6. Ford argumentou que, no último dia de julgamento, depois que Fogleman tentou apresentar o pingente manchado de sangue após a promotoria ter encerrado sua acusação, Burnett se reuniu com Davis e Fogleman para discutir a incomum solicitação. Ford afirmou que, durante um recesso ordenado por Burnett, o juiz e os promotores "entraram no gabinete do juiz Templeton, onde tiveram uma conversa *ex parte*". Na declaração juramentada, Ford afirmou que, "durante essa conversa *ex parte*, o tribunal [Burnett] informou aos advogados de acusação que, se eles apresentassem os resultados do teste na corrente [...], o tribunal não teria alternativa senão conceder a separação e/ou anulação do julgamento de [...] Baldwin" e que "baseados em tal informação

468 MARA LEVERITT

[...], os promotores decidiram não apresentar a evidência [...], evitando que o tribunal separasse ou anulasse o julgamento do réu Charles Jason Baldwin".

7. Comunicações *ex parte* são aquelas que envolvem apenas um lado.

8. Entrevista à autora em fevereiro de 2001.

9. Mais tarde, Damien alegaria que parar de tomar o antidepressivo foi a melhor coisa que aconteceu durante seu primeiro ano na prisão. Ele disse que, depois de passar pelo choque da privação, fora capaz de pensar com mais clareza.

10. O prisioneiro Mark Edward Gardner fora sentenciado à morte pelo assassinato de três membros de uma família em Fort Smith, Arkansas.

11. Gardner disse à autora que fora responsável por plantar a faca. Durante uma visita, também demonstrou seu acesso a drogas, fazendo com que um guarda entregasse a ela, do outro lado do vidro que os separava, um cartão feito a mão no meio do qual um cigarro de maconha fora (não muito bem) escondido. O episódio ilustrou tanto a disponibilidade de maconha na unidade de segurança máxima do estado quanto a disposição de certos oficiais em participar do que, obviamente, era uma transação suspeita.

12. Os amigos de Damien no corredor da morte eram Frankie Parker, Gene Perry, Mark Gardner, Don Davis e Daryl Hill. Quando Damien chegou ao corredor da morte, a autora estava realizando uma reportagem sobre as condições de vida nas prisões para o *Arkansas Times*. Ela se correspondia com Gardner e conversava com ele frequentemente. Elementos da trama aqui relatada foram retirados de declarações feitas por Gardner e informações fornecidas pelos funcionários do departamento correcional. Quando este livro foi escrito, Parker, Perry e Gardner já haviam sido executados.

13. Em outra manifestação de aflição, em 27 de junho de 1995, Damien notificou a Suprema Corte do Arkansas de que queria abrir mão de todos os recursos da sentença capital e se concentrar somente nos esforços para reverter o veredito de culpa. Se isso não pudesse ser feito, afirmou estar pronto para morrer. A Suprema Corte do estado remeteu a questão ao juiz Burnett, pedindo que determinasse se Damien tinha "a capacidade de entender a escolha entre vida e morte e consciente e inteligentemente abrir mão dos direitos de recorrer da sentença capital". Antes que a questão fosse resolvida pelo juiz Burnett, contudo, os advogados de Damien conseguiram convencê-lo a tentar todas as possibilidades de recurso.

14. Embora os agentes penitenciários mais tarde confirmassem que um bloco na parede entre as celas fora removido, houve sérias dúvidas sobre se a abertura seria ampla o bastante para que Damien ou Gardner passassem por ela. Um relatório da polícia estadual concluiu que, ainda que itens pudessem ser passados de uma cela para outra, a abertura não era larga o bastante para um homem.

NÓ DO DIABO 469

15. Além de tornar pública sua situação, Damien iniciou uma ação de 1,5 milhão de dólares contra os guardas da prisão, alegando abusos emocional, mental e físico. Uma audiência foi conduzida na prisão, durante a qual Damien disse ao magistrado federal: "A razão para a ação, basicamente, é que quero ser deixado em paz. Fui mandado aqui para morrer. Quero ficar sozinho até que chegue o dia." Em 1996, chegou-se a um acordo. Seus termos asseguravam que Damien não seria punido por chamar atenção para as condições da penitenciária e que seria tratado como qualquer outro prisioneiro. Quando este livro foi escrito, ele ainda apelava da sentença de morte. Aconselhado por seus advogados, preferiu não discutir este e outros aspectos da vida na prisão. Gardner foi executado por injeção letal em 1999. Até o fim, manteve que inventara a alegação de estupro, que Damien cooperara e que eles permaneciam amigos.

16. A decisão, nº CR94-848, foi escrita pelo juiz Bradley D. Jesson e anunciada em 19 de fevereiro de 1996.

17. A decisão citou um caso anterior no qual "um jovem de quinze anos com QI 74 e nível de leitura equivalente à segunda série fora capaz de compreender e abrir mão de seus direitos de Miranda". O juiz Jesson escreveu: "A situação do recorrente é similar. De fato, ele era dois anos mais velho que [o outro garoto] e tinha um nível de leitura ligeiramente superior."

18. A legislação do Arkansas eliminou essa exigência no ano seguinte.

19. Stidham conhecia a decisão anterior. Ele argumentou que era absurdo exigir o envolvimento dos pais quando um jovem era acusado de um delito menor, mas não quando era julgado como adulto, por um crime que poderia resultar em sentença de prisão perpétua ou mesmo morte. O tribunal reconheceu o problema, mas decidiu contra os jovens, em favor do estado. "O recorrente nos urge a indeferir [a decisão anterior] e sua progênie, mas seria muito injusto dizermos aos promotores e aos oficiais da lei deste estado que a assinatura de um dos pais não é necessária e então declarar, quase três anos depois, que a ausência de tal assinatura foi fatal para a confissão de um acusado. [...] Assim, declinamos o pedido para indeferir tal decisão."

20. Embora a lei do Arkansas exija que os interrogatórios de policiais sejam gravados na íntegra, o estado não possui nenhuma lei oferecendo essa proteção especial a crianças — nem a adultos que não sejam policiais.

21. "A questão relativa ao parecer do dr. Peretti é se ela teria tido impacto no resultado do julgamento", escreveram os juízes. "Acreditamos que não." O juiz Jesson afirmou: "As declarações do recorrente já continham muitos erros, inconsistências e grandes imprecisões em relação ao horário em que os homicídios haviam ocorrido. É óbvio que o júri desconsiderou suas estimativas de horário, como era seu direito fazer. O parecer do dr. Peretti teria servido

apenas para reforçar o que o júri já sabia: que o recorrente se enganara ou mentira sobre o horário dos eventos de 5 de maio."

22. O parecer foi escrito pelo juiz Robert H. Dudley.

23. O único argumento que o tribunal considerou importante em relação à separação se referia à maneira como os advogados de Damien e Jason queriam tratar as alegações de ocultismo. "Echols afirma que sua estratégia teria sido admitir abertamente todas as provas de culto satânico, a fim de demonstrar seu absurdo", escreveu Dudley, "enquanto Baldwin afirma que desejaria excluir todas as provas." A despeito da diametral oposição entre os dois, o tribunal decidiu que "o júri obviamente não achou as provas de ocultismo absurdas e duvidamos que Echols teria abertamente admitido o culto satânico como estratégia, mesmo que tivesse escolha nessa questão".

24. Especificamente, o tribunal escreveu que o "dr. Griffis possuía muito mais que apenas conhecimento básico sobre grupos não tradicionais, ocultismo e satanismo"; que o depoimento a respeito dos "paramentos do oculto" era apropriado porque "admitia as provas como prova da motivação para os homicídios"; que o crânio do cachorro, os pôsteres e os livros eram "relevantes para demonstrar o motivo"; e que o depoimento de Driver era relevante porque "o tribunal decidiu que os homicídios haviam sido cometidos com galhos e poderiam estar ligados ao oculto".

25. Os juízes explicaram que os advogados não demonstraram, em seus recursos, que os réus haviam sido "prejudicados de qualquer maneira pela ausência de pagamento por parte do estado".

26. Em um artigo para o *New York Times*, Janet Maslin afirmou que os produtores haviam capturado "a orgia de emoções e preconceitos" que o caso criara em West Memphis, além do "esfarrapado tecido social" da cidade. Um comentarista da *Entertainment Weekly* notou que as "estarrecedoras ambiguidades" do julgamento inspiravam "uma sensação permanente de vertigem moral". Gene Siskel descreveu *Paradise Lost* como "um doloroso retrato de uma cidadezinha com mentes estreitas e corações partidos". Outros afirmaram que o filme retratava histeria coletiva ou "pânico satânico". Em uma crítica para o *Los Angeles Times*, o escritor Howard Rosenberg citou Berlinger rememorando sua primeira visão dos réus: "A descrição que fizeram deles era tão sombria, tão monstruosa, que acreditamos no estereótipo", disse Berlinger. "E, quando Damien se virou para nós e para o resto da imprensa na sala de audiências todos estremeceram, como se ele fosse Hannibal Lecter. Enquanto estávamos lá, nem uma única voz se elevou para dizer que os garotos não eram culpados." Rosenberg disse que o documentário explorava "o impacto dos estereótipos fatais". No fim de 1997, *Paradise Lost* já recebera 12 prêmios, incluindo um

NÓ DO DIABO

Emmy, o prêmio de melhor documentário do National Board of Review e um Martelo de Prata da Ordem dos Advogados dos Estados Unidos.

27. Lisa Fancher, uma das primeiras apoiadoras do site, disse odiar o documentário. "Posso praticamente dividir minha vida entre antes e depois de *Paradise Lost*. Antes, meus olhos estavam fechados e eu era feliz." Ela afirmou que o relato dos julgamentos feito no documentário é "a coisa mais doentia, ultrajante, vergonhosa e cruel já perpetrada contra três adolescentes atrapalhados". Como centenas de outros, ela disse querer consertar os erros.

28. Max Schaefer, um universitário que também ficara intrigado com o caso, cuidou do design e da manutenção do site durante o período inicial.

29. "Não queremos arrecadar dinheiro", disse Pashley em 1988, em uma entrevista publicada no site. "Queremos promover a conscientização. Mas promover conscientização custa dinheiro."

30. Em 1998, o arquivo se tornara o mais extenso recurso dessa natureza sobre um único caso, disponível na internet. Era ainda mais peculiar por ter sido criado e mantido inteiramente por voluntários. Os visitantes eram informados de que o site era mantido por três pessoas que não possuíam "nenhum envolvimento com os sistemas legais ou policiais". Sauls, Bakken e Pashley pediam que os leitores o vissem como um "espaço de armazenamento" para informações e opiniões. Sem jamais afirmar serem imparciais, eles anunciavam sua crença de que os três jovens na prisão eram inocentes e que seu objetivo era mobilizar qualquer ação pública que pudesse levar a sua liberdade: "Nosso objetivo principal é a justiça e nosso método para atingir esse objetivo é a publicidade. Queremos que o estado do Arkansas saiba que o mundo está assistindo." Os visitantes do site podiam ler extensos trechos das transcrições do julgamento e examinar uma minuciosa avaliação do serviço médico-legal do Arkansas, que, na época da investigação em West Memphis, perdera suas credenciais junto à Associação Nacional de Medicina Legal. Havia uma versão do site em alemão. Um calendário anunciava as atividades legais no Arkansas e os fundos criados em todo o país. Links ofereciam uma ampla variedade de material, incluindo entrevistas policiais; transcrições parciais de depoimentos no tribunal; um poema escrito por Pam Hobbs; ensaios de um grupo canadense de tolerância religiosa; as desculpas de Geraldo Rivera por seu exagerado relato sobre supostos crimes satânicos; informações sobre o Projeto Inocência, fundado por Barry Scheck e outros advogados; e um relatório de dois apoiadores do site que haviam examinado as caixas de provas armazenadas pela polícia de West Memphis. O site se tornou um veículo no qual os visitantes podiam escrutinar o caso. Uma dessas análises relatava: "Um fragmento do que parece ser tecido preto pode ser visto nas fotografias realizadas no local onde os corpos foram encontrados, preso na mão de uma das jovens vítimas. Esse

472 MARA LEVERITT

fragmento não aparece em fotografias posteriores. Podemos apenas especular sobre o que aconteceu com ele." Em 1999, o site relatou ter uma média de 150 acessos por dia.

31. Em salas de chat, muitos apoiadores lembravam seu próprio isolamento e mesmo perseguição quando eram adolescentes; experiências dolorosas de exclusão baseadas em nada além de convenções. Para alguns, a exclusão baseava-se na pobreza ou em crenças religiosas. Para outros, era alguma distinção física ou social. Outros lembravam que foram marginalizados simplesmente por ter um gosto não conformista em relação a roupas, literatura, música ou arte. O cofundador do site, Sauls, disse que seu próprio sobrinho fora perseguido por "cruzados morais" na Flórida, "que o puniam simplesmente por ser diferente". Ele disse que sua resposta aos eventos de West Memphis quase certamente foi uma reação à tragédia por que sua família passou quando o sobrinho cometeu suicídio aos dezessete anos. Outros apoiadores sentiram que também poderiam ter sido culpados por crimes que não cometeram, simplesmente por não aderirem às normas religiosas locais. "Meu histórico é praticamente um espelho do de Damien", disse um deles. "Eu não acreditava em tudo em que as pessoas religiosas do lugar onde eu morava acreditavam." Ele contou como lhe diziam que iria para o inferno. Outros expressavam a preocupação de que o dinheiro — ou a falta dele — tivesse desempenhado papel nos veredictos e afirmavam ter se unido à luta pelos Três de West Memphis por verem o caso como um símbolo do impacto da pobreza sobre a justiça. "Isso não teria acontecido se seus pais fossem ricos" era um refrão frequentemente repetido. Outro citava o regionalismo, o medo de que, se a justiça americana estava relacionada ao dinheiro, também estava relacionada ao lugar. Novos apoiadores do site frequentemente comentavam que "isso não teria acontecido" se os julgamentos tivessem ocorrido em Nova York, Seattle ou qualquer outra grande cidade, em vez de numa comunidade rural.

32. RAO Video, Main Street, Little Rock, Arkansas.

33. Os comentários dos fundadores do site e de seus apoiadores citados aqui foram retirados de entrevistas à autora entre 1998 e 2001.

34. A correspondência dos prisioneiros se tornaria uma séria queixa dos muitos apoiadores que tentavam entrar em contato com eles. Cartas para Damien, em particular, muitas vezes não eram entregues pela equipe da unidade de segurança máxima. O problema, que surgia repetidamente, só era resolvido quando os remetentes entravam em contato com os funcionários do correio.

35. Nessa entrevista à autora em 1996, Damien também disse: "Eu sempre tive um temperamento extremamente autodestrutivo e ficar aqui, de alguma maneira, me fez superar isso." Ele reconheceu que seu comportamento durante a investigação policial e o julgamento fora "estúpido" e uma forma de "extrema vaidade". Per-

NÓ DO DIABO 473

guntado por que não moderara esse comportamento, recusando-se a falar com a polícia, por exemplo, respondeu: "Acho que pela mesma razão que as pessoas surfam em trens. É algo para quebrar a rotina de suas vidas, para lhes dar alguma distração."

22. O informante

1. O episódio de *The Maury Povich Show* intitulava-se "Murder in a Small Town". Foi filmado em West Memphis e no leste do Arkansas em 2 de agosto de 1994. Na época, Pamela Hobbs, mãe de Stevie Branch, e seu marido Terry haviam se mudado para Memphis. Em 6 de novembro de 1994, oito meses depois de os policiais levarem Damien e Jason para a prisão, a polícia de Memphis recebeu um relato de tiroteio na casa dos Hobbs. Mais tarde, um policial relatou que Pam Hobbs dissera aos investigadores que, mais cedo, Terry a espancara. Os policiais observaram ferimentos em seu rosto e na nuca. Hobbs disse que, após a surra, telefonou para um parente em Blytheville, Arkansas, para relatar que Terry quebrara seu maxilar e depois foi para o hospital. Enquanto estava lá, um grupo de seus parentes no Arkansas se reuniu e foi de carro até Memphis para confrontar Terry a respeito da agressão. De acordo com a polícia, Terry Hobbs saiu de casa quando eles chegaram, foi até uma caminhonete do lado de fora e voltou com uma pistola Magnum .357 no bolso. Nesse momento, o irmão de Pam, Jackie Hicks, confrontou-o novamente. Segundo a polícia, aparentemente "Hicks dera o primeiro soco" e uma briga se seguira. Hicks supostamente segurara Terry Hobbs no chão, quando então Hobbs pegou a pistola e o atingiu no abdome. Hobbs se levantou e apontou a pistola para os outros familiares, ameaçando atirar. A polícia prendeu Terry Hobbs e o acusou de lesão corporal contra a esposa e lesão corporal qualificada contra o cunhado. Hicks sobreviveu, embora tivesse sido internado em condições críticas. A tragédia também perseguiu os pais de Michael Moore. Em junho de 1995, oito meses após a altercação entre os Hobbs, Dana Moore atropelou e matou uma pedestre enquanto dirigia em uma estrada rural do condado de Crittenden, Arkansas. Segundo os jornais, Moore foi acusada de dirigir embriagada. Por meio de seu advogado, negociou um acordo e se confessou culpada. Foi sentenciada a seis meses com liberdade condicional, multa de 250 dólares e "restituição" de 2.500 dólares, um resultado que ofendeu a família da mulher falecida. A família Moore, que de todas fora a que tivera o menor contato com a mídia durante os julgamentos, se tornou ainda mais discreta depois disso. O contato principal com o público era feito por meio do site midsouthjustice.org, criado por um amigo. O site continha um memorial para Michael, Christopher e Stevie, chamados de "os verdadeiros Três

de West Memphis". Ele expressava confiança no trabalho realizado pela polícia e no veredito dos jurados e criticava os que pediam a revisão do caso.

2. Seguindo uma pista, a polícia obteve permissão para realizar uma busca na casa dos Byers, onde encontrou três tapetes orientais que estavam na lista de itens roubados. Segundo um policial, "a sra. Byers disse que os comprara em um mercado de pulgas, mas não conseguia se lembrar quando nem onde e não apresentou recibo". Outros itens roubados foram encontrados em lojas de penhores da área.

3. Quem ouviu a declaração foi o juiz do condado de Sharp, Harold Erwin. Após a audiência, o advogado dos Byers, Larry Kissee, disse aos repórteres que eles moveriam uma ação civil contra o Departamento de Polícia de West Memphis, por ter iniciado a busca pelos meninos desaparecidos somente na manhã seguinte ao desaparecimento. A ação não foi iniciada.

4. O incidente ocorreu na cidade de Hardy, Arkansas. O chefe de polícia de Hardy, Ernie Rose, relatou que Byers incitara o garoto que estava em seu carro a brigar com outro garoto, que supostamente teria gritado um insulto. De acordo com os adolescentes que presenciaram a briga, Byers parou o carro, saiu e disse ao passageiro: "Vá até aquele canto e resolva isso como homem." Byers disse a Ernie Rose que, durante a briga, ficara ao lado do carro com um rifle calibre 22 apontado para o chão, a fim de garantir que fosse "uma briga justa". Ele também reconheceu que instruíra seu passageiro a pegar um canivete no carro. O garoto disse ao chefe Rose que, quando pegou o canivete, Byers disse: "É assim que se faz." Testemunhas afirmaram ter tentado impedir, mas, todas as vezes que se moviam, Byers dizia para "ficarem quietos". Um funcionário do departamento de rodovias que trabalhava por perto correu para interferir. Ele disse a Rose que, quando chegara ao local, a briga já terminara e Byers e seu amigo estavam partindo. Segundo ele, Byers lhe dissera que "Um garoto metido a esperto levou uma surra. Teve o que merecia". Quando Rose chegou à cena, encontrou um garoto que precisava ser levado ao hospital. Os outros descreveram o homem que insistira na briga como "sujo, barba loura e óculos escuros, 105 a 115 quilos, vestindo 'uma camiseta de bandeira' e calças jeans, 25 a quarenta anos, cabelo castanho-escuro". Mais tarde, Rose afirmou que, quando telefonou para a polícia em Cherokee Village e deu-lhes a descrição, "eles me disseram quem eu estava procurando".

5. De acordo com a declaração juramentada dos vizinhos, John e Donna Kingsbury, Melissa Byers disse que "nós os colocáramos em um buraco e eles nos colocariam em um buraco do qual não conseguiríamos sair". A declaração também afirmava que os filhos dos Kingsbury tinham medo dos Byers e que Melissa dissera aos Kingsbury, "Vocês não vão conseguir vigiar sua família 24 horas por dia". Muitos dos relatos sobre os problemas dos Byers em Cherokee Village foram feitos por

NÓ DO DIABO 475

Angelia Roberts, do jornal local, o *News*. John Kingsbury disse a ela que havia buracos de balas na lateral de sua casa. "Não posso provar como foram parar lá", disse ele, "mas estão lá." Donna Kingsbury acrescentou: "Eles se dizem vítimas, mas somos vítimas também. Nenhum dos amigos de nossos filhos pode ir até nossa casa, por causa dos problemas que tivemos."

6. Byers cresceu na cidade de Marked Tree, Arkansas. A repórter do *Arkansas Times* que descobriu a história sobre o ataque a faca foi a autora deste livro. A fonte foi o policial aposentado do condado de Poinsett, C. L. Carter. Quando questionado sobre o ataque aos pais de Byers, Carter lembrou: "Mark apontava uma faca para eles. Ele queria dinheiro para comprar drogas." Carter disse que encurralara Byers contra um armário e lhe dissera para largar a faca. Ele se lembrou vividamente de que, enquanto algemava Byers, o adolescente olhara para ele e prometera: "Vou cortar sua garganta."

7. Val Price declinou o convite para uma entrevista, alegando os recursos pendentes de Damien.

8. "O tribunal considera que, em nossa sociedade, uma disputa física não é necessária", disse o juiz Kevin King a Byers, "e que, como adulto, o senhor deveria ter impedido a altercação, em vez de encorajá-la."

9. Melissa foi levada para o Eastern Ozarks Regional Hospital. Quando os membros da equipe viram suas condições, notificaram Sonny Powell, o xerife do condado de Sharp.

10. O investigador da polícia estadual do Arkansas Stan Witt liderou a investigação.

11. A lista incluía alprazolam, 1 mg; cápsulas de lítio, 300 mg; tabletes de Paxil, 30 mg; cápsulas de Lithonate, 300 mg; Desyrel, 150 mg; e Paxil, 20 mg, além de Midol e outros medicamentos vendidos sem receita.

12. Os relatórios da polícia identificaram o vizinho como Norm Metz.

13. Angelia Roberts, a repórter do *News* local que entrevistara os Byers a respeito de seus problemas, escreveu uma espécie de obituário para Melissa. "Quando soube que Melissa Byers estava morta", escreveu ela, "infelizmente, não fiquei surpresa. Desde meu primeiro encontro com John Mark e Melissa Byers, parecia que os problemas sempre fizeram parte da vida deles. Ela comentou que Christopher estava morto, que agora Melissa estava morta e que "John Mark Byers sempre terá uma nuvem negra pairando sobre a cabeça, pois, para muitos, ainda há perguntas demais sem resposta, que começaram durante a investigação dos homicídios de West Memphis".

14. O investigador Stan Witt escreveu em suas notas que "o relatório da autópsia não pode ser completado até que se obtenham os resultados toxicológicos e o caso ainda está no departamento de toxicologia". Witt então pediu que a ligação fosse transferida para o departamento de toxicologia. "O pessoal da toxicologia

476   MARA LEVERITT

disse a esse investigador que o caso não estava em seu departamento", escreveu, "e que os testes haviam sido completados há bastante tempo. Eles disseram não saber onde estava o caso e redirecionaram a ligação para o serviço médico-legal. [...] O serviço médico-legal [...] disse não saber qual era o status do caso e se comprometeu a pesquisar." Cerca de meia hora depois, escreveu Witt, "a equipe informou a esse investigador que o caso estava atualmente no departamento de vestígios, onde estavam sendo realizados testes para detectar arsênico e outros tipos de veneno".

15. O acordo foi aprovado por Stewart Lambert, promotor assistente do Terceiro Distrito Judicial do Arkansas. Presidindo o caso no tribunal do condado de Sharp estava o juiz Harold Erwin.

16. O promotor assistente era Stewart Lambert; jurisdição do Tribunal Federal do condado de Sharp.

17. Seção 21 do artigo 2 da Constituição estadual, intitulada "Vida, liberdade e propriedade — proibição de banimento". Em comentários feitos à autora em dezembro de 1997, Stewart Lambert, o promotor assistente que promoveu o acordo, disse: "Nosso entendimento sobre este tipo de condição é de que, se obtida por concordância entre a acusação e o acusado, ela é legítima. Não temos o direito de dizer a alguém para deixar o condado, mas, se houver acordo, podemos fazer isso. Não nos reunimos em um canto do tribunal e dizemos simplesmente: 'Saia da cidade.'" Dois anos mais tarde, contudo, a Suprema Corte do Arkansas publicou uma decisão reiterando a proibição constitucional de exílio, sob quaisquer termos (*Reeves* versus *State*, nº CR98-872).

18. O diretor do laboratório de criminalística era Jim Clark.

19. O legista Stephen A. Erickson assinou o relatório.

20. Um prisioneiro cumprindo pena por drogas contou aos investigadores, em uma declaração escrita, que conhecera os Byers. "Lembro-me de Mark dando comprimidos e outras drogas a ela em mais de uma ocasião", escreveu ele. Um garoto de dezessete anos de Cherokee Village disse a Witt que, no dia em que Melissa morreu, ele estava "se divertindo" na casa dos Byers, "bebendo Crown Royal e tomando Valium e Xanax". Ele também afirmou que vira Mark Byers "com um saco plástico de K-4 Dilaudid". A terceira pessoa entrevistada foi Mandy Beasley, a mulher que estava na casa dos Byers quando Witt e os outros policiais realizaram a busca. Em dezembro de 1997, Beasley disse a Witt que, naquela noite, "Byers disse a ela que tinha três seringas na última gaveta da cômoda, no quarto, e esperava que a polícia não as encontrasse. Byers não disse se havia algo nas seringas e, como a polícia não as encontrou, ele as jogou fora mais tarde, na mesma noite". Beasley também disse a Witt que vivera com Byers durante dois meses em seguida à morte de Melissa. Durante esse tempo, "ele a ameaçara de

NÓ DO DIABO

morte se contasse a alguém sobre as seringas". Mais tarde, tanto o advogado Dan Stidham quanto a autora entrevistaram Beasley. Ela disse a ambos que tivera um caso com Byers, que Melissa descobrira e que, no dia em que morreu, dissera a Mark que pretendia se divorciar dele.

21. Em uma entrevista à autora em janeiro de 2002, o ex-patrulheiro da polícia estadual do Arkansas, Brant Tosh, relatou que ficara um pouco surpreso quando soube que o homem que telefonara era John Mark Byers. Tosh era policial do condado de Craighead na época dos homicídios de West Memphis e, nos meses que se seguiram às prisões, conheceu os três acusados. "Transportei Damien Echols até Tucker Max duas vezes", lembrou ele. "E tive de ser babá de Jason Baldwin no centro de detenção após sua condenação. Também levei Jessie Misskelley para uma reunião no condado de Clay." Perguntado sobre a viagem que levara Jessie à controversa entrevista com o promotor Davis, Tosh refletiu: "Eu era um jovem policial na época. Só me lembro de que ele falou durante toda a viagem. Parecia que ele tinha a mentalidade de uma criança de sete anos. Ele parecia muito infantil, muito abaixo de sua idade."

22. Juiz Ralph Wilson.

23. Promotor assistente Stewart Lambert.

24. O policial estadual Brant Tosh testemunhou durante a audiência na qual a liberdade condicional de Byers foi revogada. Mas, mais tarde, quando verificou a disposição dos casos, ficou surpreso. Olhando para o monitor, observou: "Essa não é a disposição padrão." Tosh relatou que Byers fora sentenciado a sessenta meses de prisão por arrombamento e sessenta meses por roubo de propriedade, mais doze meses por contribuir para a delinquência de menor de idade. Juntas, as sentenças somavam 132 meses ou onze anos — três anos a mais que os oito que foi condenado a cumprir. O promotor Brent Davis, alegando recursos pendentes no caso de homicídio em West Memphis, declinou o convite para uma entrevista.

25. Durante a maior parte de sua pena, Byers permaneceu na Unidade Regional Delta, em Dermott, Arkansas.

26. Byers falou sobre seu primeiro casamento, mas não fez nenhuma menção à condenação por ameaçar a vida da primeira mulher. Ele disse que, depois da escola de joalheiros, escalara rapidamente a hierarquia da Gordon Jewelers, até que, em 1981, o gerente da rede pedira que ele se mudasse para Houston "para ser supervisor de mais de 168 lojas". Ele afirmou que a primeira mulher não quisera se mudar e "sendo batista e homem de família que sou, escolhi minha família e pedi demissão". Byers disse que se sentira "usado" quando o casamento terminara, mas insistiu que "jamais batera" em uma mulher. Pelo contrário, insistiu. "É preciso um homem muito pequeno para bater em uma mulher."

27. Ele disse que descrevera o sonho na presença dos cinegrafistas depois que Melissa mencionara que fora estuprada. "Ela usava o estupro para justificar, em parte, o fato de usar drogas", disse ele. "Eu estava contando a ela a história sobre o sonho para ajudá-la a ver que não fazia sentido. Eu disse a ela: 'Se isso tivesse acontecido comigo, da maneira como sonhei, seria uma desculpa para eu usar drogas?' Mas os cinegrafistas editaram a parte em que eu dizia que era uma história. Eles deixaram de fora a parte em que eu dizia que era um sonho."

28. Byers rapidamente acrescentou que "nunca tivera gênio ruim" e era, na verdade, "uma pessoa de temperamento muito ameno". Mesmo assim, fizera cursos de controle da raiva na prisão. E acrescentou que, embora alguns prisioneiros fossem obrigados a frequentar o curso, ele se matriculara voluntariamente.

29. Entrevista à autora em novembro de 2001.

30. Os pais de Melissa eram Dorris e Kilburn "Dee" DeFir.

31. "Quando eles se mudaram para lá", disse Dee DeFir, "nós pagamos pelo aquecimento da casa e para que Ryan pudesse ter água quente. Eles não tinham telefone, então, instalamos um e fizemos com que a conta fosse enviada para cá, a fim de que Melissa e Ryan pudessem nos ligar. Pagávamos as contas de aquecimento e de telefone. Fazíamos compras para eles ao menos uma vez por mês."

32. "Mark pode ter tido alguma coisa a ver com isso", disse Dorris DeFir. Seu marido concordou: "Não queremos saber dele." Mesmo assim, eles expressaram não ter interesse e ver pouca vantagem em qualquer futuro inquérito legal. "Se ele a matou e saiu livre", disseram, "pagará mais tarde."

33. Rick Murray estava vivendo no Tennessee. Em sua carta ao site, postada em maio de 2000, ele escreveu: "Conheço as pessoas próximas a este caso e sei que estavam revoltadas e queriam uma solução rápida. As coisas chegaram a um ponto em que elas não estavam mais pensando sobre a verdade, mas apenas ouvindo o que a polícia e os repórteres tinham a dizer." E continuou: "Não havia provas para condenar aqueles três que estão na prisão e todo mundo sabe disso. Eles apenas não querem ver, pois é mais fácil acreditar que a polícia prendeu as pessoas certas." Em uma entrevista subsequente, Murray disse que jamais assinara os papéis para permitir que Byers adotasse Christopher e que as alegações de que houve adoção eram falsas. Murray tem o direito de ver os registros do Arkansas relativos à suposta adoção, se existirem, mas, na época em que este livro foi escrito, ainda não exercera esse direito. Se sua declaração estiver correta e Christopher não tiver sido adotado, seu enterro com o sobrenome Byers constitui um significativo erro jurídico.

34. Informações sobre o paradeiro de Byers durante a liberdade condicional não fazem parte dos registros públicos. Contudo, fontes relataram que, após ser solto, ele recebeu permissão para se mudar para o leste do Tennessee.

NÓ DO DIABO   479

23. O público

1. Na verdade, o documentário se inicia com cenas da gravação feita pela polícia durante a recuperação dos corpos. Hobbs assinara uma autorização e aceitara pagamento por sua participação no documentário, mas, na ação, alegou que estava extremamente perturbada na época e não tinha competência para assinar um contrato.

2. Ela alegou que a disponibilidade das fotos no site lhe causara grande sofrimento emocional. Dessa vez, a decisão lhe foi favorável. Como resultado da queixa, o eBay anunciou que modificaria sua política e não permitiria a venda de fotos mortuárias ou de cenas de crime. Rob Chestnut, um dos advogados do eBay, observou, contudo, que a questão não era simples: "As pessoas que monitoram nosso site procuram itens ilegais", disse ele, "e não há nada de ilegal em fotos de cenas de crime." Publicado pela Associated Press em 25 de setembro de 2000.

3. Quando a imprensa do Arkansas soube sobre a carta, uma repórter telefonou para o gabinete do governador a fim de esclarecer a questão, mas a assessora não retornou nenhuma de suas ligações. O promotor Brent Davis tampouco comentou o assunto, dizendo que a questão deveria ser decidida nos tribunais. "Lamento meu envolvimento no documentário", disse ele. "Foi um erro que não cometerei novamente." O apoiador que escreveu para o gabinete do governador pedindo que "examinasse o caso para ver se algo pode ser feito a respeito" foi Johnny Bratton Jr., de Cabot, Arkansas. A assessora do governador que respondeu a carta em 23 de março de 2000 foi Teena L. Watkins.

4. A cofundadora do site Kathy Bakken se matriculou no curso ministrado por Brent E. Turvey, analista forense independente baseado em San Leandro, Califórnia. Entre suas credenciais, Turvey listava um mestrado em ciência forense pela Universidade de New Haven, West Haven, Connecticut. Ele era sócio da Knowledge Solutions LLC, uma empresa especializada em análise de perfis criminais.

5. Em novembro de 2001, Turvey escreveu uma análise semelhante das informações fornecidas pela polícia estadual do Arkansas sobre a morte de Melissa Byers. A "análise da morte duvidosa" concluía: "A análise do relatório de autópsia realizada por este legista sugere que a morte provavelmente não foi consistente com causas naturais, dado o histórico da vítima e o fato de nenhuma causa natural ter sido encontrada. Ela também sugere que a morte provavelmente não foi consistente com suicídio, dada a natureza das marcas de agulha, das abrasões e da contusão, que sugerem o envolvimento de um segundo indivíduo. Ela também sugere que a morte provavelmente não foi consistente com um acidente."

480 MARA LEVERITT

6. "Pessoalmente, achávamos que eles eram inocentes e mereciam um novo julgamento, pois havia tantas questões em aberto", disse Berlinger, "mas não estávamos fazendo um filme de defesa. Para mim, o documentário era claramente sobre injustiça e mostrava como o julgamento fora uma piada, mas não estávamos tentando convencer ninguém. A maioria o via como nós. Mas, para minha surpresa e desânimo, 20% dos espectadores acharam que nosso desejo de apresentar um quadro completo e a ausência de narrativa significavam: 'Esses malditos garotos receberam o que mereciam.'" Berlinger disse que representantes deste último grupo citaram cenas de Damien no tribunal como prova de culpa. "Damien era um jovem narcisista e, aparentemente, seu comportamento foi parte da razão pela qual as pessoas concluíram que deveria ser culpado. Sentimos que tínhamos de incluir cenas como a dele penteando o cabelo na sala de audiências e falando sobre ser lembrado como 'o bicho-papão de West Memphis' porque são coisas assim que criam um retrato completo. As cenas dizem: 'Foi assim que Damien se comportou no tribunal. Foi assim que se comportou no banco de testemunhas ao ser interrogado a respeito de Aleister Crowley.' Não as mostramos para dizer que ele era culpado, mas para indicar que alguém com esse tipo de personalidade e esse tipo de inteligência, naquela parte do mundo e naquele tipo de caso, poderia ser considerado culpado por ser dessa maneira."

7. Uma manchete do *Wall Street Journal* dizia: "Documentário Lança Dúvidas sobre a Culpa dos Adolescentes mas se Perde em Tagarelices do Grupo de Apoio." A maioria das críticas, no entanto, parecia atraída pelas extensas sequências retratando Byers. Um crítico escreveu que suas numerosas falas davam a impressão "de um ator canastrão fingindo pesar". Outros o chamaram de "estranho" e "obcecado". Outro escreveu que Byers parecia "estar atuando, como se dramatizar seu distúrbio psíquico pudesse torná-lo mais real para o público (e para si mesmo)". Outro refletiu: "Ele está estrelando seu próprio filme de terror e não somente entende isso, como parece se fortalecer com o fato." Howard Rosenberg, do *Los Angeles Times*, assumiu uma posição mais cautelosa. Em uma crítica publicada em março de 2000, ele observou que Byers recebera "honorários" pela participação em *Revelations* — fato que, segundo ele, o tornava "um artista pago" e comprometia a credibilidade do filme.

8. Matt Zoller Seitz, 12 de março de 2000.

9. De um artigo intitulado "Sequel Rekindles Doubs in Triple Murder Case", escrito por Cathy Frye e Kenneth Heard em 20 de fevereiro de 2000.

10. "Então, um dia", lembrou Berlinger, "eu deitei no sofá após um dia muito cansativo e liguei a televisão. Era janeiro de 2000 e Roger Ebert estava fazendo seu programa anual, entrevistando Bill Clinton, e Clinton estava dizendo que, em sua opinião, o melhor filme do ano passado fora *Hurricane* [filme de Norman Jewison

NÓ DO DIABO

lançado em 1999 e estrelado por Denzel Washington, retratando a controversa condenação à pena de morte do boxeador Rubin "Hurricane" Carter]. Clinton falava sobre como o filme era bom e eu fiquei atônito. Pensei: "Ei, amigo, você deveria assistir a um filme sobre o que acontece em seu próprio estado."

11. O artigo de Bland foi publicado na *Rocket*, uma das muitas publicações que cobriam a vibrante cena musical de Seattle.

12. Também participaram Joe Strummer, do The Clash; Long Beach Dub Allstars; John Doe Thing; L7; Murder City Devils; Tony Scalzo, da Fastball; Nashville Pussy; a ex-cantora do Breeders, Kelley Deal; Rocket from the Crypt; Mark Lanegan; Zeke e Killing Joke — que voltou a se reunir especificamente em nome da causa. Trechos de Jello Biafra cantando "The Murder of Mumia Abu Jamal" também foram usados. Na entrevista de lançamento, o líder do Supersuckers, Eddie Spaghetti, explicou: "Acho que o que me comove a respeito desses garotos é o fato de que poderia ter acontecido com qualquer um de nós." Doe disse: "O mundo é injusto, caramba, e estamos aqui para trazer qualquer pouquinho de justiça que conseguirmos" (*Arkansas Times*, 21 de abril de 2000). Earle, que passara um ano na prisão por uso de drogas, afirmou que se opunha à pena de morte, ponto. Bland disse a um repórter do *Willamette Week* (10 de outubro de 2000): "O melhor que podemos fazer nessa situação é nos assegurarmos de que as autoridades do Arkansas respondam por seus atos, que tudo seja tornado público, que as pessoas saibam o que está acontecendo." E acrescentou: "Tom Waits disse algo a respeito desse caso. Ele disse que 'As duas piores coisas que podem acontecer a você em nosso sistema judiciário são ser pobre e ser diferente, e esses garotos eram as duas coisas'."

13. As notas foram escritas por Burk Sauls e avisavam que, em certas jurisdições, a posse do CD poderia enviar o proprietário "a uma terrível viagem pelo sistema de justiça criminal e, por fim, à prisão perpétua em uma penitenciária de segurança máxima". Sauls afirmou que os prisioneiros para quem o CD havia sido gravado "gostavam do tipo de música apresentada aqui. Eles escreviam poesias, liam Stephen King e Shakespeare e vestiam camisetas pretas de bandas de rock. Isso foi suficiente para o juiz e para o júri". As notas encaminhavam os ouvintes ao site wm3.org e ao da Campanha contra Execuções Injustas, TheJusticeProject.org.

14. De um artigo intitulado "Death Penalty Ignites a Musical Coalition", de Ann Powers, publicado no *New York Times* em 27 de junho de 2001.

15. A carta enviada a Todd e Dana Moore por Bruce Carlock, proprietário da Music City Record Distributors, e Scott "Perk" Perkins, vice-presidente de vendas, foi postada no site MidSouthJustice.com. Carlock explicou: "Após falar com a mãe de um dos meninos assassinados e com o investigador-chefe do caso, tomamos a

482   MARA LEVERITT

decisão de apoiar as famílias das vítimas e não realizar a distribuição. O caso já passou por múltiplas revisões e recursos, chegando à Suprema Corte do Arkansas, e a decisão em cada recurso confirmou a culpa dos acusados."

16. A resenha de Robert Christgau foi publicada no *Village Voice* em 8 de novembro de 2000.

17. Um dos CDs do Supersuckers se chamava *The Evil Powers of Rock and Roll*.

18. O crítico do *Village Voice* compreendeu o fenômeno. "Esses três párias injustamente condenados podem ter se identificado com celebridades como Megadeth em suas camisetas pretas", escreveu Christgau, "mas, na verdade, eram pobres-diabos como Zeke. Quando bandas jovens se transformam em velhos guerreiros da estrada como L7 e Rocket From the Crypt, elas encontram outros pobres-diabos pelo caminho e transformam essa conexão em prática musical."

19. O artigo de Dotty Oliver intitulado "Hurricane in Arkansas" foi publicado em 21 de março de 2001 na revista *Little Rock Free Press*.

20. Da mesma forma, Martin assegurou aos leitores que os documentários haviam "omitido muitas das provas menos sensacionais, mas mesmo assim prejudiciais". Novamente, contudo, não disse quais eram essas "provas prejudiciais".

24. Uma década atrás das grades

1. Entrevista à autora em abril de 2001.

2. "Houve muitas especulações a respeito de os homicídios terem ocorrido em outro local", disse Fogleman. "E nós consideramos seriamente essa possibilidade. Mas, [dado que] eles foram vistos pela última vez naquela área por volta das 18 horas na noite anterior, o que se podia concluir, se haviam sido assassinados em outro local, era que haviam sido sequestrados naquela área, levados a outro local, assassinados e então levados de volta — para um local que estava sendo vasculhado pelas equipes de busca. Criminosos não são espertos, mas acho que são mais espertos que isso."

3. Fogleman disse que se convencera da culpa de Damien em parte por causa dos livros que ele lia, "algumas músicas e alguns de seus próprios textos, que eram meio bizarros; falavam de morte, sangue e coisas assim, além de sua aparente obsessão pelo preto, que se ajusta ao modelo dessas pessoas que acreditam em sacrifícios animais e coisas do tipo". Além disso, havia a experiência anterior do próprio Fogleman, encontrando-se com Damien no tribunal juvenil, em uma ocasião que ele chamou de "enervante". Lembrando-se de quando Damien fora levado ao tribunal após tentar fugir com Deanna, Fogleman disse: "Eu me lembro da maneira como ele se virou e olhou para mim. E não era um olhar mau. Não era risonho. Não era triste. Era apenas inexpressivo. Não havia nada lá. Eu

NÓ DO DIABO 483

comentei com alguém sobre seus olhos, sobre como pareciam vazios. Naquela época, só achei estranho."

4. A Suprema Corte do Arkansas decidira que prisioneiros não possuíam o direito constitucional de ter um advogado indicado pelo tribunal para seus recursos pós--condenação. Indicar ou não um advogado era uma decisão do juiz do julgamento.

5. Mallett, que na época estava prestes a se tornar presidente da Associação Nacional de Advogados Criminalistas (NACDL), disse que todo ano centenas de advogados concordam em trabalhar em casos difíceis *pro bono*, ou de graça. Ele explicou que se envolvera com o caso de West Memphis durante um dos encontros anuais da NACDL. Ele estava no fundo da sala de conferências conversando com um amigo, Robert Fogelnest, de Nova York, quando o membro da organização responsável pelos casos de defesa de pessoas pobres subiu ao palco. Fogelnest, ex-presidente da organização, pediu que Mallett fizesse silêncio. "Ele disse, 'Fique quieto. Quero ouvir isso'", lembrou Mallett. "É sobre um garoto do Arkansas." Mallett não ouviu as particularidades do caso, mas entendeu que um grupo estava se formando para ajudar nos recursos pós-condenação de um prisioneiro do corredor da morte no Arkansas. Fogelnest disse que ele e Scheck haviam concordado em ajudar. "Eu disse: 'Claro. Pode me incluir.' Na época, nem sabia o nome do réu. Foi somente umas duas horas depois, após o fim da reunião, que perguntei sobre o que era o caso. Fogelnest explicou que ele e Scheck haviam recebido um pedido para analisar o filme *Paradise Lost*, na esperança de que sua aprovação pudesse ser usada para ajudar a promover o filme. "Mas, na verdade", disse Mallett, "após assistir ao documentário, eles ficaram chocados, horrorizados e ofendidos com a conduta dos advogados de defesa." Mallett disse que os dois advogados de Nova York acharam inacreditável que os advogados que representavam os adolescentes tivessem concordado em deixá-los participar do filme, tanto antes quanto durante os julgamentos. Scheck e Fogelnest sentiram que, no mínimo, essa decisão criara uma distração, tirando o foco dos advogados da defesa de seus clientes. "Concordei com eles", disse Mallett. Ele, Scheck e Fogelnest discutiram o caso após a reunião e concluíram que as decisões dos advogados do Arkansas em relação ao documentário possibilitavam um forte ponto de partida para se entrar com uma petição da Regra 37.

6. O pagamento seria dividido da seguinte maneira: Price, 30.500 dólares; Davidson, 25.000 dólares; Stidham e Crow, 20.000 dólares cada; e Ford e Wadley dividiriam 46.500 dólares.

7. Por seus serviços, Lax recebeu 7 mil dólares mais juros, Warren Holmes, 1.216 dólares mais juros, e o dr. Richard Ofshe, 1.500 dólares mais juros.

8. Quando os produtores souberam que o novo advogado de Damien pretendia usar seu documentário como prova de que Damien recebera assistência jurídica

484   MARA LEVERITT

ineficaz, eles ficaram estupefatos. Em uma entrevista em fevereiro de 2002, Sinofsky comentou: "Acho que será uma das defesas mais ridículas do mundo." Longe de trabalhar contra Damien, disse ele, o documentário chamara atenção para o caso e ajudara a atrair os novos advogados. A despeito de sua decepção, eles concordaram em trabalhar com Mallett. "Nós dissemos, 'Tudo bem, faça o que tem de fazer'", lembrou Sinofsky , "'mas acho que não fizemos nada de errado'. Se a defesa funcionasse e as audiências da Regra 37 fizessem justiça, não ligávamos para o que diriam sobre nós."

9. Jessie e Jason também apresentaram petições *pro se*, significando que não haviam recebido a ajuda oficial de um advogado. Ambas, contudo, tinham aparência profissional. Stidham disse que "um passarinho" ajudara a escrever a petição de Jessie. O "passarinho" era necessário, em parte, porque uma das suas alegações era de que seu advogado fora incompetente em vários aspectos. A petição observava que um de seus "advogados durante os julgamentos, Dan Stidham, jamais participara de um julgamento de homicídio como advogado principal. Muitas das questões encontradas e suscitadas durante o curso do processo não eram familiares nem ao advogado Stidham nem a seu assistente, sr. Crow". Além da petição da Regra 37, Stidham também apresentou uma petição à Suprema Corte do estado para uma nova audiência. Nessa petição, apresentada em 6 de março de 1996, ele argumentou que a polícia retivera provas pertinentes quando o policial Allen e outros detetives "de algum modo se esqueceram de entregar à defesa a gravação da voz do menino que foi usada durante o interrogatório. Essa gravação, que a corte afirmou tê-la feito 'pensar' [...] e se aproximar 'perigosamente da opressão psicológica', não foi sequer notificada à defesa até a própria audiência de anulação da prova". Jason apresentou várias questões em sua petição, a mais impactante das quais a acusação de que os promotores e o juiz Burnett haviam incorrido em má conduta quando se reuniram após a descoberta do sangue no pingente de Damien, sem que os advogados de defesa estivessem presentes

10. Durante seu trabalho na petição da Regra 37 de Damien, Mallett foi auxiliado pelo advogado do Arkansas Alvin Schay.

11. No fim do segundo julgamento, o juiz Burnett disse a um repórter do *Memphis Commercial Appeal*: "Eu ficava esperando chegar àquele nível, que chamo de julgamento criminal comum, em que não há mais surpresas, em que somente se segue daquele ponto até o fim. Isso nunca aconteceu."

12. A audiência começou em 5 de maio de 1998 e teve continuidade em 9 e 10 de junho de 1998, 26, 27 e 28 de outubro de 1998 e 18 e 19 de março de 1999, nos tribunais de Jonesboro e Marion.

13. A crescente familiaridade dos fundadores do site com o caso os afetou de maneiras inesperadas. "Eu aprendi tanto", disse Sauls em uma entrevista em 2001. "É um

NÓ DO DIABO 485

paradoxo. Respeito alguns aspectos do sistema de justiça criminal e desconfio completamente de outros. Ele é operado e dirigido por seres humanos. Essa é sua força e sua fraqueza." Bakken afirmou que, antes de seu envolvimento, vivera em uma "bolha idealizada": "Eu acreditava estar sendo protegida pela polícia e pelas forças da justiça. Agora, tudo mudou. [...] Mas, ao mesmo tempo, percebi que as pessoas podem fazer diferença. Eu me tornei ao mesmo tempo mais cética e mais esperançosa." Pashley disse que, antes de ouvir sobre o caso de West Memphis, "não tinha certeza" sobre a pena de morte, mas agora era "definitivamente" contra. "Entrei nessa por ser idealista", admitiu ele, "por achar que nosso sistema de justiça era o melhor do mundo. E é. Mas possui tantas falhas que agora sei que, mesmo que seja parado por uma pequena contravenção de trânsito, preciso chamar um advogado antes de responder a qualquer pergunta feita pela polícia."

14. O dr. Thomas J. David, odontologista forense e consultor do serviço médico-legal da Geórgia, concordou com a opinião de que ao menos um conjunto de marcas nas fotos de Stevie Branch parecia ter sido causado por dentes humanos. O dr. Harry Mincer, consultor em odontologia forense do condado de Shelby, Tennessee, declarou não acreditar que as marcas fossem de uma mordida humana.

15. O odontologista forense que testemunhou ter sido chamado ao laboratório de criminalística para examinar os corpos foi o dr. Kevin Dugan, de North Little Rock, Arkansas.

16. Damien e Jason alegaram não ter autorizado os advogados a usar o dinheiro do fundo. Damien esperava que ele fosse para seu filho Seth e Jason queria que fosse para sua mãe. Mesmo assim, os advogados de defesa sacaram todo o dinheiro.

17. "Novamente", escreveu Mallett, "existe aqui um aparente conflito de interesses. O advogado não questionou Byers a respeito da alegação de que arrombara uma joalheria e se apossara de propriedade, o que teria sido crime grave se ele tivesse sido processado."

18. Sem se limitar somente aos advogados, Mallett também criticou o juiz Burnett por não ter se afastado para permitir que um juiz diferente presidisse a audiência da petição da Regra 37. Mallett observou que o próprio juiz fora testemunha no julgamento, ao dizer em sua tribuna que sempre propiciara o pagamento de testemunhas especialistas no passado. "Por causa do inerente conflito entre o papel da corte como um juiz eleito e o papel da corte como testemunha", escreveu, "esses procedimentos foram, e permanecem sendo, profundamente injustos." Essa questão já fora levada muitas vezes à Suprema Corte do Arkansas, que decidira repetidamente que "a alegação é insuficiente para superar a presunção de que o juiz do julgamento é imparcial".

19. De acordo com a declaração juramentada de Glori Shettles em 27 de dezembro de 2000.

486 MARA LEVERITT

20. Em janeiro de 2001, o poder legislativo do Arkansas aprovou a Lei 1.780, que permite que pessoas condenadas por um crime peçam um novo teste de DNA que possa demonstrar sua inocência.

21. Mallett foi auxiliado em sua apresentação por Rob Owen, um advogado de Austin, Texas. O promotor assistente David Raupp argumentou em favor do estado.

22. Citado pelo repórter Drew Jubera no *Atlanta Journal-Constitution*, em 22 de fevereiro de 2002.

23. Burnett errou, escreveu o juiz associado Donald L. Corbin, "ao negar o reexame das questões levantadas em um caso de pena de morte, baseado apenas em rotina processual, sem primeiro exercer grande cuidado para se assegurar de que o indeferimento estivesse assentado em bases sólidas".

24. Em sua decisão reenviando a petição a Burnett, a Suprema Corte do estado rejeitara a alegação de Mallett de que o juiz deveria ter se declarado impedido nos procedimentos da Regra 37. A corte decidiu que seu argumento de que havia um conflito inerente em pedir a um juiz que decidisse sobre a equidade de um julgamento que ele mesmo presidira era "insuficiente para superar a presunção de que o juiz do julgamento é imparcial".

25. Ironicamente, ao mesmo tempo que a Suprema Corte recebia um pedido para avaliar o desempenho dos advogados originais de Damien, ela discretamente executava ações para revogar a licença de um dos advogados que representara Jason. Em 21 de junho de 2001, a corte, citando "séria má conduta profissional", emitiu uma decisão banindo George Robin Wadley da prática legal. A corte citou Wadley por aceitar pagamento por trabalho legal que nunca realizara e mentir para a corte e para seus clientes. Nenhuma das acusações, contudo, relacionava-se ao caso de Jason. No ano seguinte, a Comissão de Defensores Públicos do Arkansas demitiu o principal advogado de Damien, Val Price. Em abril de 2002, a comissão o acusou de usar fundos da defensoria para despesas pessoais, como cartões de Natal e viagens para acompanhar os jogos do time de futebol americano Arkansas Razorback. De acordo com uma carta publicada pelo diretor executivo da comissão, Price admitiu ser culpado das alegações.

26. Em março de 2002, entretanto, a Suprema Corte do Arkansas nomeou o juiz Burnett presidente de seu Comitê de Prática Criminal.

27. "Quando me envolvi nisso", refletiu Mallett, "eu pensei: 'Tenho um filho que, algum dia, terá oito anos.' Hoje, tenho um filho e ele já teve oito anos. Agora tem dez. E aqueles garotos ainda estão na cadeia. E os meninos de oito anos que foram assassinados nunca farão outro aniversário."

28. O prefeito Keith Ingram, anunciando que todos sentiriam sua falta, "menos os elementos criminosos com quem ele lidou", proclamou 19 de maio de 1994 o "dia de Gary Gitchell".

NÓ DO DIABO 487

29. "The Fight to Free the West Memphis 3", de Stephen Lemons, 10 de agosto de 2000.

30. "Did Arkansas Town Go on a Witch Hunt, or Are Activists Playing the 'Redneck' Card?", de Drew Jubera, 11 de fevereiro de 2002.

31. O valor total do desfalque fora de 28.757,19 dólares. Driver era o principal administrador do fundo criado para depósito das taxas pagas pelos jovens em liberdade condicional. A auditoria cobriu um período de três anos, com início em setembro de 1993, três meses depois que Damien, Jason e Jessie foram presos. Os auditores estaduais relataram que, durante esses três anos, 68 cheques não autorizados haviam sido preenchidos ou endossados por Driver, enquanto dois outros cheques não autorizados haviam sido sacados por Steve Jones, seu assistente.

32. Em uma entrevista em novembro de 2000, Driver, que então vivia em Michigan, disse que permanecia convencido de que Damien, Jason e Jessie haviam assassinado os meninos de oito anos. Quando perguntado sobre a razão do crime, respondeu: "Acho que foi uma combinação entre o que eles achavam ser um ritual e um impulso, uma coisa de momento." Ele desdenhou dos apoiadores dos condenados, chamando-os de "tietes" mal informadas que haviam sido influenciadas por documentários "extremamente parciais em relação aos acusados". Mas se mostrou menos disposto a discutir seus próprios problemas legais. Sua única explicação foi: "As políticas do condado de Crittenden são muito convolutas e, evidentemente, eu fiquei do lado errado. Eu declarei *nolo contendere*. Não me declarei culpado." Driver descreveu a auditoria e as acusações resultantes como "uma longa e complicada situação", acrescentando se sentir "uma espécie de alvo político", mas se recusou a elaborar. Contudo, acrescentou: "Vou dizer o seguinte: não tenho dinheiro suficiente para lutar contra isso."

33. A policial encarregada do setor de provas era Reginia Meek, que fizera os relatórios de desaparecimento de Christopher e Michael. Ela também atendera à chamada do restaurante Bojangles, onde conversara com o gerente sobre o homem ensanguentado pela janela do drive-in, sem sair do carro.

34. O chefe Bob Paudert veio de uma pequena força policial do Missouri. Antes disso, trabalhara como detetive da unidade de narcóticos em Memphis. Em uma entrevista à autora em janeiro de 2002, Paudert contou que, quando fora contratado, o prefeito de West Memphis lhe dissera: "O departamento precisa de ajuda." Logo após sua chegada, membros do departamento relataram que certos policiais retiravam dinheiro e outras provas apreendidas durante as prisões e aceitavam suborno de prostitutas e cafetões. Muitas dessas atividades ocorriam nas rodovias interestaduais, que Paudert chamou de "corredores de contrabando". De acordo com os registros oficiais, nos doze meses anteriores às demissões, po-

488 MARA LEVERITT

liciais da cidade e do condado haviam apreendido uma média de 5 mil dólares por dia em blitze relacionadas a drogas na I-40 e na I-55. Paudert garantiu que nem todo o dinheiro aparecia nos relatórios. Para resolver esse problema, ele criou uma secretaria de assuntos internos — a primeira do departamento — e esboçou um manual de procedimentos, também inédito.

35. Na entrevista à autora em janeiro de 2002, Paudert afirmou que nenhuma das alegações de má conduta estava relacionada à investigação de 1993. O sargento Lawrence Vaughn, chefe do novo gabinete de assuntos internos do departamento, concordou. Vaughn disse que trabalhava como patrulheiro em 1993 e participara da busca pelas crianças. "Eu estava na cena quando os corpos foram descobertos", disse ele. "Estava lá quando eles retiraram os corpos da floresta. Havia tantas pessoas por lá que tivemos de estabelecer um perímetro. Estávamos perto do carro funerário. Ajudamos a colocar os corpos no carro." (O inspetor Gary Gitchell implorara ao laboratório de criminalística por informações sobre o "cabelo negroide" encontrado no lençol que envolvia o corpo de Christopher, mas nenhuma explicação foi fornecida. Contudo, durante os julgamentos, quando os advogados de defesa perguntaram à analista do laboratório de criminalística Lisa Sakevicius se ela recebera "qualquer tipo de cabelo negroide de qualquer policial de West Memphis para comparar com o cabelo em questão", ela respondeu que não.) Vaughn também relatou que o papel de Sudbury durante a investigação de homicídio fora incomum. De acordo com ele, depois que os corpos dos meninos foram descobertos, Gitchell colocou todos os detetives criminais para trabalhar na investigação de homicídio e temporariamente alocou a unidade de narcóticos, onde Sudbury era o segundo em comando, para cumprir os deveres regulares dos detetives. Sudbury — que fora o primeiro detetive de West Memphis a interrogar Damien, o primeiro a relatar as suspeitas de Jerry Driver e estivera presente durante as entrevistas-chave com John Mark Byers e Vicki Hutcheson — foi o único detetive da unidade de narcóticos que Gitchell permitiu que participasse da investigação de homicídio. Sudbury, lembrou Vaughn, "foi o único a trabalhar nas duas equipes".

36. O filho de Damien, Seth, nascido seis meses antes do julgamento do pai, completou oito anos em 2001. Ele e a mãe, Domini, haviam deixado o Arkansas após os julgamentos e tiveram pouco contato com Damien nos anos que se seguiram.

37. A cerimônia de casamento, aprovada pelo diretor Greg Harmon, ocorreu em 6 de dezembro de 1999.

38. Ela se mudara para Little Rock e, dois anos depois, o casal pedira ao diretor da penitenciária permissão para se casar. A cerimônia, realizada em uma sala de visitação da unidade de segurança máxima, começou e terminou com o som de um sino. Damien vestia seu uniforme branco de prisioneiro e algemas. Sua

NÓ DO DIABO 489

cabeça fora raspada, à maneira dos monges budistas. Um sacerdote budista de Little Rock, que também trabalhava como capelão voluntário na prisão, realizou a cerimônia, na presença de meia dúzia de amigos do casal, incluindo alguns dos apoiadores da Califórnia. O porta-voz da penitenciária salientou que, embora prisioneiros geralmente tivessem o direito de se casar, eles não tinham direito a contato sexual. "Não houve recepção, não houve lua de mel, não houve noite de núpcias em Branson", disse ele, referindo-se a um popular destino de férias no sul do Missouri.

39. "Death Row's Echols Ties the Knot in Prison Fete", de Cathy Frye, 7 de dezembro de 1999.

40. Embora o manuseio de dinheiro fosse ilegal na prisão e Jason, aliás, não tivesse nenhum, ele tentava entender o mundo das finanças. "Sei que devo ficar longe dos cartões de crédito", disse ele. "Sei que fundos mútuos são um investimento mais seguro e oferecem rendimentos mais altos, mas agora é a melhor época para comprar ações. Queria poder sair daqui e comprar um lote de ações enquanto elas ainda estão em baixa e continuar comprando todo mês [...]. Não quero que meus filhos vivam em um parque de trailers."

Este livro foi composto na tipologia
Adobe Garamond, Pro em corpo 12/16, e
impresso em papel off-white no Sistema Cameron
da Divisão Gráfica da Distribuidora Record.